经济法研究

(总第 25 卷)

张守文 主编

图书在版编目(CIP)数据

经济法研究. 总第 25 卷 / 张守文主编. -- 北京：北京大学出版社，2024. 9. -- ISBN 978-7-301-35534-3

Ⅰ. D922.290.4-53

中国国家版本馆 CIP 数据核字第 2024ZR9082 号

书　　　名	经济法研究（总第 25 卷） JINGJIFA YANJIU（ZONG DI-ERSHIWU JUAN）
著作责任者	张守文　主编
责任编辑	钱　玥　孙嘉阳
标准书号	ISBN 978-7-301-35534-3
出版发行	北京大学出版社
地　　　址	北京市海淀区成府路 205 号　100871
网　　　址	http：//www.pup.cn
新浪微博	@北京大学出版社　@北大出版社法律图书
电子邮箱	编辑部 law@pup.cn　总编室 zpup@pup.cn
电　　　话	邮购部 010-62752015　发行部 010-62750672　编辑部 010-62752027
印　刷　者	北京虎彩文化传播有限公司
经　销　者	新华书店 787 毫米×1092 毫米　16 开本　19.75 印张　409 千字 2024 年 9 月第 1 版　2024 年 9 月第 1 次印刷
定　　　价	59.00 元

未经许可，不得以任何方式复制或抄袭本书之部分或全部内容。
版权所有，侵权必究
举报电话：010-62752024　电子邮箱：fd@pup.cn
图书如有印装质量问题，请与出版部联系，电话：010-62756370

《经济法研究》编辑部

主编：张守文
编辑：何锦前　张春丽　肖　京　段礼乐
　　　张　东　董学智　祝远石　王　磊
　　　邓　伟　谭　晨

中国式现代化与经济法研究的深化(卷首语)

一、时代背景与问题选取

我国已开启建设现代化国家的新征程。要实现中国式现代化的发展目标,不仅要持续解决各类既有问题,还需要有效应对大量新型问题。为此,必须进一步深化经济法研究,推进经济法制度持续完善。

在建设现代化国家的时代背景下,需要经济法解决的问题层出不穷,由此为经济法研究提供了大量新素材。经济法作为"现代法"和"发展促进法",在推进国家现代化过程中曾发挥过重要作用。[①] 结合中国的现实国情和具体问题,有必要进一步探讨与国家现代化相关的大量经济法问题,例如:

第一,实现中国式现代化,需要构建统一开放、竞争有序的现代市场体系,以及能够有效处理政府与市场关系的现代经济体制。为此,一方面,基于构建统一开放的市场体系的要求,应构建全国统一大市场,以充分发挥市场机制在资源配置方面的决定性作用;另一方面,基于构建竞争有序的市场体系的要求,还应加强市场规制,更好发挥政府作用。可见,现代市场体系与现代经济体制存在着紧密关联,对上述两个方面都应加强经济法的系统调整。[②]

上述的现代市场体系和现代经济体制,与构建市场化、法治化、国际化的营商环境均密切相关。尽管我国近年来对营商环境高度重视,全社会对优化营商环境的必要性亦存在高度共识,但营商环境的一些问题仍较为突出。由于营商环境的构建,需要加强财政法、税法、金融法、产业法、反垄断法、反不正当竞争法、消费者保护法等各类法律的综合调整,因此,应持续优化上述各类经济法的立法,切实有效实施各类经济法制度,减少政府的不当干预,促进营商环境的不断优化和改善。

第二,实现中国式现代化,需要解决区域协调发展问题。中国式现代化是全体人民共同富裕的现代化,如果各个区域发展不协调、不平衡,就很难实现共同富裕。

---

① 参见陈乃新:《经济法是中国现代化的主要法律保障》,载《中外法学》1998年第3期。
② 参见张守文:《现代经济体制的构建及其法治保障》,载《政法论丛》2019年第1期。

因此,应结合我国各个经济区域的特殊情况,将"差异化发展"与"均等化发展"有机结合,从而推进各个区域的协调发展。

为此,基于国家的区域协调发展战略,需要探讨区域主体、区域发展权、区域的特殊制度安排、区域一体化、区域市场建设等诸多问题,在经济法研究中应加强对"区域经济法"的探讨。① 由于我国是世界上最大的发展中国家,区域发展不平衡可能长期存在,并由此会影响收入公平分配和区域协调发展,因此,加强与区域协调发展相关的经济法制度建设②,是构建"发展型经济法"需要关注的重要问题。

第三,实现中国式现代化,需要及时回应和解决数字经济发展的相关问题。国家现代化必须依托于高质量发展,而发展数字经济则是实现高质量发展的重要路径。在数字经济发展过程中,应解决好效率与公平、自由与秩序、安全与发展等诸多问题。基于数字经济发展带来的问题和挑战,应持续完善经济法理论,优化经济法的具体制度,加强"数字经济法"的理论研究。③

数字经济法与国家的经济社会信息化密切相关。为了解决网络化、数字化、智能化带来的诸多新问题,应加强经济法的相关调整,依法推动数据、算法、算力的有效配置和优化,为此,竞争法、消费者保护法、产业法等诸多经济法制度都应发挥重要作用。④ 只有全面构建"数字经济法"的理论和制度,才能有效推动数字经济健康发展。⑤

第四,实现中国式现代化,需要加强经济法治体系建设,推动国家治理现代化。其中,在经济法立法方面,应切实体现法律的核心价值,并在法典化背景下解决好立法路径选择问题。为此,应明确经济法的各个部门法领域能否实行法典化,是否需要制定相关的基本法或"总则"⑥;同时,在具体的制度构建方面,也要完善各类规则,从而为经济法的有效实施奠定制度基础。

总之,实现中国式现代化,不仅需要在经济法制度建设方面作出有效回应,还需要全面深化经济法的理论研究,上述两个方面,构成了本卷《经济法研究》关注的主要问题。

---

① 参见徐孟洲:《论区域经济法的理论基础与制度构建》,载《政治与法律》2007年第4期。
② 参见陈婉玲:《中国区域经济法制发展的现状与未来》,载《北方法学》2020年第6期;黄茂钦:《论区域经济发展中的软法之治——以包容性发展为视角》,载《法律科学(西北政法大学学报)》2014年第4期。
③ 参见张守文:《数字经济发展的经济法理论因应》,载《政法论坛》2023年第2期。
④ 参见陈兵:《法治经济下规制算法运行面临的挑战与响应》,载《学术论坛》2020年第1期。
⑤ 参见张守文:《数字经济发展的经济法促进》,载《经贸法律评论》2023年第5期。
⑥ 参见刘凯:《论制定经济基本法的路径选择》,载《法学杂志》2021年第8期;陈景辉:《法典化与法体系的内部构成》,载《中外法学》2022年第5期。

二、本卷的主要内容

鉴于实现中国式现代化,需要加强现代化经济体系建设,尤其需要建设统一开放、竞争有序的现代市场体系,为此,考虑到建设统一大市场和优化营商环境的重要性,本卷专设笔谈栏目,约请王晓晔、孙晋、王炳等学者展开相关讨论,涉及优化民营企业营商环境与竞争政策基础地位、反垄断法与加快建设全国统一大市场的关系,以及建设全国统一大市场与公平竞争审查基准的确立等内容。

鉴于实现中国式现代化,需要推动区域协调发展,促进数字经济的健康发展,因而应全面深化区域经济法、数字经济法的理论研究,为此,本卷在经济法总论栏目刊发了陈婉玲、邢会强、付大学等学者的论文,涉及区域经济法、数字经济法等领域的重要理论问题。其中,区域经济法命题的制度空间与基本框架,是"区域经济法"研究的基础理论问题;而从场景理论到差异性原理的视角来思考个人信息保护,则是"数字经济法"研究的基础理论问题。此外,有关声誉规制的法律问题的研究,在经济法总论中同样具有重要意义。

鉴于实现中国式现代化,需要解决好公平分配等问题,以实现全体人民的共同富裕,因而应重新审视宏观调控法的重要功能。[①] 考虑到在宏观调控法中,税法对于实现中国式现代化发展目标具有特殊作用,为此,本卷在宏观调控法栏目,集中刊发了几篇税法论文。其中,李玉虎、谭晨、王婷婷、范卫国等多位中青年专家,对税法总则的功能定位与结构、税法如何体现社会主义核心价值观,以及税法硕士课程的透明化教学等,提出了自己的见解。这些思考尤其有助于推进税法乃至宏观调控法的研究和教学。

鉴于实现中国式现代化,需要有坚实的物质基础,因而必须大力推进市场经济发展。只有强化市场规制法在保障公平竞争、鼓励创新等方面的功能,才能充分发挥市场机制在资源配置方面的决定性作用,加大财富创造力度,推进公平分配。[②] 为此,在本卷的市场规制法栏目,有多篇论文侧重于从反垄断法的视角对相关问题展开研究。其中,焦海涛、丁茂中、方翔等多位中青年学者,对新《反垄断法》背景下公平竞争审查制度的法治化改进、申报标准之外的经营者集中审查、反垄断法相关市场界定中的创新因素等问题展开了探讨,这些思考对于完善反垄断法制度,深化市场规制法的研究,都有一定的参考价值。

鉴于实现中国式现代化,既要关注我国的特殊性,也要关注世界各国现代化发展的共性,尤其应关注相关法律制度在保障和促进国家现代化建设方面的重要作

---

① 参见李龙:《论宏观调控与法的功能》,载《中国法学》1994年第2期。
② 参见李剑:《论共同富裕与反垄断法的相互促进》,载《上海交通大学学报(哲学社会科学版)》2022年第6期。

用,为此,在本卷的域外撷英栏目,专门安排了两篇译文,一篇是《基于宪法税收条款的联邦规制权》,另一篇是《证券法会促进短期主义吗?》,上述译文与经济宪法、宏观调控法、市场规制法等都密切相关,有助于深化上述领域的相关问题研究。

中国经济法学的发展,需要一代又一代研究者的共同努力。在推进中国式现代化发展的新时期,尤其需要经济法研究的不断深化。在本卷的论文作者中,有多位著名的资深学者以及正在成长的中青年学者,同时,还有博士生同学。上述作者与全国经济法学术界和实务界同仁的各类研究成果,都是构建中国经济法学知识体系的重要源泉。

在本卷的出版过程中,北京大学出版社给予了一贯的大力支持。在此特别感谢编辑老师的认真编校和相关匿名评审专家的默默付出。此外,姚子健、潘宁、孙璐伟、于楚涵、姜聪等多位博士生,在约稿、编辑等方面做了大量工作,在此一并表示感谢!

在推进中国式现代化过程中,经济法作为发展促进法,对于促进区域协调发展和数字经济健康发展,对于推动全国统一大市场建设,提升宏观调控和市场规制的法治化水平,都将发挥更为重要的作用。期待全体同仁共同深化经济法研究,并更多支持《经济法研究》的发展!

张守文

2023 年 11 月 12 日

于北京大学经济法研究所

目录

笔谈：全国统一大市场建设与优化营商环境

3　优化民营企业营商环境需要强化竞争政策基础地位　　王晓晔

10　新《反垄断法》与加快建设全国统一大市场　　孙晋　蔡倩梦

15　建设全国统一大市场视域下的公平竞争审查基准　　王炳

经济法总论

25　区域经济法命题的制度空间和基本框架　　陈婉玲

39　个人信息保护：从场景理论到差异性原理　　邢会强

70　声誉规制失灵及其法律应对　　付大学　张钰坤

82　有限政府是中国市场经济的最优解吗？
　　——以经济法为视角　　李希梁

宏观调控法

103　"税法总则"的价值目标、功能定位与体系结构　　李玉虎

114　核心价值观融入税法：逻辑、向路及实现　　谭晨

128	海南自贸港销售税制度选择与建构的功能 　　主义分析	潘　越
145	互联网视域下税法硕士课程的透明化教学 　　实践与启示 　　——以墨尔本大学法学院"税法基础" 　　教学为借镜	王婷婷　范卫国

市场规制法

169	新《反垄断法》背景下公平竞争审查制度的 　　法治化改进	焦海涛
182	申报标准之外的经营者集中审查问题	丁茂中
204	反垄断法相关市场界定中的创新因素分析	方　翔
226	欧盟竞争法中的"母公司责任"及其本土化 　　构建	李　鑫

域外撷英

241	基于宪法税收条款的联邦规制权 　　〔美〕罗伯特·尤金·库什曼（Robert E. Cushman） 　　牛　月　译
266	证券法会促进短期主义吗？ 　　〔美〕詹姆斯·帕克　刘伟涛　窦　凯　薛前强　译

笔谈:全国统一大市场建设与优化营商环境

优化民营企业营商环境需要强化竞争政策基础地位

王晓晔[*]

近年来我国出台了很多促进民营经济发展的政策性文件。2022年12月召开的中央经济工作会议强调,要从制度和法律上把对国企民企平等对待的要求落下来,从政策和舆论上鼓励支持民营经济和民营企业发展壮大。党的二十大报告强调"优化民营企业发展环境,依法保护民营企业产权和企业家权益,促进民营经济发展壮大"。中共中央、国务院在2023年7月还专门发布了《关于促进民营经济发展壮大的意见》,从民营经济的发展环境、政策支持、法治保障等七个方面明确提出推动民营经济发展的31条具体举措。这些政策性文件一方面说明国家高度重视民营企业和民营经济的发展,认真落实"毫不动摇地鼓励、支持和引导非公有制经济发展";但另一方面也说明,当前民营企业的营商环境存在问题,特别是民营经济与国有经济很多方面没有做到"权利平等、机会平等和规则平等"。为了促进民营经济做大做优做强,国家需要优化民营企业的营商环境,特别要依法保护民营企业的产权和企业家权益,努力实现各种所有制经济依法平等使用生产要素、公平参与市场竞争、同等受到法律保护。本文讨论公平竞争审查对民营经济发展的重要意义,并强调有效的公平竞争审查需要强化竞争政策基础地位。

一、优化民营经济营商环境需落实公平竞争审查制度

经过四十多年的对内经济体制改革和对外开放,我国民营经济有了很大发展。根据当前的数据,民营经济贡献了国家50%以上的税收,60%以上的国内生产总值,70%以上的技术创新成果,80%以上的城镇劳动就业岗位,并且占到国家各类企业总量的90%以上。[①] 这说明,民营经济是推动我国经济高质量发展

---

[*] 王晓晔,深圳大学特聘教授,中国社会科学院法学研究所研究员。本文是国家社会科学基金重大项目《系统论视野下的数字法治基本问题研究》(项目编号:22&ZD201)阶段性成果。

① 参见尹双红:《为民营企业解难题、办实事》,《人民日报》2023年2月4日,第1版。

的重要主体,很多民营企业在国民经济关键领域和重要部门占据重要地位。

但一个不可回避的问题是,我国当前有相当多的民营企业认为其生存空间在缩小,营商环境不佳,有些企业甚至出现"躺平"和"出走"的现象。这里固然存在国际方面的原因,特别在美国贸易保护主义和某些地缘政治的背景下,部分民营企业的出口遇到较大障碍。然而从国内环境看,有些政府部门对不同所有制企业没有做到竞争中性,民营企业在市场准入、生产要素、资质审查、经营活动等很多方面存在着制度性障碍。例如,与国有经济一样,民营经济的发展需要资金支持。然而,我国近年的量化宽松政策导致大量资金通过国有银行系统流向国有企业,例如国有企业和民营企业的银行贷款利率存在很大差别。这种差别待遇虽一定程度有助于稳定和发展国有经济,但考虑到民营经济可以解决全国80%以上的就业问题,如果央行发放的资金不能顺畅流向中小型和微型民营企业,这个量化宽松政策对稳定全国性就业和提升国家整体经济的发展就可能达不到预期效果。考虑到民营企业的破产或倒闭带来的就业问题不可能通过扩大和发展国有经济得到解决,国家应当加大对民营企业融资的支持力度。

为此,《关于促进民营经济发展壮大的意见》提出国家在经济政策方面要加大民营企业支持力度,例如在民营企业融资难的问题上,提出建立健全银行、保险、担保、券商等多方共同参与的融资风险市场化分担机制,此外还提出在解决、化解拖欠中小企业账款以及民营企业的人才和用工需求等具体方面加大支持力度。国家发展和改革委员会等16部门就促进民营经济发展还提出近期采取的若干措施,包括促进民营经济发展的市场公平准入,特别是在国家重大工程和补短板项目选取具有一定收益水平、条件相对成熟的项目,形成鼓励民间资本参与的重大项目清单;扩大基础设施领域不动产投资信托基金(REITs)发行规模,推动符合条件的民间投资项目发行基础设施REITs,进一步扩大民间投资;支持民营企业参与重大科技攻关,牵头承担工业软件、云计算、人工智能、工业互联网、基因和细胞医疗、新型储能等领域的攻关任务;推动平台经济健康发展,持续推出平台企业"绿灯"投资案例;支持专精特新"小巨人"企业、高新技术企业在当地的国家级知识产权保护中心进行备案,开展快速预审、快速确权、快速维权;修订出台新版市场准入负面清单,推动各类经营主体依法平等进入清单之外的行业、领域、业务;等等。

民营经济的发展除了国家经济政策的大力支持,还需要法律保障。因为仅当在企业营商环境法治化背景下,如果企业的经营活动受到不公正不合理的待遇,它们才有可能拿起法律武器来维护自己的正当权益。习近平总书记也指出:"法治是最好的营商环境。要把平等保护贯彻到立法、执法、司法、守法等各个环节,依法平等保护各类市场主体产权和合法权益。"②在法治方面,我国《宪法》第11条第2款前段规定:"国家保护个体经济、私营经济等非公有制经济的合法的权利和利益。"《民法典》第206条第3款规定:"国家实行社会主义市场经济,保障一切市场主体的平等法律地位和发展权利。"鉴于行政机关以及法律、法规授权管理公共事务职能的组织滥用行政权力排除、限制竞争在很多情况下是对民营经济的不合理限制,《反垄断法》禁止滥用行政权力排除、限制竞争的规定对保护民营企业的正当权益和推动民营经济发展有着重要的意义。为此,《关于促进民营经济发展壮大的意见》特别提出要强化制止滥用行政权力排除、限制竞争的反垄断执法,这包括禁止政府机构滥用行政权力实施强制交易、妨碍商品和要素的自由流通、排斥或者限制外地经营者参加本地招投标活动、限制外地资本流入本地市场、强制经营者从事反垄断法禁止的限制竞争行为、制定含排除、限制竞争内容的规定,等等。《反垄断法》还禁止行政机关通过与经营者签订合作协议、备忘录等方式,妨碍其他经营者进入市场或者对其他经营者实行不平等待遇,排除、限制竞争。

2022年修正后的《反垄断法》还引入公平竞争审查制度,即"行政机关和法律、法规授权的具有管理公共事务职能的组织在制定涉及市场主体经济活动的规定时,应当进行公平竞争审查"。随着公平竞争审查制度进入《反垄断法》,国务院于2016年《关于在市场体系建设中建立公平竞争审查制度的意见》中提出的公平竞争审查就从一个政策性规定上升为国家法制体系中一个常态化的法律制度,并且成为国家依法平等保护各类市场主体合法权益的一个重要环节。2021年6月,国家市场监督管理总局、国家发展和改革委员会、财政部等五部门联合发布了《公平竞争审查制度实施细则》,将公平竞争审查制度禁止的18类行为细化为50余种情形,为各地区各部门行政机关的公平竞争审查工作提供了比较清晰的指引。这即是说,它们在制定涉及市场主体经营活动的规定时,如果这些规定可能会影响企业的市场准入和退出、影响商品和要素的自由流动、影响企业的生产经营成本或者影响企业的生产经营行为,它们必须就这些规定事先进行公平竞争审查,未经审查不得出台。为了全面落实公平竞争审查制度,《关于促进民营经济发展壮大的意见》还进一步强调,要坚持对各类所有制企业一视同仁、平等对待;未经公平竞争审查的,不得授予经营者特许经营权,不得限定经营、购买、使用特定经营者提供的商品和服务;要定期推出市场干预行为负面清单,及时清理废除含有地方保护、市场分割、指定交易等妨碍统一市场和公平竞争的政策。

《反垄断法》实施以来,特别是随着国务院《关于在市场体系建设中建立公平竞争审查制度的意见》的出台,反垄断执法机构禁止行政垄断的案件在逐年增加。

---

② 见新华社:《习近平主持召开中央全面依法治国委员会第二次会议并发表重要讲话》,中国政府网,2019年2月25日,https://www.gov.cn/xinwen/2019-02/25/content_5368422.htm,最后访问日期:2023年8月10日。

以近两年执法为例,2022年办结73件滥用行政权力排除、限制竞争案件,较2021年增加59%,绝大多数涉及城市管理、医疗卫生、工程建筑、教育、货运服务、文化旅游等民生领域。③ 随着数字经济的发展,近年来在共享单车市场的行政性限制竞争存在增长势头,例如越权设定特许经营权、变相设置行政许可、指定特定企业独家经营、强制收取管理费、设置不合理的准入门槛、强制外地企业在本地注册等。这些案件的查处对推动市场公平竞争和民营经济发展具有重要意义。随着公平竞争审查制度的实施,行政机关近年来审查的新增文件和存量文件超过400万份,其中约5万份被予以废止或进行了修订。④

反对行政垄断和公平竞争审查制度一方面有助于把行政权力进一步装进制度的笼子里,更好地理顺政府与企业、政府与市场的关系,从而对健全全国统一、开放、竞争、有序的市场体系可以起到保驾护航的作用;另一方面,鉴于我国当前经济生活中的限制竞争主要不是来自企业,而是来自政府,而且与企业的限制竞争相比,政府的限制竞争因为是在行使"公权力",其结果往往导致民营经济与国有经济很多方面只是形式上平等,实际上不平等,因此反对行政垄断和公平竞争审查制度有助于为民营企业提供一个公平、透明、稳定和可预期的营商环境。这也即是说,反垄断法对改善民营企业营商环境至少可起到两个作用:一是推动市场的开放性,市场开放有助于民营企业降低交易成本,扩大经营规模,甚至在新产品或新服务市场开展创新;二是推动市场的竞争性,因为没有公平自由的竞争,市场不可能具有活力。这里想起德国社会学家马克斯·韦伯的一句话:国家经济力量如果集中在少数人的手中,则会导致市场垄断,其结果是交易条件不平等;国家如果赋予人人自由追求经济利益的机会,这样的社会不仅公平和民主,而且可以大大激发人们的创造性和进取精神,从而可以推动大众创业和万众创新。

二、提高公平竞争审查效率需强化竞争政策基础地位

《反垄断法》在建设统一大市场和推动民营经济发展的过程中应当发挥重要的作用。然而,实践中我们也认识到了这部法律的局限性。国家决策机构近年来虽然强调要强化公平竞争审查和加大反行政垄断的力度,但是与禁止垄断协议、禁止滥用市场支配地位和控制经营者集中等经济性限制竞争的案件相比,行政垄断案件的数量、处罚力度以及社会影响力等方面还都不是很大。特别是民营企业在

---

③ 参见国家反垄断局编:《中国反垄断执法年度报告(2022)》,中国政府网,2023年6月12日,https://www.gov.cn/lianbo/bumen/202306/P020230612294618624831.pdf,最后访问日期:2023年9月4日。

④ 参见黄勇:《竞争政策视域下公平竞争审查制度的发展历程、实施成效及未来展望》,中国经济网,2023年8月1日,http://www.ce.cn/cysc/ztpd/2023/zgsyw_340814/bc/202308/01/t20230801_38654161.shtml,最后访问日期:2023年9月4日。

市场准入、资质审查、经营活动等各方面存在着制度性障碍，公平竞争审查制度应当强调的各种所有制经济"权利平等、机会平等、规则平等"等理念尚未很好地落在实处。

反行政垄断和公平竞争审查制度在实施过程中存在着困难和阻力，这有很多原因。一方面，因为这些法律制度是政府限制自己的权限，实施过程中自然会遭遇某些官员抵制；另一方面，因为国有经济和民营经济两种不同所有制经济存在，企业所有制的性质可能会出现意识形态化，即民营经济与国有经济的平等地位在实践中难以确认，其后果就是民营企业在各种竞争起跑线上往往处于相对弱势地位。因此，《反垄断法》要在反行政垄断方面成为一只"长了牙齿的老虎"，真正能够对行政性限制竞争实施有效监管，这需要相关行政机关在公平竞争审查中切实把竞争政策在国家产业、财政、投资、贸易、货币、金融、消费、就业、环境、区域等各种经济政策中作为一个基本和基础性经济政策，即正如《反垄断法》第4条规定的，"国家坚持市场化、法治化原则，强化竞争政策基础地位"。

因为市场是不完善的，国家不仅需要宏观调控，而且有必要实施某些影响市场竞争的公共政策，例如环境保护、推动中小企业发展、提高就业率、推动社会保障、推动地区间协调和融合等等。国家还有必要在外贸、农业、能源等某些经济领域实施产业政策。为此，《反垄断法》第4条第2款规定"国家……制定和实施与社会主义市场经济相适应的竞争规则"；第8条第1款规定："国有经济占控制地位的关系国民经济命脉和国家安全的行业以及依法实行专营专卖的行业，国家对其经营者的合法经营活动予以保护，并对经营者的经营行为及其商品和服务的价格依法实施监管和调控，维护消费者利益，促进技术进步。"《关于促进民营经济发展壮大的意见》第2条第3款也提出："优化完善产业政策实施方式，建立涉企优惠政策目录清单并及时向社会公开。"

这里提出的问题是，如果公平竞争审查中出现了产业政策和竞争政策的冲突，哪个政策应当处于优先地位？其实，竞争政策与产业政策的冲突是所有实施竞争政策的司法辖区都会遇到的问题。例如，欧盟早在二十世纪六七十年代就对纺织业和钢铁业进行过结构调整，对不景气的船舶制造业给予国家援助，此外还提出加强欧洲航天航空工业和信息技术产业竞争力。不仅如此，欧盟的产业政策还实现了法制化，即通过过去的《欧共体条约》和现在生效的《欧盟运行条约》对欧洲内部大市场的产业政策作出规定。《欧盟运行条约》第173条不仅明确了欧盟产业政策的目的，而且授权欧盟委员会执行产业政策。根据该条第1款，欧盟产业政策的目的是(1) 加速产业结构调整；(2) 为欧盟企业特别是中小企业的创意和发展提供良好条件；(3) 为企业间合作提供良好条件；(4) 推动企业在创新、研究和技术发展领域充分利用产业潜力。这些产业政策都是为了推动形成有竞争力的欧盟市场结构，实现社会资源更好和更合理地配置。因此，欧盟委员会把这些产业政策称之为"积极的竞争政策"。⑤ 然而另一方面,这些产业政策与竞争政策不可避免地存在着冲突。例如,"加速产业结构调整"在实践中往往表现为政府对某些行业或个别企业给予补贴或者实施其他的优惠政策;"为企业间合作提供良好条件"实践中往往表现为对应被禁止的卡特尔给予豁免;"推动企业在创新、研究和技术发展领域充分利用产业潜力"的政策对非高科技企业可能是不公平的,因为这种政策往往使高科技企业得到好处。出于这些考虑,《欧盟运行条约》第173条最后一款规定:"欧盟不能出于产业政策而引入任何可能扭曲竞争的措施……"这说明,产业政策在欧盟即便很重要,但它与竞争政策发生冲突的时候,竞争政策应处于优先适用的地位。例如,国家补贴是欧盟一项非常重要的产业政策,但是《欧盟运行条约》第107条明确规定:"除与本条约相反的规定外,凡国家给予或者利用国家财源给予的援助,不论方式如何,凡优待某些企业或者某些生产部门,以致破坏竞争或者对竞争产生威胁,从而对成员国间贸易有不利影响时,得被视为与共同体市场相抵触。"为提高执法透明度和稳定性,欧盟委员会还发布了一系列涉及环境保护、推动研究和开发、援助中小企业、援助破产企业以及推进产业重组等与国家补贴相关的指南。

我国当前尚处于经济体制转型过程中,市场竞争不够充分,企业发展和地区发展尚不平衡。这种情况下,公平竞争审查中可能会出现很多涉及产业政策和竞争政策冲突的问题。例如,对涉及市场准入、产业发展、招商引资、招标投标、政府采购等与企业资质标准相关的政策措施进行公平竞争审查时,有人可能认为这些规章制度存在地方保护或者地区封锁,不利于建设全国统一大市场;有人则可能认为这些政策措施属于政府的产业政策,应当予以放行。为了有效解决这种冲突,提高公平竞争审查的效率和透明度,我国有必要借鉴欧盟的经验,通过法律制度明确我国产业政策的目的、实施的领域以及审查它们的程序和步骤,而不应当把适用于本地区的企业或者国有企业的优惠待遇统统视之"产业政策"。简言之,为了认真落实《反垄断法》第4条中"国家坚持市场化、法治化原则,强化竞争政策基础地位"的规定,国家应通过立法措施,明确在产业政策和竞争政策的冲突中,竞争政策应被视为基础性经济政策和得到优先适用的地位。

三、结 束 语

公平竞争审查制度的目的是废除和修改对市场竞争有严重不利影响的经济政策和规章制度,这个制度不仅对国家的经济秩序和市场秩序有重大影响,对出台这些经济政策的行政机关有重大影响,而且对广大企业特别是民营企业的营商环境有重大影响。鉴于我国当前仍部分地存在地方保护、市场分割以及不同所有制企

---

⑤ See Art. 173, Treaty on the Functioning of the European Union.

业相当程度上不能开展公平竞争等问题,《反垄断法》理应在推动国家的市场化、法治化和全国统一大市场的建设中发挥更大作用。然而,《反垄断法》当前要彻底打通这些堵点还存在着困难。为了更好和更有效地健全统一大市场,为了给不同所有制企业建立一个公平竞争的法治环境,我国尚需深化经济体制改革。其实,一个国家如果要以市场机制作为配置资源的根本手段,它就得为企业营造一个公平自由的竞争环境,即政府的经济政策应当只是宏观地发生作用,也即是不偏爱某些企业而排斥其他企业,也不偏爱某些地区而排斥其他地区,这样才能建立起一个优胜劣汰和公平竞争的市场机制。这是一个促进生产要素自由流动和优化配置资源的机制,也是激发个人和企业积极参与竞争和不断提高经济效率的机制。这正如党的二十大报告中提出的,我们要"完整、准确、全面贯彻新发展理念,坚持社会主义市场经济改革方向",要"更好发挥法治固根本、稳预期、利长远的保障作用",对滥用行政权力排除限制竞争采取有效的法律措施,把"公平竞争审查"认真贯彻到底!

新《反垄断法》与加快建设全国统一大市场

孙 晋 蔡倩梦[*]

2022年3月,中共中央、国务院发布《关于加快建设全国统一大市场的意见》,迄今已两年有余,其中提出要"健全反垄断法律规则体系,加快推动修改反垄断法、反不正当竞争法,完善公平竞争审查制度,研究重点领域和行业性审查规则,健全审查机制,统一审查标准,规范审查程序,提高审查效能"。与之相呼应,2022年6月24日修正的《反垄断法》也已正式实施。本次《反垄断法》进行了较为全面的修订,将公平竞争审查制度正式写入法律文本,为新时代我国市场法治化改革、加速推进实现竞争性发展转型和加快建设全国统一大市场,并在此基础上实现高质量发展和共同富裕,提供了高质量制度供给和完备的法律保障。

一、全国统一大市场建设的制度需求

(一)制度与规则统一是建设全国统一大市场的必要条件

制度与规则统一是建设全国统一大市场的制度保障和内在要求,全国统一大市场又是构建新发展格局的物质基础和前提条件。目前我国仍然存在着地方保护与市场分割等现象,不同区域之间存在着制度或规则的不一致,对市场公平竞争造成了损害。制度与规则中存在的壁垒阻碍商品和生产要素的自由流动,加大交易成本,成为建设全国统一大市场的藩篱。加快建设全国统一大市场应当以统一的市场制度与规则为前提,通过实现制度与规则的统一维护市场公平竞争。

(二)制度与规则公平是建设全国统一大市场的充分条件

建设全国统一大市场对制度和规则的需求标准很高,不仅需要制度统一,还需

---

[*] 孙晋,武汉大学竞争法与竞争政策研究中心主任、法学院教授;蔡倩梦,武汉大学法学院博士生。
本文系作者主持的国家社会科学基金重点项目"现代市场体系建设的竞争法问题研究"(项目编号:19AFX019)的部分成果。

要制度公平。习近平总书记指出:"构建新发展格局,迫切需要加快建设高效规范、公平竞争、充分开放的全国统一大市场,建立全国统一的市场制度规则,促进商品要素资源在更大范围内畅通流动。"①建设全国统一大市场包括很多方面,其中制度与规则公平则扮演着至关重要的角色。如果说制度和规则统一有利于加快建设全国统一大市场的步伐,那么制度与规则的公平则有利于更好建设全国统一大市场;如果制度与规则既统一又公平,那么全国统一大市场建设的速度和质量就都有了保障。

(三)建设统一大市场的目标与反垄断法法益的一致性

《关于加快建设全国统一大市场的意见》明确指出,建设统一大市场的主要目标包括:(1)持续推动国内市场高效畅通和规模拓展;(2)加快营造稳定公平透明可预期的营商环境;(3)进一步降低市场交易成本;(4)促进科技创新和产业升级;(5)培育参与国际竞争合作新优势。新《反垄断法》的第1条明确规定了其立法目的,即:"为了预防和制止垄断行为,保护市场公平竞争,鼓励创新,提高经济运行效率,维护消费者利益和社会公共利益,促进社会主义市场经济健康发展,制定本法。"

由此可见,建设统一大市场的目标与反垄断法法益具有高度一致性。一方面,国内市场高效畅通和规模拓展,需要保护公平竞争作为支撑和保障;另一方面,两者都高度重视创新的重要性,提出要鼓励创新、促进创新,以创新推动产业升级,通过不断降低市场交易成本提高经济运行的效率。另外,对于消费者利益与社会公共利益的维护离不开稳定公平、透明、可预期的营商环境,促进社会主义市场经济的健康发展才能使我国在愈加激烈的国际竞争中赢得优势。

二、反垄断与市场基础制度的统一

(一)公平竞争审查制度是反垄断法的核心制度

在新《反垄断法》的总则部分,为了强化竞争政策基础地位,增加规定"国家建立健全公平竞争审查制度",并且规定,"行政机关和法律、法规授权的具有管理公共事务职能的组织在制定涉及市场主体经济活动的规定时,应当进行公平竞争审查"。该条重要制度规定,不仅实现了公平竞争审查制度法制化和刚性约束,而且为"完善宏观调控,健全统一、开放、竞争、有序的市场体系"提供了制度保障和实现路径。《反垄断法》中的公平竞争审查制度和行政性垄断规制制度

---

① 《习近平主持召开中央全面深化改革委员会第二十三次会议强调 加快建设全国统一大市场提高政府监管效能 深入推进世界一流大学和一流学科建设》,人民网,2021年12月17日,http://politics.people.com.cn/n1/2021/1217/c1024-32311126.html,最后访问日期:2024年8月19日。

相配合，可以弥补行政性垄断违法救济疲软的短板。该项制度能够以事前审查的方式，有效规范和优化政策制定机关出台的各项政策措施，成为反垄断法的核心制度。

（二）公平竞争审查制度与地方保护及行业封锁

当前，随着全面深化改革战略的持续推进，全国统一市场基本形成，公平竞争环境逐步优化。但同时也要看到，地方保护、行业封锁等不符合建设全国统一大市场和公平竞争的顽疾仍然存在。不少地方还存在歧视性政策，借由隐蔽性规定画地为牢，扭曲市场公平竞争机制，造成排除、限制市场竞争的损害后果。公平竞争审查制度的有效落实，能够在很大程度上规范政府的干预经济行为，防止滥用行政权力制定实施排除、限制竞争的政策措施，逐步清理、废除妨碍全国统一大市场和公平竞争的规定和做法。对政策制定机关出台的所有涉及市场经济活动的文件进行公平竞争审查，不允许出台违背全国统一大市场建设要求的政策文件，能够有效破除地方保护与行业封锁。

（三）反垄断的底线思维与市场规则的底线

反垄断与市场规则都必须坚守公平竞争这一底线，任何组织和个人都不得越线行事。新发展格局对市场规则提出新要求，需要通过更新市场规则保持与时俱进。因此，根据市场经济的最新发展趋势，应当及时有效修改和完善反垄断法，发挥反垄断对于维护公平竞争的关键作用，为市场有序运行和商品要素自由流动提供前瞻性、引领性的规则。坚持反垄断的底线思维与市场规则的底线，防止资本无序扩张，既要让商品和要素能够在市场经济中自由流动，又要让商品和要素的自由流动具有规范性。

（四）公平竞争审查制度与制度统一

加快建设全国统一大市场需要不断完善公平竞争审查制度、拓展制度的规范范围和增强制度的刚性约束。目前，公平竞争审查制度已经入法，接下来国务院需要尽快制定《公平竞争审查条例》，进一步提高公平竞争审查制度法治化水平，以更高质量、更大力度推进公平竞争审查工作，不断提高审查质量和效果，有效防止发布排除、限制竞争的政策措施。公平竞争审查制度是维护市场基础制度和规则统一的有力保障和实现路径。通过公平竞争审查制度不断建立健全全国统一的市场制度规则，持续促进商品和要素资源在更大范围内畅通流动，助力建设高效规范、公平竞争、充分开放的全国统一大市场。

三、反垄断与市场基础制度的公平

(一) 反垄断法与产业政策

反垄断法与产业政策都是政府干预经济的基本方式。产业政策是政府为了实现经济和社会目标,对特定产业的形成和发展进行干预的各种政策和措施。其主要目的是弥补市场缺陷,有效配置资源,这与反垄断法的最终目的具有一致性。产业政策也会对反垄断法的实施产生影响,当产业政策与反垄断法相向而行时,将会对市场经济起到促进作用;一旦产业政策与反垄断法出现冲突,则会干扰反垄断法发挥作用,阻碍经济可持续健康发展。对不同所有制企业和不同规模、不同行业的企业一视同仁的产业政策,与反垄断法的制度内耗最小,最有利于形成制度合力。通过反垄断法尤其公平竞争审查制度促进产业政策的公平性,其意义不亚于产业政策的统一性。

(二) 反垄断法与其他法律和行政法规、部门规章

按照我国现阶段公平竞争审查制度的规定,行政法规和部门规章是公平竞争审查制度的规范对象,通过起草部门的自我审查,可以保障法规规章的公平性。然而,公平竞争审查制度的对象还不能涵盖法律。按照全国统一大市场建设的要求和高质量发展对高质量制度供给的需求,法律在起草过程中理应也要进行公平竞争审查,保证这些与市场经济活动有关的法律与《反垄断法》的立法精神保持一致性,最终与《宪法》第15条的"经济宪法"之条款规定"国家实行社会主义市场经济"保持一致,以维护《宪法》的权威。未来可通过《立法法》的修订和合宪性审查制度的不断发展以实现法律制定过程中的公平竞争审查,在法律统一性基础上,进而实现法律的公平性。

(三) 反垄断法与地方立法

一方面,《反垄断法》是规范竞争秩序的基本法,地方立法应当严格与《反垄断法》保持一致,绝不可违反《反垄断法》的立法精神与具体规定,确保地方立法的公平性。另一方面,反垄断法的制度体系也包括了部分地方立法的内容,通过地方立法使得《反垄断法》的规定更加具有可操作性。

四、反垄断与公正执法

(一) 反垄断与公正监管的关系

反垄断执法与公正监管相辅相成。反垄断以维护市场公平竞争为己任,反垄

断执法应该追求实现市场经济的公正监管。反过来,公正监管也必将会强化反垄断,能够在潜移默化中约束市场竞争中的垄断行为,促使市场主体自觉遵守《反垄断法》。同时,实现公正监管与维护反垄断成效都需要多方主体协同发挥监管作用。现行《反垄断法》极大地提高了法律责任,加重了企业和个人的垄断违法成本,增强了法律威慑力,这有助于倒逼企业及时完善、自觉调整反垄断合规机制,形成企业合规内控和执法外在监管有机结合,这对于实现公正监管至关重要。

(二) 公正的反垄断执法有利于促进市场公平竞争

在《反垄断法》总则部分,新增第 11 条规定:"国家健全完善反垄断规则制度,强化反垄断监管力量,提高监管能力和监管体系现代化水平,加强反垄断执法司法,依法公正高效审理垄断案件,健全行政执法和司法衔接机制,维护公平竞争秩序。"该条修订回应了现实问题,为大幅度充实反垄断监管力量和加强反垄断执法工作提供法律保障。下一步,加强反垄断执法的着力点应该在于公平公正执法,通过公平公正执法在源头上维护和促进市场公平竞争。通过加强反垄断公平执法赋能反垄断,以公正的反垄断执法极大促进市场公平竞争。

结　论

加快建设全国统一大市场需要充分发挥法治的引领、规范、保障作用。其中,有效市场与有为政府都需要反垄断法持续发力。一方面,反垄断法与统一大市场关系最为密切,作用也最为关键。《反垄断法》及其所确立的公平竞争审查制度能够为建立健全全国既统一又公平的市场基础制度规则提供动力和保障,这对于打破地方保护和市场分割至关重要。另一方面,市场中不同主体的竞争行为复杂,垄断表现多样,需要反垄断执法机关公平监管公正执法,从源头上维护市场公平竞争,在法律实施中促进市场公平竞争,通过公平公正执法为反垄断赋能、提升反垄断法的威慑力,切实为加快建设全国统一大市场提供强大的制度保障。

建设全国统一大市场视域下的公平竞争审查基准

王 炳[*]

公平竞争审查基准是公平竞争审查的标尺。公平竞争审查基准与经济垄断行为认定基准之间虽有一些共同性，但公平竞争审查基准也有特殊性。从建设全国统一大市场视域看，我国公平竞争审查基准应采用不当影响高效市场竞争标准。该基准包括两个构成要素：一是是否不利于高效市场竞争，二是是否具有正当理由。

一、公平竞争审查基准具有重要意义

公平竞争审查基准，也称公平竞争审查基本标准，是指认定政策措施是否符合公平竞争审查法治的基本标准。只有明确了公平竞争审查基准，公平竞争审查工作才有统一的准绳，政策制定机关才可以根据该基准具体地开展公平竞争自我审查，反垄断法实施机关才可以根据该基准有效地推动公平竞争审查制度落实，其他有权机关才可以根据该基准在公平竞争审查制度实施中发挥应有作用。

目前，我国公平竞争审查法律法规尚未明确规定公平竞争审查基准。尽管国家市场监督管理总局等五部门发布的《公平竞争审查制度实施细则》（国市监反垄规〔2021〕2号）规定了四条公平竞争审查标准，即市场准入和退出标准、商品和要素自由流动标准、影响生产经营成本标准、影响生产经营行为标准，但这些标准尚未上升到统一的公平竞争审查基本标准的高度。换言之，该细则规定的上述四类标准仅仅是公平竞争审查的具体标准，而非公平竞争审查基本标准。尽管该细则

---

[*] 王炳，南京航空航天大学教授。
本文根据作者于2023年4月在江苏省市场监管局公平竞争审查和反垄断执法专家座谈会上的发言而形成，也系作者主持的国家社会科学基金重点项目"构筑国家竞争新优势视域下超大型平台的反垄断法规制研究"（项目编号：22AFX019）的阶段性成果。

第2条规定了"具有排除、限制竞争效果且不符合例外规定的,应当不予出台或者调整至符合相关要求后出台"的内容,但该规定能否作为公平竞争审查基准值得反思。理由是,根据该细则第17条的规定,符合例外规定的政策措施须满足"实现政策目的不可或缺""不会严重限制市场竞争""明确实施期限"三项条件后才可出台。这表明,该细则第2条中的"具有排除、限制竞争效果且不符合例外规定的情形"不包含严重限制市场竞争的情形。可见,我国的公平竞争审查基准亟须厘清。

基于此背景,提出统一的公平竞争审查基准具有重要的意义。[①] 这不仅有利于对公平竞争审查法治实践提供指引,也有利于促进公平竞争审查法治基础理论的研究,乃至反垄断法基础理论的研究。

二、公平竞争审查基准具有特殊性

从本质上看,公平竞争审查基准是审查政策制定机关出台的政策措施是否违反公平竞争审查法治的基本标准,其主要涉及行政性反竞争行为的认定,故其不同于经济垄断行为认定基本标准。

在理论上,各类经济垄断行为都应有基本认定标准。例如,对于滥用市场支配地位行为认定有实质减少竞争标准、消费者福利标准、不合比例标准、较低效率竞争者标准、提高竞争对手成本标准、利益牺牲标准、无经济意义标准等[②],对垄断协议认定有品牌内竞争与品牌间竞争分析标准等[③],对经营者集中审查有支配地位标准、实质减少竞争标准、严重妨碍有效竞争标准等[④]。不过,涉嫌经济垄断行为认定基本标准主要是分析涉嫌经济垄断行为是否非法地排除、限制竞争,其中涉及是否具有排除、限制竞争影响和是否具有正当理由等。就其中的正当理由而言,经营者可提出的抗辩事由可能是基于公共利益的,也可能是基于经营者私人利益的,例如掠夺性定价行为认定中的破产抗辩、独家交易行为认定中的提高经营者经济效益的理由等。[⑤]

而公平竞争审查的基本标准应有所不同,因为公平竞争审查的对象是政策制

[①] 有研究提出了"公平竞争审查制度的价值基准"的范畴,认为公平竞争审查制度应当以权力制约与权利保障为价值基准(参见王贵:《论我国公平竞争审查制度构建的基准与进路》,载《政治与法律》2017年第11期)。本研究认为,该范畴不同于本文中的公平竞争审查基准的范畴,其旨在阐述公平竞争审查制度的价值、功能、意义或建构要求。

[②] 参见江山:《论反垄断法规范中的规则与标准》,载《环球法律评论》2021年第3期。

[③] 参见焦海涛:《纵向非价格垄断协议的反垄断法规制:困境与出路》,载《现代法学》2019年第4期。

[④] 参见刘英国:《由"支配地位"到"严重阻碍有效竞争"——欧盟企业合并控制法的实体标准改革评析》,载《辽宁大学学报(哲学社会科学版)》2008年第2期。

[⑤] 参见肖江平:《滥用市场支配地位行为认定中的"正当理由"》,载《法商研究》2009年第5期。

定机关的政策措施。而政策制定机关不是市场主体,其承担着公共职责。这意味着,政策制定机关不仅承担着维护市场竞争的公共职责,也承担着其他公共职责。在前者,政策制定机关不仅不得非法地排斥、限制竞争,还要保证市场竞争的公平性,甚至还要促进市场竞争的充分性。因此,尽管有的政策制定机关制定的政策措施还未达到排除、限制竞争影响的程度,但仍然需要作出违反公平竞争审查的处理。这也间接地解释了我国《反垄断法》第3条明确规定垄断行为仅包括经营者滥用市场支配地位、经营者达成垄断协议、具有或者可能具有排除、限制竞争效果的经营者集中三类,而未将滥用行政权力排除、限制竞争行为纳入垄断行为中的原因。在后者,政策制定机关要兼顾维护市场竞争与其他公共利益的平衡关系。这样,政策制定机关出台的政策措施可能具有的正当理由就不同于经济垄断行为人可依法提出的正当理由。例如,政策制定机关不可提出仅仅维护某一特定经营者私人利益的抗辩事由。故此,公平竞争审查基准不同于经济垄断行为认定基本标准。

当然,也需要指出的是,公平竞争审查基准与经济垄断行为认定基本标准之间也有一些共同性。例如,二者都含有对市场竞争的影响的分析,都含有对正当理由的认定。但是,二者在相关具体内容的认定分析中又有所不同。

三、公平竞争审查基准的选择应立足于我国实际

理性地看,公平竞争审查基准的选择应立足于本国实际。理由在于,一个国家所处的历史阶段不同,国情不同,阶段性法治建设目标也不同。换言之,虽然各个国家在任何时刻都具有共时性,但各自所处的历史阶段却不同,如当前有的已是发达国家,有的还是发展中国家,有的仍是欠发达国家。因此,不同国家所要解决的经济社会问题不同,不同时期的法治建设目标、任务不同。因而,每个国家须根据各自的实际情况建构法治,其中就包括竞争法治;选用公平竞争审查基准应立足于本国实际。

比较地看,欧盟的公平竞争审查主要是为了防止成员国政策损害欧盟单一市场或内部市场建设,因此其主要采用了扭曲或威胁扭曲内部市场竞争的基本标准。⑥ 这一标准不同于欧盟对垄断协议的排除、限制或扭曲竞争认定标准⑦,也不同于其对滥用市场支配地位行为的反竞争效果认定标准。⑧ 在20世纪,澳大

---

⑥ See The Treaty on the Functioning of the European Union, Article 107.
⑦ See The Treaty on the Functioning of the European Union, Article 101.
⑧ See EU Policy Brief: A Dynamic and Workable Effects-Based Approach to Abuse of Dominance, p. 2. March, 2023, accessed 3 April, 2023, https://competition-policy.ec.europa.eu/system/files/2023-03/kdak23001enn_competition_policy_brief_1_2023_Article102_0.pdf.

利亚为了国家总体发展⑨,在公平竞争审查中采用了唯有通过限制竞争才能实现政策目的且总收益大于成本标准。⑩ 在新加坡,为了帮助政府机关理解其政策措施的竞争影响,竞争和消费者委员会提出了政策措施竞争影响比较分析标准。⑪ 经济合作与发展组织(OECD)对公平竞争审查的建议是采取不当限制竞争标准,即为了实现公共利益目标所需要的对竞争的限制超过必要性(考量可行的替代选择和它们的成本)标准。⑫

当前,我国经济建设的目标是加快建设高效规范、公平竞争、充分开放的全国统一大市场,全面推动我国市场由大到强转变。这表明,我国经济建设的目标已由三十年前的统一大市场建设目标转向了当前的统一强大市场建设目标。统一强大市场包含了市场规模超大、市场潜力强大、市场国际竞争力巨大等三个方面,其已不限于市场规模大的单一维度。在这一背景下,经济法治应回应这一经济社会发展需要。只有这样,经济法治才具有适应性。竞争法治也应如此。因此,公平竞争审查基准的选择也应服务这一目标,应立足于当前时代背景理性建构。

四、公平竞争审查基准应采用不当影响高效市场竞争标准

从建设全国统一大市场视域看,我国公平竞争审查基准应采用不当影响高效市场竞争标准。该基准包括两个构成要素:一是是否不利于高效市场竞争,二是是否具有正当理由。根据以上要素,认定某一政策措施是否符合公平竞争审查法治可遵循以下逻辑:若某一政策措施不利于高效市场竞争,且没有正当理由的,则其违反公平竞争审查法治;若某一政策措施不利于高效市场竞争,但有正当理由的,则其符合公平竞争审查法治。

(一)是否不利于促进高效市场竞争要素

就是否存在不利于促进高效市场竞争要素而言,一般可从两个层面进行分析:一是政策措施是否具有不利的市场竞争影响,二是政策措施是否不利于促进高效市场竞争。

---

⑨ OECD指出,20世纪90年代中期澳大利亚政府实行的在全国和地方范围内以促进竞争为目标的大规模改革,使得其经济呈现稳定的高速发展,一跃成为OECD成员国中经济发展前列国家之一。参见OECD:《竞争评估工具书·指南》,第3页,http://www.oecd.org/daf/competition/98765437.pdf,最后访问日期:2023年4月3日。

⑩ See Australia Competition Principles Agreement, Article 5 (11 April 1995).

⑪ See The Competition and Consumer Commission of Singapore, the Government and Competition: A Toolkit for Government Agencies, p.42, 22 April, 2019, accessed 3 April, 2023, https://www.cccs.gov.sg/approach-cccs/for-government-agencies/competition-impact-of-government-initiative.

⑫ See OECD, Recommendation of the Council on Competition Assessment (11 December 2019).

1. 起始分析：关于是否具有不利的市场竞争影响问题

从本质上说，具有不利的市场竞争影响是不利于促进高效市场竞争要素的一个方面。换言之，若某一政策措施具有不利的市场竞争影响，其不大可能有利于促进高效市场竞争。因此，在分析某一政策措施是否不利于促进高效市场竞争时，可以以其是否具有不利的市场竞争影响作为起点进行分析，即具有不利市场竞争影响的政策措施可认定为不利于促进高效市场竞争。

就判断是否具有不利的市场竞争影响而言，核心是一项政策措施是否具有消极性或负面的竞争影响，尤其是是否排除市场竞争或限制市场竞争，包括排除或限制竞争产品或服务范围、竞争地域、竞争者数量、竞争机会、竞争程序等。当然，此中的不利市场竞争影响不需要达到经济垄断行为认定中的排除、限制竞争的程度。[13] 对不利市场竞争影响的判断主要分析正常市场竞争状态的改变情况，尤其是是否有选择地增加了某一或某些特定市场主体的竞争优势的情形。换言之，行政机关在市场经济发展中总体上应保持政府中性[14]，在市场主体之间总体上保持政府中立。只有这样，才能"充分发挥市场在资源配置中的决定性作用"[15]，才能做到坚持市场化，才能做到强化竞争政策基础地位，才能使得市场的作用发挥充分，使得经济活力更强。

值得指出的是，在判断政策措施的不利市场竞争影响时也需要界定相关市场。当然，一项政策措施影响的市场可能是多个产品或多个服务市场，也可能是潜在市场。因此，具体界定政策措施的相关市场要复杂得多。

2. 进阶分析：关于是否不利于促进高效市场竞争问题

虽然具有不利市场竞争影响的政策措施可以直接认定为不利于促进高效市场竞争，但是不具有不利的市场竞争影响的政策措施不代表其有利于促进高效市场竞争。因此，若某一政策措施虽然不具有不利的市场竞争影响，对其是否违反公平竞争审查法治问题，还要继续分析其是否有利于促进统一大市场的高效市场竞争。

这里的高效可以从自由、开放、便利、充分、创新、提效六个方面理解，也即政策措施是否有利于市场自由，是否有利于开放竞争，是否增加竞争便利，是否有利于充分竞争，是否有利于激励创新，是否有利于提升竞争效率等。这些方面都是我国统一大市场建设的根本要求。也就是说，我国的统一大市场建设不仅仅在于指向市场统一、市场规模超大，而且在于建设能量强大、吸引力巨大的市场。从这一角

---

[13] 国家市场监督管理总局 2023 年 5 月 12 日发布的《公平竞争审查条例（征求意见稿）》第 11 条规定，政策制定机关在开展公平竞争审查时，应当全面准确把握审查内容，科学评估有关政策措施对公平竞争的影响。该条规定的是应评估有关政策措施对"公平竞争的影响"，而不是评估有关政策措施的排除、限制竞争影响。

[14] 一般而言，政府中性包括财政中性、税收中性、采购中性、债务中性、监管中性等。

[15] 参见中共中央、国务院《关于加快建设全国统一大市场的意见》（2022 年 3 月 25 日）。

度说,我国当前的公平竞争审查基本标准的运用目标应是使得政策措施进一步促进、增进、提升竞争效率,而不是仅仅避免排除、限制竞争影响。例如,若一项产业政策扶持无市场主体进入的领域,其是有利于促进竞争的,但其是否有利于促进充分竞争、高效竞争,还需要进一步分析。

具体地说,在扶持一个无市场主体进入但有必要发展的产业时,若按照统一的标准支持大、中、小企业,这可能并不能促进充分竞争、高效竞争。如果对中小企业给予更高比例的扶持,则有利于促进市场的充分竞争、高效竞争。因此,根据该标准,政策制定机关的政策措施应是竞争良性的。从这个角度看,使用竞争中性、竞争中立的公平竞争审查范畴表述可能会产生歧义。原因是,若对市场竞争采取完全中立的态度,对大、中、小企业采用相同比例进行扶持而非对中小企业加大扶持,则可能并不能促进充分竞争。因此,为了保证竞争的公平性、充分性,尤其是要促进发展中小企业的竞争能力。

在此值得指出的是,有的研究提出应采用最小影响和限制竞争标准作为公平竞争审查标准。[16] 笔者认为这还不够,因为我国的公平竞争审查制度实施的目标还包括促进市场高效竞争。

(二) 正当理由要素

就正当理由要素而言,本文认为应从六个层次进行分析,也就是合宪、合法、正当、必要、适度、合理。特别指出的是,政策措施不仅要合法,而且要更基本地合宪,核心是要符合《宪法》的规定。合法主要是指符合基本法律和行政法规。一般而言,法律的层次越高,其权威性越强。因此,某一政策措施是否合法,应主要从更高地位的法律法规中找到根据,在我国尤其要重视从基本法律中寻找合法性。正当主要是指目的正当,如为了国家安全、救灾扶贫、公共安全、生态保护、科技创新等。必要主要是指采取某一政策措施是因为无更好的其他替代性政策措施而不得已为之。适度是指有一定程度的限制,包括例外政策措施的实施条件限制、实施范围限制、实施期限限制等。合理主要是指政策措施的综合法益为正。其中,有的是经间接调节后的法益向正,即要求政策措施含有对市场竞争进行反哺的内容,促使综合法益向正。综合言之,正当理由若要获得真正的正当性,不仅要分析是否存在顺位优先法益因素,还要分析保护该法益对高效市场竞争的影响,并根据必要、适度、合理的原则进行利益平衡,以尽可能地将该影响限制到最低程度。

综上所述,从建设我国统一大市场视域看,我国公平竞争审查基准应采用不当影响高效市场竞争标准。该标准包括两个构成要素:一是是否不利于促进高效市场竞争,二是是否具有正当理由。该基本标准中的突出要求是判断政策措

---

[16] 参见朱静洁:《我国行政性垄断的公平竞争审查规制研究》,载《价格理论与实践》2017 年第 6 期。

施是否有利于更加高效的市场竞争。从这一层面看,公平竞争审查的基本标准强调综合运用消极标准和积极标准,提高对政策措施的审查要求,其实际上是在对市场主体公平竞争要求的基础上,加入了对政府行为公平竞争审查的特殊要求。显然,这种高标准的公平竞争审查基准正是建设我国统一大市场所需要的,而且在当前及未来一定时期都具有积极的意义。

经济法总论

区域经济法命题的制度空间和基本框架

陈婉玲*

摘要：区域经济法命题的提出有着特定的时代背景和重要意义，深入研究区域经济法有助于实施国家区域协调发展战略，解决区域经济发展不平衡不充分的问题。目前我国区域经济法制存在政策依赖性强、立法反应滞后和学科关注度低等问题，为此，需要积极践行区域经济法制度的建设使命，逐步实现市场一体化发展机制、区域合作机制、区域互助机制和区域利益补偿机制的法制化。区域经济法的立法进路在于"法源性区域政策"向法律的转化，顶层设计是制定《区域协调发展法》，区域经济法服务区域协调发展的"三层框架"分别是宏观调控立法、中观协调立法与微观规制立法。

关键词：区域经济法　区域协调发展　制度空间　基本框架

一、区域经济法命题的时代背景

基于我国经济法产生和发展与经济体制改革进程相互作用的路径依赖特质[①]，现阶段提出"区域经济法"命题，是区域经济发展不平衡不充分的基本国情与国家实施区域协调发展战略综合驱动的结果。第一，在坚持法治国家、法治政府、

---

* 陈婉玲，华东政法大学经天特聘教授，博士生导师，产业与区域经济法制研究中心主任。
本文系 2021 年度国家社会科学基金一般项目"区域经济法基本理论研究"（项目编号：21BFX106）的阶段性成果。

① 张守文教授认为，从推进改革与法治的历程看，中国的改革开放与经济法的产生和发展始终同步。其中，经济体制改革作为整体改革开放的突破口或核心路径，不仅带来了诸多领域的制度变革，还直接推动了经济法的制度生成；而不断生成的经济法制度，又为相关领域的进一步改革开放提供了重要保障。因此，经济法同其他部门法一样，其产生和发展同样依赖于特定的背景，这个背景主要体现为经济法赖以产生和发展的经济基础和社会基础，其与我国经济体制改革、创新与完善相生相随。详见张守文：《经济法的时空维度描述》，载《法商研究》1998 年第 6 期；《体制改革与经济法的关联性考察》，载《北京大学学报（哲学社会科学版）》2018 年第 5 期。

法治社会一体建设,推行新时代全面依法治国的基本方略背景下,运用法律思维和法治方式解决经济发展问题是国家治理体系的题中之义。市场经济就是法治经济,一国经济发展尤其离不开经济法调整,这已是被充分论证的、不需赘述的事实。第二,我国国民经济发展已由非均衡发展进入了区域协调发展阶段,经济发展模式和价值理念发生了一些新的变化,区域问题、区域关系和区域结构等新的经济现象与经济关系需要法律调整,这是区域经济法命题的时代背景,即提出区域经济法命题的问题意识。第三,传统经济法理论与实践对区域经济协调发展的时代特质回应不足,需要尽快完成部门法传统思维的转向和观念更新,这是区域经济法获得命题正当性的理论前提。

根据地理学,空间关系和空间差异构成了区域或地区的质的规定性[2],区域经济现象源于空间作为一种生产方式所产生的空间生产现象和空间关系。在区位特质、资源禀赋、资本挟持和权力主导下,区域作为生产关系发生的场域,容易陷入片面的生产逻辑,出现空间经济秩序与空间利益关系的异化,导致区域经济发展不平衡、不充分。区域经济发展不充分即因地理区位、资源禀赋、社会化大生产以及空间规划等而出现的区域内部发展问题,表现为各类"区域问题"即"区域病"的出现;区域经济发展不平衡则是空间资源和发展利益分配关系不平衡,表现为区域差异与区域分化[3],其直接后果是区域经济结构的失衡。可以说,"近代以来人与人之间的不平等,更多的是以区域不平等的方式呈现"[4],因此,空间不正义是区域协调发展中的核心问题。基于生产和生活空间资源的稀缺性,必然要解决配置效率与公平的平衡问题,即和谐的空间秩序和空间关系应成为人类追求平等权益和幸福生活的新时代价值追求,区域协调发展被上升到国家经济发展战略层面加以考量。

实施区域协调发展战略是在中国特色社会主义进入新时代,以习近平同志为核心的党中央紧扣我国社会主要矛盾变化,按照高质量发展的要求提出的重要战略举措。区域发展问题包括经济、社会、文化诸多领域,而区域经济的协调发展是区域发展的核心问题。在中国式现代化建设进程中,区域经济发展是我国建设现代化经济体系的重要构成,区域经济治理则是国家治理体系的重要部分。二十几年来,从政策工具的运用看,从缩小地区发展差距的振兴东北老工业基地、促进中部崛起、西部大开发等区域倾斜性发展政策,到优化国土空间布局,引导生产要素

---

[2] 公丕祥:《空间关系:区域法治发展的方式变项》,载《法律科学(西北政法大学学报)》2019年第2期。

[3] 张可云教授将"区域问题"称为"区域病",主要包括产业发展相对滞后的落后病、产业结构由先进沦为落后的萧条病、产业布局过度拥挤且产业结构技术含量不足的膨胀病;并提出了"问题区域"的概念,即患有一种或多种"区域病"而且若无中央政府援助则难以靠自身力量医治这些病症的区域。详见张可云:《区域经济政策》,商务印书馆2005年版,第12—13页。

[4] 陈忠:《空间与城市哲学研究》,上海社会科学院出版社2017年版,第15页。

跨区域合理流动,乃至各种特殊经济区、主体功能区、城市群和经济带的形成,国家调整区域结构、解决区域问题、促进区域协调发展的各种推动措施层出不穷。2018年11月18日,中共中央、国务院颁布《关于建立更加有效的区域协调发展新机制的意见》(以下简称《意见》),对促进区域协调发展的机制框架进行了全面总结。党的二十大报告更是提出深入实施区域协调发展战略、区域重大战略、主体功能区战略、新型城镇化战略,优化重大生产力布局,构建优势互补、高质量发展的区域经济布局和国土空间体系。区域协调发展战略从整体主义出发,以维护社会整体利益为宗旨,以保障全体人民公平发展、实现全体人民共同富裕为目标,其战略意涵、实现路径与经济法的制度功能和价值追求相契合。经济法作为与经济体制改革和经济建设联系最为密切的部门法,拥有积极参与市场经济治理的现代法特质,理应对作为现代市场经济组成部分的区域经济现象及其法制诉求作出回应。目前,我国区域经济法制建设和理论研究仍存在以下问题:

第一,政策依赖性强,区域经济法治观念尚未完全建立。区域协调发展战略的实施着力于区域秩序的治理和区域关系的调整,这一方面需要依赖各种治理手段和激励措施根除"区域病",促进"问题区域"经济的充分发展;另一方面,必须通过区域之间的利益调整实现资源分配的公平与正义。针对区域经济发展中的空间失序与空间关系的不协调问题,区域经济政策作了积极回应。长期以来,区域经济政策作为国家干预空间经济的重要手段,在国家宏观调控系统中扮演了极其重要的角色,成为国家解决国内区域发展不平衡不充分问题的重要方案。在实践中,为了解决区域协调发展中的利益问题,从中央政府到地方政府出台了大量政策与指导性意见,这些政策意见虽然能够起到战略引领和行动宣示的作用,但政策的不稳定性和"泛化"现象影响其领导力和执行力的有效落实,在具体行动中,政策已逐渐显露协调能力不足、贯彻落实粗放浮夸、政府权力膨胀等弊端。大量的政策治理工具干预区域生产,协调区域利益关系,本质仍然是传统权力主导型治理思路,容易陷入"口号治理"和"表态工程"窠臼。由于缺乏区域政策法律化的理论指导和实践经验,区域治理的法治思维尚未形成,法治工具的运用尚未进入各级政府的治理视野,国家区域协调发展战略实施从初始的"探索尝试阶段"到"经验转化与制度定型阶段"的转向过程受阻。⑤

第二,立法反应滞后,一些成熟的做法不能及时转化为制度设计,区域经济立法未能适应区域经济发展的需要。例如,改革开放以来,为了适应经济建设的需要,我国突破"行政区经济"桎梏,设立了一些具有独立目标函数和经济功能的"特殊经济区"。从各类经济特区、产业园区、综合实验区和自由贸易区到长三角、京津冀、粤港澳等跨省际的大区域,这些区域通过国家正式批准获得特殊地位,享受差

---

⑤ 陈婉玲、陈亦雨:《区域协调发展的利益调整与法治进路》,载《上海财经大学学报》2021年第6期。

异化优惠政策,展开轰轰烈烈的创新实践,积累了丰富的区域发展经验,成为促进社会经济发展的增长极,它们对法治建设有着更加迫切的特殊要求,亟待将其先行先试各种机制模式和特殊需求上升为立法。⑥ 又如,多年来我国自上而下逐步推进东西部扶贫协作、对口支援、区际应急援助等区域互助工作,逐步形成了较为成熟的区域互助机制,但这些互助机制强调通过政治性安排实现援助政策目标,由于缺乏立法规定性,区域互动权利义务分配模糊,协作程序不清,需要推动合作互助动力从"政治动员"向"制度激励"转型。⑦

第三,学科关注度低。经济法理论研究未能适应区域经济法治诉求。当今中国社会正以巨大热情进行区域治理实践,法学界亦对国家的区域治理和制度创设作出了积极回应,其中以法理学与宪法、行政法学的研究最为活跃⑧,不少学者产出一大批在区域法治领域有影响力的成果,如汪习根、公丕祥、叶必丰、王春业、周叶中等教授。整体来看,区域法治作为历史的存在,是国家治理体系的有机组成部分已成法学研究的共识。⑨ 但"区域法治"在经济场域有不同的研究视野,其以区域经济利益合理分配和区域经济发展权保障的制度建设为要务,以实现国家区域经济的协调发展为最终目标。诚如有学者所言:"空间正义是区域协调发展战略的现实驱动力和目标追求,其实现有赖于整个法治体系融通作用,其中经济因素作为引致空间正义问题最具基础性的原因,决定了以干预经济为内容的经济法在空间正义的实现中具有关键的功用。"⑩目前,受到根深蒂固的经济法宏观调控和微观规制二元维度"框定"思维的自我约束,区域经济作为上承国民经济总体、下启微观企业的中观经济地带尚未进入经济法观察视野,经济法理论缺乏将区域经济问题作为系统性问题进行思考的学术传统。

二、区域经济法制度建设使命:机制的法制化

相较于传统经济法对经济总量的调控和竞争秩序的规制,区域经济法需要重点关注区域经济发展的不平衡不充分性的利益调整问题,以"差异性、均衡性和整体性"理念对区域经济法制问题进行体系建构和法理支持,推动区域协调发展机制

---

⑥ 王春业:《论我国"特定区域"法治先行》,载《中国法学》2020年第3期。

⑦ 陈婉玲:《我国区际应急援助动力转换与制度规范——从政治动员到合作激励》,载《政法论坛》2021年第5期。

⑧ 宪法、行政法学研究主要集中于中央和地方的关系、地方和地方之间法制协同和合作协议等模式构建;法理学则对区域、区域法治和区域发展权等基本范畴展开深入讨论。

⑨ 戴小明:《区域法治研究:价值、历史与现实》,载《中共中央党校(国家行政学院)学报》2020年第1期。

⑩ 靳文辉:《空间正义实现的公共规制》,载《中国社会科学》2021年第9期。

的制度化。⑪ 自党的十八大以来,各地区、各部门围绕建立健全区域合作机制、区域互助机制、区域市场一体化、区际利益补偿机制等方面进行积极探索并取得一定成效。为全面落实区域协调发展战略各项任务,促进区域协调发展向更高水平和更高质量迈进,《意见》集中对促进区域协调发展的战略统筹机制、市场一体化发展机制、区域合作机制、区域互助机制、区际利益补偿机制、基本公共服务均等化机制、区域政策调控机制和区域发展保障机制八大创新机制作了全面的诠释,并提出推动区域协调发展法律法规体系建设,研究论证促进区域协调发展的法规制度的政策信号,区域协调发展法治化将是下一步区域协调发展战略深化实施的关键环节。机制是实现某种目标的方法、技术或者路径,是解决问题的一种具体决策;而制度才是调整社会关系最为权威的规则体系,机制的运行需要制度的约束。区域具有相对独立的财权与事权,存在利益诉求和区域竞争,无论是区域协调发展的促进机制、保障机制还是利益分配机制,都需要法律的权威性制度安排。当下,区域经济法最为紧要的制度建设使命是尽快将实践中行之有效且有迫切制度化需求的区域协调发展创新机制转化为制度规范,为区域协调发展战略的法治化提供制度支撑。

(一) 市场一体化发展机制的法制化

市场一体化既是全球化背景下国家、地区从孤立封闭到开放合作的发展模式转变,也是主权国家内部寻求经济结构优化升级、打造经济高质量发展的战略驱动,其目标指向在打破经济壁垒与歧视的基础上实现经济联系与流通,增强经济体之间的优势互补和整体经济效益,促进城乡区域间要素自由流动。自二十世纪八九十年代建设上海经济区(长三角)、珠三角、环渤海经济圈,到如今京津冀协同发展、长三角、珠三角等经济一体化上升为国家战略,区域经济一体化已成为我国区域经济发展的显著特点,是打通制约全国统一大市场经济循环和要素流通关键堵点的战略性实践。市场一体化是推动区域经济一体化发展的重要动因和核心任务,显然,我国目前正在积极推进的各类区域经济一体化建设工作,实际上都是在为全国统一大市场的形成总结经验并创造条件。⑫ 近年来,在国家实施一体化战略的政策推动下,各地关于市场一体化的政府行动和实施方案方兴未艾,尤其在(1)实施全国统一的市场准入负面清单制度,消除歧视性、隐蔽性的区域市场准入限制;(2)探索建立规划制度统一、发展模式共推、治理方式一致、区域市场联动的

---

⑪ 陈婉玲、胡莹莹:《经济法学在区域经济法制建设中的使命与担当》,载《经济法研究》2019年第2期。
⑫ 《关于加快建设全国统一大市场的意见》第29条就明确提到,要优先推进区域协作。结合区域重大战略、区域协调发展战略实施,鼓励京津冀、长三角、粤港澳大湾区以及成渝地区双城经济圈、长江中游城市群等区域,在维护全国统一大市场前提下,优先开展区域市场一体化建设工作,建立健全区域合作机制,积极总结并复制推广典型经验和做法。

区域市场一体化法治,促进全国统一大市场形成;(3)打破劳动力、土地、科技、能源资源等要素的市场壁垒,培育区域交易平台,完善各类资源权益(用水权、排污权、碳排放权、用能权)的市场化交易制度,促进要素跨区有序流动、按照市场需求进行空间配置等方面进行了深入有效的创新实践,积累了一定的经验模式,亟须提供制度保障。

目前,各地在贯彻落实一体化国家战略的实践中对"一体化"存在一定认知误解,或将其等同于区域发展的"同质化",或直接演化为政府的"一致行动",甚至对产业布局进行"人为分工",区域经济一体化出现"去差异化"、政策化、脱离市场的权力经济异化的趋势,必须对其进行理念纠偏。[13]消除市场分割,破除区域壁垒不是通过地方政府间的协调机制使壁垒联合而形成更大范围内的壁垒,而是通过法律制度的介入限制地方政府对市场的权力干预、保障市场主体基本经济权利、健全要素自由流动的权利基础及交易规则体系,促进市场竞争机制的充分发挥。因此,应确立由权力经济向法治经济的基本面向,这是区域经济一体化法治命题为区域经济法创制的广阔研究空间。

(二) 区域合作机制的法制化

区域经济合作是生产社会化和经济一体化的必然趋势。生产要素的不完全可分性以及产品与服务的不完全流动性,共同决定了产业在不同空间布局后的成本与收益,也即区位优势。为了维护共同的经济利益,区域间需要采取合作性经济政策,或实现专业化分工与产品交换,或成立经济联盟,或建立区域性经济集团。现阶段我国区域合作实践较为集中的区域有:(1)京津冀地区、长三角地区、粤港澳大湾区等区域经济合作,其主要表现为产业分工、基础设施、公共服务、环境治理、对外开放、改革创新等协同联动;(2)长江经济带、珠江—西江经济带、淮河生态经济带、汉江生态经济带等重点流域经济带上下游间的合作,其主要涉及到上下游毗邻省市规划对接,流域基础设施、环境准入标准、生态环境保护的共建共治;(3)晋陕豫黄河金三角、粤桂、湘赣、川渝等省际交界地区的合作,其正在探索建立统一规划、统一管理、合作共建、利益共享的合作新机制。

目前,区域合作已成为各地应对经济风险、摆脱恶性竞争、增强区域竞争力的重要手段,无论是损益型、共享型还是比较利益型合作模式[14],地方政府往往通过

---

[13] 陈婉玲、丁瑶:《区域经济一体化的源流追溯与认知纠偏》,载《现代经济探讨》2021年第6期。
[14] 陈雯教授根据收益结构不同将区域合作分为"损益型、共享型和比较利益型"三种合作模式,损益型模式中合作双方合作后净收益仍存在不均衡,需要外力作用促使合作增加受损方净收益或减少受益方净收益;共享型模式中合作双方收益都有所增加且净收益均衡,这是合作的最佳状态;而比较利益型模式中合作双方在合作前均具有一定的收益能力且净收益均大于零,但不均衡,希望通过合作获得利益均衡。参见陈雯、孙伟、袁丰:《长江三角洲区域一体化空间合作、分工与差异》,商务印书馆2018年版,第137—143页。

签署合作协议、合作备忘录的形式对区域共同面临的发展问题提出解决方案并开展集体行动。⑮ 但区际协议的缔结主体以省政府及下属部门为主,一般借地方行政首长联席会议为契机进行集中签约,具备"以政府为合作代表、以外部政治命令为合作动力、以科层结构发挥监督及协调作用"的特征,本质上仍是一种区域政策治理模式,与美国有着以该国《宪法》作为效力背书的州际协议并非同质。⑯ 由于协议仅靠地方政府间的信任与科层关系维系,违约成本几乎为零,区际协议往往沦为松散的"握手协议"。协议落实"上紧下松",协议内容避重就轻,契约条款过于原则抽象,缺乏可操作性和必要的约束等使得区际协议难以达到区域合作的功能期待。因此,立法应抓紧区域合作规则体系的构建,明确区域协调范围、协调原则、组织机构、协调方式、利益补偿、争端解决机制等,通过规则的统一或互认促进区域间要素自由流动,为区域经济协调提供法律制度支撑。

(三) 区域互助机制的法制化

长期以来,为缩小区域发展差异,我们通常采取东西部扶贫协作、对口支援、对口帮扶等区域互助机制促进存量利益的区际转移,帮助欠发达地区或者发生突发灾难事件地区提升发展能力,这种基于"命令与服从"的单向度区域互助模式在解决区域性整体贫困、实现先富帮后富、最终实现共同富裕目标的过程中发挥了关键性作用,但在实践中也遭遇诸多掣肘。如互助的被动性问题,大部分区际帮扶行动的启动和推进多依赖于中央政府的顶层决策和上级政府的行政命令,区域互助关系的建立也主要依靠中央或上级政府的临时安排,区域对基于何种义务开展合作互助项目缺乏认知,合作互助权利义务分配模糊,区域间互助的内生动力不足⑰;再如,缺乏制度激励的单向利益分配方式反复运用,受援地对外力的依赖易产生发展惰性,而支援地的援助行动易产生机会主义倾向。如何坚持"输血"和"造血"相结合,建立长效普惠性的扶持机制和精准有效的差别化支持机制是现实问题。

目前,我国脱贫攻坚已取得全面胜利,但如何巩固拓展脱贫攻坚成果,加快补齐基础设施、公共服务、生态环境、产业发展等短板,加快推进脱贫地区乡村产业、人才、文化、生态、组织等全面振兴仍是未来的工作重点。以承接产业转移示范区、

---

⑮ 例如《粤港澳区域大气污染联防联治合作协议书》《黄河流域省际横向生态补偿协议》《长三角产品质量安全监管合作备忘录》等。

⑯ 在美国,州与州之间的协议效力极高,不仅优于州内法律,还受美国宪法的保护。根据美国《宪法》第1条第10款"契约条款"(Compact Clause)的规定,"任何一州,都不能通过法律来损害契约义务"。一旦加入协议,成员州就必须严格遵守协议内容,为协议的长久稳定缔结提供持续性保证。当成员签订该协议并经所在州立法机构批准后,该协议就自动成为成员州的法律,其效力超越了与之相冲突的各成员州的所有其他法律,成员州州政府及所有公民都必须严格遵守和履行协议的条款。

⑰ 陈婉玲:《我国区际应急援助动力转换与制度规范——从政治动员到合作激励》,载《政法论坛》2021年第5期。

跨省合作园区等为平台,支持发达地区与欠发达地区共建产业合作基地和资源深加工基地,建立发达地区与欠发达地区区域联动机制,先富带后富,促进发达地区和欠发达地区共同发展将是区域互助机制的新模式。区域互助本质上是一种特殊的资源配置方式,为保证资源配置的正当性与有效性,增强区域互助主动性和执行力,必须将这种区际互动关系上升为稳定的制度安排,把政治服从转化为法律义务,推动双方构建长期合作的互助型关系。应当重塑动力机制,建立一套基于合作的区域互助法律机制,通过法律明确合作互助双方利益互为让渡的权利义务,鼓励受助主体发挥比较优势,对援助主体提供相应利益回馈与激励,如稀缺资源供应优先权等,将双方基于互信的合作互助意愿固化于正式的法律制度规范之中,实现"被动政治动员"关系向"能动利益联盟"转变。

(四) 区际利益补偿机制的法制化

受生态环境的连贯性、市场的开放流动性等因素的影响,区域行为外部性及利益外溢现象客观存在。如基于禀赋差异、区位特点和国家整体发展战略需要,我国生态保护区、水源涵养区、粮食主产区和资源富集区等功能区域承担着生态保护、修复与资源输出的责任,必须在生态、环境、资源利益上作出一定的牺牲,或让渡自己的经济利益,或放弃自己的发展机会,或开发受到限制与禁止,由此产生利益流失和外溢,与生态受益区、粮食主销区、资源输入地之间因利益关联而产生利益损益关系。长期以来,对因区域利益外溢造成的利益减损和发展贫困,我国主要采用财政转移支付等纵向调控手段给予直接扶持与救助,忽略互有损益关系的区域间的横向利益补偿问题。区际利益补偿以公平负担为原则,以区域间互有明确的利益损益关系为前提,由受益区对作出特别牺牲或付出代价的受损区的利益减损予以补足或抵消。⑱

目前,"区际利益补偿机制"作为区域协调发展的创新机制,已经获得国家政策确认。从"十一五"规划正式推动主体功能区建设以来,国家多次强调建立健全"区际利益补偿机制"的政策目标,《意见》更是明确提出了建立健全"区际利益补偿机制"的三个基本方向⑲,这意味着基于"谁受益谁补偿"的区际利益补偿作为国家促进区域协调发展的重要机制,已在客观上为受损区获得补偿提供了政策依据。区域政策以鼓励和倡导为工具,并没有明确受损区的利益请求权。实践中,当损益关系发生时,由于缺乏权利话语和义务约束,区域间横向补偿只能依赖上级政府推动,补偿权利义务主体不明确,补偿方向混乱,行为不连贯,标准不统一,无法获得长效。所以亟须以政策补强路径实现区际利益补偿机制的法律创制,以法律肯定

---

⑱ 陈婉玲:《区际利益补偿权利生成与基本构造》,载《中国法学》2020年第6期。
⑲ 《意见》明确提出将完善生态受益地区与生态保护地区、流域下游与流域上游多元化横向生态补偿机制,建立粮食主产区与主销区之间利益补偿机制,健全资源输出地与输入地之间利益补偿机制作为今后制度创新的重点方向。

性规范的"约束力和确定力"弥补区域政策的"领导力和执行力"。[20]

除了上述区域协调发展创新机制的制度化之外,促进区域资源要素有效配置的区域资源权属交易机制也急需制度层面的固化。长期以来,我国区域政策强调资源的自然属性,忽略其资产属性;强调国土空间的行政规制,以国家权力分配自然资源,较少考虑区域的资源或环境权利,区域对资源拥有的财产性权利呈弱化态势。2019年4月,中共中央办公厅、国务院办公厅印发《关于统筹推进自然资源资产产权制度改革的指导意见》,针对自然资源资产所有者不到位、权责不明晰、权益不落实等问题,提出积极推动自然资源资产所有权与使用权分离、落实产权主体、创新自然资源所有权实现形式的意见,这意味着区域作为事实上的"产权主体",拥有以本区域的经济利益为决策依据,独立安排本区域的资源利用活动的权利。法学是权利之学,权利是法学的基石范畴,虽然区域协调发展的许多实现机制为国家政策所确认并在实践中付诸实施,但未权利化则使得机制落实具有随意性、不确定性。改革的意涵需要法律的确认。另外,区域发展保障机制中的区域规划编制管理规范、区域发展监测评估预警体系的建立,乃至区域协调发展的内涵、战略重点和方向,区域政策的制定、实施、监督、评价机制,地方政府及其部门以及社会组织、研究机构、企业在推进区域协调发展中的责任和义务等,都亟待通过建立健全区域协调发展法律法规体系加以明确。

三、区域经济法的立法进路与基本框架

区域协调发展战略作为国家发展战略,它的法律体系建构是国家保障义务。[21]区域经济法制是区域法治的重要内容,也是直接决定区域法治效果成败的关键考量因素。作为单一制国家,由中央政府统一制定区域政策是解决区域问题、促进区域协调发展的主要路径,而将区域政策转化为法律,建立健全国家层面的区域经济立法是推动区域经济法治建设的基础性工作。我国区域经济发展迫切的法制需求曾引发"提速式""法律政策化""软法包容"与"冲突法"四种区域经济法制进路的讨论。[22] 区域经济法的法律制度设计主要有两种途径,即区域经济政策法律化路径与区域经济法律创制路径,需要对两种路径的逻辑进路分别展开充分研究,并梳理两者的分工关系。

---

[20] 政策的立法补强分为地方协同立法"由内到外"补强和国家立法"自上而下"补强两种路径,前者通过协同立法作用对象由区域内部向跨区域传导产生作用,此为区域政策补强的过渡性措施;后者通过国家层面的综合立法与专门立法从根本上对区际补偿政策予以补强,此为治本之道。实践中,应以治标补强之法为先导,以治本补强之道为归宿。参见陈婉玲、曹书:《中国区域经济法制模式探索与路径创新——以政策补强型法制为路径》,载《经济社会体制比较》2019年第6期。

[21] 李海平:《区域协调发展的国家保障义务》,载《中国社会科学》2022年第4期。

[22] 陈婉玲:《中国区域经济法制发展的现状与未来》,载《北方法学》2020年第6期。

(一)"法源性区域政策"向法律的转化

诚如上述所言,政策已然成为我国区域经济最主要的治理工具,我国区域协调发展战略的实施具有强烈的政策依赖性。治理工具路径依赖机理是:一种治理工具出现并被频繁使用后,将产生自我强化现象,治理结构、治理过程等一系列机制沿着初始路径逐步调整直至成熟,外部环境日益成为适合自身生存的生态场,最终形成固定的治理模式。[23] 无论国际还是国内,区域政策都是调整区域发展问题最重要的工具手段。二十世纪二三十年代,为解决落后区域的长期贫困和萧条区域的持续衰退,西方发达国家的区域政策开始萌芽。我国区域政策始于非均衡发展战略时期,在改革开放后多运用于对贫困落后地区的援助,随着体制改革的不断深化,区域经济政策则伴随区域经济发展战略的调整而不断发展和完善。继区域经济协调发展战略确立后,中央政府密集出台包括实施"特殊经济区"建设、主体功能区战略、新型城镇化战略以及各种区域协调发展重大战略在内的顶层决策,各地方政府也积极响应并进一步细化工作目标,表达了地方政府积极参与区域协调发展战略、加强机制建设与创新的意愿和担当。新阶段的区域政策呈现深化、细化和协调化的特点,但也产生了区域政策"泛化"的现象。政策的灵活性虽然能够适应区域发展问题的复杂性、变动性,但低位阶、非持续的政策工具的大规模使用,导致区域利益配置出现了变动性强、规范性差等问题。

区域协调发展政策法律化是政策向法律转化的规范性过程。政策是法律的重要渊源,为防止相关政策工具的碎片化和行动失范现象,亟须对政策工具中经实践检验、业已成熟的部分政策进行法律化提升,我们将此类区域经济法制的生成逻辑称之为"政策补强"路径。[24] 但政策具有层次性、类型化特征,并非所有政策都能上升为立法。其中的法源性政策,即"经过实践检验、对区域协调发展和社会整体利益有深远且重大影响的,具有稳定性、普遍适用性且与法律的特征相吻合"的政策,是"政策上升为立法"的重要资源,应当引起法学研究的足够关注。"法源性政策"指代中长期成熟政策,其法律化是指对中长期的成熟政策进行提炼与加工,对政策实质内容作出功能性提升,运用法律发现、解释、论证等方法后,把难以法律化的法外因素识别出来予以剔除[25],以形成普适性的法律规则。[26] 从我国目前政策实施现实而言,法源性区域协调发展政策法律化应成为我国区域协调发展立法的基本方

---

[23] 陈婉玲、陈亦雨:《区域协调发展的利益调整与法治进路》,载《上海财经大学学报》2021年第6期。

[24] 陈婉玲、曹书:《中国区域经济法制模式探索与路径创新——以政策补强型法制为路径》,载《经济社会体制比较》2019年第6期。

[25] 陈金钊:《法源话语及对法治的意义》,载《国家检察官学院学报》2023年第1期。

[26] 曹书、陈婉玲:《产业法之政策法源考——基于产业政策与产业法的关联性分析》,载《辽宁大学学报(哲学社会科学版)》2019年第2期。

式之一。例如,现有关于"一带一路"建设、京津冀协同发展、长江经济带发展、粤港澳大湾区建设以及西部、东北、中部、东部四大板块相互融通补充等重大战略统筹政策,是中央政府对区域协调发展新机制的顶层设计,通过明确地方政府的实施主体责任实现对地方政府区域协同治理的激励与引导,其侧重点并非区域利益关系的界定,而是央地关系中事权与财权在区域协调发展领域的延伸,因此包括各类财政转移支付、税收优惠措施等政策工具,可通过政策法律化方式上升为纵向区域利益统筹法律制度;而以横向利益调整为出发点的区际合作、互助以及补偿政策措施,主要围绕区域利益关系展开,它涉及对新型法律权利和法律关系的确认,则要遵循立法者创制法律的过程,生成区域利益横向调整法律制度。两种政策法律化的过程所形成的区域"促进型"规范和"调节型"规范虽然都服务于区域利益的创造与共享,但承载不同法律功能。

经济法学界更需要围绕我国区域经济政策固有缺陷的修正与补强展开研究,精心解决"经济政策与经济法关系"这一长期困扰经济法本体价值的理论话题,以形成规范有力的区域经济法治观。这需要丰富法源的理论内涵,分析法源性政策的生成逻辑,理顺区域协调政策与法律的关联性,弥合政策与法的断裂,避免陷入将二者对立或"法律政策化"的误区;同时探索"政策上升"转化路径,围绕"法律化"转化路径的对象、方向、动力、具体步骤等展开,为政策推进型区域协调发展的法治化提供概念要素供给和立法上升的可操作性进路。

(二) 顶层设计:《区域协调发展法》的制定

区域协调发展,既需要政策工具的灵活调控,也需要法治工具的稳定治理,两种制度形态在协调区域利益的过程中相辅相成、缺一不可。上述"政策补强型"区域经济法制化路径是"包含权威性规范命题事实"的中长期成熟政策跃升为法律"一般性权威规范"的过程[27],换言之,它是以法源性政策为质料的法律规范创制活动,它涉及立法者对法源性政策所提供的法素材的实质性价值判断和评价观点提取,是一项极其复杂的立法活动。除此之外,加强国家层面的立法框架,实现国家立法对地方立法的统摄与指引才是"治本之道"。

笔者认为,在国家立法层面,应适时制定《区域发展协调法》,在统一立法下统筹兼顾各方利益、协调地区合作、促进区域重大国家战略落实。《区域协调发展法》将保证法律与其他规则同生共长,全程参与,进入各项制度场景,属于区域协调发展法制基础性建设,其能够在各项治理内容上立足全局、统筹规划,理顺区际关系、支撑整体公平,发挥协调统摄作用,平衡各地方利益之间的张力。将区域层面的问题交由高度集中化的制度进行协调,有利于冲破行政区划上的障碍,有效遏制区域

---

[27] 吴冬兴教授将法律渊源的概念表述为"包含权威性规范命题的事实"。吴冬兴:《法源概念的本土化重构》,载《国家检察官学院学报》2023年第1期。

利益分化、规范区域开发秩序,促进无壁垒、无障碍的全国统一市场的形成。《区域协调发展法》的主要框架应包括立法宗旨、立法原则、区域的权利与义务、区域性组织机构、宏观纵向调控制度、区际横向协调制度、特殊区域振兴发展与促进以及规划实施保障等内容。

尤其需要强调的是,《区域协调发展法》一方面必须对区域协调发展的区域战略统筹机制、基本公共服务均等化机制、区域政策调控机制、区域发展保障机制以及市场一体化机制、区域合作机制、区域互助机制、区际利益补偿机制进行全方位谋篇布局,形成具有权威性、可操作性的制度设计;另一方面,应依法赋予区域性组织机构明确的法律地位,并作好权利义务安排。目前,基于区域间合作治理的需要,出现"长三角区域合作办公室"等区域性组织机构[28],尚存争议的关键问题有二:其一,区域性组织机构应嵌入现行行政组织哪一科层关系中,方能尽快起到预期的作用;其二,选取何种效力位阶的立法形态方能实现区域性组织机构的嵌入设想。现代政府理论提出,职能、机构、体制、过程是政府制度的四大支柱,其中,机构的设置与授权是将利益调配相关法律法规输送到现实生活的必经桥梁。《区域协调发展法》可以解决现有区域性组织机构的法律地位模糊,人事、财政等各方面的权力不明的困境。

(三) 区域经济法服务区域协调发展的"三层框架"

1. 宏观调控立法:区域协调发展的整体性制度安排

宏观调控立法是区域经济法治的"顶层设计",主要包括三个层面:一是综合性立法,如将国家区域协调发展战略意图与机制创新上升为国家级立法的《区域协调发展法》、将对国土空间进行功能分区统筹的"主体功能区规划"与"多规合一"政策上升为国家层面的《国土空间规划法》;二是区域类型化单行法,如针对自贸区、经济带、城市群、开发区、生态保护区等进行专门立法;三是区域问题专项立法,即针对特定的一类或多类区域问题进行集中或专项治理,如资源型地区转型立法。

2. 中观协调立法:区域经济关系及其利益调整

中观协调立法,即调整区域经济关系的"互助、协作与合作之治"。区域经济结构失衡产生利益冲突,导致空间不正义。经济结构调整中的最大难题,"不在于表面上的'体制摩擦',而在于这种摩擦背后的'利益摩擦'"[29],如何妥善解决各种利益矛盾是区域经济法制度设计的核心问题。区域间的利益矛盾集中于包括自然资

---

[28] 区域性组织机构指的是为了促进多个地方交流对话、跨区合作以及预防、管理和解决地方间利益冲突,超越单一的地方层级所建构的多地方联合机构,在我国具体表现为行政首长联席会议、区域合作论坛、多地方合作办公室等形式。

[29] 樊纲:《论改革过程》,载《中国经济论坛》编委会编:《改革、开放与增长——〈中国经济论坛〉1990年学术论文集》,上海三联书店1991年版,第25页。

源(广义上的土地)、劳动力、资本、技术、管理和信息等各类要素的争夺㉚,区域性要素禀赋对非区域性要素具有吸引力与整合力,即"凭借某种矿产资源的赋存优势、区位优势等条件吸引大量不同生产要素的聚集,并通过地域内各经济单位的分工与协作,使区域内的劳动力、资金、技术、信息、自然资源等生产要素能够合理地流动和配置,进而在整体上提高本区域的经济效率和经济规模"。㉛ 不同功能区域对上述生产要素的利用侧重不同,如生态保护区更侧重于自然资源的使用效率与保护效益,创新驱动产业区更侧重于技术、信息、资本等生产要素。因此,基于区域要素禀赋而形成的"比较优势"并非追求同质化竞争,而是多元化发展,那么区域间存在相互合作的动力。区域利益矛盾调整的基本方向,应当是推动区域间由"要素争夺"转向"要素合作"。目前,区域在互动中逐渐形成了区域合作、区域互助、区域补偿三种典型的区域经济关系。从存量与增量的关系看,区域互助是区域存量利益让渡关系,区域补偿是区域存量利益返还关系,区域合作是区域增量利益共享关系。区域经济法的任务就是形成"调节型"制度体系,对实践中出现的这几类区际关系的利益进行调整与分配。㉜

3. 微观规制立法:区域行为外部性激励与规范

微观规制立法,即区域经济行为外部性的法律调整。区域具有独立的经济利益,基于自然禀赋和社会经济发展条件的差距,区域政策、区域竞争、区域资源控制以及区域经济制度变迁等都可能导致区域经济活动产生外部性,如特殊功能区生态建设和环境保护是典型的正外部性行为,而其生态破坏或资源过度开发也可能产生负外部性。区域经济法通过制度安排对区域外部性行为进行规范与矫正、激励和惩罚,例如构建明确的资源产权所有、使用、收益和区域资源产权市场交易法律制度;构建区域利益分享和补偿制度,以区域互助、合作和利益补偿方式帮助弱势区域、欠发达区域或利益受损区域获得发展利益机会;加快推进主体功能区、区

㉚ 第一类是最为典型的(初始)区域性要素,第二类和第三类均是可自由流动的非区域性要素,只有在特定区域沉淀之后才会与第一类生产要素融合成为(现时)区域性要素。第一类和第二类生产要素属于传统性生产要素,第三类属于知识性生产要素,在知识经济时代,前者的重要性有所削弱,后者逐渐成为关键要素。于刃刚、戴宏伟:《生产要素论》,中国物价出版社1999年版,第15页。

㉛ 于刃刚、戴宏伟:《生产要素论》,中国物价出版社1999年版,第214页。

㉜ 我国区域协调发展失衡,既有市场的原因,亦有国家非均衡区域发展政策的原因。发达地区的现有发展利益是在牺牲欠发达地区发展利益的基础上实现的,这就要求对不同区域间的存量利益进行二次分配。这种做法不仅符合社会公平,而且符合区域可持续发展的社会效率,因为即使区域存在空间集聚效应,但特定空间承载力是有限的,包括人口承载限度、环境承载限度等,多中心结构是提高区域承载力的重要空间组织形式,它要求中心区域与边缘区域能够协同发展以创造更多的增量利益,这必然要求中心区域向边缘区域让渡更多利益,以形成外溢效应。《意见》规定了"一体两翼"的区域横向利益关系机制。"一体"是指市场一体化发展机制,"两翼"分别指区域合作机制与区域互助机制、区际利益补偿机制。"一体"旨在实现区域均衡发展,从而实现区间存量与增量利益的公平获得;"两翼"中的互助与补偿旨在弥合区域间存量利益占有的差距,合作是实现增量利益最大化的手段。

域一体化政策法制化,化解区域行为不经济现象,明确区域政府职能,减少区域政策不确定性等。

四、结　语

在现代市场经济背景下,空间作为一种生产力,在形塑社会经济关系的过程中发挥着日益重要的作用,"空间转向"也正成为现代人文社会科学研究新的学术范式和思维工具。当今中国社会正以巨大热情进行区域治理实践,复杂的区域经济现象和长期积累的区域治理样本向法学理论提出了诸多的挑战的同时也提供了丰富的研究素材,倒逼法学家审视并思考多变的"空间"在经济活动中的重要性。区域经济上承国民经济整体、下启微观个体,如何理解区域经济与宏观经济、微观经济的关系,如何将区域经济现象和区域经济关系纳入经济法的观察视界和制度范畴？"一体两翼"基本理论如何解释区域经济现象的"空间性、聚合性和过渡性"？如何处理区域之间的联合、合作博弈行为？这些问题对经济法的学科视野、观念理念提出了新要求。社会、经济结构关系的变迁形塑法律思维、法律学说乃至法律部门,经济法作为现代法要保持生命力,必须进一步深化基础理论内涵,愿意接受挑战并相应改变自身,使其理论体系更具张力、解释力,制度框架更具有包容性。应该借鉴相邻学科有关区域经济发展问题的理论学说,结合我国区域协调发展实践的具体问题,提出并具体阐述区域经济法的基本框架,为区域协调发展法治化贡献部门法力量。

个人信息保护:从场景理论到差异性原理

邢会强*

摘要:在个人信息保护领域,场景理论有广泛的适用空间。该理论为海伦·尼森鲍姆首创,近年来在国际国内学术界都非常流行,是个人信息保护立法、执法与司法绕不过的理论。场景理论并不关注隐私定义之精确、完整,而是关注如何精确地、系统地描述激烈改变的性质。场景理论认识到隐私信息、个人信息的复杂性和差异性,也认识到了大数据、人工智能等新技术发展的快速性和复杂性,主张根据场景识别信息传输规则,体现了"不同情况不同对待"的差异对待规制思路,与经济法上的差异性原理具有相通之处,有助于保护社会公众的合理期待。我们在应用该理论时,不能形式化地应用,而要处理好普遍与特殊、安全与发展、守成与创新的关系。

关键词:个人信息保护 场景理论 差异性原理 大数据

个人信息保护的场景理论创立于美国,集大成者为前纽约大学教授、现康奈尔大学教授海伦·尼森鲍姆(Helen Nissenbaum)女士。该理论近年来被引入我国,目前在我国学术界非常流行,也获得了不少赞誉,但大部分研究成果都只是对该理论简单提及,没有系统阐述。因此,有必要对该理论予以系统介评,以更好地扬该理论之所长,避该理论之所短。

一、场景理论的基本内容

(一)场景理论的理论渊源

个人信息保护的场景理论主要有两个理论渊源,一为罗伯特·波斯特的隐私

---

* 邢会强,中央财经大学法学院教授,博士生导师。
本文为作者主持的 2018 年度国家社会科学基金重大项目"大数据法制立法方案研究"(项目编号:18ZDA136)的阶段性成果。

的社群主义观点,一为政治理论学者沃尔泽的多元平等主义思想。此外,该理论还受社会学上的场域理论的影响。

波斯特的隐私的社群主义观点认为,规范隐私侵权的普通法所维护的社会规范,它们为人和社群所共同认同,因此也可称为"文明规则"(rules of civility)。构成侵权行为的前提假定是,违反了这些规范,也就损害了人格和人类尊严。隐私法实际上是在建构个人和共同体身份的"文明规则",以保护共同体的"社会规范"。① 也就是说,只有在社群共同体中,个人的合理空间或人格才具有实现的可能;普通法上的隐私侵权规范确定个人隐私的边界的目的,就是保护这些"社会规范"。②

沃尔泽的多元平等主义思想认为,对于分配正义而言,不存在一种单一的善和统一的平等作为分配规则,而应根据不同的分配领域的独特的规则进行分配。社会是由诸多分配领域构成的,每一个领域都由其内在的社会善(social good)来定义。社会善包括财富、政治、荣誉、商品、教育、安全、福利以及就业等。这种社会善是根据不同领域运行的不同标准进行分配的。比如,在教育领域,社会中的所有人只要具备一定的智力就必然会获得一定程度的基础教育,但是超出基本水平的教育或者说大学教育只能被分配给那些表现达到特定标准的人。在商品领域,是根据支付能力和偏好进行分配的;在就业领域,是根据工作能力和资质进行分配的。因此该理论倡导一种复合的平等、多元标准的分配正义,每一个领域的分配正义都是独一无二的正义规范。如果用另一领域的分配标准在此领域内分配社会善,就构成了不正义。例如有钱人使用金钱向法官购买有利裁判,老板将性要求作为晋升的条件,基于亲戚关系获得政治职位,根据性别和种族决定工资等级,等等。③

此外,法国社会学家皮埃尔·布迪厄的场域理论对场景理论具有启发意义。场域是布迪厄社会学的一个关键空间隐喻(a key spatial metaphor)。场域界定社会背景的结构(structure of the social setting),习惯就是在这个背景结构中运作的。④ 布迪厄认为社会空间中有各种各样的场域,场域的多样化是社会分化的结果,这种分化的过程被视为场域的自主化过程。自主化实际上是指某个场域摆脱其他场域的限制和影响,在发展的过程中体现出自己固有的本质。在布迪厄看来,每个场域都具有半自主性,由其自己明确的行动者、自身的历史积累、自身的行为逻辑、自身的资本形式来表明其特征。然而,场域并不具有完全的自主性,场域本身的自主性又受到外来因素的限制。⑤

---

① See Robert C. Post, "The Social Foundations of Privacy: Community and Self in the Common Law Tort," *Cal. L. Rev.* 77(1989): 957-998.
② 参见丁晓东:《个人信息私法保护的困境与出路》,载《法学研究》2018 年第 6 期。
③ 参见〔美〕海伦·尼森鲍姆:《作为语境完整性的隐私权》,谢晓君译,载张民安主编:《隐私权的性质和功能》,中山大学出版社 2018 年版,第 200 页。
④ 邵璐:《翻译社会学的迷思——布迪厄场域理论释解》,载《暨南学报(哲学社会科学版)》2011年第 3 期。
⑤ 李全生:《布迪厄场域理论简析》,载《烟台大学学报(哲学社会科学版)》2002 年第 2 期。

(二) 场景理论的基本主张

2004年,海伦·尼森鲍姆在借鉴上述思想的基础上,提出了个人信息保护的"场景完整性"(contextual integrity)理论,简称场景理论。

1. 场景理论的主要观点

根据这一理论,"场景完整性"将隐私定义为适当的个人信息流的权利,而不是通常所称的阻止或控制信息流的权利。它认为适当性作为场景(社会)信息流动原则,遵从着一种古老的观念,即适当的信息流动不仅使个人免受羞辱、尴尬和其他伤害,而且能促进基础社会领域(如教育、家庭生活、政治治理、医疗保健等)的核心目的和价值的实现。"场景完整性"意味着,信息保护与信息流动在特定的情景中应符合各方的预期。[6] "场景完整性"以信息流动的适当性为基本原则,即数据的流动应符合合理信息规范。至于某具体信息流动或信息由一方传达至另一方是否适当,则取决于所讨论的信息类型、行为主体以及传输规则。

场景完整性是根据信息规范来定义的:如果信息规范得到遵守,就符合场景完整性;当信息规范被违反时,就不符合场景完整性。场景完整性框架认为,当以技术为基础的信息制度和实践遭到反对或抵制时,毫无疑问是违反了场景相关的信息规范。因此,场景完整性可以作为隐私的标准。[7]

隐私规范(privacy norm)在不同的社会群体中是不同的。一些学者甚至认为隐私是一个相对性的文化偏好(a culturally relative predilection)而非普遍性的人类价值。场景理论框架也从这一共识出发,但结论不同:隐私的高度复杂性和多样性限制了人们对信息流动的预期,但是这种预期与作为背景的"社会情境"(social situation)的特征是具有系统相关性的。一旦这些特征作为因素进入隐私预期(以下指信息流动规范),这些隐私期待或者说规范的类似法律(law-like)的特征是显而易见的。规范的多样性,不是异质性的或武断的。场景理论框架的核心是对有关场景的信息规范这一关键构造的阐述。当人们表达主导个人信息流动的根深蒂固的期望时,有关场景的信息规范的功能是描述性的。但当阐述描述性(或规范性)的有关场景的信息规范的要素时,有关场景的信息规范又是关键工具。[8]

"在生活中,我们不仅仅作为一个个体,而且还作为社会场景中的一员进行交往、互动。作为背景的、各具特色的社会场景已经经历了相当长的时间的进化,是一系列必然的或偶然的目的、地点、文化、历史事件以及更多因素共同作用的结果。生活在现代工业社会的我们,所熟悉的场景包括医疗、教育、雇佣、家庭、商场等。

---

[6] Helen Nissenbaum, "Privacy As Contextual Integrity," *Washington Law Review* 79, no. 1(2004): 119-158.

[7] Helen Nissenbaum, *Privacy in Context: Technology, Policy, and the Integrity of Social Life*, Stanford University Press, 2010, p. 140.

[8] Ibid., p. 129.

在这些场景中,我们以个体或集体的名义与他人互动。我们互动的角色包括同事、专业人士、客户、教师、学生、公民、家庭成员、俱乐部成员、邻居等。我们与家里人谈心放松,我们与邻居交流信息,我们与同事进行工作交流,我们寻医问诊,我们求学,我们拜亲访友,我们咨询心理医生或聘请律师,我们参加社区投票,我们去逛街购物,我们去银行,我们参加派对,唱歌跳舞,我们去听音乐会,等等。场景不同,我们对个人信息流动的期待也不相同。在制度化的框架中,诸如婚姻家庭,行动者的相互期望并非仅仅出于个人的意愿,而是根植于社会道德和社会规范之中。"

在海伦·尼森鲍姆看来,场景是结构化的社会背景,以典型的(canonical)行为、角色、关系、权力结构、规范(或规则)和内部价值(目标、目的、宗旨)为特征。[9] 海伦·尼森鲍姆并没有完全采纳任一经典的社会学理论的术语来定义"场景",尽管这些术语相对近似,都认为社会生活包括结构化的、有差异的领域。这些术语包括"场域""制度""结构化的社会系统""领域""社会结构""实践""场景"等等。此外,"场景"还特指能够急剧改变信息流动的社会技术(socio-technical)系统与做法,它们的主要特征与既有的社会技术系统与做法的主要特征旗鼓相当。

2. 场景理论的框架

场景理论的框架由角色、行为、规范、价值等构成。

(1) 角色。场景由角色集合而成,人们依场景中的角色而行动。教师、医生、律师、商场管理者、学生、校长、投票者、收银员、消费者、客户、记者、服务生、患者等等,都是常见的社会角色。

(2) 行为。场景部分地是由人们以不同的角色所从事的典型行为和实践构成。例如在商场浏览商品、在家里做作业、在课堂上进行演讲、去医院检查身体、去投票站参加投票、在单位撰写工作报告、面试求职者,等等。

(3) 规范。指导人们行动的规范规定和禁止大家接受的行为和实践。一些规范界定角色之间的关系。比如,在中学这一教育场景中,角色有学生、老师、校长、管理人员、后勤人员、门卫以及校外督学人员等。相关的规范规定,老师按照课程表准备教案、进行授课;学生认真听讲、记笔记、提问题、完成家庭作业以及参加考试;校长对于不听话的学生进行惩戒,对懒散的教师进行训诫等。再如在大学这一教育场景中,相关的角色、行为和规范与此相近,但不完全相同。高校的院系里有教授、副教授、讲师、管理人员、学生等。相关的规范规定义务、责任、特定角色的优先权,以及一些允许的或禁止的行为等。规范(norm)主要是规范性的(normative),而不是正常的(normal)。被社会公众视为正常的行为,即使违反了也不招致相应的义务。但作为规范,人们遵守它,并不仅仅是因为大多数人都在遵守它,而是因

---

[9] Helen Nissenbaum, *Privacy in Context: Technology, Policy, and the Integrity of Social Life*, Stanford University Press, 2010, p.132.

为人们认为本应该遵守它。⑩ 法理学家哈特、拉兹等,也都是在这个意义上使用"规范"这一术语的。海伦·尼森鲍姆赞同拉兹将规范解析为四个要素:① 一个描述性的"应该"要素;② 义务主体,即该规范规定谁负有义务;③ 规范性行为,即规范规定的行为是什么;④ 适用条件,即在何种情况下义务主体负有义务为或不为特定行为。⑪ 即使是描述性规范,也存在是否明确规定之分。有的描述性规范是有明文规定甚至由专门机关负责实施的,但有的描述性规范却既无明文规定也无专门机关负责实施。无明文形式的规范如不得撒谎、不得偷窃等道德规范;以及当别人讲话时不要打断别人,在公共场所不得衣冠不整等礼仪方面的社会约定(conventions);还包括一些会议程序或会议规则,如罗伯特议事规则等。"如果我做的事情让你们感到惊异的话,我肯定违反了某些社会的规则。比如说你向朋友讲了个秘密,你的朋友在网站上宣布了这样的秘密。你就会感到怎么能这样?但是法律没有规定朋友不能这样做。有的时候你要理解,有时候规则不一定在成文法里面。"⑫

不同规范的重要性程度也不尽一致,有的规范是关于人类社会和人类生命的基本方面的,而有的规范则没有这么重要,或其承载的价值没有这么重要,如礼节方面的规范。规范的历史传承、普遍性以及起源形式也不尽相同。比如,宗教规范具有深刻的历史传承,但其适用范围却很有限,且呈衰落趋势;它或许曾广泛传播,但辉煌却很短暂。还有的规范起源于历史人物或制度,或是与文化、历史、政治传统共同进化,并成为它们的组成部分。⑬ 很多规范嵌于体系之中,它们并不是偶然地组合在一起的,所以必须将它视为体系的一部分,将体系作为背景,才能正确理解它。比赛规则、一国法律、团队规章、职业准则以及场景规范,都是如此,它们都是规范性的体系(normative system)。如果割裂地理解"红灯停,靠右行"这样的指令就会感到它很专断,但如果将其与"绿灯行",以及更复杂的马路、车辆、驾驶人等社会技术系统结合起来理解,就不会感到专断了。规范禁止婚姻不忠行为,就来源于特定社会的更广泛意义上的家庭和婚姻制度。有的指导职业行为的准则或许看起来不合道德,但结合历史以及该职业的功能看,就并非如此了。⑭

(4)价值。场景中的很多行为都受特定价值的导引,它们有时被称作目标、愿景、目的等。价值是重要的,它们界定了场景的特质。假设有一位火星人登陆地球

---

⑩ Helen Nissenbaum, *Privacy in Context: Technology, Policy, and the Integrity of Social Life*, Stanford University Press, 2010, p. 138.

⑪ J. Raz, *Practical Reason and Norms*, Oxford University Press, 1975, p. 50.

⑫ 《【中美对话—主题演讲】Helen Nissenbaum|隐私场景理论和数据隐私》,"数据法律资讯"微信公众号,2018年5月30日,https://mp.weixin.qq.com/s/0ayfHVxDfRoxMjaU0F73_A,最后访问日期:2023年9月4日。

⑬ Helen Nissenbaum, *Privacy in Context: Technology, Policy, and the Integrity of Social Life*, Stanford University Press, 2010, p. 139.

⑭ Ibid., p. 140.

后要将他的所见所闻向其在火星上的领导进行了汇报,像所有的民族志研究者那样,他看了很多地方,拍了很多照片,做笔记记录了熙熙攘攘的地球人,与地球人进行了亲密交谈,观察了地球人的角色、规则和制度等。在地球场景中,如果不了解主导地球人的价值、目的或目标的话,火星人在其汇报中肯定会丢失很多重要的东西。例如,如果不了解教育的目的的话,火星人是不可能理解或正确解释师生之间的传授知识、进行辩论、向年轻一代传授社会价值观等行为的。不同场景的价值可能不尽相同。自由在特定的场景中最重要,如图书馆。而在机场场景中,安全最重要。⑮

3. 场景的阐释

场景根植于特定的时间和地点。在特定的社会中,场景的具体特征反映在其中的角色、行为、规范和价值之上,它们是独特的,是与社会中的其他场景密切相关的,是特定的文化、历史、政治和经济其至自然界的或偶然的事件(如战争、地震、饥荒)的产物。⑯ 即使类型相同,不同的社会、文化和历史时期的差异也会显现于场景中。比如,在教育类型中,不同社会的教育场景其实不尽相同。即使在同一社会,不同场景的主要特征也具有很大差异。场景多样性的维度之一是是否可以详细规定该场景。有的场景可以被详细地规定,例如,投票场景、法庭场景、宗教仪式场景等,这些场景的角色和行为是非常具体的,有一系列规范来详细规定。但有的场景则很少有详细规定或完整规定,如商业谈判场景、露天市场场景等,尽管角色是特定的,但他们说什么、做什么、达成何种交易,则是很难规定的。又如,在一场鸡尾酒会中,社会规范"规定"了参加酒会的人应在约定的时间前后(不能太早,也不能太迟)到达会场,鸡尾式着装,以礼貌的方式优雅地进食和饮酒,离去时向主人道谢,等等。但是,鸡尾酒会上人们的行动范围却是开放的,社会规范没有"规定"参加人必须做什么事,与哪些人交流以及如何交流。当然,我们遇到的个人行为的差异并非都是开放的,个人的行为部分地或不完全地被"规定",如有的社会禁止性交易,但有的社会却允许。

场景的差异还体现在其是在何种程度上被制度化,或正式地和明确地被承认的。⑰ 法律对于正式的交易或对于场景施加明确的管制是非常重要的。此外,职业规则、俱乐部规则或宗教规则也是这样的机制。比如针对公司场景和职业场景,法律设定了这些场景的基本框架,公司规则或职业准则进一步规定了细节问题。在海伦·尼森鲍姆看来,人们对于隐私权的性质与程度的持续不停的很多具体争

---

⑮ 参见〔美〕海伦·尼森鲍姆:《"尊重语境":履行白宫报告的承诺》,载〔美〕马克·罗滕伯格、茱莉亚·霍维兹、杰拉米·斯科特主编:《无处安放的互联网隐私》,苗森译,中国人民大学出版社2017年版,第131页。

⑯ Helen Nissenbaum, *Privacy in Context: Technology, Policy, and the Integrity of Social Life*, Stanford University Press, 2010, p.135.

⑰ Ibid.

议,其实源于不同场景的特殊形式的差异。一种观点的支持者只准备接受隐私法明确规定的要素(角色、行为、规范和价值),而另外一些人还接受诸如习惯性期待、艺术、文学、道德甚至礼仪等更广泛的渊源对隐私传播的限制。[18]

场景具有镶嵌性(nesting),即有的场景是嵌于另一场景的。例如,中学教育场景嵌于更广泛的教育场景之中。当我们谈到某一个高中的时候,比如城市里的某所高中,再比如位于曼哈顿的华盛顿常青藤高级中学,这其实是中学教育场景的进一步具体化。教育场景同样包括大学教育场景及其更详细的分支场景,比如某个大学场景,它可能在一般的教育场景因素之上叠加了特殊的规则和传统。场景的镶嵌性意味着,商业市场的管理规范可能与食品市场的规范不同,甚至也可能与个人商店的规范不同。[19]

场景之间可能重叠甚至冲突。场景重叠是指,在日常生活中,人们常常同时进入多个不同场景。例如,母亲带着她的孩子去购物,医生被朋友打电话询问健康问题,求职者被他的叔叔面试,以及与自己的同事成了好朋友,等等。但重叠并不必然意味着冲突。例如,社区健康中心与学校共同促进学生的身体健康和营养。但不同场景的规定有时却存在冲突,这使得其中的角色在作出选择时很艰难。叔叔面对参加面试的侄女,是选择忠于家族而同意呢,还是选择忠于公司而拒绝呢?一个医生肯定会坚定地警告患者不要吃不健康的食物,但是对于朋友,如果作上述警告就显得过于家长主义了。在这些冲突的场景中,尽管仔细考察特定场景的细节可以发现它偏爱某种行为胜过另一种行为,例如在叔叔面试侄女的场景中可能存在亲胜于贤的倾向,但也没有一种一劳永逸的、通用的解决方案。这种冲突其实是不同场景价值的冲突。有的冲突在被解决时可以有坚实的理由作支撑,但有的冲突却是对人类生活的一种挑战,而不是理论的过错。[20]很多冲突都是与场景相关的。

观察人们生活的结构,我们发现生活场景并不是隐私与公开的二分法,相反人们可以在多个不同的场景中移动、进入和移出。每一个领域都由一套独特的规范管辖。这些规范管理着该领域的方方面面如角色、期待、行为等。

海伦·尼森鲍姆强调,场景不能被理解为技术场景。如果将场景理解为技术场景,尊重场景就要求政策密切关注系统和平台的自然功能。尽管技术塑造场景,甚至可能是场景的组成部分;技术改变实践有时会带动规范和标准的改变;技术可能重新配置知识本体,产生新型信息种类、新型行为和新的传播方式;但技术本身不能决定道德和政治规则。可是,将场景理解为纯粹的技术,就意味着技术自解释性和限制条件会限定隐私的合法预期。

---

[18] Helen Nissenbaum, *Privacy in Context: Technology, Policy, and the Integrity of Social Life*, Stanford University Press, 2010, p. 136.
[19] Ibid.
[20] Ibid., p. 137.

场景不能被理解为商业模式或实践场景。如果这样理解,就意味着场景由此业务的性质、目标以及为实现这些目标而遵循的实践共同构成。将场景理解为商业模式,不利于对现状作出任何改进。

场景不能被理解为行业或部门场景。如果这样理解,就意味着将场景分析单位从个人业务拓展到了起作用的行业部门,尊重场景相当于遵守各自部门或产业内部开发并为其服务的一套规则或规范。将场景理解为部门或行业略好于理解为商业模式,但这种方法在推动隐私保护的实际发展上有多大优势,取决于如何理解部门的定义。如果行业部门在部门思维方式中占主导地位,医疗保健、教育、政治等部门的影响将被削弱,或这些行业的商业成分可能发挥不相符的作用。

应该将场景理解为社会领域场景,即场景是一种社会范围,由日常生活中的不同社会空间所构成,包括教育、医疗、政治、商业、家庭和家庭生活、娱乐、市场和工作等。此处的领域通常涵盖特色活动和实践、功能或角色、目标或目的、制度结构、价值观和行为规范等。将场景理解为社会领域,尊重场景就意味着尊重信息规范。此信息规范将推动普遍道德和政治价值以及特定语境中的目的、用途和价值的实现。[21]

4. 场景相关的信息规范的架构

场景相关的信息规范具有四大要素:场景、角色、属性和传输原则。详言之,即在特定的场景下,一定类型的信息,信息主体与信息的发送方和接收方,以及信息传输的原则。换言之,信息规则规制的是特定类型的、某一信息主体的信息,在信息发送方和接收方之间的传输。

(1) 场景是信息规范的背景,是信息规范适用的条件,或信息规范规定的主体行动的环境。在信息规范与场景之间的联系,被称为"场景相关的信息规范"。公私二分是场景完整性的简陋版本,它假定只有两种场景、两种规范,公共场景信息规范只适用于公共场景,私人场景信息规范只适用于私人场景。而事实上,场景完整性框架则假定社会场景具有多样性,每一种场景都适用一套特定的信息流动规则。[22] 在医疗场景中,有一系列信息规则规制患者的个人信息从医生(信息发送方)到其他方(如医院的实习生、医生的同事、保险公司、医生的配偶等)的传输。隐私其实就是数据的适当流通(appropriate information flow),所谓的适当,就是常规的,大家可以接受的,合理的或者是正常的,为人们所期待的方式。如果方式不适

---

[21] 参见〔美〕海伦·尼森鲍姆:《"尊重语境":履行白宫报告的承诺》,载〔美〕马克·罗滕伯格、茱莉亚·霍维兹、杰拉米·斯科特主编:《无处安放的互联网隐私》,苗森译,中国人民大学出版社2017年版,第127—135页。

[22] Helen Nissenbaum, *Privacy in Context: Technology, Policy, and the Integrity of Social Life*, Stanford University Press, 2010, p. 141.

当,会使大家感到很惊讶。㉓

（2）角色包括三类：信息发送者、信息接收者和信息主体,即谁发送信息,谁接收信息,发送和接收的信息是关于谁的信息。行为者的角色是影响人们关于隐私是被侵犯了还是被正确地尊重的丰富而复杂的感受的最重要的变量之一。㉔当人们说特定的信息应该保密时,通常意味着特定角色的该类信息应该保密,或者说并不是绝对保密而是受特定的信息传输规则限制的相对保密。例如,医疗信息被认为应该保密,但这并不意味着它是绝对保密的,医生其实可以向其部室领导汇报患者的医疗信息。当信息被允许共享时,也并不是简单地意味着信息可以以错误的方式共享,或共享给不适当的信息接收者。尽管这种要求常常是默认的,不需要冗余地明确出来,但在极个别情况下,人们对隐私期望的默认表达如果仅按照字面意义来解释的话,就会出现误解。

（3）属性即信息的类型,即信息是关于什么的信息。以医疗场景为例,对信息流动的约束根据角色和信息的类型而不同,信息的类型包括病人的身体状况、衣着、地址、电话号码、医疗保险号码、财务状况等。信息规则决定特定场景下特定类型的信息流动在特定条件下是否适当。例如,在医疗场景下,医生询问患者的身体状况信息是适当的,但在工作场景下,老板这样询问员工的该类信息就不适当了,而教练询问参加足球比赛的运动员的心脏状况就又适当了。对于朋友,我们透露自己的感情纠葛细节。对于银行和债权人,我们披露我们的财务细节。对于教授,学生讨论自己的分数。这些情况下,披露特定的隐私都是适当的。

对于信息类型,有人依据信息的亲密程度或敏感程度,将信息视为一个连续的类型,从最亲密的一端到最松散的一端,从最敏感的一端到不大敏感的一端；或者将信息分为个人信息与非个人信息,或个人信息与公共信息,或高度敏感信息与非敏感信息,等等。但海伦·尼森鲍姆反对这些二分法或只从一个维度来划分信息。她认为,事情并非这么简单：一个人向朋友透露其全面亲密信息,以及与同事仅谈论非个人信息。因为在很多社会里,与朋友谈论自己的薪水与财务状况都是不合适的,但与老板或财务顾问谈论却是合适的。判断合适与否的标准是多元的。㉕比如,至少在美国,如果朋友之间彼此已知对方的宗教信仰,在工作场合或面试时谈论此类信息就是不受限制的。在面试时间及求职者的婚姻状况也是不合适的,但在相亲的场景下就可以询问此类信息。医生熟知患者的身体状况,但在询问他的宗教信仰或财务状况时却不得不犹豫再三。

㉓ 参见《【中美对话—主题演讲】Helen Nissenbaum|隐私场景理论和数据隐私》,"数据法律资讯"微信公众号,2018年5月30日,https://mp.weixin.qq.com/s/0ayfHVxDfRoxMjaU0F73_A,最后访问日期：2023年9月4日。

㉔ Helen Nissenbaum, *Privacy in Context: Technology, Policy, and the Integrity of Social Life*, Stanford University Press, 2010, p. 142.

㉕ Ibid., p. 144.

海伦·尼森鲍姆其至反对事先对信息作好有限的分类。或许在特定的场景中,这种分类是有用的,但在日常生活场景中,她认为那些将信息分为确定的类型的想法,不但是不必要的,甚至对于场景理论是有害的,因为不断变化的场景结构与其组成部分的行为、角色、规范、价值、信息属性(信息类型)等是共同进化的。[26]

(4)传输原则规定信息流动应该发生的条件。传输原则尽管是显而易见的,甚至是不为人们所注意的,但却是场景理论框架中的最显著因素。最显著的传输原则是保密,即禁止接受信息的一方向其他人共享该信息。我们熟知的传输原则还包括:① 互惠原则,即信息的流动是双向的;② 应得原则,即决定谁应获得信息;③ 权利原则,即决定一方有权知道某类信息,这类似于应得原则;④ 强制原则,即一方(通常是信息主体自身)被强制向另一方披露信息;⑤ 需要原则,即决定一方需要获得特定的信息。[27] 传输原则可能规定某些信息自动被共享,或经同意后共享;也可能规定信息的流动必须提醒信息主体知晓,或经其同意,或二者兼具。总之,同意不是信息传输的唯一原则,其还可能允许信息的商业化交易。

传输原则是信息规范的重要因素之一。以朋友场景为例,我们通常期望信息被自动分享且相互分享,以及对外保密。虽然在实践中偶有偏离(尤其是朋友之间连哄带骗获得有关信息时),但这也是被允许的。但如果偏离太多,就意味着对该等传输原则的违反。四处搜寻好友的信息,偷看朋友的日记,将朋友分享过来的信息对外泄露,就不仅仅是背叛行为,更是对朋友关系性质的挑战。

不同场景的传输规则是不同的。不妨将医疗场景的传输规则与朋友场景的传输规则作个对比:区别之一是,在朋友之间,朋友的患病信息是被期望严格保密的,但在医疗场景中,如果在医院内部共享信息有利于作出更好的诊断,则该共享是被允许的、合理的。另外一个区别是,朋友之间的信息传输是双向、互惠的,而在医疗场景中,患者通常不会期望医生会向其共享医生的患病信息以及个人信息。区别之三是,医疗场景的传输规则是正式形成的,通常以法律或职业准则的形式体现。这些复杂的规则规定了信息传输必须获得患者的明确同意,并明确规定了不同类型的病患信息的具体传输路径。如果涉及食物中毒事件信息或高度传染病信息,医生还应该向公共机构汇报。保险机构也有权获悉有关病患信息。在朋友场景就并非如此。尽管医疗场景的传输原则规定得比较明确,但仍存在一些争议,如性伴侣是否有权获知对方是否患有艾滋病信息,再如如何向医药公司传输不同种类的医疗信息。

有一个悬而未决的问题是,隐私权究竟是对隐私信息的控制权还是获得他人信息的有限的权利。场景理论认为,其实我们无须从这两种主张中选择其一,因为

---

[26] Helen Nissenbaum, *Privacy in Context: Technology, Policy, and the Integrity of Social Life*, Stanford University Press, 2010, pp.144-145.

[27] Ibid., p.145.

这两种主张或学说都有其用武之地。通常来说,隐私权意味着获得他人信息的有限的权利之主张与信息规则之主张重叠。获得他人信息的有限的权利之主张强调获取信息的权利在信息获得后消灭。信息规则的内容更加丰富,它不但强调该权利的消灭,还强调一方有权规定获取什么信息、谁的信息、谁无权获得信息等。而对信息的控制权也是传输原则的内容之一。鉴于很多主流的隐私权学说认为隐私权就是隐私信息的控制权,场景理论认为,控制是否合适,取决于场景、信息的具体类型、信息主体以及信息的发送者和接收者。[28]

5. 以场景理论做出判断的方法

场景理论并不关注隐私定义之精确、完整,而是关注如何精确地、系统地描述激烈改变的性质。场景理论认为,解决何时以及为什么这些改变会引起人们的合理性焦虑、反对和抵抗的问题更为重要。[29]

在一种新的技术设备或系统被采用之前,如何对其引起的问题进行评估呢?场景理论认为,这其实是该种做法是否违反场景相关的信息规范的问题。这就需要对新老两种做法在场景、角色、属性和传输原则等要素之间进行比较。具体分为以下五步:

第一步,对当前盛行的场景进行识别。为了确定什么样的规则可以适用,我们必须确定当前盛行的社会场景是什么。有时候,社会场景是清晰的,比如教育场景中的中学、医疗场景中的医院、商业场景中的商店。但是有时候,则需要费一番功夫去识别场景。场景可能是重叠的或相互冲突的。这些难以识别的情形并非鲜为人知或神秘,而是极为常见:一个人是否应该告诉他的朋友或老板关于他配偶的绯闻信息?医院是否应当将受伤记录与警察局进行分享?父母是否应该阅读孩子的博客?这都是问题,需要进行场景识别。这种识别是为了试图界定社会系统的模板和社会经验之间的细微差别。

第二步,识别主要角色。确定新的做法是否为谁接收信息、关于谁的信息或者谁发送信息等方面带来了改变。近年来,信息技术的迅猛发展导致信息接收者群体扩大,这是较为常见的,然而也是很少得到充分认识的。以公路收费卡系统为例,接收信息的一方不仅仅包括信息系统公司,也包括机动车管理部门。

第三步,确定受影响的信息属性。即确定这一改变所影响的从信息发送方到信息接收方传输的信息的类型。以学生卡为例,该卡不仅仅控制了学生进出学校大楼和宿舍的权限,也记录和传输了他们的进出时间。

第四步,识别传输原则之改变。新的做法可能会导致传输原则的改变。在美国北部地区,驾驶人可以选择用现金支付过路费,也可以选择用公路收费卡支付;

---

[28] Helen Nissenbaum, *Privacy in Context: Technology, Policy, and the Integrity of Social Life*, Stanford University Press, 2010, pp. 147-148.

[29] Ibid., p. 148.

用卡支付时,驾驶人可以选择是否将他们的通行信息共享给政府部门。当现金收费通道被逐步淘汰后,将通行信息共享给政府部门就将变成强制性的了。

第五步,识别危险信号(red flag)。如果新的做法在角色、属性或传输原则等方面带来了改变,这种做法就被认为是侵犯了既有的信息规范,构成了违反场景完整性的主要证据。[30]

6. "增强版"的场景完整性判断方法

以上方法假定既有的信息规范是正确的,但如果既有的信息规范不那么正确,或新的制度或做法所体现的价值有可能超越既有的制度或做法,则需要根据如下九个步骤(可以称为"增强版"的场景完整性判断方法)判断是否接受新的制度或做法:

第一步,根据信息流动描述新的做法。

第二步,识别主要场景。根据我们所熟知的场景(如医疗场景),识别嵌于该场景的新场景(如医学教育场景)的潜在影响。

第三步,识别信息主体、发送者和接收者。

第四步,识别传输原则。

第五步,找到既有的信息规范,并在此基础上确定可能发生的主要背离之处。

第六步,建立初步证据。新的制度和实践可能会在很多方面违反既有的信息规范。比较常见的是,新的制度和实践可能会在角色、行为、规范、价值等因素方面出现背离。但有的时候,技术发展了,行为改变了,新规范却没有随之发展出来。这使得新场景结构变得不完整。假定我们支持既有的实践,那么就可以建立一个初步证据:新的实践违反了既有的信息规范。

第七步,初步评估:评估新实践所影响的道德和政治因素。哪些价值受到了损害?自主和自由受到威胁了吗?权力结构、社会等级、公正、公平、平等、民主等受到了哪些影响?根据数名隐私学者的研究,有可能被影响的价值包括:① 对以信息为基础的损害预防;② 信息不平等;③ 自主权;④ 自由;⑤ 重要人际关系的维持;⑥ 民主以及其他社会价值。[31] 在一些情况下,评估的结论是压倒性的:要么支持新实践,要么反对新实践。但是在另外一些情况下,评估的结论是有争议的,支持新实践的观点相对于反对新实践的观点并不具有压倒性的优势,这就需要进一步评估。

第八步,进一步评估:评估新的制度和实践直接影响的场景的价值、目标和目的。此外,还要根据该场景的价值、目标、目的等,评估该场景的道德与政治因素的含义或意义。换言之,新场景对于自主和自由带来的危害或威胁,新场景对权力结

---

[30] Helen Nissenbaum, *Privacy in Context: Technology, Policy, and the Integrity of Social Life*, Stanford University Press, 2010, pp. 149-150.

[31] 〔美〕海伦·尼森鲍姆:《作为语境完整性的隐私权》,谢晓君译,载张民安主编:《隐私权的性质和功能》,中山大学出版社2018年版,第202页。

构和社会公正带来的不安,意味着什么?

第九步,在这些发现的基础上,根据场景理论,判断支持还是反对新的制度或实践。[32]

海伦·尼森鲍姆指出:"隐私是非常有价值的,我们可以保护个人,当然它不仅仅是为了保护个人,其实也是对整个社会进行保护,并且为了推进社会价值。(Privacy is also serving for public goods)"[33]

二、场景理论的应用举例

海伦·尼森鲍姆在说明场景理论的应用之时,列举了很多案例。

(一) 克林顿—莱温斯基性丑闻案

1995年,莱温斯基在白宫实习时,与白宫的工作人员琳达·特里普成了好朋友。莱温斯基向琳达·特里普透露了她与克林顿总统的关系,以及莱温斯基对克林顿总统的感觉。琳达·特里普秘密地录下了她与莱温斯基之间的电话通话,并将翻录的录音带提供给了有关的检察官和律师,由此引起了一场轩然大波。但社会公众对琳达·特里普的行为却是一致反感的。该丑闻案尘埃落定之后,琳达·特里普试图挽回名声,解释说她是为了探究事实真相,为了保护自己的孩子,甚至是为了莱温斯基的最佳利益才这么做的。无论她解释的事实真相是什么,社会公众是否会原谅琳达·特里普?在场景理论看来,琳达·特里普背叛了朋友,无疑违反了至少两类信息规范:朋友之间不能未经允许甚至未经言明就偷录亲密的通话记录,也不能未经允许而对外披露这些录音。琳达·特里普的行为或许利大于弊,但却违反了朋友场景下信息传输的如下原则:知情原则、同意原则和保密原则,这使琳达·特里普成为朋友关系的背叛者。[34]

(二) 《1999年金融服务现代化法》争议案

美国《1999年金融服务现代化法》允许金融集团之间更加灵活地共享其收集的客户的"非公开个人信息",但在传输信息之前,金融机构应向金融消费者进行通知,并允许他们选择退出信息共享。美国联邦贸易委员会(FTC)颁布规则规定,

---

[32] Helen Nissenbaum, *Privacy in Context: Technology, Policy, and the Integrity of Social Life*, Stanford University Press, 2010, p. 182.

[33] 《【中美对话—主题演讲】Helen Nissenbaum|隐私场景理论和数据隐私》,"数据法律资讯"微信公众号, 2018年5月30日, https://mp.weixin.qq.com/s/0ayfHVxDfRoxMjaU0F73_A, 最后访问日期:2023年9月4日。

[34] Helen Nissenbaum, *Privacy in Context: Technology, Policy, and the Integrity of Social Life*, Stanford University Press, 2010, pp. 152-153.

金融机构收集的"非公开个人信息"包括任何种类的个人信息,即不仅包括金融机构收集的财务类信息,也包括金融机构收集的个人识别信息,如姓名、电话、地址、社会保障号等。有公益组织对 FTC 提起了诉讼,认为 FTC 的定义过于宽泛,"非公开个人信息"应指狭义的个人金融信息即个人财务类信息。因为在此之前,个人识别信息的买卖不受《1999 年金融服务现代化法》及 FTC 规则的管辖,可以自由买卖。但法院却支持了 FTC 的规则。尽管法院在当时还不知道所谓的场景理论,但却是从场景角度进行论证的,即个人信息的保护取决于相关的场景以及传输和接收信息的有关角色。用场景理论框架进行分析,法院正确而有效地决定,在金融场景下,金融机构在把提供金融产品和服务过程中收集到的所有类型的信息传输到相关的第三方机构时,都应受到《1999 年金融服务现代化法》所规定的传输原则的规制。尽管在金融场景下场景有所差别,但姓名仍是姓名,地址仍是地址,仍应受上述传输规则的规制。因此,FTC 的解释是正确的。㉟

(三) 公共网络记录问题

为服务于建设开放型政府的目的,政府将公共记录放在网上使公众可以通过互联网快速地免费获得这些信息,这些公共记录包括公民的出生记录、教育记录、婚姻记录、所拥有财产的信息、诉与被诉的记录及死亡记录等。一些家庭暴力及其他犯罪的受害者质疑此行为。他们认为对这些信息的无障碍接近将增大他们生活的固有风险。然而,反对者认为他们的担忧是矛盾的,因为这些记录早已公开发布,将其放在网络上仅仅是提高效率的行政举措。因此,从根本上讲,并没有发生根本性的变化。

在该案件中,一般的隐私理论可能会认为该行为并未改变信息的性质。因为这些信息原本就是公开的,任何人都可以免费自由查阅这些记录。因此将本地记录放置到网络上的行为并无不当。但如果我们用场景理论进行分析便可以发现,该行为实际上极大地增加了信息的可接近性。公共记录从本地记录变为网络记录,改变的是放置的地点。该地点的改变使得全球任何人仅仅移动下鼠标便可以获得这些信息,极大地降低了信息的获得成本,进而增大了信息的可获得性。这个改变是巨大的,因为它改变了流动性规范。

(四) 政府监控

海伦·尼森鲍姆认为,在监控技术如此发达的今天,人们之所以对监控活动抱有如此大的敌意乃至于深恶痛绝,这并不是一种错误的愤懑情绪,而有其合理性。这是因为,一方面信息汇编和组合的过程总是伴随着信息的转移,信息组合者将信

㉟ Helen Nissenbaum, *Privacy in Context: Technology, Policy, and the Integrity of Social Life*, Stanford University Press, 2010, pp. 153-155.

息抽离原本合适的场景,并将其嵌入到信息主体不了解的场景中,这就等于破坏了信息原本的"场景正义";另一方面,信息组合的危害巨大,因为尽管零碎的信息的泄漏不会对信息主体造成过大的伤害,但是信息组合、汇集成一个信息组合体之后,会使信息主体被别人牢牢地记住,从此信息主体的宁静生活将被打破。㊱

(五)消费者分析和数据挖掘问题

作为消费者,多数人知悉他们的商业活动被数字化记录和保存下来了。消费者用信用卡购物,浏览并在某网站上注册,以及订购杂志,都留下了数字化的痕迹,这些痕迹都在大的数据库中得以储存。商家利用这些信息对消费者进行精准营销,这些行为在消费者的期待之内,因此可以接受。但消费者所不知的是,一些数据中间商收集汇总这些信息并将其出售给第三方。个人数据是一些新兴公司如Axciom的重要资源,这些公司有时以个人档案的形式将这些信息出售给商家用于兜售产品、订阅、开办信用卡、抵押贷款以及各种销售电话等。当一些媒体对此进行揭露时,公众表示非常愤怒。但一般而言,所收集的这些信息并非隐私或敏感信息,消费者也知道商家会收集这些信息并对其进行营销,但为什么公众会对数据中间商贩卖其信息的行为感到愤怒呢?

回答该问题的关键并非该信息是公开的还是隐私的,是从公众的地方还是从隐私的地方收集的,而是该行为是否违反了场景理论。信用卡的使用和信息中间商的出现以及飞快的技术发展已经极大地改变了信息的可接近性和流动性。在过去,商家需要知悉顾客购买了哪些商品以便据此决定其库存量。现在,线上销售商保留顾客记录并进行分析,用这些信息作为对顾客进行营销的基础,这也并没有太大地背离信息的适当性与流动性。但对比之下,一些商家用关于其他生活方式选择的问题轰炸购物者,如,他们在哪里度假,最近看了什么电影,最近读过的书,他们的孩子在哪里读书或上大学等。这些行为违反了信息的适当性规范。商家向杂志订阅供应商或信息中间商提供这些信息则进一步违反了信息流动性规范。这些信息的流动场所超出了消费者的期待,违反了场景理论。

(六)射频识别标签问题

随着科技的发展,一些科技公司发明了一种可以被移植或附着在洗衣机、毛衣、牛奶盒以及牲畜上的细小芯片。这些芯片可以收集携带者的信息。据预测,当技术发展到一定程度时,距离人们三米远的无线电信号扫描仪就可以收集人们的信息。芯片的支持者认为这些芯片可以帮助人们节省库存、仓储,便利货物运

㊱ 参见〔美〕海伦·尼森鲍姆:《信息时代的公共场所隐私权》,载张民安主编:《公共场所隐私权研究——公共场所隐私权理论的产生、发展、确立、争议和具体适用》,中山大学出版社2016年版,第82—83页。

输,并有助于防盗等。然而,隐私拥护者却认为这些芯片可能在未经消费者许可甚至在消费者未意识到的情况下传播消费者的信息。但是,强大的射频发射器最有可能位于公开的场所,因此其所收集的信息也主要来自公开的或公众的地方,人们为何对此表示忧虑?

场景理论认为该行为显著地改变了信息的性质及其分布模式。在射频识别标签出现之前,客户可以假设销售助理、商店经理或公司领导者记录了销售点信息。但射频识别标签延长了这些信息的收集时间,并为零售商、制造商和其他人提供了一系列先前无法获得的客户信息。射频识别标签的这些潜在用途不仅会影响谁获取客户信息,而且还决定了经过谁的自由裁量可以得到这些信息。射频识别标签使得客户不能控制超出销售点的信息分布,自由决定的权利被从客户处剥夺并被置于信息收集者的手中。㊲

(七) iPhone 应用 Girls Around Me

iPhone 应用 Girls Around Me 利用地理定位社交网络 Foursquare 的公开信息,使得男性用户可以通过地图定位附近的女性,并借助 Facebook 查看这些女性用户的照片和 Facebook 资料。

Foursquare 是一款允许用户在咖啡馆、酒吧和各种地方"签到"的服务,其目的是帮助用户通知可能身在附近的好友。Girls Around Me 则利用这一模式方便男用户了解附近的女性。这款应用引发了轩然大波,Foursquare 也因此禁止其访问用户的定位数据库。在发给《华尔街日报》的一封邮件中,Girls Around Me 的开发者表示,除了 Foursquare 本身所提供的信息外,该应用并未提供额外数据。

海伦·尼森鲍姆认为,Girls Around Me 之所以引发声讨,是因为它违反了追女孩的社会准则。她表示,有了社会准则作为"栅栏",任何有道德的、遵纪守法的人都不会逾越这条界线。但由于缺乏数据使用的法律和准则,部分科技企业便会毫无顾忌地借助各种新方式来使用信息,有的甚至令人毛骨悚然。㊳

(八) 谷歌街景

在 2007 年,谷歌开发了一个产品——谷歌街景(Google Streetview)。为此,谷歌部署了车顶装载大型摄像机的车辆,这些车辆负责在城市街道上巡游,捕捉街道景象的连续画面。最初,谷歌计划覆盖尽可能多的路线,车辆在行驶过程中不断记录视频,意图捕捉街道旁的一切景象。然而,随着项目的进行,公众对谷歌街景的接受程度开始出现分歧。主要的争议点在于,在拍摄街道景观的过程中,偶尔也会

㊲ 第 3—6 个案例引自徐艳:《场景理论下的个人信息权保护研究》,华东政法大学 2019 年硕士学位论文。

㊳ 鼎宏:《详解 Facebook 隐私策略:开发者掘金用户数据》,新浪科技,2012 年 4 月 9 日,http://www.techweb.com.cn/internet/2012-04-09/1176581.shtml,最后访问日期:2023 年 9 月 4 日。

捕捉到路人的面孔，引发了隐私侵犯的担忧。这种担忧在日本尤为明显，许多人担心自己的住宅和家庭隐私会在网络上被公之于众。面对这样的指控，谷歌辩解说，他们的产品并没有违规，如何可能侵犯隐私权。谷歌声称，其摄影机仅仅记录那些出现在公共街道上的景象，对于在公共场所出现的物体或人物，不应合理期待拥有隐私。尽管如此，公众普遍认为，谷歌的这一立场忽视了一个重要问题：即使是在公共场合，个人隐私依然需要受到尊重。更严重的是，谷歌街景的拍摄不仅仅局限于邻里之间的信息共享，它还涉及了跨国的信息流通，使得一个人的家庭住址和外观有可能被世界上任何一个角落的人所窥视。这种无节制的信息传播被认为是对个人隐私权的侵犯，反映了信息流通在未经适当审慎的情况下可能带来的风险。

三、场景理论的立法实践

场景理论在2012年美国奥巴马政府向美国联邦议会提交的《消费者隐私权利法案（草案）》(Consumer Privacy Bill of Rights)中得到体现。海伦·尼森鲍姆是该法律草案的顾问。该草案的原则之一是"尊重场景"(Respect for Context)，即消费者有权期望企业以与消费者提供信息的场景相一致的方式收集、使用和披露个人信息。企业应限制其使用和披露个人信息的目的，以符合其与消费者的关系和消费者最初披露信息时的场景，除非法律另有要求。如果企业出于其他目的使用或披露个人信息，则应以一种在信息收集时显著且易于消费者采取行动的方式披露这些其他目的，从而提高透明度和个人控制。如果在收集之后，企业决定使用或披露个人信息的目的与披露信息时的场景不一致，它们必须提供更高的透明度和更多的个人选择措施。最后，与企业打交道的消费者的年龄和对技术的熟悉程度是场景的重要因素。企业应以适合消费者年龄和成熟程度的方式履行这一原则下的义务。特别是，《消费者隐私权利法案（草案）》中的原则可能要求对从儿童和青少年处获得的个人信息给予比成年人更多的保护。但该法律草案并未获得议会通过。

欧盟《通用数据保护条例》(GDPR)第5条规定的目的相称原则，第32条规定的处理安全制度，第35条规定的数据保护安全评估制度，也是场景理论的体现。第6条规定的数据处理的合法性原则并未将主体同意作为唯一合法要件，而是将履行合同、履行法定义务、公共利益也作为合法性基础，亦有学者将其称为"合法利益的豁免"。第25条规定了"通过设计的隐私保护"(Privacy by Design)，要求在数据处理中应采取合适的技术与组织措施。因而，个人信息权益的保护要充分考虑数据处理的性质、处理的范围、处理的场景与目的等，根据个人信息流通与利用的具体场景与情形，结合个案进行判断，即该权益是否应归属于数据主体，以及如何

与其他主体进行平衡。㊴

美国互联网协会(Internet Association)于2018年11月发布的《隐私原则:现代国家监管框架》的目的在于促进联邦法规现代化,并为消费者隐私保护制定一个国家框架。该框架应在全国范围内保持一致、成比例、灵活适用。该框架要求企业满足个人对于其提供给企业的个人信息在收集、使用和共享以及依赖于场景的选择方面的合理期望;国家隐私框架必须建立在以风险为基础的方法(a risk-based approach)之上,尤其是考虑个人信息的敏感程度、收集和使用的场景,以及信息滥用或未经授权的访问可带来的实际损害;企业应遵守联邦贸易委员会(FTC)的有关规定,识别并解决个人信息隐私和安全方面可合理预见的、如果未能有效解决将导致或可能导致的消费者的实际损害的风险。㊵

2018年《加利福尼亚州消费者隐私法案》的很多条款都体现了场景理论。例如,在规定信息收集企业的义务时规定:"企业对于消费者个人信息的收集、使用、保留和共享,应当是在实现收集或处理个人信息的目的过程中合理必要的和与其相称的;如果是为了另外的已经披露出来的目的,则应与收集时的场景相一致,不得以不符合这些目的的方式进一步处理。"该法案还规定了消费者的删除权,但特定情形中存在例外,如在企业与消费者正在进行的业务关系的场景中可合理期待不予删除时,以及另外地在企业内部,以与消费者提供其个人信息时的场景相一致的方式合法地使用消费者的个人信息时,不适用消费者请求删除其个人信息的规定。

印度2019年《个人信息保护法》草案第27条也规定了数据保护影响评估制度,这也是场景理论的体现,相关条文如下:

27. 数据保护影响评估

(1)如果重要数据受托者意图使用新的数据处理技术,或者进行大规模的数据画像,或者使用个人敏感数据(如遗传数据或者生物识别数据),或实施任何其他可能对数据主体产生重大损害的处理行为,除非数据受托者根据本条规定进行了数据保护影响评估,否则不得启动该处理。

(2)保护局还可以根据法律,针对特定场景、特定数据受托者类别以及处理行为的特定操作规定在这些情形下必须开展数据保护影响评估,也可以明确在哪些具体的情况下,数据受托者在开展数据保护影响评估时必须聘用本法定义的数据审计方。

(3)数据保护影响评估除其他项外,应至少包括:

(a)对拟进行的数据处理操作、处理目的以及所处理的个人数据性质的

㊴ 金耀:《个人信息私法规制路径的反思与转进》,载《华东政法大学学报》2020年第5期。

㊵ 参见 https://archiveia.org/wp-content/uploads/2018/09/IA_Privacy-Principles-For-A-Modern-National-Regulatory-Framework_1-pager.pdf。

详细说明;

(b) 就拟对其个人数据进行处理的数据主体造成的潜在损害的评估;

(c) 管理、最小化、减轻或消除这种损害风险的措施。

(4) 在完成数据保护影响评估后,根据第30条第(1)款任命的数据保护官应按照法律规定的方式对评估进行审查后,将评估结果和审查发现提交给保护局。

(5) 如果保护局在收到评估及其审查结果后,有理由相信数据处理活动很可能对数据主体造成损害的,保护局可指示数据受托者停止此类处理,或指示处理活动应受限于保护局认为适当的条件。

我国的《个人信息保护法》也吸收了场景理论的合理内核,规定了数据安全评估、风险评估、个人信息的分级分类管理等。

四、我国学者对场景理论的支持或发展

我国也有不少场景理论的支持者和倡导者,有的学者甚至还进一步发展了该理论。

最先引入场景理论的是范为。他认为,大数据时代,个人信息保护的目标是防范个人信息的滥用,同时倡导个人信息的合理使用。如何界定"合理使用"的情景,即构成了个人信息保护的边界。隐私及个人信息保护的边界并非固定、僵化的,而是主观的、动态的,并受多重因素影响。何以构成个人信息的合理使用,在不同的场合均不尽相同。大数据时代,个人信息的使用场景纷繁复杂,超出立法所能规范与预见的能力,以用户为中心、结果为导向进行动态界定的思路由此日益为国际上所倡导,其核心在于考察个人信息的处理行为给用户带来的后果及隐私影响。个人信息处理是否合理,取决于引发的影响能否为用户所接受,或是否符合用户的"合理预期"。影响用户接受程度或对个人信息利用的敏感程度的因素即统称为"信息场景"或"场景"。鉴于场景构成要素的多元性,对个人信息利用的合理性应综合多种因素进行"程度性"判断。影响用户对个人信息处理接受度的核心衡量标准即为对用户造成的"隐私损害"或"隐私风险"。防范个人信息的滥用,尤其应警惕个人信息处理行为给用户带来的损害或负面影响。降低隐私损害至用户可接受的合理程度即为个人信息保护的目标。"隐私风险评估"(Privacy Impact Assessment,PIA)是衡量隐私风险的有效工具。以个案分析的精神,在相应场景中具体地评估数据处理行为的风险,根据风险等级采取相应程度的管理措施,是一种贯穿数据处理生命周期全程的动态控制,直指将隐私风险控制在可接受范围内的最终目标。相较于传统框架,风险导向的理念避开了知情同意环节,能够大幅减轻企业的合规压力,从而为数据流通减少不必要的障碍。范为还认为,个人信息的范

围并不存在一个"预先"的精准界定,个人信息的界定是动态的,并高度依赖于所处的具体场景。应淡化个人信息定义,弱化个人信息与非个人信息在前端收集阶段的区分,将关注重心转向个人信息的使用环节,评估其在不同用途及场景中引发的隐私风险,由此确定机构相应的义务。㊶

丁晓东认为,对隐私权益必须进行场景化的理解。法律保护个人信息的目的在于防范相关风险,促进个人信息在具体场景中的合理流通。隐私权益保护的边界,需要根据不同共同体的特点和具体场景中人们的普遍预期加以确定。㊷ 个人信息的行为主义规制应当是高度场景化的,对个人信息进行规制的必要性与合理性也往往取决于不同的场景与对象。个人信息应当进行场景化的行为规制,这与个人信息所承载的多重权益相关。正是因为个人信息保护背后有如此多元的权益,个人信息保护常常高度依赖于场景。在一种场景下,个人信息保护可能会促进某种权益,但一旦场景变化,个人信息保护不但无法促进某种权益,反而可能会妨碍另一种合法权益的实现。㊸ 但与海伦·尼森鲍姆不同,丁晓东赞同对个人信息保护采取权利主义的、统一的立法进路,因为这可以降低执法和守法成本,但尽管如此,"在司法和执法层面,对个人信息权利的解释也必然会采取场景化的行为主义规制方式"。㊹

谢琳认为,在大数据时代,知情同意机制已无法有效应对大数据生态系统的多元性和复杂性,无须取得数据主体同意的合法利益豁免可成为大数据信息使用的另一重要合法依据,为大数据产业发展提供灵活空间。我国在个人信息保护的相关立法中可引入合法利益豁免机制。引入该机制时,对合法利益应采用广泛的定义,只要是未违法的使用利益均属合法利益。但数据控制者必须进行一个平衡测试,证明数据使用的合法利益高于数据主体的个人利益,方可适用合法利益豁免。平衡测试可采用个案分析方式,并遵循必要性原则、目的限定原则和比例原则。目的限定原则是指,数据的后续使用方式应与原先的收集目的"相称"(compatible)。欧盟《通用数据保护条例》绪言第50条指出,衡量相称性应考虑后续使用目的与原先目的之间的关联性、数据收集的场景及该场景下的数据主体的合理预期、数据的性质、后续使用产生的后果及现有的保障措施等,数据主体的合理预期应置于具体的使用场景中进行具体考量。㊺

徐艳认为,"场景理论"在个人信息保护领域已基本取得共识。风险导向建立在隐私风险评估制度的基础上。即对于具体场景中的数据处理行为所引发的风险进行评估,并对评估的结果进行程度性划分。通过隐私风险评估,可以将风险划分

㊶ 参见范为:《大数据时代个人信息保护的路径重构》,载《环球法律评论》2016年第5期。
㊷ 参见丁晓东:《个人信息私法保护的困境与出路》,载《法学研究》2018年第6期。
㊸ 参见丁晓东:《个人信息保护:原理与实践》,法律出版社2021年版,第84—85页。
㊹ 同上书,第86页。
㊺ 参见谢琳:《大数据时代个人信息使用的合法利益豁免》,载《政法论坛》2019年第1期。

为"高、中、低"三等,对于风险等级为"低"的信息处理行为,可以豁免信息处理者的部分义务,如免于通知信息主体的义务。对于风险等级为"高"的信息处理行为,则需要增加信息处理者的义务来增强对信息主体的保护。如风险为高时,信息处理者应通知数据主体并采取措施降低风险。⑯

王四新、周净泓将网络空间分为私人聊天、公共聊天、主动分享、公共评论和电商平台的购物评论区等场景,主张针对不同场景采取不同措施,赋予公民网络匿名表达权和数据被遗忘权,并让网络服务提供商承担相应的主体责任,从而为公民在网络公共场所隐私权的保护提供一条解决路径。⑰

蔡星月认为,我国《网络安全法》规定的同意原则属于强控制模式,因赋予数据主体绝对化的信息自决权而导致信息流通效率降低与数据利用价值减损。在数据控制与数据利用的张力间建立"弱同意"的概念体系与规范结构,可以通过同意体系地位的降低与规范结构的削弱,对信息自决权产生相当程度的限制,有效解决此问题。"弱同意"的规范结构为"情境合理+拟制同意=合法处理",其中拟制同意化解了"强同意"因僵硬适用和过高标准所带来的有效性困境,情境合理测试则充分吸收了场景理念和风险认知,使同意架构从封闭走向开放,由此个人数据保护从一刀切的权利分割迈向了激励相容的合作治理。其中,拟制同意是指通过法律规定将沉默直接拟制为意思表示,沉默表现为不作出拒绝,也不表示接受。法律拟制使沉默获得同意或不同意的意思表示效力,其中只有在法律明确规定沉默可被"视为"或"认为"是同意的情况下才构成同意的意思表示。故数据保护中的弱同意是通过法律拟制为同意,并被赋予与明示同意具有同等法律后果的沉默。拟制同意的适用前提是"情境合理"。作为法律规范结构中的"假定",情境合理既是拟制同意生效的前提——通过了情境合理测试的数据处理行为,可不问数据主体同意与否而直接取得同意的法律效果,从而使数据处理合法化;也划定了拟制同意适用的范围——仅在达到情境合理的标准时,才可启动拟制同意、排除不法,否则仍须按照明示同意规则处理。数据处理的合理性测试是合理使用原则在同意框架下的具体展开。在数据保护法领域,情境应是场景(context)与规则的统一,情境的设定实质上是通过规则来划定行为的有效性边界。隐私具有高度的场景依赖性,它与环境有关。诸如行为、环境、时空、设备的场景要素都会影响数据处理的敏感程度;此外,社会习俗、法律责任、风险控制能力等规则遵循情况也在同步形塑着数据主体的隐私期待和对数据处理风险的容忍度。个人数据保护不再是一刀切地控制数据或屏蔽信息,而应是特定情境下,通过考察场景变化与规则遵循情况,对数据处理行为进行合理性测试,进而通过法律和技术手段对数据共享和控制之间的

---

⑯ 参见徐艳:《场景理论下的个人信息权保护研究》,华东政法大学2019年硕士学位论文。
⑰ 参见王四新、周净泓:《网络空间隐私权的保护研究——基于公共场所隐私权理论》,载《四川理工学院学报(社会科学版)》2018年第6期。

关系作出精密调整。㊽但是,对于由谁进行情境合理性测试,作者并未言明,只是指出:"风险是否最小化的结论应由第三方独立机构进行风险评估得出,风险评估应受主管部门监管,如果数据处理的社会影响和风险是最小化并可控的,风险防控措施是有效的,则符合情境合理测试,可在告知评估结果后适用拟制同意。"㊾其似乎是主张由第三方独立机构进行情境合理测试。

陈兵、马贤茹也赞同海伦·尼森鲍姆的"场景完整性"理论。他们认为,用户数据的收集和使用与场景高度相关,不同场景下用户数据的收集和使用的方式和程度取决于该场景下用户的偏好或期望,即用户数据的收集和使用是否合理取决于相应场景下数据行为的可接受性或者说是否符合用户的"合理预期"。具体而言,用户对其数据的同意授权并非简单的"是与否",而应当在具体场景中动态平衡数据收集、存储、分析、计算、分享等行为中可能存在的风险,用户对企业披露的数据用途的理解,用户年龄及对互联网技术的熟悉程度等诸多因素的复杂性和差异性,甚至在数据的区域性收集和流动过程中,地理因素、文化因素等因素都会影响用户对数据处理行为的可接受程度。数据企业须根据具体场景中对用户数据利用的合理程度来制定更有效的数据保护规则,避免脱离具体场景下的严格保护甚至过度保护带来的数据冻结乃至数据封锁。企业应结合具体场景的现实需要,将数据使用行为限定在用户对其数据披露与分享的合理预期之内。随着数据使用场景的多元化,用户提供的数据已经过分析处理衍生出不同内容和形态。在企业收集用户数据后的处理行为中,若对用户数据的使用未超出收集用户数据时的合理预期,则可免于用户的再次同意,以减少企业的合规成本。如果企业将用户数据用于其他不属于合理预期的目的或使用行为且存在中等风险、中等敏感度时,应当以有效通知的方式向用户告知可能存在的风险,并向用户提供方便操作的选择退出机制,特别是如果企业处理数据的行为超出最初收集用户数据的合理预期,存在高风险和高敏感度时,企业应当为用户提供即时显著的强化通知机制。当用户在高风险和高敏感度的场景下选择披露数据时,企业应当主动帮助用户降低风险,譬如针对无须关联到特定个人的数据使用行为,企业应当主动采取数据分类脱敏或"去标识化"处理。㊿

㊽ 参见蔡星月:《数据主体的"弱同意"及其规范结构》,载《比较法研究》2019年第4期。
㊾ 同上。
㊿ 陈兵、马贤茹:《互联网时代用户数据保护理路探讨》,载《东北大学学报(社会科学版)》2021年第1期。

五、场景理论的积极意义

场景理论的积极意义可以概括为如下三个关键词:"合理流通""差异""合理期待"。详言之:

第一,场景理论认识到个人信息的价值在于流动,同意不再是信息流动的唯一前提,肯定了信息处理者合理流动个人信息的合法性,有利于促进个人信息的流动。

场景理论与其他隐私理论之间的差别在于,场景理论不谈论公共与私人空间的区分,也不强调以敏感/非敏感对信息进行分类的二分法。其认为信息流动的合理性应评估五大要素,主体对个人信息的绝对控制是不合理的,即使主体同意,信息也未必可被他人利用;即使信息主体不同意,数据处理者也可以收集和传输个人信息。这有利于松动知情同意架构,减轻数据企业的合规成本,发挥大数据的红利,促进数字经济发展。

第二,场景理论认识到隐私信息、个人信息的复杂性和差异性,也认识到了大数据、人工智能等新技术发展的快速性和复杂性,主张根据场景识别信息传输规则,体现了"不同情况不同对待"的差异化规制思路。

隐私信息或信息隐私的载体是信息,不具有明显的物理特性,而具有虚拟性、易留痕、易复制、易转移等特征。在大数据时代,信息隐私海量存在。它受物理条件的限制很小,个人信息随时随地产生,每一个网上行为背后都是信息,而每一个行为都正在以及将会全部入网——互联网、移动互联网、超级互联网、全息互联网……这对隐私保护也是极大的挑战。[51] 信息隐私不再有固定的界限,判断一种信息是不是隐私,风险程度如何,受何种程度的保护,需要结合具体的情境,这使得信息隐私的保护具有了复杂性。场景理论充分认识到了信息隐私的复杂性、变化性和差异性,这对于我们全面、深刻认识信息隐私,增强信息隐私保护的针对性具有重要意义,场景理论的积极意义不容否定。

第三,继承和发展美国隐私法上的合理期待理论,进一步承认和保护社会公众的合理期待,并以此作为构建信息流通规则的逻辑起点,出发点是保护社会公众,保护他们不因技术变化而丧失自治、自主和自由。

1967 年是美国隐私法的分水岭。在此之前,只有实际地、物理性地侵入他人的不动产,才构成侵犯美国《宪法》第四修正案所保护的个人隐私。但在 1967 年的卡兹案(Katz v. United States)中,法官所考虑的重心并不在于执法人员的行为是否侵入了不动产之内或之上,而是关注执法人员的搜查扣押行为是否侵害了公民所

---

[51] 参见徐艺心:《信息隐私保护制度研究:困境与重建》,中国传媒大学出版社 2019 年版,第 32—33 页。

享有的合理的隐私期待。隐私合理期待理论遂成为美国隐私法判断是否侵犯个人隐私的标准。

在判断是否成立合理期待时,首先要求个人主观上具有合理的隐私期待。此外,该合理期待还应当受到社会的承认。在某些情况下,虽然权利人主观上认为其某种隐私应受保护,但如果这种期待并不符合社会的一般观念,或者这种期待是不合法且不合理的,那么,权利人也不享有隐私权。

虽然隐私合理期待理论在很大程度上是为了规范公权力的行使,但其所确立的原则对于划分公共领域和私人生活领域同样具有重要意义。也就是说,"合理期待"标准不仅仅适用于约束公权力对公民隐私权的侵害,也适用于对平等主体之间侵犯隐私权的认定。因为"合理期待"旨在厘清个人隐私的边界,划定私人领域与公共领域,这是认定侵犯隐私权的前提,无论对于政府侵权还是私人侵权都具有重要意义。

自卡兹案之后,许多学者都主张以"合理期待"的标准来确定商业和其他领域的隐私保护。海伦·尼森鲍姆即是如此。她认为,确定是否侵犯数据隐私,应当考虑不同场景中的"合理期待"。这就是说,在某些情况下,即便没有信息主体的明确许可,但只要相关的信息处理行为是当事人在该情形下能够合理预见的,那这种信息处理行为也同样是合法的。[52]

在现代高科技的条件下,卡兹案成为经典的案例,成为美国处理隐私案件的重要参考;无论采用何种高科技工具,只要侵害了个人对其隐私的"合理期待",均可认定构成对隐私权的侵害。在2004年的美国诉琼斯一案中,被告琼斯被怀疑贩卖毒品,警察基于合法的搜查令,在琼斯的车上安装了 GPS 定位系统,用于监视琼斯的行为,但监视的时间和范围都超出了法律规定的范围。美国联邦最高法院认为,虽然警察可以依法实施搜索行为,但在琼斯的汽车上安装 GPS 则是非法的,构成对其隐私权的侵害。大法官指出,对个人实施长期监控侵害了个人的隐私合理期待,违反了美国《宪法》第四修正案,借助 GPS 定位系统对个人进行短期监控,可以完整、准确地记录个人的私人活动,不符合个人合理的隐私期待。本案中,法院甚至认为,在没有搜查令的前提下,政府环保局使用直升机在高空对道(Dow)公司的发电设备进行拍照,也侵害了道公司合理的隐私期待。[53]

因此,只有将海伦·尼森鲍姆的场景理论置于美国隐私法的合理期待理论背景之下,才能对其作出更深刻的理解。现在,合理期待理论的适用范围越来越宽泛,正如大法官阿里托指出的,对隐私保护最大的需要并不是来自宪法或者法律,而是来自实践。

美国联邦贸易委员会(FTC)在执法中通过普通法的方式建立起一套必须遵循

---

[52] 参见王利明:《王利明学术文集·人格权编》,北京大学出版社 2020 年版,第 603—633 页。
[53] 同上。

的实质性的标准，从以遵守承诺为基础的欺诈性行为认定慢慢发展到了不限于承诺；在没有承诺的情况下也需要承担责任，其依据更多的是来自消费者的期待，即从遵守承诺的要求发展到遵守"消费者期待"。消费者的期待实际上是把行业标准、行业惯例，甚至是国际标准都引入了执法的行为标准中。[54]

场景理论认为，主宰信息流动的信息规范应当有道德价值（morally worthy），不仅是为个体服务，也是为社会服务。由此，场景理论体现了与目的特定、同意原则等其他国际通行的个人信息保护原则的区别。[55] 它的价值目标是公民的自治、自主和自由等。

六、场景理论的局限性

笔者认为，场景理论具有主观性、模糊性和保守性等方面的局限性。对此，我们应予以明鉴。

首先，场景理论具有主观性。场景完整性的判断方法要考虑各种要素——场景、角色、行为、规范和价值，每一个场景都进行个案判断的话，费时费力，个人也并不具有判断的能力和主导判断的地位和权力。不同人对场景可能阐释出不同的含义。隐私评价本身就具有主观性[56]，场景理论更是加剧了隐私评价的主观性。

在美国侵权法上，隐私合理期待的客观判断标准也引发了较大争议，不少学者认为，其不具有可操作性，并具有很大的主观性。海伦·尼森鲍姆也指出，有人将场景理解为技术平台或系统场景，有人理解为商业模式或实践场景，有人理解为部门或行业场景，有人理解为社会场景。这四种理解在美国居主流地位，相互竞争。尽管海伦·尼森鲍姆最赞同的是社会场景，但她也没有完全否定其他解释。[57] 海伦·尼森鲍姆其至认为，美国式的个人信息保护分部门立法比欧洲式的统一立法更有前景。[58] 将场景理解为部门或行业场景，非常契合美国当期分散的隐私立法现状。"美国的隐私监管模式是基于将隐私视为一种利益，然后将其抛给消费者处理（不管人们是否愿意），让消费者自行对隐私问题保持警惕，并在问题发生时就

---

[54] 参见丁晓东、张吉豫主编：《隐私与数据的法律研究——人大未来法治研究院网络法读书会》（第1辑），法律出版社2019年版，第82—83页。

[55] 《新闻动态｜美国康奈尔大学 Helen Nissenbaum 教授应邀为国际法所师生做线上讲座》，"武汉大学国际法研究所"公众号，2020年12月25日，https://mp.weixin.qq.com/s/rDKaSHe8HDTJA2EmApVSqA，最后访问日期：2023年9月4日。

[56] 参见徐艺心：《信息隐私保护制度研究：困境与重建》，中国传媒大学出版社2019年版，第25页。

[57] 参见〔美〕海伦·尼森鲍姆：《"尊重语境"：履行白宫报告的承诺》，载〔美〕马克·罗滕伯格、茱莉亚·霍维兹、杰拉米·斯科特主编：《无处安放的互联网隐私》，苗淼译，中国人民大学出版社2017年版，第127—135页。

[58] Helen Nissenbaum, *Privacy in Context: Technology, Policy, and the Integrity of Social Life*, Stanford University Press, 2010, p. 238.

特定方面要求更多的监管活动,其结果是有了联邦和州的隐私法规、数不清的监管机构。”(59)分散立法导致多头监管,政出多门,规则各有差异,增加了遵从成本。

在大数据时代,技术变化日新月异,对个人信息的收集会越来越广泛、细密,个人隐私保护的界限一步步被突破,对其保护的合理期待也一点点降低。(60) 信息隐私在社会交往中存在封闭性与开放性的价值困境。(61) 随着大数据的发展,信息隐私的封闭性像冰川一样逐渐被融化,开放性逐渐增强。在这个流变的时代,合理期待也在流变。很多时候让消费者形成一个合理的期待是很难的,充分、正确认识、识别和评估社会公众的合理期待则更艰难。

其次,场景理论具有模糊性,或者说可操作性较差。这是由场景理论的主观性所导致的。场景理论未能对隐私影响评估工作提供明确的指导,这由谁来评估呢?个人,信息企业,还是监管者(政府)?在现实中,影响评估大都是数据企业或数据企业委托第三方进行的,属于企业自我规制的范畴。人们可能呼吁政府进行评估,但很遗憾,政府目前还不具备这样的能力,更无法承担评估失败的后果。海伦·尼森鲍姆的场景理论本身并没有谈到隐私影响评估,隐私影响评估是他人根据海伦·尼森鲍姆的场景理论而发挥出来的。

海伦·尼森鲍姆的场景理论来源于沃尔泽的分配正义理论。沃尔泽是社群主义的代表人物。社群主义从共同体出发,认为共同体是个人存在的先决条件,不能剥离了共同体的思想基础和文化传承去单独建构某种抽象的正义原则。共同体可以指个人赖以生长的家庭、社区、民族乃至国家和国际社会,个人的选择不能离开其所存在的共同体。在分配正义的主体方面,沃尔泽将共同体作为分配正义的主体。他认为,所有与分配有关的善都是社会的善,分配正义的衡量尺度是共同体内部成员所达成的共识。(62) 但这一理论延伸到个人信息保护的场景里来时,会引发无数疑问:共同体是什么呢?是哪一个社群呢?信息传输规则适当性的评估以何者的立场进行呢?场景理论并没有给出明确的回答。似乎,评估应根据社会上大多数人的观念进行,且最好是由社会上大多数人或其代言人进行评估。但很显然,由社会上大多数人进行评估不具有现实性和可操作性,社会上大多数人的代言人也很难找到。

如何判断隐私的合理期待能够得到社会的普遍认可,这是一个即使是法官、哲学家或社会学家也很难回答的问题。此种社会期待本来应由社会公众所主导,但

(59) 〔美〕特伦斯·克雷格、玛丽·E. 卢德洛芙:《大数据与隐私:利益博弈者、监管者和利益相关者》,赵亮、武青译,东北大学出版社 2016 年版,第 34 页。

(60) 参见丁晓东、张吉豫主编:《隐私与数据的法律研究——人大未来法治研究院网络法读书会》(第 1 辑),法律出版社 2019 年版,第 98—99 页。

(61) 参见徐艺心:《信息隐私保护制度研究:困境与重建》,中国传媒大学出版社 2019 年版,第 42 页。

(62) 陈怡梦:《对多元分配的反思及超越——从马克思主义视角审视沃尔泽的分配正义理论》,载《当代中国价值观研究》2017 年第 1 期。

在司法实践中,却实际由法官所掌控。但法官并不知道公众的喜好和价值观,所以法官只能根据自己的喜好和价值观来判断他人的隐私期待是否是合理的,而不会探讨两者是否具有一致性。[63] 场景理论的可操作性欠缺的弱点暴露无遗。最后,场景理论只是学者和法官笔下的分析工具而已。

场景理论认为不存在统一的关于"敏感信息"的定义,信息敏感与否,视不同的场景而定。[64] 尽管各个国家和地区对于"敏感信息"的范围界定并不完全相同,例如民族信息、政治信仰,在西方国家一般视为敏感信息,而在我国却不是,但还有不少重叠共识的,如性生活方面的信息。世界上已有不少国家和地区规定了个人敏感信息或"特殊的个人信息"。[65] 我国个人信息保护法不对敏感信息下定义,是不可取的。

场景理论不能取代成本收益分析,而应被成本收益分析所取代。道德评价、价值分析缺乏可操作性。现实中更流行的是成本收益分析。成本收益分析在美国的规则制定中广为流行,它允许将不确定的好处计入收益,但要剔除明显不可能实现的好处。而场景理论很少对于如何计算数据的收益提供指导。[66]

海伦·尼森鲍姆并未获得过法学学位,她是哲学领域的教授[67],她与计算机等技术方面的专家合作,主要从哲学的角度思考关于个人信息的保护以及在技术方面怎么使用法律来保护个人信息和数据。[68] 她的理论具有一定的抽象性,不宜直接作为执法和司法的依据,而最好转化为明文的细致的法律规定,再作为法律操作方案以及执法和司法的依据。社会公众的合理期待,不能直接成为执法的依据。我们可以从道德上谴责出卖我们隐私秘密的朋友和信息处理者,但很难请求执法机构对其进行罚款。在成文法国家,法院也不宜贸然仅凭所谓的公众的合理期待就判令那些违反合理期待的信息处理者进行赔偿。场景理论尽管对法官提供了一定程度的指导,但如果没有转化为细致的法律就判令侵权人承担民事赔偿责任,在大数据技术日新月异的今天,法律的不确定性变得太大。对此,王利明教授指出:"技术的发展也会对个人隐私合理期待的内容和标准产生影响,如何妥当确定隐私合理期待的判断标准,并使其能够适应现代科学技术发展的需要,也成为隐私合理

---

[63] 参见王利明:《王利明学术文集·人格权编》,北京大学出版社2020年版,第603—633页。

[64] Helen Nissenbaum, *Privacy in Context: Technology, Policy, and the Integrity of Social Life*, Stanford University Press, 2010, p.238.

[65] 参见程啸:《我国〈民法典〉个人信息保护制度的创新与发展》,载《财经法学》2020年第4期。

[66] See Gabe Maldoff & Omer Tene, "Putting Data Benefits in Context: A Response to Kift and Nissenbaum," *A Journal of Law And Policy for The Information Society* 13, no.2 (2017): p.396.

[67] 海伦·尼森鲍姆的教育经历为:斯坦福大学哲学博士(1983年),斯坦福大学教育社会科学硕士(1978年),南非威特沃特斯兰德大学数学和哲学学士(1976年)。

[68] 《【中美对话—主题演讲】Helen Nissenbaum|隐私场景理论和数据隐私》,"数据法律资讯"微信公众号,2018年5月30日,https://mp.weixin.qq.com/s/0ayfHVxDfRoxMjaU0F73_A,最后访问日期:2023年9月4日。

期待理论的一大难题。"⑥⑨我国的法治发展状况与美国不同。在美国，监管机构和法院或许可以根据模糊的所谓公众合理期待进行执法处罚或裁判，但在我国，却不能贸然引入，而必须经由立法使其转化为具体的规范，对公众的合理期待予以细化。这就像我国法院运用《反不正当竞争法》上的一般条款对新型的数据纠纷案件进行裁判一样，存在不少问题和争议，它只是不得已的办法，法院应对此秉承谦抑的司法态度。⑦⓪

最后，场景理论具有保守性。虽然场景理论比个人信息自决权理论更能促进信息的流动，但通过场景理论进行分析的结果总是反对新技术。场景理论本质上仍是保守的。海伦·尼森鲍姆说："根深蒂固的规范性框架代表一个特定场景的固定原理，因此除非具有强有力的理由支持改变，否则我们应当对其进行保护。任何既定场景下的固定原理都可能有一段很长的历史根源，并且对文化、社会和个人有重要的作用。"⑦①但是，"大数据分析在大多数情况下当然地要打破场景完整性"。⑦②因为新技术或多或少，或在这个方面或在那个方面改变了场景、角色、信息属性、传输原则。

事实上，随着大数据和人工智能的发展，人们对个人信息的收集和流动越来越宽容，尽管还有一些人仍然固守传统的隐私观念不放，但更多的人则不再抱持传统的、根深蒂固的隐私观念，他们愿意以某些个人信息为代价来换取人工智能和大数据带来的便利。信息隐私在社会交往中存在孤立性与社会性的价值困境。⑦③在这种冲突之中，有人选择了孤立性，有人选择了社会性。价值选择没有对错，只是个人偏好而已。以具有保守品质的场景理论为指导，大多数的选择是孤立性，从而牺牲了大数据红利。

社会公众往往缺乏恰当的评估工具。"如果没有评估数据利益的工具，隐私保护可能会为虚假的数据承诺所侵蚀，正如技术进步可能会因低估的潜在收益失去机会一样。"⑦④即使用户知道他们共享的元数据，他们也无法合理地预测数据处理者可能使用秘密分析技术从数据中得出的推论类型。⑦⑤事实上，一个人可能预想到数据处理者以各种方式收集和使用他们的个人信息，但这并不意味着他对数据

---

⑥⑨ 参见王利明：《王利明学术文集·人格权编》，北京大学出版社2020年版，第603—633页。

⑦⓪ 参见毛立琦：《数据产品保护路径探究——基于数据产品利益格局分析》，载《财经法学》2020年第2期。

⑦① 〔美〕海伦·尼森鲍姆：《作为语境完整性的隐私权》，谢晓君译，载张民安主编：《隐私权的性质和功能》，中山大学出版社2018年版，第201页。

⑦② See Gabe Maldoff & Omer Tene, "Putting Data Benefits in Context: A Response to Kift and Nissenbaum," *A Journal of Law And Policy for The Information Society* 13 (2017): p. 386.

⑦③ 参见徐艺心：《信息隐私保护制度研究：困境与重建》，中国传媒大学出版社2019年版，第42页。

⑦④ See Gabe Maldoff & Omer Tene, "Putting Data Benefits in Context: A Response to Kift and Nissenbaum," *A Journal of Law And Policy for The Information Society* 13 (2017): p. 385.

⑦⑤ Ibid., p. 387.

处理者的做法有足够深刻的理解,并完全接受它。(76) 一些学者的研究表明,个人对数据企业如何处理其个人信息了解越多,就越有可能对共享其个人信息感到无可奈何,并抵制有关隐私权衡的理性决策。(77)

七、从场景理论到差异性原理

场景理论的背景是语境主义(contextualism)。当代西方政治哲学界主要存在两种思考正义的认识论路径:普遍主义(universalism)与语境主义。普遍主义认识论最大的特征是标准单一且普遍接受;而语境主义认识论是与实践解释学关联在一起的,是一种多元的标准。普遍主义与语境主义作为两种截然相反的认识论路径,在思考正义问题时适用不同的认识论路径就会形成两种对立的正义观:普遍主义正义观与语境主义正义观。前者关于正义的认识信念在于主张可以确定适用于所有情境的基本正义原则。后者则主张正义原则是具体情境化的而不是超越情境恒定不变的,情境与原则是始终依存的,特定情境下的原则是独立存在的。语境主义正义观主张为了理解正义,需要在正义原则与其适用的情境之间建立某种系统化的关联,不顾具体情境而试图发现或创造一种根本性的适用原则是不可能的,但可以根据一定的典型情境确定一些适用的核心原则。(78)

语境主义与相对主义是近亲,普遍主义与绝对主义是近亲。(79) 场景理论来源于沃尔泽的分配正义理论。沃尔泽理论具有相对主义色彩。(80) 因而场景理论也不可避免地带有相对主义色彩。在哲学上,所谓绝对,是指无条件的存在;所谓相对,是指有条件的存在。反映在认识论上,绝对指的是无条件的、无限制的,相对指的是有条件的、有限制的。在哲学史上,相对主义是一种拒斥确定性的哲学学说。(81) 相对主义学说有许多种,总地来说可以简单地被定义为这样一种学说,即不存在普遍的标准。相对主义认识论认为合理性没有普遍的标准。(82) 对此,绝对主义驳斥道:"一切知识都是相对的"这一命题是相对的还是绝对的呢?并认为相对主义是

---

(76) Ibid.

(77) Joseph Turow, Michael Hennessy & Nora Draper, "The Tradeoff Fallacy: How Marketers Are Misrepresenting American Consumers and Opening Them up to Exploitation," June, 2015, https://fs.hubspotusercontent00.net/hubfs/32152/UPenn_TradeoffFallacy.pdf.

(78) 刁小行:《情境化的正义:一种语境视角》,载《吉林师范大学学报(人文社会科学版)》2012年第2期。

(79) 不同学科和不同学者笔下的"相对主义""绝对主义""普遍主义"的含义是不尽相同的,探讨它们的含义以及它们之间的区别不是本文的任务。

(80) 陈怡梦:《对多元分配的反思及超越——从马克思主义视角审视沃尔泽的分配正义理论》,载《当代中国价值观研究》2017年第1期。

(81) 贺来:《重新理解"相对主义"——哲学进一步发展应关注的重大课题》,载《成都大学学报(社会科学版)》2000年第4期。

(82) 江天骥:《相对主义的问题》,李涤非译,朱志方校,载《世界哲学》2007年第2期。

一种自我驳斥的理论。

相对主义必须回到马克思主义对绝对真理与相对真理关系的辩证法、特殊性与一般性关系的矛盾论才是正确的。马克思主义认为,相对与绝对是一种矛盾关系,即对立统一关系,我们在认识过程中,应坚持绝对与相对的统一。[83] 真理具有客观性,同时又具有绝对性和相对性,绝对真理和相对真理是辩证统一的关系。一方面,二者相互包含,绝对真理由相对真理构成,相对真理包含有绝对真理的颗粒。另一方面,二者可以互相转化。我们对真理的把握,是一个从相对真理走向绝对真理的过程,任何绝对真理都是由相对真理发展、转化而来的。[84] 没有一劳永逸的绝对真理,此阶段的绝对真理在下一个阶段看来,仅仅是相对真理。马克思主义还认为,矛盾既具有普遍性,也具有特殊性。矛盾的普遍性是指,矛盾是普遍存在的,矛盾存在于一切事物的一切方面。矛盾的特殊性包括:不同的事物有不同的矛盾;即使是同一事物,在不同发展过程和发展阶段也各有不同的矛盾;构成事物的诸多矛盾以及每一矛盾的不同方面各有不同的性质、地位和作用。[85] 矛盾的普遍性和特殊性的关系,是一种共性与个性、绝对性与相对性、一般性与个别性的对立统一关系:矛盾的普遍性存在于特殊性之中,特殊性中则包含着普遍性;矛盾的普遍性与特殊性在一定条件下可以互相转化。[86]

场景理论、社群主义的背后实际上是矛盾论中同一性与差异性、普遍性与特殊性、绝对真理与相对真理之间关系的辩证法。不独个人信息保护领域存在场景理论,可以说所有部门法中都不同程度地存在场景理论,这是"同种情形同样对待,不种情形不同对待"的基本要求。即使在刑法领域,也存在不同的场景和不同的对待方法。例如,同样是男女双方在不存在婚姻关系且自愿前提下长期发生性关系,如果一方是现役军人的配偶则会构成破坏军婚罪,如果一方是幼女则会构成强奸罪,除这两种情形之外则不构成犯罪。只不过,囿于罪刑法定原则,我国刑法已经将这三种情形事先规定好了而已,不存在司法者的临时权衡。如果换一个"共同体",即在别的国家和地区,却未必如此保护军婚或幼女,幼女的年龄门槛更不会与我国完全相同。在经济法中,差异性甚至成为经济法的基本原理之一。[87] 它本质上和场景理论是相同的,都是"同种情形同样对待,不种情形不同对待"的具体体现。只不过,在个人信息保护领域,由于大数据技术的发展迅猛、场景众多、信息隐私的类型复杂,法律还不能形成细致而稳定的规范类型,因此,不如暂时交由数据企业或社

---

[83] 参见高海清主编:《马克思主义哲学基础》(上册),北京师范大学出版社2012年版,第218—221页。
[84] 参见赵家祥、聂锦芳、张立波:《马克思主义哲学教程》,北京大学出版社2003年版,第240—241页。
[85] 参见陶德麟、汪信砚主编:《马克思主义哲学原理》,人民出版社2010年版,第83—85页。
[86] 同上书,第88页。
[87] 参见张守文:《经济法原理》,北京大学出版社2013年版,第8—9页。

会公众来判定信息规范及其违反问题。这就使得场景理论更有用武之地。

根据矛盾论中同一性与差异性、普遍性与特殊性的辩证法,在个人信息保护领域,同样可以提炼出同一性与差异性相结合的规制方法,这就是对场景理论的超越。同一性与差异性相结合的规制方法或原理强调:一方面,应该看到规制对象的同一性和共同点,并对其进行同一性规制,以避免规则洼地和监管套利的出现;另一方面,也应该看到规制对象的具体特点和特殊性,并根据这些特殊性进行更精细的规制,以适合规制对象的特点,从而避免"一刀切"。

同一性与差异性相结合的规制方法或原理在我国的个人信息保护法领域有充分的体现,将来也有很大的适用空间。我国既制定了统一的《个人信息保护法》,又授权各监管部门、行业主管部门制定本领域特殊的个人信息保护规范。有人批评说我国"履行个人信息保护职责的部门"过多,是"九龙治水"。其实,这种多元化的监管部门的设置是符合我国当前国情的,是能够发挥原监管部门、主管部门信息优势的,也是与同一性与差异性相结合的规制方法或原理相契合的。

我国对个人信息的保护,既由国家正式法律这一"硬法"托底,又鼓励国家推荐标准、行业推荐标准、企业标准等"软法"先行先试,鼓励企业自我规制。既维护个人隐私信息保护的传统价值,又考虑技术进步对个人信息保护带来的影响,使相关的信息传输规则与时俱进,发挥大数据的红利。在我国统一的《个人信息保护法》中,既规范了一般情况,也给特殊场景留下空间;在未来修改《个人信息保护法》时,更需要根据技术和时代的发展,将共同的特殊规范转化为一般规范;在修改个人信息保护单行规章时,也需要将一般规范细化为专门规范。在执法和司法时,既要考虑通用的《个人信息保护法》的一般规定,也要结合具体的场景进行个别考量,但个别考量的背后,则蕴含共通性的价值。我们既应鼓励数据企业在处理个人信息时征得信息主体的知情同意,也允许特定例外情况下不经同意而处理个人信息。总之,特殊与一般,相对与绝对,相互结合,相互依存,相互转化。

声誉规制失灵及其法律应对

付大学　张钰坤[*]

摘要：声誉规制在维护市场秩序、引导交易主体科学决策方面发挥着重要作用，但是实践中出现的声誉失灵问题不容忽视。交易主体评价失真影响直接声誉信息生产；算法黑箱困境使间接声誉信息的公平性备受质疑。由于声誉制裁措施的实施主体是普通公众，信息壁垒和智识局限造成了声誉规制后果的不确定和力度的不可控。市场主体的逐利本质则扭曲了声誉系统的公共属性，使接受声誉规制的市场主体遭遇隐私泄露与歧视。因此，有必要优化声誉治理模式，破解算法黑箱透明性悖论，让声誉规制在法治轨道上运行，从而减少声誉失灵情况的发生。

关键词：声誉规制　声誉失灵　市场监管　算法黑箱

一、引　言

学界对于声誉理论的研究由来已久。经济学家通过模型建构方式推演声誉功能发挥的基本原理；法学家则从社会治理角度探讨声誉机制作为非正式规范能否为法律规范提供必要补充。尽管至今关于"声誉到底是什么"的问题学界尚未达成共识，但人们普遍意识到声誉的内涵正随着经济社会与科技的发展而变得越来越丰富。在传统熟人社会中，声誉带有人格化特点。人们维护"好名声"往往源于思维观念中存在的荣辱感和羞耻感。在《布莱克法律词典》中，声誉被解释为"一

---

[*] 付大学，天津工业大学法学院教授；张钰坤，天津工业大学法学院经济法研究中心助理。
本文系国家社科基金一般项目(项目编号：21BFX119)"财政资助研发项目风险的财税法规制与制度优化研究"的部分成果。

个人受到别人尊重的程度"。① 这正好揭示了熟人社会中声誉能够起到行为约束功能的直接原因,也表达了以他人感知为核心的声誉观。

在现代社会,由于人口流动的加剧以及市场经济的兴起,越来越多人注意到声誉的行为约束功能,并开始将其作为维护商品交易活动正常进行的基础设施加以运用。虽然作为"看不见的手"的市场能够自发调节商品价格与供求关系,但当存在信息偏在时市场就会失灵。潜在交易者有时无法判断商家是否以假乱真,或以次充好。若守信者未受到激励、失信者未被惩罚,就会造成市场的逆向选择,甚至是萎缩。声誉机制恰好为市场提供了一个能够反映交易参与者实力与信用度的信息池。声誉信息可以帮助潜在交易者预测其他市场主体可能的行为方向,进而帮助其作出科学的交易决策。此时的声誉已经不再是熟人社会中以道德感为基础,以人格化为底色的声誉。在陌生人社会中,人们因在意声誉而自觉约束行为,不仅仅是为了获得他人的尊重或好印象,而且是为了获得长远的经济利益。因此,声誉机制的核心不再是"他人感知",而是侧重于"帮助预测与影响决策"。声誉机制对于市场交易行为的约束功能随之产生,即声誉规制。正如法律规制是通过法律规范的制定与实施来规范和约束人们行为一样,声誉规制通过声誉信息的生产和传递来影响人们决策,进而促使人们自觉约束行为,实现规制目的。有学者把声誉规制描述为是市场调控这只"看不见的手"之外的一只"次级看不见的手"。② 因为它能够引导市场主体在交易过程中准确预测、科学决策,为市场调控作用的发挥提供辅助功能,为诚信营商环境的建设提供保障。

随着互联网时代的到来,声誉信息的生产和传递逐渐由线下为主转为线上为主。互联网技术的发展丰富了声誉信息的生产方式,也加快了声誉信息的传递速度。在平台经济模式下,小规模经营者或个体经营者越来越多,声誉规制的运用场景也随之丰富,几乎成为了平台经济最重要的柔性监管手段之一。虽然声誉规制在互联网时代充分彰显了低成本、高效率的优势,但也引发了一系列负外部性问题。基于此,本文主要围绕互联网时代声誉规制功能失灵这一问题展开,分析声誉失灵的表现及原因,并探索相应的法律应对之策。

二、声誉规制失灵的表现及成因

声誉信息生产是声誉规制功能发挥的重要前提。数字经济时代交易主体的声誉信息可以根据生产方式不同分为直接和间接两类。直接声誉信息由交易主体以直接的反馈方式生产出来。尽管电子商务的普及使交易体验的分享渠道逐渐由线

---

① He esteem in which a person is held by others. See Bryan A Garner, *Black's Law Dictionary*, Thomson Reuters, 2014, p.4070.
② See Goldman Eric, "Regulating Reputation", in Hassan Masum & Mark Tovey et al., *The Reputation Society: How Online Opinions are Reshaping the Offline World*, The MIT Press, 2011, p.53.

下转为线上,但是直接声誉信息生产在本质上和前互联网时代交易者对于交易感受的直接表达并无二致。此类声誉信息可以在非正式的自律监管中直接发挥规制作用,也可以作为生产资料汇聚成间接声誉信息生产的原始数据库。

间接声誉信息的生产模式诞生于互联网时代。机器学习算法的应用引发了声誉信息生产底层逻辑的深刻变革,同时也使市场主体生产声誉信息的能力有了大幅提升。通过对直接声誉信息的深加工,信息(或数据)被转化成了更系统、更直观的数值。智能终端降低了市场交易主体的沟通成本,外部激励促使用户不断披露和分享交易体验。每一个网络用户都因为直接声誉信息的输出而在间接声誉信息生产过程中扮演劳动者角色。以评分或评级形态呈现的间接声誉信息由于包含着市场主体对守信行为的褒扬和对失信行为的贬抑而在某种程度上促进了弥散化道德意识与价值选择的集中,使得人们心中关于是非善恶的众意凝聚成了具有约束力的公意。为保障交易安全、规避交易风险,市场主体自愿接受声誉评价结果、自发排斥声誉不良者。趋利避害的本能促使声誉规制柔性监管功能得以有效发挥。

声誉信息是一种公共产品,不具有排他性和消费上的竞争性。[③] 声誉规制的运用意味着大众规范在互联网时代低成本地自动生成,带有市场治理的公益属性。然而,实践中声誉信息生产和传递的私人动机和声誉系统本应承载的社会价值之间常常出现偏差。匿名化的互联网平台和不透明的复杂算法加剧了不实信息的供给与规制功能的扭曲,产生声誉规制失灵(或声誉失灵)。声誉失灵的具体表现与成因如下:

(一) 交易主体评价失真,影响直接声誉信息生产

交易主体评价失真主要有以下两种表现形态。第一,经营者通过诱导甚至胁迫等方式让消费者作出对其有利的评价。实践中,经营者影响消费者评价的方式主要有差评骚扰和利诱好评两种。所谓差评骚扰是指经营者通过反复打电话、发短信的方式骚扰给差评的用户,使其不胜其烦,不得不修改或删除差评。所谓利诱好评是指经营者以"返现""免单"作为交换条件要求用户修改或删除差评,或直接在邮寄的商品中夹带好评返现卡,利诱消费者按其要求的字数给出好评并晒图,从而换取相应奖励。第二,经营者直接虚构评价,使得声誉信息生产失真。具体而言,经营者虚构评价的渠道主要有两种,一种是通过虚构交易也就是所谓的"刷单"获得虚假好评。当然,也存在为了打击竞争对手而恶意制造差评的情形。正是由于市场对于虚假评价的"需求"滋生了职业好评师和差评师,给声誉机制的正常运转造成了极大的障碍。另一种是通过雇佣网络写手在商业点评网站上发布虚假

---

③ See Yonathan A. Arbel, "Reputation Failure: The Limits of Market Discipline in Consumer Markets," *Wake Forest Law Review* 54 (2019): 1242-1243.

评价的方式制造与实际情况不符的直接声誉信息。以当前备受年轻人追捧的 app 小红书为例,虽然其自我定位为"生活方式分享社区",但实际上产品营销才是许多好物分享达人的终极目的。五花八门的消费体验分享文案真假难辨,消费者依据声誉信息的指引进行消费决策却频繁"踩坑"。"种草"变成了"种韭菜",消费陷阱让人防不胜防。

造成直接声誉信息失真的原因是多方面的。首先,对于经营者而言,声誉信息的优劣和经营收益关系密切。经营行为的逐利本质使得只要关于商品和服务的评价或评分有被潜在消费者看到的可能性,经营者就有充分的动机虚构评价。其次,对于依托互联网平台开展经营活动的"新手"经营者来说,不得已而虚构好评的情形时有发生。在虚拟性和匿名化的网络交易环境中,直接声誉信息的展示对于在陌生人之间建立信任至关重要。而新开店铺显然不可能在短时间内积累足够多的高质量好评。越没有好的声誉就越没有销量,越没有销量就越难以完成声誉信息的原始积累。如此逻辑悖论往往令"新手"经营者无所适从,不得已虚构好评。最后,从消费者的心理学角度看,极端的消费体验(非常好或非常差)容易激起人们的分享欲。④ 实践中,人们的消费体验感通常不好不坏,所以也就没有分享或评价的积极性和动机。⑤ 消费者对于是否填写评价以及填写何种评价持"无所谓"态度,因而给经营者以利诱方式影响声誉评价制造了机会。

(二) 算法黑箱难以化解,影响间接声誉信息生产

间接声誉信息生产因互联网技术的运用而优势明显但也不乏漏洞。从原理上讲,间接声誉信息是指通过对交易相关数据进行收集、整理、智能分析和测算得出的反映市场主体口碑优劣的概率值或等级。依托信息技术自动生成大众规范的底层逻辑充分体现了同侪生产的效率优势。为了甄别出守信用、有实力的交易者,以及为更加长远的经济活动提供精准预测,间接声誉信息必然会在未来的市场经济运行中被重点关注。算法技术可以帮助人们发现信息与数据当中肉眼所不能直接发现的内在规律,因此间接声誉信息的生产离不开算法。然而,算法黑箱⑥却给间接声誉信息的生产以及声誉规制功能的发挥蒙上了阴影,因为黑箱之下算法能否坚守技术中立原则人们无从知晓。这导致运用算法技术测算出的历史信息与未来行为的关联性备受质疑。

---

④ See Yonathan A. Arbel, supra note ③, p. 1243.

⑤ See William Bearden and Jesse E. Teel, "Selected Determinants of Consumer Satisfaction and Complaint Reports," *Journal of Marketing Research* 20 (1983): 22; Jonathan Lafky, "Why do People Rate? Theory and Evidence on Online Ratings," *Games and Economic Behavior* 87 (2014): 554-570.

⑥ 所谓黑箱是控制论中的概念,是一种隐喻,它是指为人们所不知的,不能打开也不能从外部直接观察到其内部状态的系统。参见张涛:《算法嵌入公共信用评价:内在逻辑、风险检视与规制路径》,载《深圳大学学报(人文社会科学版)》2022 年第 3 期。

算法黑箱不透明是间接声誉信息系统被人诟病的主要理由,因为不透明意味着难以实现有效监督。运算方法的保密性使人们无从知晓间接声誉信息生产的过程与细节。或许某家公司已经根据种族不同对提示目标进行了歪曲;又或许利益集团之间的勾兑使得智能算法的使用既不统一也不公平。在我们无从知道编码程序的情况下,任何怀疑和争论都毫无意义。谷歌公司前首席执行官曾坦言,谷歌的政策就是和警戒线打擦边球。而算法黑箱正在作为一种保密工具帮助大型科技公司妨碍市场竞争和法律实施。⑦

另外,完全贯彻算法透明原则,彻底披露算法似乎也存在不妥。首先,算法披露会导致作为市场主体的私人利益受损。由于算法是以盈利为目的的企业投入人力、物力编制而成,是归企业所有的劳动成果,如果完全披露会导致企业商业秘密泄露或财产权受损。其次,算法披露可能会加剧市场主体的投机行为。受声誉评分约束的用户在了解算法机制后可能会通过制造虚假算法信息的方式不断与评分算法展开博弈,以谋求自身利益最大化。⑧这将导致间接声誉系统彻底失灵。最后,算法披露并不足以让普通人理解算法的奥秘,所以即使披露也未必能够实现对算法的有效监督。一方面,算法技术专业性极强,即使专业人士理解起来也存在一定的难度。另一方面,随着机器学习的深入,其运算函数不一定是确切的数据集合。在算法披露的那一刻过后,披露的算法可能就已经过时了。所以算法披露对于算法规制而言价值不大。

算法的披露与不披露之间存在着不同利益集团权利保护的显著冲突。无论披露与否似乎都可能导致间接声誉信息系统失灵。如何调和算法监管与私主体权利保护之间的矛盾,确保间接声誉信息生产能够作为公共产品约束人们的交易行为、指引人们的交易决策,值得深入探讨。

(三) 自律监管固有缺陷,影响市场交易中声誉规制功能发挥

上述两部分从微观层面探讨了声誉信息生产过程中可能引发的声誉规制失灵问题。本部分则从更宏观的角度分析声誉规制作为市场自律监管手段存在的固有缺陷,从而揭示声誉规制不可能完全取代外部监管的本质原因。

首先,声誉信息的误导性传递容易造成声誉规制功能异化。从后果来看,声誉规制是一种相当严厉且惩治效用持久的规制手段。一旦市场上发布的声誉信息存在失真或不准确之处,对于相关经营者来说负面影响巨大。历史上这样的案例并不罕见:1982年强生泰诺投毒案的爆发震惊全美,起初人们怀疑胶囊生产过程存在纰漏是造成其氰化物含量超标的直接原因,这一信息的广泛传播令强生公司一

---

⑦ 参见〔美〕帕斯奎尔:《黑箱社会:控制金钱和信息的数据法则》,赵亚男译,中信出版社2015年版,第16页。

⑧ 参见胡凌:《在线声誉系统的演进与问题》,载胡泳、王俊秀主编《连接之后:公共空间重建与权力再分配》,人民邮电出版社2017年版,第118—130页。

夜之间声名扫地，直接损失超过1亿美元。2009年我国海口市工商局发布消费警示信息通报农夫山泉旗下三款饮品总砷含量超标。这一通报使得农夫山泉深陷"砒霜门"丑闻。公司尽管及时将产品送至国家权威质监部门检验并自证清白，仍然在通报发布后的10天内损失了超过10亿元人民币。⑨ 由于声誉规制有着充分的信号展示功能，而且这种信号一旦发布就"覆水难收"，所以错误的声誉制裁根本无法撤回。作为一种市场规制手段，声誉信息传递主体的故意或过失不可完全杜绝，而事后救济又非常困难，因而难免出现声誉失灵。如果没有外部监管手段加以约束，声誉规制将会对市场的公平竞争及秩序建构造成不利影响。

其次，声誉规制的自发性容易导致制裁力度难以把控。声誉规制"市场驱逐"式的监管与处罚方式给予了消费者"用脚投票"的权利。从这个意义上讲，声誉规制是属于弱者的武器。正是由于声誉制裁手段的直接实施主体是普通群众，智识及信息获取的局限使其制裁不仅难以坚守比例原则，而且因为容易被"带节奏"而显得缺乏理智。实践中，一些已经受到过行政处罚的违规、违法经营者，其处罚信息被公示只是基于政府部门例行信息公开的需要或者为了教育其他市场主体引以为戒，而非基于"声誉罚"的目的。可如果这一信息被别有用心者宣传、炒作就会导致被动接受信息的消费者"跟风跑"地排斥涉事企业，从而使其遭致来自多数人的"暴政"。另外，根据心理学家提出的消极性偏差理论（Negativity Bias），消极信息与人们价值判断之间的函数斜率大于积极信息与人们价值判断之间的函数斜率。也就是说，负面信息往往比正面信息对人们的影响更大。⑩ 在这种心理因素的作用下，负面信息甚至是阴谋论观点更容易被信服，这会导致消费群体自发开展的声誉制裁变得更加不可控。必要的分寸感无法把握，无疑加剧了声誉规制失灵。

最后，声誉规制的不当使用会造成隐私泄露与歧视。声誉规制的功能发挥离不开负面声誉信息的强制披露。如果缺乏公开获取声誉信息的渠道，人们将无从知晓交易相对方的历史交易状况，持久的合作也就无法达成。这就是传统熟人社会中靠自我披露传递声誉的方式无法在现代社会市场经济领域被大规模应用的主要原因。随着互联网技术蓬勃发展，共享经济开始出现，个人依托网络提供商品和服务的能力增强。在共享经济平台上，每个用户都可能既是经营者也是消费者。网络用户的负面声誉信息被公示在平台上意味着公民隐私被曝光。⑪ 如果说负面声誉信息在相对封闭的网络平台上公开尚且不算越矩，那么某一场景下的声誉信

---

⑨ 王婷婷：《农夫山泉统一复检合格 仍质疑海口工商局违规》，网易财经，https://www.163.com/money/article/5PH5H3AH00252603.html，最后访问日期：2023年2月19日。

⑩ See John Cacioppo, Wendi Gardner & Gary Berntson, "The affect system has parallel and integrative processing components: Form follows function," Journal of Personality and Social Psychology 76 (1999): 14.

⑪ 根据《民法典》第1032条的规定，隐私包括不愿为他人知晓的私密信息。负面声誉信息当然被包含在其中。

息被不加告知地用于其他场景则一定是对相关公民信息权益的侵犯。特定场景下生产出的声誉信息是网络用户某一方面特征的反映,不能反映其工作、生活及品行的全貌。然而实践中,为了更精确地描摹用户画像以便精准筛选交易相对方,互联网平台极有可能利用自身信息收集的优势违规使用声誉信息。这无形中降低了个别经济实力较弱或在某方面存在瑕疵的用户参与社会生活的可能性。平台企业的逐利本质造就了互联网时代声誉系统的内生性缺陷。

三、声誉规制失灵的法律应对

(一) 优化治理模式以保障声誉信息有效充足供给

首先,平台应当承担起声誉信息生产第一顺位的监管责任。一方面,平台可提示消费者是否愿意让经营者看到其评价,从而可获得同一笔交易的两种评价。通过对同一经营者多笔订单两种评价的汇总和对比分析,平台可以了解到消费者真实的消费感受,并据此给出更为客观中立的平台评价。相对公允的平台评价可以补充和纠偏实践中失真的直接声誉信息。另一方面,平台可以基于信息掌控的优势对买家账号、设备 ip 地址以及物流单号等信息开展动态监管,并对涉嫌刷单等违规操控声誉评价的经营者给予平台内部处罚。此外,为了保障声誉信息供给充足,平台可以设置强制性评价规则,即必须对上一次交易作出评价并提交成功后才能进行下一次交易。这可以敦促消费体验感一般的用户及时作出评价,也避免给经营者留下利诱好评的可乘之机。为应对"新人"商家因销量和好评率低而不得已伪造评价或虚构交易的情况,平台可以在向消费者释明的前提下,为经营者提供一段时间的产品推广服务。例如,可以在平台主页醒目位置展示该店铺或产品、向消费者定向推送新店好物或提供新产品购物补贴等。

其次,外部监管必不可少。由于平台内经营者的收益和平台自身收益关系密切,为了自身利益考虑,平台往往怠于履行声誉信息生产的监管责任。考虑到外部监管的高昂成本以及政府部门在人力、技术资源方面的短板,以公私协同治理模式构建网络交易平台外部监管系统是可行之策。2015 年国家工商总局、北京市工商局和北京奇虎公司共同启动了网络交易平台监管系统的研发项目。[12] 这一项目的启动为未来网络交易外部监管路径的探索提供了思路。与国家机关开展监管合作意味着私营机构被赋予了监管辅助职能。为了防止公权力背书使私营机构获得垄断地位进而影响市场的公平竞争秩序,未来应当建立起更加公开透明的私营机构竞标机制。此外,应当由国家市场监督管理部门以行政规章的形式制定具体的外

---

[12] 王薇:《第三方网络交易监管系统年内运行 网络严重违法经营者线上线下将遭"限期市场禁入"》,载《北京青年报》2015 年 7 月 1 日,A11 版。

部监管实施细则。在公权力主导下,由行业协会、消费者协会负责开展具体的监督检查工作。误导评价或虚构评价的情形一经发现,监管部门不但要对经营者实施行政处罚,还应要求平台承担管理不善与行为失察的法律责任。如果说行政处罚的目的是让经营者不敢虚构声誉信息,那么"按单征税"的税收征管模式则能够促使经营者不愿意以"刷单"方式虚构好评。由于依托互联网开展的每一笔交易都会在网上留痕,如果税务部门在开展税源监控时利用上述平台监管系统精准识别每一笔交易,并将接单数量和每笔订单的金额相结合作为计算税基的依据,经营者自然不愿以多缴税款为代价"刷单"换好评。

最后,商业点评网站上虚构声誉信息的营销手段应受到必要的规范和约束。美国联邦贸易委员会(FTC)于 1975 年发布的代言指南(The FTC's Endorsement Guides)能够为我们提供必要的启发和借鉴。该指南将代言(endorsement)分为消费者代言和专家(或明星)代言两类。代言人身份直接决定了是否需要披露以及需要在多大程度上披露代言人和经营者之间的关系。[13] 也就是说,经营者请消费者为其推广产品时必须披露其向消费者支付报酬或提供让利的具体情况,否则就会被贸易委员会判定为"营销行为具有欺骗性"。2009 年该代言指南针对互联网时代新型产品推广方式作出修订,明确指出:个人在社交平台上撰写产品或服务的使用体验时负有披露自己与该产品经营者实质性联系的义务,而经营者和推广产品的消费者应当共同对这种实质性联系负责。[14] 我国亦可借鉴美国的做法,要求社交平台中测评达人(或分享类博主等)在推介产品或分享体验时申明其与产品经营方之间的关系,并由监管部门或者行业自律组织负责抽查其信息披露的及时性与真实性。在此可以尝试设置平台内部的声誉惩戒黑名单:没有依法披露利益关系的经营者和产品推广者将被认定为不诚信,其负面声誉信息由平台负责公示。如果平台没有及时下架违反披露义务的推广者推文,也应当因监管失察而承担管理不善的法律责任。

由平台负责监管平台内的经营者,行业协会及其他自律组织负责监管平台。公权力机关是监管系统公平、公正的最后保障者,同时也是监管程序的制定者与终极贯彻者。环环相扣的递进式监管体系既能够保证监管不留死角,又能够节约公共监管资源。

(二) 事前规制与事后规制相协调以化解声誉评分黑箱困境

对于商业化间接声誉信息生产的黑箱困境,理论上存在着事前规制和事后规制两种思路。所谓事前规制主要指信息披露与算法解释。尽管彻底的算法披露并

---

[13] See Robert Spraguen & Mary Ellen Wells, "Regulating Online Buzz Marketing: Untangling a Web of Deceit," *American Business Law Journal* 43 (2010): 432.

[14] See Abbey Stemler, "Feedback Loop Failure: Implications for the Self-Regulation of the Sharing Economy," *Minnesota Journal of Law, Science & Technology* 18 (2017): 709.

不可取，但是符合比例原则的算法解释还是必要和可行的。一方面，算法解释的受众应当仅限于相对封闭的网络社区中受算法影响的利益相关方。另一方面，算法解释不应当指向技术意义上的程序和代码，而应当是对算法影响声誉规制的基本逻辑作出解释说明。受算法黑箱影响并质疑算法技术公正性的市场主体有权了解算法技术在生产声誉评分时使用了哪些个人直接声誉信息、使用权重多少、评分标准是什么以及是否公平。此外，设计和控制算法的主体及其目的、价值追求以及盈利模式也应当被披露。当前纯粹经济领域的间接声誉信息生产主要依靠少数掌握海量数据资源的平台企业。为了防止这些企业利用垄断数据资源暗箱操作、操控市场，公权力机关应当介入监管。由国家监控算法技术的运用并对其声誉评级系统展开合法性与正当性评估，防止私人利益攫取资源造成公共利益的损害。

与算法披露与解释的事前规制手段不同，事后规制要求规制主体关注算法在声誉系统实际运转中产生的具体结果及其背后社会关系的变化，并针对算法黑箱造成的不良后果以及负面社会影响展开事后追责与救济。[15] 具体而言，权力机关应当在立法层面建立起一套系统的算法归责机制。明确受到算法决策负面影响或者对算法结论有异议的市场主体有提出质询与寻求救济的法定权利。确立算法使用机构定期测试算法模型公平性及引发歧视可能性的法定义务，以及监管部门定期开展算法审计[16]的法定职责。在责任认定方面，确立起类型分明的民事、行政责任。当间接声誉信息生产损害了被评分者的利益时，即使受害人无法提供直接证据证明算法技术不中立或声誉评分不公正是人为因素造成的，使用该算法的企业也应当承担相应的民事赔偿责任。如果平台企业或其他运用算法技术生产声誉评分的公司未依法履行算法解释的法定义务或评分过程存在暗箱操作，行政机关可以对其作出行政处罚。

从成本效益分析的维度看，当防止损害发生的成本大于损害发生后的救济成本时，事后规制的手段应当被适用，反之则应当适用事前规制手段。针对声誉信息生产中的技术黑箱问题，事前规制往往难度更大且成本更高，因而应当以事后规制为主，事前规制为辅。

当前，指望通过技术迭代与升级来化解黑箱困境几乎是不可能的，这不仅是因为机器学习算法已属当今最前沿的科技，而且因为人工智能相对于人本身而言永远处于客体地位。技术使用者的价值追求使技术本身的中立性被严重动摇。相比之下，事后规制优势明显。当算法的设计者、执行者以及利益相关者被充分披露以

---

[15] 参见沈伟伟：《算法透明原则的迷思——算法规制理论的批判》，载《环球法律评论》2019年第6期。

[16] 算法审计是指对软件产品和过程与适用的规则、标准、准则、计划、规格和程序相符合的独立评估。算法审计旨在揭示算法是否符合正当程序，并检查对计算机系统的任何篡改。参见〔美〕约叔华·A.克鲁尔、乔安娜·休伊、索伦·巴洛卡斯等：《可问责的算法》，载《地方立法研究》2019年第4期。

后,算法就有了可问责性。从实用主义角度讲,可问责就意味着可规制和可救济。算法黑箱的化解是为了实现声誉系统的有效监管与引导人们科学决策,因而对算法技术以及源代码本身的深入探究没有必要。未来在明确了责任主体的情况下,有针对性地开展声誉失灵的救济与补偿是化解评分系统黑箱困境最高效的选择。

(三) 充分运用法律手段化解声誉规制固有缺陷

声誉系统因为受经营主体逐利本质以及普通消费者信息甄别能力和风险规避心态的影响而不可避免地存在着内生性缺陷,因而无法独自承担起市场规制的重任。但是,低成本、高效率的规制优势又使声誉规制在现代社会被作为维护市场秩序的重要基础设施。在当下资源流速越来越快的经济生活中,声誉系统能够很好地追踪、评价和约束个体行为,这正好契合了国家提升治理能力、建设高标准市场体系的内在逻辑。因此,声誉规制手段在未来的市场监管领域必然会被长久使用。但是,声誉规制的使用应当受到外部约束,尤其是来自法律的约束。在法律制定与实施的各个环节,都应当体现出对声誉规制的规制。

首先,立法上应当为声誉规制失灵的追责与救济提供必要的法律依据。根据《民法典》第1029条,民事主体有权对与自己相关的信用评价提出异议,并请求采取更正或删除等必要措施。这一规定为市场主体提供了因声誉失灵造成的权利损害的救济途径。另外,近年来出台的《电子商务法》《个人信息保护法》均有关于算法治理的规定,为技术原因造成的声誉失灵提供了解决思路。然而,上述规定过于零散、缺乏针对性,显然无法有效应对声誉规制被广泛应用的市场环境。未来应当加强针对性立法,为声誉失灵的追责与救济提供法律依据。具体而言,国家权力机关应当在法律中确立起对于声誉信息误导性传递以及声誉规制造成隐私泄露与歧视的追责机制。这一机制的确立能够对有动机、有能力滥用信息资源的机构提供行为约束,也可以为权利受损的个体提供法律保障。另外,为了提供正向激励以促进市场秩序良性运转,应当在立法中确立起声誉修复机制。声誉修复机制一方面可以为行为失范的市场主体提供补救违法行为损害后果的机会,避免声誉规制陷入为了制裁而制裁的恶性循环;另一方面也可以在声誉规制监管技术尚不成熟的当下为因声誉失灵而遭遇"无妄之灾"的市场主体提供权利救济的可靠渠道。

其次,执法环节中行政机关应当加强对平台企业及大众传媒的监管,并推动声誉修复机制的实施。一方面,行政机关应当采取前文提到的递进式监管思路:由平台企业负责监管平台内部经营者,由行政机关等监管平台企业。如果平台企业怠于履行监管职责甚至放任误导性信息的传递,应当要求其承担管理不善的法律责任。如果第三方点评网络平台以"卖家付费"的运营模式输出虚假评价损害消费者利益,应依法受到行政处罚。被赋予监管职责的自律性组织存在舞弊或履职不到位的,由赋权行政机关依法予以处置。另外,对于大众传媒机构发布不实消息或在宣传报道中故意避重就轻误导公众的,行政机关应当采取警告、约谈、停业整改等行政制裁措施予以严厉打击。另一方面,行政机关应充分推动声誉修复机制的实施。为了撕去市场主体失范行为带来的坏标签或者为了抵销因声誉制裁过重而给经营者造成的负面影响,行政机关应当协助相关企业开展声誉修复,促进企业整改过程透明化。通过推动企业正面声誉信息的流动,公众能够从官方渠道感受到企业提升产品质量以期修复声誉的态度与决心。只有行政机关积极行动,运用国家机关的公信力帮助企业减弱负面信息的公众记忆黏性,才能避免声誉修复机制沦为纸上谈兵。

最后,司法环节中人民法院应当在声誉失灵民事纠纷中确立起平台企业无过错归责原则。技术中立是当前大多数平台企业企图逃避侵权责任的主要借口。但是,从声誉优劣与企业获利之间的密切联系就可窥知:掌控信息资源的企业有充分的动机使间接声誉信息生产中网络技术的运用偏离中立轨道。由于在资源掌控和监管能力上处于优势,负责生产和传递间接声誉信息的大型科技公司或平台企业理应负担更高的注意义务与安全保障义务。加之在实践中,生产和传递声誉信息的市场主体在误导消费者或造成信息泄露与歧视方面到底是否有过错以及过错比例多少往往很难界定和举证,因此,只要该类企业发布的声誉评分有失公允或造成了隐私泄露与歧视,即使没有证据证明其存在过错也应当要求其对受害人承担民事赔偿责任。运用司法惯例划定事后救济的风险分配规则能够最大程度降低声誉失灵的救济成本,使生产和传递声誉评分的企业提升自我监管与约束的主动性。

四、结　　语

互联网时代的到来不仅没有让传统熟人社会中的声誉系统退出历史舞台,反而使其在信息技术的加持下得到创新性发展。然而网络环境的匿名化以及智能算法的权力化使信息技术的中立性备受质疑。我们通常认为声誉信息的输出本质上是一种公共产品的提供,因为人们创建声誉信息需要付出时间和精力,同时这些信息又会对被评价主体未来的交易机会和收益多寡造成直接影响。公益性与自利性之间的矛盾是造成声誉规制失灵的根本原因。而互联网技术的广泛应用则为声誉规制系统的人为操控提供了手段。因此,尽管低成本为其优势,声誉规制仍需要精巧的制度设计以及来自法律的规范和约束,否则声誉失灵带来的负外部性会使得市场运行成本在其他方面表现出来。

尽管声誉规制与法律规制的实现方式不同,但是二者在维护市场秩序方面目标一致。虽然法律手段的运行成本更高,但必要的法律约束能够在一定程度上(事前)避免和(事后)化解声誉失灵造成的负外部性。在实践中,立法能够为声誉失灵的追责与救济提供法律支撑,执法是声誉系统递进式监管的重要环节;司法不仅是对立法内容的贯彻,同时也是声誉规制的重要启动方式之一。司法裁判因其专业性而能够生产出更准确的声誉信息。而生效裁判文书的强制公开则能够帮助声誉系统进一步降低信息传递的成本。法律规制是声誉规制的安全阀,只有声誉规制和法律规制优势互补、协同发力才能实现市场秩序的高效治理。

有限政府是中国市场经济的最优解吗?
——以经济法为视角

李希梁*

摘要:一直以来,有限政府被认为是适合中国市场化改革中政府经济职能转型的理想方向,其产生于高度集中的计划经济和无所不包的全能政府基础之上,随着改革开放和经济法制度的建设而得到确认和落实,彰显了从授权到限权的中国化路径。在经济体制改革步入深水区的背景下,有限政府指引的经济法体系开始与我国现阶段经济发展情况出现不协调甚至是抵牾,其根源在于我国市场完备程度低、地方政府博弈、地区发展不平衡和经济全球化与国际竞争的加剧。党的十九届五中全会提出的"有为政府"超越了"有限政府"的理念认知,为政府经济职能转型提供基本制度遵循。有限政府到有为政府的转向,一方面,需要依托经济法体系实现政府经济职能从消极到积极的转变,使其融入每个子体系的目标建构之中;另一方面,需要在承认政府积极行使经济职能之余,激活经济法的控权属性,使其沿着法治轨道运行。

关键词:有限政府 经济法 有为政府

一、背景与问题

市场与政府是构建经济法体系的基石,也是市场经济体系中一对共生而相互纠缠的矛盾。早在18世纪中期,古典政治经济学的奠基人亚当·斯密便主张"自由放任主义"和"国家守夜人"。[①] 20世纪初期席卷全球的经济大萧条为凯恩斯主

---

* 李希梁,清华大学法学院博士研究生。
① 〔英〕亚当·斯密:《国民财富的性质和原因的研究》(下卷),郭大力、王亚南译,商务印书馆1974年版,第252页。

义的横空出世提供了制度运行的经济环境基础。② 随着以弗里德里希·哈耶克、米尔顿·弗里德曼为代表的新古典自由主义学派的兴起,以及20世纪80年代"华盛顿共识"在全球的广泛传播,"唯有自由市场方能最大程度创造和保障经济繁荣"逐步成为西方社会的主流信条,"管得越少的政府就是最好的政府""市场的自我监管优于政府的监管"等"有限政府观"深入人心。③

中国的市场化改革建立在高度集中的计划经济体制之上,政府权力从微观经济领域和社会领域逐步退出是解放和发展生产力的必然要求,也是改革开放的大势所趋。在现实经济环境和西方经济理论的融合下,有限政府被认为是适合中国政府改革的理想方向。学者们纷纷根据有限政府的精神阐述并重构政府理念,包括政府权力有限、政府能力有限、政府职能有限、政府规模有限和政府责任有限。④就经济职能而言,"强市场和弱政府""大市场与小政府"在相当长的一段时期内被奉为圭臬,即市场在资源配置中发挥主导性作用,有限政府的经济职能限于维护和提供公共产品和公共服务,包括投资基础设施、支持科学研究、建立专利制度、完善法治建设等。⑤

作为政府经济职能的制度保障,经济法通过描绘清晰的权力界定框架给政府起到类似灯塔的指示作用,也成为有限政府中限制政府经济职能的重要工具。无论是市场规制法所强调的包容审慎、国家投资经营法中的"国退民进",还是宏观调控法中的"政策法律化",无一不体现有限政府的逻辑模式。在经济体制改革步入深水区和逆经济全球化的国际趋势下,有限政府虽能预防对市场主体自治的过度干预,但无疑是以失去政府经济职能为代价,其所指引的经济法体系也开始与我国现阶段经济发展出现不协调甚至抵牾。

在经济关系日趋复杂的新发展阶段,政府经济职能必须要与市场经济体制的要求相融合,与人民日益增长的对美好生活的需要相匹配,与地区不平衡不充分发展的现实相适应。如何跳出西方有限政府的封闭圈、重新发现和定位政府的经济职能、平衡政府有限和政府有为的逻辑关系十分重要。鉴于有限政府所涵盖的思想领域非常广泛,本文将其范围进行了限制,一是限定于政府经济职能的探讨,二是侧重于探讨经济职能作用场域的范围及深度,三是从经济法体系的视角解读政府经济职能。对有限政府的思考并非止于对政府经济权力的消极控制(如政府经济权力法定),而是要明确政府在经济增长中的积极作用和功能。

---

② 参见[英]约翰·梅纳德·凯恩斯:《就业、利息和货币通论(重译本)》,高鸿业译,商务印书馆1999年版,第36页。
③ 参见杨春学:《新古典自由主义经济学的困境及其批判》,载《经济研究》2018年第10期。
④ 参见刘祖云、武照娇:《有限政府:质、量、度的三重解析》,载《学习论坛》2008年第7期。
⑤ 参见颜海林、张秀:《论有限政府的基本特质》,载《湖南大学学报(社会科学版)》2010年第1期。

二、西方有限政府经济职能变迁中的争论与共识

回顾西方政治经济史,有限政府更多地是与绝对政府权力和专制主义相对,并与宪政和法治紧密联系,而不是指其对经济活动的干预必须是"有限"的。随着西方资本主义国家经济实践的发展,政府实际上被不断赋予更多的经济职能,在经济转型、重大危机应对和国际市场塑造中都发挥着主导性作用,呈现出"授权""控权"但不"限权"的发展趋势。

(一) 有限政府的缘起:自然权利制约政府权力

有限政府滥觞于古希腊政治思想,其核心要素经由约翰·洛克首次提炼并形成较为完整的理论体系。[6] 洛克的有限政府理论由自然权利理论、社会契约理论和分权制衡理论组成。首先,个人的自然权利界定了政府权力的有限性。人人享有自然权利,部分自然权利是人与生俱来且不可剥夺的,而政府权力源于缔约者可转让的部分自然权利,因而政府权力的外延受到个人不可剥夺权利的限制。其中,洛克最为重视财产权,"人们联合成为国家和置身于政府之下的重大的和主要的目的,是保护他们的财产"[7],个人财产权也构成政府经济权能最为持久的软约束和起到对政府经济权力扩张的屏障功能。其次,个人同意构成政府权力的合法性基础。起源于社会契约的政府,目的和职能在于保护个人权利和去除自然状态带来的不便,这意味着政府在行使有限权力时必须基于人们的同意,即政府权力的行使受到人们是否同意的限制。最后,分权与制衡理论为保护个人自然权利与防止政府滥用权力和偏离政府目的提供了强有力的制度保障。

洛克的有限政府理论以自然状态和财产理论为基础,在个人权利与政府权力之间寻求平衡,逐渐成为自由主义宪政国家及其赖以建立的市场社会的思想理论支持。需要指出的是,洛克提出的有限政府侧重于防止政府侵犯公民的个人自由和财产权,关注的是"政府—公民"这对范畴间的关系,并非指政府在经济增长中的角色是有限的。

(二) 有限政府的形成:市场机制制约政府干预

伴随着从身份到契约的转变,以自由交换为基础的市场经济开始取代以宗法、血缘、等级和宗教为纽带的自然经济,市场主体的"经济人假设"和市场机制这只"看不见的手"的作用被逐渐挖掘。有限政府侧重于平衡政府干预和市场自由之间的关系,关注"政府—市场"这对范畴间的关系,成为自由放任主义的重要依托。

---

[6] 参见詹福满、苗静:《有限政府理论的现代解读》,载《法律科学》2005年第3期。
[7] 〔英〕洛克:《政府论》(下篇),叶启芳、瞿菊农译,商务印书馆1964年版,第77页。

人的利己性促使生产者在竞争中追求自身利益的最大化,普遍的竞争能够激发个人的主观能动性,在市场分工和交换中实现个人利益和公共利益的调和。市场机制通过价格、供求和竞争三大基本要素引导市场主体理性作出匹配市场环境的经济行为,实现生产要素的合理流动和有效配置。因此,斯密认为政府应当且只能是市场主体的"守夜人",只需要做好保护国家不受侵犯、保护个人不受其他人的侵害,以及建设并维持公共机构和公共设施三件事。[8]

在斯密之后,法国经济学家让·萨伊重新阐释斯密经济学说,提出著名的"萨伊定律"[9],认为供给会自动创造需求,即市场自身能克服生产过剩的经济问题,这从理论上消除了人们进行生产的限制。此后边际效用学派构建了完美的数学模型,集大成的经济学家阿尔弗雷德·马歇尔在此基础上提出均衡价格理论,认为"当供求处于稳定均衡时,如有任何意外之事使得生产规模离开客观存在的均衡位置,则将有某些力量立即发生作用,使它恢复均衡位置的趋势"。[10] 在完美市场模型中,政府行为被视为一种非生产性的活动而排斥在经济活动之外。"规制俘获理论"和"寻租理论"的相继问世从源头上否定了政府干预经济的正当性。[11] 美国的"里根革命"和英国的"撒切尔革命"更是将新自由主义思潮推向极致:对内放松政府的经济管制,推崇私有制;对外不遗余力地推销以自由化、私有化和市场化为标志的"华盛顿共识",有限政府也成为近代西方政府概念和体制的基础。

市场神圣化的倾向、政府干预的原罪和数理模型的背书放大了市场机制的有效性,虽然经济自由主义者并未全盘否定政府的作用,强调政府要为维护良好的市场环境提供必要的外部保障,但当市场占据经济生活的制高点时,政府的经济职能毫无疑问将会受到法律和社会的严格限制和制约。

(三) 有限政府的悖论:政府经济职能的实然扩张

在纷繁复杂的流派争辩与道路迷思笼罩之下,寻求有限政府的真相显得尤为重要。只有摒弃"西方工业的成功归功于自由市场和有限政府"这种标签化的先验性看法,转向观察西方政府行使经济职能的具体做法,才能看到一幅不同的图景。

1. 经济转型中的政府角色

在竞争性市场体系中,要素禀赋的相对价格反映要素的相对充裕程度,企业进而依据本国的比较优势选择合适的产业和技术。尽管有效的市场机制是经济按其

---

[8] 参见〔英〕亚当·斯密:《国民财富的性质和原因的研究》(下卷),郭大力、王亚南译,商务印书馆1974年版,第410—442页。

[9] 参见〔法〕萨伊:《政治经济学概论:财富的生产、分配和消费》,陈福生、陈振骅译,商务印书馆1963年版,第144页。

[10] 〔英〕马歇尔:《经济学原理》(下卷),陈良璧译,商务印书馆1965年版,第37页。

[11] 参见方福前:《公共选择理论——政治的经济学》,中国人民大学出版社2000年版,第197页。

比较优势发展的必要制度保障,但市场往往存在信息不对称、不协调和外部性等问题,政府在推动经济转型中实际发挥着积极的增长甄别和因势利导的作用。⑫ 这主要表现在以下三个方面:

首先,信息收集和处理。信息收集和处理的成本是巨大的,但分享既得信息的边际成本为零。因此,政府可通过投资信息的收集和处理,将有关新兴产业的信息免费提供给企业等方式为企业提供便利。譬如,韩国在20世纪不断发挥政府的引导作用,根据经济发展的需要积极推进产业结构变迁,从制造业、劳动密集型产业、重化工业逐步发展到技术密集型产业。⑬ 新加坡政府在20世纪80年代发现石油化工业的全球性繁荣即将来临,决定对其石油产业进行升级,整合大量土地并建造综合性的"化工岛",邀请一批全球知名化工企业进驻,实现企业生产从低附加值的下游环节向高附加值的特种化学品转型。⑭

其次,基础设施建设。产业升级和经济转型通常伴随着对软硬基础设施要求的变化,单个企业无力实现基础设施内部化,也难以统筹不同部门间的协作来满足可持续增长的需求,这就需要政府协调这些经济部门的需求,为企业的升级和多样化提供便利。最典型的便是美国积极投资信息基础设施建设,支撑互联网平台扩张发展,先发制人的产业布局和前沿战略使得美国引领全球平台经济。

最后,补偿外部性。创新是产业升级和经济转型的基础,但本质上也是非常冒险的行为。失败成本和成功收益之间的不对称性致使企业鲜有动力成为先驱企业,因此,政府通常需要对国内先驱企业或国外投资者提供激励,补偿它们投资所创造的非竞争性公共知识。这种激励或补偿不仅仅体现为授予专利权,还可以是一段时间内的企业所得税减免、对合作投资的直接优惠,或是获取外汇或进口关键设备的优先权等。⑮

2. 危机应对中的政府角色

无论新旧自由经济论者如何为市场辩护,历史天平总会在应对危机中向政府倾斜。宏观经济波动和经济总量的失衡必然导致资本主义经济体系周期性地产生经济危机。历次经济危机已经多次证明,西方国家通过强化国家调控作用以及国际合作等不断地化解危机,可以说,每一次危机的出现便会滋生出新的经济政策,区别仅是政府对市场干预程度和管制范围的不同。

以20世纪以来发生的数次经济危机为例,美国政府不约而同地重拾(新)凯恩

---

⑫ 参见林毅夫:《新结构经济学——反思经济发展与政策的理论框架》,苏剑译,北京大学出版社2012年版,第135页。

⑬ 参见曾宪奎:《新自由主义市场机制是有效的制度安排吗?——对哈耶克自发—扩展秩序理论的批判》,载《马克思主义研究》2017年第2期。

⑭ 参见林毅夫:《繁荣的求索:发展中经济如何崛起》,张建华译,北京大学出版社2012年版,第176—177页。

⑮ 参见林毅夫:《新结构经济学——反思经济发展与政策的理论框架》,苏剑译,北京大学出版社2012年版,第410—442页。

斯主义,针对性选择财税、货币、信贷等多种政策工具熨平经济周期性危机。1929—1933年的经济大萧条让美联储获得前所未有的权力,20世纪80年代的储蓄危机迫使国会赋予监管机构早期干预的权限,对资产大于负债的银行进行干预、处置其资产、接管和清算等。在新冠肺炎疫情期间,美国政府和美联储推出史无前例的救市措施:在货币政策方面,美联储倾尽降息、回购、取消存款准备金率等传统货币政策,尝试无上限量化宽松及商业票据融资便利等新政策工具;在财政政策方面,美国政府密集推出四轮财政刺激政策,总额约2.8万亿美元,占美国GDP比重超13%。⑯ 可见,经济危机强化美国等西方国家政府干预经济的范围和力度,通过直接的政策干预和经济激励影响市场运行,也通过大规模的政策救助稳定金融市场和消费者预期,减缓经济下行速率,化解金融危机积累的条件。

3. 国际市场塑造中的政府角色

随着全球经济增长的放缓、国家利益分化、新兴国家经济崛起和政党周期循环等成为政府干预经济的逻辑前提,部分西方政府也开始突破有限政府的"限度",积极推行显性或隐性的贸易保护政策,通过各类贸易工具促使现有生产环节回流到本国或转移到新起点,维护其在全球经济格局中的主导地位。这些贸易工具主要有:

第一,关税及非关税壁垒。关税及非关税壁垒的运用可以使进口产品成本上升和贸易规模减小,进而使国内企业在国内外市场获得相对优势地位以及更稳定的利润。以欧洲数字产业为例,以法国为主的欧盟成员国开始积极推行"数字税",但无论是客观上的歧视性门槛、有选择的收入类型还是抵扣规则,对国外特定企业的歧视使其更多表现为一种"准关税",成为贸易保护主义的全新工具。⑰

第二,贸易调查。西方发达国家往往利用自身在专利等知识产权上的优势地位,将不合理的限制强加给其他国家,巩固其在高技术领域的比较优势和绝对领导地位,遏制潜在的竞争力量。譬如,2017年8月,美国贸易代表办公室对我国政府在技术转让、知识产权、创新方面的政策展开301调查。2018年4月,特朗普宣布将对《中国制造2025》中涉及的1333件、价值500亿美元的高技术产品征收补偿性关税。⑱ 美国针对知识产权的337调查涉及中国企业的占比逐年提高,2019年达

---

⑯ 参见中国现代国际关系研究院课题组:《新冠疫情对美国经济及中美经济关系的影响》,载《现代国际关系》2020年第6期。

⑰ 参见茅孝军:《从临时措施到贸易保护:欧盟"数字税"的兴起、演化与省思》,载《欧洲研究》2019年第6期。

⑱ See Chad Bown & Melina Kolb, "Trump's Trade War Timeline: An Up-to-Date Guide," April 16, 2018, accessed February 5, 2023, https://www.piie.com/sites/default/files/documents/trump-trade-war-timeline.pdf.

到 57.45%。⑲

第三,国际贸易规则。全球化背景下的贸易投资领域国际竞争的本质是规则和法制的竞争,一国政府对外积极推行国内制度及其主导的国际制度并促使其他国家认同和效仿,是国际层面政府经济职能的核心表现。以竞争中立为例,近年来以中国为代表的新兴经济体借助国有资本和国有企业的迅猛发展,对传统贸易投资强国形成强有力的挑战,美国等西方国家试图在全球范围内确立竞争中立规则更多是通过推动他国的自由贸易,为本国商品和资金打开市场。⑳

(四) 有限政府的延续:从限权到授权控权

有限政府理论虽然在"台面"上仍然是指导西方资本主义国家"市场—政府"架构运行的基本原则之一,但社会经济发展频繁涌现出的经济矛盾和社会问题决定其必须加以某种程度的修正,配置与现代复杂经济关系相适应的经济职能模式,表现为从限制政府经济职能到授予并控制政府经济职能的发展路径。

"限制"具有指定范围和限度之意,消极限定政府经济职能的"量",超过这一范围和边界的行为均为非法行为;"控制"侧重于政府经济职能的"质",承认政府积极行使经济职能但对其过程加以规范而使其沿着法治轨道运行,是一种积极的动态约束。此种价值转变的根本动因在于社会经济发展对政府经济职能的客观需求的增加,21世纪以来国家间竞争的加剧以及国内经济和社会问题无论在发生的数量上还是速度上都已远非过去所能比,这决定有限政府的定位不再是纯粹限制权力干预的广度。

政府经济职能的自我扩张性以及市场机制的被动性意味着存在政府借培育市场之名行扩权滥权之实的风险,须依特定的实体法和程序法实现对政府经济权力的授予和控制,实体授权经济职能的内容,程序控制经济职能行使过程。

(1) 实体授权。根据"法无授权即禁止"的基本原理,政府干预经济需要通过经济性法律进行必要的授权。在三权分立的架构中,政府调节经济的职能活动必须有国会授权,竞争政策、产业政策和财政政策等各类经济政策需要以法律的形式经国会批准后实施。譬如,在经济危机期间罗斯福总统在"上任伊始即要求国会授予他紧急状态下的经济全权",整个新政期间共颁布700多部法律,奠定政府干预经济的正当性基础。㉑ 2008年美国政府在全球经济危机时启动金融救助计划,也

---

⑲ 参见国家海外知识产权纠纷应对指导中心:《2019年美国"337调查"研究报告》,中国贸易救济信息网,2020年8月21日,http://cacs.mofcom.gov.cn/article/flfwpt/zscqjbl/threezn/202008/165801.html,最后访问日期:2023年2月5日。

⑳ 参见冯辉:《竞争中立:国企改革、贸易投资新规则与国家间制度竞争》,载《环球法律评论》2016年第2期。

㉑ 参见〔英〕彼得·马赛厄斯、〔英〕悉尼·波拉德主编:《剑桥欧洲经济史》(第八卷),王宏伟、钟和等译,韩毅校订,经济科学出版社2004年版,第325页。

是国会通过《紧急经济稳定法案》的方式呈现的。

（2）程序控权。政府及其决策者在干预经济的过程中必须遵循特定的程序，受到程序的严格制约。西方国家重视对政府经济职能运行过程的规范，尤其强调司法对行政的监督权威，即整体上强调发挥外部制约监督机制的作用。[22] 如美国的主要规范机制是联邦行政程序法所规定的行政程序机制和司法审查机制，前者通过公民程序权利制约行政权力，后者通过司法程序制约行政权力。从1890年到1937年，美国联邦最高法院先后宣布55个联邦立法和228个州的经济立法无效，充分表明政府经济职能扩张中仍受到严格的外部制约。[23]

三、中国有限政府经济职能的发展逻辑与现实困境

与西方国家有限政府的演变模式不同，我国有限政府产生于高度集中的计划经济和无所不包的全能政府基础之上，随着改革开放和经济法制度建设而得到确认和落实，彰显了从授权到限权的中国化路径，并渗透至经济法文本体系中。重新审视有限政府与当前中国经济发展之适配性，不难发现有限政府已存在若干局限性。

（一）从授权到限权：经济法视阈下有限政府的总体进路

1978年前，我国实施高度集中的计划体制和单一的所有制格局，政府对社会经济实行高度干预和控制，自上而下的行政管理排斥市场配置资源的功能。伴随着改革开放推动下的市场经济转轨，限制政府经济职能和强化市场机制作用是解放和发展生产力的必然要求，强调"简政放权"的有限政府成为市场化改革的着力点，重点是限制政府经济职能以明晰和保障市场配置资源的功能。[24]

作为大陆法系部门法分立和制度现代化的产物，经济法与政府经济职能转型息息相关，成为有限政府的制度保障和正当性基础。以经济法为视角透析中国有限政府的发展脉络，总体上可以将之分为授权干预和限权两个阶段。在授权干预阶段，全能政府到有限政府的转型任务是协调新生的经济法与经济政策之间的冲突，实现政府经济职能的"法制化"运行。财政法、税法、金融法、竞争法等经济法律规范先后颁布，取代全能政府时期无所不包的经济政策，也避免落入有限政府转型中经济职能供给不足的窘境。[25] 自2013年以来，随着改革的全面深化和对外开放的进一步扩大，"充分发挥市场在资源配置中的决定性作用"成为人们耳熟能详的

---

[22] 参见王万华：《法治政府建设的程序主义进路》，载《法学研究》2013年第4期。
[23] 参见薛克鹏：《建构与宪法相融的经济法——兼论政府与市场经济的关系》，载《法学杂志》2021年第1期。
[24] 参见张守文：《政府与市场关系的法律调整》，载《中国法学》2014年第5期。
[25] 参见张守文：《改革开放与中国经济法的制度变迁》，载《法学》2018年第8期。

重要命题。国家着力推动简政放权,转变政府经济职能,通过经济法领域的减税、降费、放松管制等调控和规制手段降低各类市场主体的成本和负担,经济法制度出现大量"立改废解"。㉖ 2019 年颁布的《优化营商环境条例》第 3 条更是用"最大限度减少政府对市场资源的直接配置""最大限度减少政府对市场活动的直接干预"充分阐释有限政府的要义。

(二) 从微观到宏观:经济法体系下有限政府的局限性分析

在计划经济向市场经济转轨的过程中,将有限政府视为政府经济职能转型的目标模式有积极意义。但在经济体制改革步入深水区的趋势下,有限政府指引下的制度构建开始与我国现阶段经济发展情况逐渐不协调甚至抵牾。鉴于有限政府与经济法的内在关联,通过经济法体系探寻有限政府之适配性是理想的分析路径。㉗

1. 市场规制法:"包容审慎"导致监管失灵

市场规制直接展现政府与市场在微观领域的紧张关系,包容审慎监管原则正是从意识形态层面建立起政府干预与市场机制之间的缓冲地带。包容呼吁政府不恣意干预市场,审慎要求政府适时实施适度监管,让市场机制发挥决定性作用,政府只是作为一种补充性和最后的手段性机制发挥"余热"。可以说,包容审慎监管原则是有限政府在市场规制法中职能转变和优化的核心体现。

然而,实现包容与审慎的有机结合在充满不确定的市场环境中并非易事,"市场信任"和"监管迷茫"致使包容审慎的监管理念渐变为弱监管和慢监管甚至不敢监管和不会监管,对市场的持续不作为势必为市场失序埋下隐患。近些年对互联网平台的过度宽容以及由此滋生的"垄断潮"和"爆雷潮"便是有限政府模式下的真实回应。在互联网金融起步阶段,大量业务无须主管部门发放牌照甚至无须注册,包容性监管对于推动互联网金融新业态的成长确实起到推动作用,㉘但相伴随的是诸多金融创新产品隐藏风险的积聚爆发。例如,早期 P2P 网络借贷平台内生的普惠金融理念为市场主体投融资提供全新渠道,但包容性监管使得整个市场呈现"野蛮生长"态势,最终导致 2018 年爆雷事件的集中爆发。网约车平台监管中也呈现类似趋势,对初创期补贴乱象、企业并购等恶性竞争行为的过度包容造成后续市场竞争乱象频发,成为日后平台垄断的导火索。㉙

㉖ 参见张守文:《减负与转型的经济法推进》,载《中国法学》2017 年第 6 期。
㉗ 学界目前对于经济法体系的内部构成尚未达成一致意见,相较而言,漆多俊教授的国家调节说对经济法体系的建构更具包容性和解释力,涵盖市场规制法、国家投资经营法和宏观调控法,本文亦采用此种体系。
㉘ 参见许多奇:《互联网金融风险的社会特性与监管创新》,载《法学研究》2018 年第 5 期。
㉙ 参见刘乃梁:《包容审慎原则的竞争要义——以网约车监管为例》,载《法学评论》2019 年第 5 期。

彼时具有相当合理性的包容审慎监管在目前的经济环境中陷入"重市场、轻监管"的窠臼,一味在市场监管领域坚守有限政府的包容审慎观无疑成为市场经济可持续发展的掣肘。

2. 国家投资经营法:"国退民进"导致结构失衡

国家投资经营指国家通过财政拨款及其他方式直接参与市场经营活动。鉴于我国早期实施计划经济体制,国有企业改革方向是使国有企业逐步从竞争性行业退出,民营企业则通过参股等方式进入国有垄断行业领域。在 2015 年 8 月中共中央和国务院颁布的《关于深化国有企业改革的指导意见》中,国有企业被划分为商业类和公益类,依次推进分类改革。㉚ 从现实情况看,国有经济在国民经济中的比重持续下降而民营经济呈现明显上升态势。㉛ "国退民进"现象本质上与限缩经济职能的有限政府是不谋而合的,即通过限制政府投资经营的范围和规模,政府让步于市场主体以提升资源配置效率。

伴随我国所有制结构的调整已经接近公私经济的"均衡区间"㉜,过分强调政府在市场经济领域的有限投资经营空间并不可取。第一,用公共产品或市场失灵作为国有经济分布领域的判断标准不具有可操作性和科学性。现实生活中除国防、司法等领域属于纯公共产品外,绝大多数"公共产品"都是准公共产品,其范围随着技术进步和时间推移不断改变,相应的市场失灵领域也随着信息技术的发展与法律制度的完善而不断转换。㉝ 第二,西方国家的国有经济并非仅仅局限于公共产品领域,而是根据本国国情在不同的竞争性产业领域保持国有企业。在经济合作与发展组织(OECD)成员国中,国有企业共计超过 2000 家,资产合计超过 2 万亿美元,雇佣人数超过 600 万人,在主要的能源资源系统、邮政和电信系统、主要的运输系统以及金融服务系统等"战略性"领域依然存在大量国有企业。㉞ 国有经济被赋予实现经济现代化、经济安全以及快速发展等多重目标,根据具体经济、政治与社会环境的变化进行调整。第三,要求国有企业完全从竞争性领域退出缺少实证数据支持。一方面,我国国有企业近年来技术效率不断提高,在竞争性领域中国有企业和非国有企业的工业行业技术效率差距日趋缩小,表现出明显的收敛趋势。㉟ 另一方面,中国工业经济的全要素生产率贡献率的逐渐回落与延续的"国退

㉚ 参见《中共中央、国务院关于深化国有企业改革的指导意见》,中国政府网,2015 年 9 月 13 日,http://www.gov.cn/zhengce/2015-09/13/content_2930440.htm? from = groupmessage&isappinstalled = 0,最后访问日期:2023 年 2 月 6 日。

㉛ 参见胡乐明、王杰:《国有企业比重演变特征及趋势分析——兼论"国进民退"与"国退民进"》,载《中国流通经济》2012 年第 1 期。

㉜ 参见荣兆梓:《"国退民进"与公有制为主体》,载《财贸研究》2014 年第 1 期。

㉝ 参见杨新铭:《对"国进民退"争论的三大问题的再认识》,载《经济纵横》2013 年第 10 期。

㉞ 参见经济合作与发展组织:《国有企业公司治理:对 OECD 成员国的调查》,李兆熙、谢晖译,中国财政经济出版社 2008 年版,第 29 页。

㉟ 参见魏峰、荣兆梓:《竞争性领域国有企业与非国有企业技术效率的比较和分析——基于 2000—2009 年 20 个工业细分行业的研究》,载《经济评论》2012 年第 3 期。

民进"形成反差,表明这一结构调整方向与国民经济的总体效率不再一致。㊱第四,国有企业全面退出竞争性领域将带来更大的国际竞争风险。在全球化背景下,国有企业肩负着参与国际市场竞争的重任,目前来看,"国企退出的领域,很多都被外资控制和垄断"。㊲

可见,国有企业是一国经济发展不可或缺的重要组成部分,目前我国国有经济在国民经济中的比重整体上是适度的,有限政府过度强调国有企业投资数量和范围的限制与我国当前的发展阶段并不相宜。

3. 宏观调控法:"政策法律化"导致灵活性欠缺

宏观调控是国家运用财税、金融、货币等经济变量和工具调节经济总量保证经济稳定增长的手段,多年以来我国宏观调控实践中"重政策、轻法律"的现象很突出。1993年"国家加强经济立法,完善宏观调控"被写入《宪法修正案》后,"政策法律化"成为我国宏观调控领域的主旋律,即以法律的形式规定宏观调控的具体权限或者以具体规则限制政府干预宏观经济。"政策法律化"本质上是有限政府在宏观调控中的内在要求㊳,试图将宏观调控过程束缚于法律框架内,避免政府宏观干预中的主观恣意和调控效果不佳。我国目前逐步建立了由单行法构成的宏观调控法律体系,但有学者指出《中国人民银行法》《预算法》《对外贸易法》等规定缺乏具体周密的细则安排,主张出台《宏观调控基本法》系统建构宏观调控目标、调控权力配置、调控工具搭配、调控程序和调控责任追究等具体规则。㊴

然而,经济社会的复杂性、专业性和变动性决定了人们只能判断某个时期内何种宏观政策更为有效,而不能断定那些正在盛行的政策的有效性能够维持多久㊵,这使得宏观政策立法必然出现立法语词上的概括性、伸缩性甚至空洞性,客观上给政府实施宏观调控提供解释与裁量空间。强调有限政府在宏观调控领域规范层面的"法定性"与经济权力的"有限性"反而可能造成规定僵化和适用机械,使有限政府丧失灵活性,无法适应现实需要,这也有违规范的初衷。一方面,在一个开放和动态的竞争体系中,"经济波动是无规律的和无法预测的",任何对未来变化的预测都不可能完全合乎实际,将"政策法律化"的有限政府观一以贯之,必然否定政府在宏观调控中的相机抉择和自由裁量,有违经济社会运行发展的规律和要求;另一方面,逆全球化趋势下愈加明显的贸易保护主义向宏观调控提出了应具有因时、因势而动的适时性与灵活多变性的要求,追求有限政府的职能限缩将抑制政府的

㊱ 参见李亚平、雷勇:《建国以来我国所有制结构的演变及效率研究》,载《经济纵横》2012年第3期。

㊲ 参见洪功翔:《国有经济与民营经济之间关系研究:进展、论争与评述》,载《政治经济学评论》2016年第6期。

㊳ 参见吴越:《宏观调控:宜政策化抑或制度化》,载《中国法学》2008年第1期。

㊴ 参见席月民:《宏观调控新常态中的法治考量》,载《上海财经大学学报》2017年第2期。

㊵ 参见刘骏民主编:《宏观经济政策转型与演变——发达国家与新兴市场国家和地区的实践》,陕西人民出版社2001年版,第1页。

能动性。例如,中美"贸易战"涉及财政补贴、税收优惠、关税调整、产业促进等一系列问题,不可避免地须由政府相机抉择各种政策工具,且这一过程可能突破既有法律的规则或者超出现有法律调整的范畴。[41]

就宏观调控法治化而言,立法至多只是框架,宏观调控实施才能切中宏观调控法治化的肯綮,这需要突破有限政府的桎梏,仰赖于对宏观调控主体的赋权和宏观调控责任体系的建立。[42]

(三) 有限政府与现阶段经济发展情况不兼容的根源

有限政府本身不是一种一劳永逸的范式,以此为基础构建起的经济法理论自然无法适用于所有时空。事实上,有限政府与现阶段经济发展情况的不兼容与我国具体的政治经济环境紧密相关。

1. 市场完备程度低

不同国家和地区的市场本身存在发展程度上的区别,即便在一国之内特定地区的特定时期,市场机制的完善程度也存在显著的差异性,这也直接影响政府的经济角色和经济职能。西方自发型市场经济的隐含前提是市场本身能够纠正绝大多数错误,因此依赖于市场的自我纠正能力要比政府干预更为可靠。尽管中国经济持续增长多年,但市场化程度并没有显著提高,经济自由度指数得分在全球范围内仍然处于较低水平。[43]社会本身与市场经济的兼容性较差,以致无力从内部自发生成而需要政府干预才能形成市场经济。虽然政府对市场存在"错位"干预的情形,但不可否认的是,单纯依赖不完善市场的力量很多时候无法解决微观竞争问题和宏观金融风险等。例如,同样的行为在西方国家可能由于其市场整体竞争程度较高而更少产生损害消费者的后果,采取包容审慎的有限政府观有其内在逻辑,但在中国却可能因为市场竞争不足而导致消费者福利损害。再如,市场化程度高的国家可以借助私营企业自发推动经济结构变动和新兴产业发展,但中国需要发挥国有企业的经济带头作用,填补经济战略性行业和发展基础设施建设等。

2. 地方政府博弈

中国市场化改革的重要特征是地方分权改革导致广泛存在的地方政府为增长而竞争的现象,这是中国经济高速增长的一个重要体制原因。"放权让利"改革战略和"分灶吃饭"财政体制的实施,拓展了地方政府掌握的经济决策权和可支配的资源,分税制改革让地方政府对于本地的经济建设有了更大的自主权,可以运用其控制的财政、金融和土地等资源推动地方经济发展和产业升级,地方政府所扶持的

---

[41] 参见靳文辉、苟学珍:《构建双循环新发展格局的经济法回应》,载《重庆大学学报(社会科学版)》2021年第1期。

[42] 参见史际春、肖竹:《论分权、法治的宏观调控》,载《中国法学》2006年第4期。

[43] 在美国传统基金会发布的2024年《经济自由度指数》中,中国大陆在176个国家和地区中仅排在151名,得分48.5分,也落后于全球平均的58.6分。

企业的激烈竞争体现的正是政府为增长而竞争。地方官员为在"晋升锦标赛"中获胜将致力于加快本地的经济增长速度,最终带动全国的经济高速增长。尽管地方政府竞相博弈可能造成隐性债务、土地功能异化、环境污染等问题,但这些本质上不应成为限缩政府职能的理由,而只意味着制度设计和权力控制层面出现了问题,如地方政府隐形债务的根源在于不匹配的财权事权无法满足基础设施建设和地方经济发展需求。⑭ 在此背景下,限缩政府经济职能无异于直接弱化地方政府之间的激烈竞争,这将影响地区经济的增长。

3. 地区发展不平衡

区域发展不平衡是我国的基本国情。受地理、历史和制度等诸多因素的叠加影响,各地区在经济发展水平方面存在显著差距。加之新技术革命、全球分工格局的深度调整和产业数字化转型等多重因素的影响,资本、数据等要素在不同区域之间的流动和布局,以及各地区在发展能力等方面均存在显著的分化和结构性不平衡,这些都导致省级层面人均GDP、劳动生产率、人均可支配收入等指标的最高与最低值之比呈扩大趋势。⑮ 在我国超大规模的经济社会系统中,市场自身的力量不但难以将各地区的发展调节到均衡状态,还会在规模效应的影响下加剧这种非均衡的状态,国民财富的差异悬殊最终势必摧毁社会稳定的基础,这决定了政府需要有相当程度的调控经济的权力扶持落后地区以实现平衡发展。事实上,无论是早期的西部大开发、全面振兴东北老工业基地、大力促进中部地区崛起,还是现在推动全国一体化大数据中心、"东数西算"工程等战略布局,都需要依靠强有力的政府因时因地推行多种政策以有效改变地区的发展轨迹,这绝非有限政府力所能及。

4. 国际竞争加剧

20世纪90年代以来,经济领域的全球化速度明显加快,国家和地区间的竞争也日趋激烈。相比于具备先发优势的发达国家,中国政府在其他竞争要素尚未形成或者不成熟的条件下必须积极履行义务,对国家竞争力诸要素进行组合创新以期最大限度地形成国家的竞争优势。譬如,国有企业在从事有助于提升国家整体竞争力但风险性高、不确定性大、投入规模大、外部性显著的创新活动时与民营企业相比具有明显的优势。⑯ 此外,全球化发展过程中始终面临各式各样的贸易壁垒,西方国家为维护既得政治利益和大国霸权地位采取各种政策工具和政治经济手段的贸易保护主义,涉及财政、税收、金融、产业、价格、竞争等多个领域。中国在

---

⑭ 参见沈坤荣、施宇:《中国的"有效市场+有为政府"与经济增长质量》,载《宏观质量研究》2021年第5期。

⑮ 参见孙志燕、侯永志:《对我国区域不平衡发展的多视角观察和政策应对》,载《管理世界》2019年第8期。

⑯ 参见杨瑞龙:《国有企业改革逻辑与实践的演变及反思》,载《中国人民大学学报》2018年第5期。

2020年1—10月遭受贸易保护措施多达329项,位居全球之首。㊼在逆全球化的双重浪潮下,我国政府不仅要为中国企业开展国际竞争创造良好的外部条件,如增大中小企业贷款规模、调低贷款利率和提高出口退税率等,还要广泛参与国际规则的制定以提升中国的全球经济治理话语权,有限的政府角色无论在国内市场还是国际市场均不适宜。

四、新发展阶段有为政府的理论转向与改革路径

在我国开启现代化国家建设的新发展阶段,有限政府的失灵促使人们重新审视市场与政府的关系并推动政府经济职能的转型。党的十九届五中全会提出的关于"有为政府"的理念认知,为政府职能转型提供了基本制度遵循。

(一)从有限到有为:政府经济职能的内涵演进和外延发展

"政府是必要的恶"的政治不信任孕育了充当"守夜人"角色的有限政府观,"有限"意在限制政府权力以防范政府失灵,在经济发展中弱化政府职能而强化市场机制,强调的是依赖市场的"弱"政府。相较于消极的有限政府观,有为政府的治理理念致力于推动政府积极承担应尽之责,意旨是"为所必为、不为所禁之为且行之有范、行之有效",强调的是亲市场的"强"政府。有为政府取之于有限政府但不止步于单一限权取向,在厘清政府与市场关系的基础上深层次探讨政府的能动性,即从政府是否作为演进至政府如何作为,根据生产力发展水平和社会主要矛盾,通过经济发展不同阶段的政策和制度配置,使政府的组织机构和制度逻辑相适应,促进各种经济成分在市场经济活动中最大限度地释放出活力。㊽有为政府的外延,不仅包括政府应承担起辅佐市场发展和防范"市场失灵"的责任,还应包括在不同经济发展阶段通过产业政策、货币政策、财政政策等一系列经济政策工具引领新产业、新技术产生并承担创新风险,以及利用外交等手段为中国机构和企业开辟海外市场提供支持、阻断和反制外国长臂管辖等。

在渐进式建设和完善社会主义市场经济中,中国政府的作用和所承担的经济职能随着不同的发展阶段发生改变,有为政府根植于新发展阶段催生出新的内在要求。其一,发展与规范并重的监管理念。产业治理都要经历先发展后监管——边发展边监管——发展与监管并重的政策演进过程,需要以审慎的态度不断观察并总结规律和积累经验。面对近些年我国部分行业"野蛮生长"的态势,全方位跟进和加强监管是历史之必然。以平台经济领域为例,面对未知风险和不确定挑战,

---

㊼ 参见唐宜红、张鹏杨:《后疫情时代全球贸易保护主义发展趋势及中国应对策略》,载《国际贸易》2020年第11期。

㊽ 参见张谊浩、张建伟:《市场与政府:美国实际与中国选择》,载《上海经济研究》2022年第1期。

政府不应片面追求发展,"放活而不放任,管好而不管死",在发展与规范之间确定"有为"基点和治理原则。其二,因势利导的发展理念。一国最具竞争力的最优产业结构是由该国的内生要素禀赋结构决定的,如拥有充裕劳动力要素和稀缺资本的中低收入国家在劳动密集型产业具有竞争力和比较优势,久而久之,经济体积累了更多的物质和人力资本,该国的要素禀赋结构和产业结构随时间不断升级。我国经济发展模式正由资本密集型转向技术密集型、从投资驱动型向创新驱动型转变,政府应当在以新技术为代表的科技革命和产业革命中发挥积极的因势利导作用,主导或参与性领导新兴产业的培育,依托产业政策等积极引导市场资源投向具有比较优势和重大竞争性的行业。

(二) 从消极到积极:经济法体系下有为政府的目标建构

政府经济职能及其权力结构的优化需要法律的确认和保障,这恰好是经济法规范的重要功能,"有限"到"有为"的政府转型需要融入经济法体系的目标建构中,使经济法对政府经济职能予以确认和保障并充分调动政府能动性。

1. 市场规制法:强化反垄断与反不正当竞争执法

反垄断法与反不正当竞争法作为市场规制法中的核心组成部分,是政府指引和规范市场竞争行为的制度保障,也是维护公平自由的市场竞争的基本工具。早期我国政府在微观市场领域秉持谦抑执法观,2008年《反垄断法》施行初期,实际执法的垄断案件寥寥无几。随着市场化进程的不断推进,经营者的激烈竞争使得相关市场的集中度快速提高,违法行为也呈现出多发的趋势,平台间"二选一"、社区团购中低价倾销、原料药垄断、数据违规行为等市场乱象层出不穷,谦抑执法观已无法有效满足市场经济可持续发展的要求。正因如此,"公平竞争制度更加健全"被列为"十四五"时期经济社会发展的主要目标,"强化反垄断和防止资本无序扩张"也被列为2021年中央经济工作会议的八项重点任务之一。[49]

强化反垄断与反不正当竞争执法不仅是政策层面的宣誓,更需要法治层面的精细设计和实践中的贯彻落实。立法是执法的基础,这不仅涉及反垄断法、反不正当竞争法等具体立法的完善,还包括市场规制法领域各类法律之间的协调。在市场化、信息化和国际化迅速发展的背景下,垄断与不正当竞争行为的形式和内容都发生了重大变化,这意味着竞争立法需要及时规制这些新型违法行为或对既有法律法规作出适应性解释。在市场规制法内部体系的协调上,垄断与不正当竞争行为的界分需要在立法和法律实施中不断澄清,反垄断法与消费者权益保护法的调整范围也需要多加协调,形成制度合力以消解其体系性冲突。[50]

在具体实施过程中,以反垄断为核心的市场监管执法不能逡巡不前,唯有积极

---

[49] 参见余颖:《反垄断利剑直击市场主体痛点》,载《经济日报》2021年9月20日,第2版。
[50] 参见张守文:《反垄断法的完善:定位、定向与定则》,载《华东政法大学学报》2020年第2期。

消除垄断和不正当竞争行为对竞争秩序的威胁,方能最大限度地发挥竞争机制在市场经济中的作用。一方面,坚持市场监管执法的常态性,在关系国计民生、竞争问题多发、社会高度关注的重点行业和领域着力强化市场监管执法。另一方面,加强市场监管执法的预防性。事后监管往往不足以有效应对快速变化的市场经济的竞争动态,此时违法行为可能已经对市场秩序造成严重冲击和挑战。为此,有必要加强垄断和竞争失序风险识别预警,引入市场调研和竞争评估,通过对特定行业或市场竞争状况的事前调查,加强监管机构对相关行业的竞争动态的把握,掌握企业的违法事实,从而有针对性地开展执法活动,将竞争损害降至最低。

2. 国家投资经营法:"国民共进"中的"双向混改"

国家投资经营法是国有企业市场化改革的重要制度依托,在国家投资"进""退"和运行准则上发挥着重要作用。国有企业作为带动我国经济发展的中坚力量,在我国很多经济领域不够强大且民营经济实力不够雄厚的时候,冒进地采取有限政府中的"国退民进",尤其是强行将国有企业全面退出竞争性领域,将给国民经济带来巨大的危险和损失。[51] 在此阶段,国企改革不应再执着于国有经济与非国有经济在相对规模上的变化,而应在承认(竞争性)国有企业现实存在的基础上,推动国企民企和国资民资融合发展,优化国有经济和民营经济布局结构。混合所有制改革无疑是关键突破口和重要抓手,其并非简单的资本混合或"私有化"的代名词,而是要借国有资本与非国有资本的相互融合提高国有资本的运营效率,同时带动非国有资本发展,实现"国民共进"的目标追求。

从目前混合所有制改革推进的趋势来看,主要沿着引入其他所有制资本参与国有企业产权制度改革的方向进行,尤其是在充分竞争性行业和领域积极引入其他国有资本或各类非国有资本实现股权多元化。但是,国有资本与非国有资本的混合应当是双向的,国有资本需要利用自身的资产优势、信誉优势和技术优势带动民营企业的发展,更好地发挥国有经济的主导作用。事实上,很多民营企业在创新和机制上有优势但资金基础相对薄弱,国有企业入股民营企业不仅能促进民营企业的成长,还能提高国有资本的综合经营效益。比如,中国建材集团重组上千家民营企业并与重组的民营企业高度融合,便是国有资本带动民营资本共进的典型案例。[52] 对于国有企业子、孙公司层面的混合所有制改革而言,国有企业对一些中小型民营企业进行联合重组,能够将分散的民营资本集中起来,使其共同成为国有企业的股东,实现国有企业股权的分散化。[53]

因此,国有企业的混合所有制改革并非单向度的"国退民进",有为政府要高度重视和积极拓展国有企业投资入股非国有企业的新路径,以市场选择为前提、以

---

[51] 参见杨卫东:《国企工具论》,武汉大学出版社2012年版,第197页。

[52] 参见李予阳:《"混改"改出新天地——中国建材集团混合所有制改革实践》,载《经济日报》2016年8月17日,第1版。

[53] 参见邱霞:《混合所有制改革的路径分析》,载《西部论坛》2015年第2期。

资本为纽带,达到"交叉持股、相互融合"的理想状态。

3. 宏观调控法:"法律政策化"中的经济政策实施

经济波动的不可预测性决定宏观调控法必然带有明显的政策属性,授权立法或立法授权在宏观调控法中的必要性远甚于传统法部门,这意味着需要政府在法律规定或合法授权的职责范围内充分发挥主观能动性,遵循"法律政策化"的实然路径。在经济法的具体条文中,包括产业政策、货币政策、税收政策、中小企业政策等在内的加有前缀的"政策"提法有 29 个之多[54],如《中国人民银行法》第 23 条规定"中国人民银行为执行货币政策,可以运用下列货币政策工具",《中小企业促进法》第 5 条规定"国务院制定促进中小企业发展政策",经济政策已然成为经济法治的内在不可或缺的组成部分。[55] 在宏观调控框架之下,法律更多是形式上的规范层级,政策则是政府参与经济活动和经济关系的实质反映,体现着宏观调控所要求且必需的政府主导性,有为政府不应将经济职能限缩于"固定规则"之中,而应客观上相机抉择货币、财政以及其他政策以实现宏观经济目标。

以两大典型经济政策为例,其一,财政政策与经济均衡。有限政府实施中性财政政策是市场经济的常态,即总量上对宏观经济的影响既不扩张也不紧缩,预算收支基本平衡。[56] 但近年来,我国经济承受需求收缩、供给冲击和预期转弱三重压力,积极的财政政策已经成为我国财政政策的新常态,通过调控减税降费、增加财政支出刺激经济复苏,一味地强调有限政府而限缩宏观调控职能不符合现实治理需求。有为政府应采取以中央财政为主导的财政扩张政策。一方面,政府应当增加基础设施建设和社会福利投入,尤其是教育、就业、医疗和社会保障等方面的投入,保障和改善民生;另一方面,政府还可以通过财政补贴、税收优惠等政策工具重点支持科技创新和制造业发展,以市场化方式引导和刺激社会资本的流动,提升产业的技术水平和竞争力,加快现代化产业体系的建设。[57]

其二,产业政策与经济赶超。有限政府视阈中的选择性产业政策因政府主观挑选特定产业扶持、主导产业发展而受到普遍质疑,张维迎教授甚至断言中国不需要任何形式的产业政策。[58] 但在经济赶超发展过程中,政府引导资源重点投向优先发展的产业和地区,可以加快市场自发的产业升级速度,缩短产业或地区经济形成合理竞争结构所需的时间。从产业发展阶段来看,我国仍处于技术追赶阶段,总

---

[54] 参见单飞跃、张玮:《经济法中的政策——基于法律文本的实证分析》,载《社会科学》2012 年第 4 期。

[55] 参见史际春:《法的政策化与政策法治化》,载《经济法论丛》2018 年第 1 期。

[56] 参见李家和、孙兴全:《中性财政政策透视》,载《当代经济》2004 年第 11 期。

[57] 参见《财政部谈"积极的财政政策":重点主要做好七个方面的工作》,中华人民共和国财政部网站,2024 年 2 月 2 日,http://www.mof.gov.cn/zhengwuxinxi/caijingshidian/cctv/202402/t20240202_3928070.htm,最后访问日期:2024 年 3 月 25 日。

[58] 参见张维迎:《我为什么反对产业政策——与林毅夫辩》,载吴敬琏主编:《比较》2016 年第 6 辑,中信出版股份有限公司 2016 年版,第 174—202 页。

体技术水平与美国等发达国家仍有较大差距[59],政府在关键领域和重点行业实施幼稚产业保护、技术创新补贴等选择性产业政策,有助于实现对发达国家的技术赶超。

(三) 从限权到控权:经济法视域下有为政府的法治路径

经济社会的复杂性决定政府必须在遵循经济规律的基础上参与经济活动,作为"回应型法",经济法不应对政府经济职能进行消极限制,而应在承认政府经济职能扩张的基础上对政府干预过程的有效性起到基本约束作用,防止政府借培育市场之名行扩权滥权之实。具言之,控权型经济法的实现路径有以下三个方面。

第一,政府的自我控权。鉴于政府权力天然的扩张性和随意性,需要对其进行制约规范,囿于我国繁多的经济管理措施和审查成本的软约束,通过权力系统或者权力主体对自身的行为进行自我控制将不可避免地成为制度运行的长期实然状态,目前各级各地政府也主要依靠自我监督的方式达到自我纠偏。政府加强自身对政策制定行为实施规范性文件的审查监督,通过完善加强公平竞争审查制度来优化产业政策和改善宏观调控。2016年国务院出台《关于在市场体系建设中建立公平竞争审查制度的意见》,标志着我国公平竞争审查制度正式确立,2022年《反垄断法》明确规定"行政机关和法律、法规授权的具有管理公共事务职能的组织在制定涉及市场主体经济活动的规定时,应当进行公平竞争审查",将规范性文件的合理性审查升格为法律的合法性审查,减少了政府相关行为对市场竞争的不合理限制。

第二,立法机关的控权。立法机关通过规范性文件备案审查机制、合法性审查机制和合宪性审查机制,实现对政府干预的全程控权和切实优化。我国《立法法》第108条规定全国人大,全国人大常委会,各省、自治区、直辖市的人大、地方人大常委会等主体,在各自的权限范围内有权启动相应程序,对各自认为"不适当"的法律、规章、地方性法规进行审查、改变或者撤销。虽然《立法法》未明确"不适当"的具体情形,但根据文义解释应可以涵盖"妨碍全国统一市场和公平竞争""含有排除、限制竞争内容"等。此外,我国目前正在建立合宪性审查机制,这也将对法律法规甚至规范性文件对政府的授权干预经济的行为产生有效约束。

第三,司法审查和公益诉讼。作为法治的最后保障,司法在助力有为政府的建设中理应发挥应有作用。宏观调控行为作为政府行为的一种,虽然在诉讼法中存在原告资格限制、责任追究困境、裁判标准缺失等问题,但这并不能否认宏观调控行为的可诉性,可诉性是法律责任配置的基本前提。而且,宏观调控行为的可诉性

---

[59] 参见杨飞、孙文远、程瑶:《技术赶超是否引发中美贸易摩擦》,载《中国工业经济》2018年第10期。

并不是一个无法达致的目标,其可通过诸如宏观调控公益诉讼的方式得以实现。⑩通过确立宏观调控的可诉性为宏观调控行为进入司法审查打开通道,不仅可以为受害者提供公正救济渠道,也有利于规范宏观调控权的行使。

五、结　　论

"政府的职能不是一成不变的东西,在不同的社会状态而有所不同。"⑪有限政府与有为政府是政府相对于市场的两种样态,前者旨在消极限制政府职能,后者强调积极承担应尽之责。在计划经济向市场经济的转轨过程中,限缩政府职能和强化市场机制的有限政府是市场化改革的理想方向,经济法在其中发挥着重要的限权作用。但在经济体制改革步入深水区和逆经济全球化的国际趋势下,有限政府指引的经济法体系与我国现阶段经济发展情况开始不协调甚至抵牾,表现为市场规制法中"包容审慎"导致监管失灵、国家投资经营法中"国退民进"导致结构失衡,以及宏观调控法中"政策法律化"导致灵活性欠缺。正因如此,强调政府能动性的有为政府成为更优解,其职能不仅包括辅佐市场发展和防范市场失灵,还包括积极运用产业政策、财政政策等经济政策引领产业发展等。

在有为政府的实现路径上,经济法应从消极限制政府经济职能,转向承认政府经济职能并控制其有效运行。在市场规制法中,应强化反垄断与反不正当竞争执法,积极消除垄断和不正当竞争行为对竞争秩序的威胁。在国家投资经营法中,应高度重视和积极拓展国有企业投资入股非国有企业的新路径,达到"国民共进"的目标追求。在宏观调控法中,应承认必需的政府主导性,相机抉择货币、财政以及其他政策以实现宏观经济目标。在此基础上,通过政府的自我控权、立法机关的控权以及司法审查和公益诉讼,对政府干预过程的有效性进行基本约束,最终实现有效市场与有为政府的协同共进。

---

⑩ 参见胡光志:《论宏观调控行为的可诉性》,载《现代法学》2008年第2期。
⑪ 参见〔英〕J. S. 密尔:《代议制政府》,汪瑄译,商务印书馆1982年版,第17页。

宏观调控法

"税法总则"的价值目标、功能定位与体系结构

李玉虎[*]

摘要：在法典化背景下，制定"税法总则"不仅是税法典编纂的关键环节，也是实现税收法定原则和完善税法体系至关重要的步骤。从法典的功能看，税法典具有规范调整税收关系、推进财税治理现代化、促进社会主义市场经济发展、维护国家税收利益和保护纳税人合法权益等功能。在当前单行税法立法日臻齐全的背景下，制定"税法总则"是税收法典化进程中的关键步骤。作为税法典中具有统领性和整合性的"税法总则"，其价值目标、功能定位和结构体系，关系到税法典的立法质量。

关键词：税法典编纂　税法总则　税法体系化

一、问题的提出

依法治税是依法治国在税收领域的具体体现，也是中国式财税现代化的客观要求。税收法治化是财税治理法治化和提高国家治理能力和治理水平的基本要求。税收法治化的前提是确立完备的税法规范和科学合理的税法结构体系。在《民法典》成功编纂之后，完善中国特色社会主义法律体系的一个基本趋势是部门法的法典化。《民法总则》作为《民法典》的"总则"，在我国法典编纂历程中开创了先例。由于税法具有相对独立性，制定税法典成为完善税收法律体系的必然选择。尽管"税法总则"立法与税法典体系建构之间并非逻辑必然，但是在税法体系不完善的前提下，"税法总则"在确保税法体系的连贯性和提升税法体系的融贯性方面具有积极作用。[①]法典编纂的目的在于消除规范之间的冲突、重复与缺漏，提升法

---

[*] 李玉虎，兰州大学法学院副教授。

[①] 刘剑文：《税法典目标下税法总则的功能定位与体系安排》，载《法律科学（西北政法大学学报）》2023年第1期。

律的体系化程度②,就税法典而言,总则是法典不可或缺的重要组成部分,其应当是税法典的开篇和灵魂,在税法典中具有"压舱石""稳定器"和"调节器"的功能。

截至目前,我国已经颁布了十余个与税种对应的单行税法和税收程序法,单行税法体系日臻完善。可以说,从税法立法的数量方面看,已经具备与我国市场经济发展阶段和财税体制相适应的税法规范,但是从税收立法的质量方面看,与完备性相比,税法在结构性方面还需要进一步完善。税法规范之间仍然存在不一致、不协调等结构性问题,这给税法适用、税法解释和税法司法等方面造成了诸多难题。在税法适用上,实践中存在的大量税收法规和规范性文件"稀释"了税收单行法的效力;在税法解释上,由于缺乏统一规范的税法解释体系和解释方法,税收执法部门对税法的解释具有较大的任意性;在税法司法上,由于尚未建立专门的税法司法机关和特定的诉讼程序机制,而是完全按照行政诉讼模式解决税收征纳双方的争议,纳税人权利保护难以有效实现。税收立法存在着重要税种尚未完全法律化、调整税收关系的规范主要是税收法规、规章和规范性文件、税收惯例等问题,这些问题都需要通过税法的体系化立法加以解决。

我国的税法典既不同于欧陆法系的税法体系化立法形式,也不同于美国法典意义上的美国联邦税收法典,而是在我国现行税收单行法基础上编纂而成的、作为我国社会主义法律体系组成部分的法典。③ 关于编纂税法典的时机问题,财税法学界具有代表性的观点认为税法典的编纂是一项系统的立法工程,不可一蹴而就,必须科学谋划,稳步推进。④ 结合《中华人民共和国国民经济和社会发展第十四个五年规划和2035年远景目标纲要》(以下简称"十四五"规划)和立法进程,大致可以推断由国家立法机构在2035年左右表决通过业已编纂完成的税法典是比较可行的,在此之前先行颁布"税法总则"。⑤

当然,在加快推进税收立法和一些重要领域立法逐步"成典"的背景下,编纂税法典具有必要性和可行性。从当前税收领域立法的情况看,除了几部涉及面较广的单行税法还在制定中之外,启动税法典编纂的前期工作,即制定"税法总则",不失为税收立法的关键步骤。在此背景下,按照法典的标准和要求,首先要厘清税法典的立法宗旨、调整对象、调整方法、基本原则、关键概念、税收构成要件、国家税收权力、纳税人基本权利等,这些都是税法典"总则"编,也即需要先行制定的"税法总则"的功能定位问题。"税法总则"在税法典中的地位和作用,决定了"税法总

---

② 石佳友:《解码法典化:基于比较法的全景式观察》,载《比较法研究》2020年第4期。
③ 李刚:《比较法视野下我国"税法总则"的立法框架与特色章节》,载《法学家》2023年第4期。
④ 施正文:《税法总则立法的基本问题探讨——兼论〈税法典〉编纂》,载《税务研究》2021年第2期。
⑤ 从我国全国人大会议召开情况看,按照《宪法》规定和历届全国人大召开时间,大致可以推知2033年至2037年为第十六届全国人大任期,结合"十四五"规划,在此期间表决通过税法典,也是有可能的。

则"的功能及其内外结构。本文从我国税法体系化立法的进程及其目标出发,结合税法作为特殊公法的属性,分析"税法总则"在促进税收法律体系化中的功能定位,从而构造"税法总则"的内容结构。

二、税收立法体系化进程及其目标演变

(一)税收立法体系化的进程

我国在20世纪90年代就提出过制定税收基本法的设想[6],截至1999年,国家税务总局草拟的《中华人民共和国税收基本法》草稿已经六易其稿,法律框架和主要内容已经基本完成。当时的背景是为履行WTO规则,我国必须尽快建立统一、公开、公平、高效的行政执法制度。[7] 受德国《税法通则》、日本《国税通则法》等域外税收立法的启发,加之我国市场经济体系建设客观需要税法规则公开、统一、透明,我国曾于2003年启动了税收基本法的立法程序,采取"制定统一的税法通则与制定各单行税收法律齐头并进,分步实施"的思路[8],并于2006年形成了《税收基本法(税法通则)》的专家稿,但是此后并未进一步推进。但是,税法通则的基本定位应当是调整税收活动中的基本问题、共同问题和综合问题的通则性立法。[9] 可以说,税法学界对推动制定税收基本法具有相当的热情,并付诸实际行动;不过由于当时的经济发展与财税体制改革进程,尚不需要以税收基本法统领税收立法和税法体系。从改革开放与税制改革进程看,税收法律的立法过程与我国改革开放的节奏基本一致。税收立法的进程大致可以分为税收基本法立法和税收通则法立法两个阶段。

税收基本法立法从20世纪90年代初期到2006年,期间经历了提出、列入立法规划、停滞、复苏的阶段。[10] 1990年国家税务总局税制改革司提出设想之后,税务学界和税法学界开始关注税收基本法的制定。在1993年税制改革的基础上,按照"一税一法"的思路,国家颁行了多个与税种对应的税收暂行条例。在此背景下,制定一部具有统合意义的税法,成为学术界和立法界的关注点。1993年6月开始着手制定《八届全国人大常委会立法规划》,在征集立法项目的同时,国家税务总局提出了制定税收基本法和增值税法等另外14个单行税法的建议。对制定税收基本法,国家税务总局作了这样的说明:我国至今没有一个为各个单行税法共同遵守

---

[6] 有学者提出1990年国家税务总局税制改革司正式提出制定税收基本法。参见汤贡亮、刘爽:《税收基本法研究回顾与展望》,载《税务研究》2008年第1期。
[7] 施正文:《中国税法通则的制定:问题与构想》,载《中央财经大学学报》2004年第2期。
[8] 同上。
[9] 施正文:《中国税法通则立法的问题与构想》,载《法律科学》2006年第5期。
[10] 汤贡亮、刘爽:《税收基本法研究回顾与展望》,载《税务研究》2008年第1期。

并受其制约的最基本的税收法律，致使现行税法还存在着法律体系不健全、立法工作不规范、法律效力不高、涉及国家征税的某些重要事项尚缺乏明确规定等问题，已经出现不适应社会主义市场经济发展需要的情况，因此，建议制定税收基本法。在制定立法规划过程中，国家税务总局对是否制定税收基本法问题作了认真研究。为慎重起见，1994年1月发布的《八届全国人大常委会立法规划》将"税法（及若干单行税法）"列入立法项目，这种表述存在两种含义，一种是税法是单行税法的笼统称谓，另一种是税法及其括号内"及若干单行税法"的表述，有综合性意义上的税法和税收单行法两层含义，正如长期在全国人大常委会办公厅任职的阚珂所说，这里的"税法"有"税收基本法"的意思，但没有规定死，有灵活性。[11] 1998年12月发布的《九届全国人大常委会立法规划》继续将制定"税法（若干单行税法）"列入立法规划。2003年11月发布的《十届全国人大常委会立法规划》明确提出"制定税收基本法"的规划。然而，此后的每届全国人大常委会立法规划都没有提及制定税收基本法的事项。

税收通则法立法始于2006年全国人大财经委员会委托法学专家学者起草《税收通则法（专家建议稿）》，该专家建议稿共9章368条，包括"总则""纳税义务""税收征纳一般规则""税收确定""税收缴纳与征收""税收执行""税收救济""法律责任""附则"。但是由于当时实现整体的税收立法还存在诸多难点，该"通则型"税收立法的建议稿并没有立基于税法典的角度，而是受《民法通则》立法的启发，力图将税收实体法中的通用规则和税收征管法整合在一起，而且有关税收程序、法律责任、救济制度等与《税收征收管理法》密切相关的条文占一半内容。虽然这种模式试图将税法体系化，但其局限性也是显而易见的。[12]

随着以税种为对象的税收单行法制定，如何理顺此前设想的税收基本法与已经颁行的税收单行法之间的关系，成为制定税收基本法中的重要理论和现实问题。如果将税收基本法的功能理解为规范税收实体法与税收程序法的"基本法"，则存在税收基本法与税收实体法、税收程序法并存的问题，以此构建的税收法律体系无法确立税收基本法与税收实体法、税收单行法之间的法律位阶及其效力。加之，从法律的命名规则上看，宪法意义上的基本法与部门法意义上的基本法并非同一概念[13]，《立法法》规定，基本法由全国人大制定、基本法之外的法律由全国人大及其常委会制定。在2006年12月15日第十届全国人民代表大会常务委员会第五十四

---

[11] 阚珂：《我国税法立法规划走过三十五年》，载《法制日报》2015年8月14日，第4版。
[12] 熊伟：《体系化视角下税法总则的结构安排与法际协调》，载《交大法学》2023年第3期。
[13] 在立法实践中，基本法是在一个国家或地区拥有最高效力的法律，它的实际作用与宪法相同。例如，我国制定的《香港特别行政区基本法》《澳门特别行政区基本法》是实行高度自治的特别行政区内的最高法。另参见施正文：《中国税法通则立法的问题与构想》，载《法律科学》2006年第5期。

次委员长会议通过的《全国人大常委会2007年立法计划》中[14],"税收基本法"被作为建议项目没有纳入立法计划,其理由是"考虑到2007年立法任务繁重,为确保重点,这些项目暂不列入正式计划,可由起草单位继续调查研究和起草,待编制下一个五年立法规划时再通盘安排"。从税法理论和立法实践层面,我国基本上已经放弃了制定"税收基本法"的设想,而是推动编撰税法典的计划。

(二)税收立法体系化目标

依循我国经济体制改革和与之相适应的财税体制改革,税收立法的过程是一个紧跟税制改革并将国家税制改革政策措施法治化的过程。从1984年、1985年全国人大对国务院的两次税收立法授权,到1993年税制改革以来的暂行性税收立法,再到以落实税收法定原则为导向的单行税法的立法,我国已经形成了相对完备的税法体系。

党的十八届三中、四中全会先后提出落实税收法定原则和全面推进依法治国,为推动税收法治化提供了坚实的政治基础。税收法定原则的贯彻落实,有助于发挥税收在国家治理中的基础性、支柱性和保障性作用。法典化实践的推动,尤其是《民法典》的成功编纂和通过,极大地提振了法学界和立法界追求法典化的信心,也由此积累了编纂法典的经验。在税收活动中,要实现税收治理法治化,就要提高税收法律的体系化和科学化,因此,必须要制定对单行税法起统领作用的"税法总则",并在此基础上编纂税法典。[15]

可以说,编纂《税法典》是税收立法体系化的最高目标。由于我国税法典制定面临"总则缺位、分则未定"的困局,因而应当坚持"先分—再总—后统"的法典编纂路径。[16]要实现这一目标,首先要具备编纂税法典的基本要素,即除了需要具备组成《税法典》的各单行法之外,还需要总则部分,从而形成"总则+分编"的法典结构。从现行法典编纂的历史和经验看,法典应当有一个总则的部分,用于规定该法典的调整对象、基本概念、基本原则、基本要素、基本制度等,从而发挥引导性、框架性作用。由此而言,制定"税法总则"是编纂税法典的过程性目标。

中共中央政治局2014年通过的《深化财税体制改革总体方案》提出"推进依法治税"的目标要求,2019年党的十九届四中全会通过的《中共中央关于坚持和完善中国特色社会主义制度推进国家治理体系和治理能力现代化若干重大问题的决定》提出的"完善以宪法为核心的中国特色社会主义法律体系,加强重要领域立法"的重要部署,是构建税法典的动力和希望。完备的税收法律体系应当由宪法中

---

[14] 《全国人大常委会2007年立法计划》,全国人民代表大会网站,2007年5月10日,http://www.npc.gov.cn/npc/c2/c182/c1484/201905/t20190523_21791.html,最后访问日期:2023年7月25日。

[15] 施正文:《税法总则立法的基本问题探讨——兼论〈税法典〉编纂》,载《税务研究》2021年第2期。

[16] 蒋悟真:《税法典制定的时机、难点与路径》,载《法学杂志》2023年第1期。

的税收条款、税法总则、税收实体法、税收程序法和税收救济法组成,并且这些宪法条款和法律都应当是制定良好的法律。然而,在我国现行税收法律体系中,存在着税法总则缺失、税收立法质量有待提高的问题。[17] 因此,应以《宪法》为根本遵循,将分散在《立法法》《预算法》《会计法》和税收单行法中具有共同性的基本概念、基本规范、期间、时效等技术标准提炼整合到"税法总则"中,作为税收单行法的总纲,用以规范单行税法的制定、修改、适用、解释等。

三、"税法总则"的功能定位

税法学界达成的基本共识是在短期内难以完成《税法典》编纂的现实条件下,先制定"税法总则",为推进税法法典化创造条件。这一思路也决定了"税法总则"的功能定位。有学者认为,19世纪以来西方法典化时代对法律的认识可分为法律的创造论、进化论、工具论三个阶段,而法律工具论则适应了国家调整社会的需要。[18] 不可否认,税法具有较为明显的工具属性,其主要任务是筹集国家财政收入;在现代法治背景下,税法的体系化及其最高形式的税法法典化,还具有法典本身的功能。从财税法学界追求税收立法体系化的阶段看,在早期设想制定"税收基本法"的阶段,"税收基本法"被定位为"有助于依法治税理念的实施,有助于税法体系的完善"。[19] 在提出制定税法总则的阶段,"税法总则"被认为是有关税收实体法和程序法的基本性、共通性问题的总纲性规定。[20] 总体而言,税法总则具有体系统摄功能、规范整合功能、整体税法解释功能。

(一) 体系统摄功能

体系是相互作用或相互关联的、按照一定规则而形成的一个统一的整体。法学上所追求的体系往往是指"将所有的法律规定加以分析,抽象化后纳入一个在逻辑上位阶分明,且没有矛盾,以及原则上没有漏洞之规范体系为其特征,该体系要求任何可能的生活事实在逻辑上皆必须能够涵摄于该体系之规范下"。[21] 从概念的一般含义而言,税法是指国家调整税收关系的法律规范的总称。[22] 大陆法系的法律体系理论与实践以调整对象作为部门法之间的边界,而调整对象所针对的某

---

[17] 刘剑文、刘静:《"十三五"时期税收法治建设的成就、问题与展望》,载《国际税收》2020年第12期。
[18] 朱明哲:《从19世纪三次演讲看"法典化时代"的法律观》,载《清华法学》2019年第3期。
[19] 汤贡亮:《关于继续积极推进〈税收基本法〉立法的建议》,载《经济研究参考》2012年第62期。
[20] 刘剑文、刘静:《"十三五"时期税收法治建设的成就、问题与展望》,载《国际税收》2020年第12期。
[21] 转引自黄茂荣:《法学方法与现代民法》,中国政法大学出版社2001年版,第422页。
[22] 参见中国社会科学院语言研究所词典编辑室编:《现代汉语词典》(第7版),商务印书馆2016年版,第1229页。

种法律关系成为部门法划分的基本标准。从《民法总则》在《民法典》中的功能看，设置总则编的民法典是一种由总则统领、再由分则具体演绎的法律规范体系。[23] 类比民法总则在体系化的民法典中的功能，税法总则的体系统摄功能是指税法总则规范在逻辑上无矛盾和全面性的涵摄功能。

在整个税法体系或者税法典中，税法总则具有统摄、抑制税法规范在税法总则所设定的调整对象和基本原则的框架内正常运行，而不至于外溢到税法领域之外的功能。税法总则统一适用于所有税收法律关系，统摄所有已制定的和尚未制定的实体性税法与程序性税法，包括货物与劳务税、所得税、财产税、行为税等领域的单行法。现行单行税收立法按照税收构成要件确定其法案的内容，"税法总则"是一部面向未来税法典的单行法，其不仅应当涵盖既有税种的立法，而且还需要为将来的税收立法预留空间。

(二) 规范整合功能

税收关系是个人与国家之间的宪法关系，有些国家在宪法上明确纳税人有纳税的义务，这种义务属于宪法义务。纳税义务产生的前提是宪法的规定，并由此产生与纳税义务对应的国家征税权。国家征税权以法律规定的纳税人纳税义务为界限，这也是近现代税收法定原则确立的初衷和基本目标。税收法定原则经由宪法规定国家征税权与纳税人纳税义务，并通过税法加以具体化和可执行化。作为税法规范体系化的产物，税法典是税收法定原则贯通于税法领域的最高法律表现形式。税法典设置"总则"部分，既是税法实质化的要求，也是税法形式化的表现。因此，"税法总则"中包括税收立法权配置、征税主体及其权力边界、纳税人权益及其保护方式等主要内容，这对于规范和约束征税机关的以征税权为核心的税收执法权是至关重要的。"税法总则"设定了税收实体法与征收程序法的价值取向、宗旨、原则等，由于法典中总则的固有属性，税法总则应当具备对税法典各构成部分的整合能力。其主要表现在以下方面：一是税收单行法要与税法总则相互协调一致；二是在税法适用上具有规范税务机关征税行为和保护纳税人合法权益的作用；三是在税务争议解决上，将征纳双方的矛盾整合在税法框架内。

"税法总则"具有规范与税种对应的单行税法的功能。"税法总则"规定的税收法定原则、量能课税原则、税收公平原则、税收便利原则等税法基本原则，是单行税法规范应当遵守的原则。在现行税收立法权配置下，根据《立法法》的规定，税种的设立、税率的确定和税收征收管理等税收基本制度的事项只能制定法律。但是在税种、税率、税收征管之外，还存在多个税收要素没有被纳入税收法律，而是由征税机关在具体征税活动中以规范性文件的形式确定。"税法总则"所规定的原则、税收要素、征税主体的征税权、纳税人的纳税义务及其相应的权利等，可以防止税

---

[23] 钱玉林：《民法总则与公司法的适用关系论》，载《法学研究》2018年第3期。

收单行法超越税收法定原则等税法基本原则和制度。

"税法总则"具有规范征税机关正确适用税法的功能。税务机关依据税法进行征税活动，是税法赋予的法定职责，但是在实践中，征税机关在"税收目标导向下"具有扩张性征税的冲动。"税法总则"不仅规范具有公法属性的税收征收关系，还需要明确具有公法性质的税收债权债务关系，从而将私法机制引入税法，通过对作为税收基础的民商事法律关系与税收征纳过程所遵循的行政法律关系的整合，平衡纳税关系，约束征税机关的征税权限。

（三）整体税法解释功能

整体税法解释功能，目的也即一体化税法解释功能，目的是维护对税法规范进行解释的统一性、防止因税法适用中的解释严重分化而导致税法规范之间的联结被任意割裂，从而导致税法形同虚设。而法典是法律编撰的结果，法律的编纂有助于识别不一致的法律、重复的法律和模棱两可的法律。正如有学者所认为的，在当前的税法解释领域，除立法机关对法律层面的税法规范行使解释权外，国家税务总局实质上主导了税务行政领域的税法规范的解释权。[24] 除此之外，由于我国涉税司法解释相对较少[25]，涉税案件的司法裁判主要依据行政规范性文件，从而导致税务司法在法律适用维度偏向于税务行政。税收立法和税收司法的结构性动力机制是导致税法裁判于法律适用方面存在不足的原因之一，因为税收立法相对粗疏，税法裁判较为依赖下位规范，对税收规范性文件的合法性审查也常常缺乏明确的上位法作为标尺。[26] 由于税法具有公法的属性，主要规范税收的征纳行为，而现行单行税法的执行机关是国家税务部门，因此在税法适用中，纳税人处于相对被动地位，无法通过与税务机关的协商谈判达成对税法规范的理解和解释上的一致性。

在现行单行法并行立法框架下，税法解释的主要载体是国务院及其财税主管部门发布的"意见""公告""通知""暂行办法"等政策性文件。在"实质重于形式"的立场下，税务机关对税法的解释往往具有倾向性立场。从法治原则和税收法定原则而言，税法解释的对象应当是上位法，但是由于作为上位法的税法规范包括税收法律和税收行政法规，加之税收法律法规无论从具体内容还是篇幅容量上，都难

---

[24] 叶金育：《国税总局解释权的证成与运行保障》，载《法学家》2016年第4期。

[25] 根据最高人民法院《关于司法解释工作的规定》，司法解释的形式分为"解释""规定""规则""批复"和"决定"五种。截至2021年，最高人民法院印发的涉税领域司法解释只有三个，即《关于适用〈全国人民代表大会常务委员会关于惩治虚开、伪造和非法出售增值税专用发票犯罪的决定〉的若干问题的解释》的通知（法发〔1996〕30号）、《最高人民法院关于审理骗取出口退税刑事案件具体应用法律若干问题的解释》（法释〔2002〕30号）和《最高人民法院关于审理偷税抗税刑事案件具体应用法律若干问题的解释》（法释〔2002〕33号）。2021年3月24日，中共中央办公厅、国务院办公厅印发《关于进一步深化税收征管改革的意见》提出"完善涉税司法解释，明晰司法裁判标准"。然而，至今也未发布新的涉税司法解释，2021年、2022年最高人民法院均未发布司法解释立法计划。

[26] 侯卓：《税法裁判中法律适用的特征及不足》，载《法学》2020年第10期。

以涵盖税收要素和征纳关系的细节,而且税收政策变动频繁,税法的司法适用缺乏统一的解释规则和解释方法。

税法总则具有统领实体税法与程序税法、塑造税收要素与税收法律关系、确定税收事实与纳税行为、明确征税权与纳税人权利的功能,在此基础上,税法总则能够发挥规范税法解释的作用,从而对税法进行立法解释、行政解释和司法解释的整体性解释。在发挥"税法总则"的整体税法解释功能的同时,还兼具税法的补充适用和填补漏洞的功能。

四、"税法总则"的内外结构

(一)"税法总则"的内部结构

"税法总则"设计的合理性程度关系到税法体系的构建和税法典编纂的逻辑性,涉及国家、征税机关和纳税人之间的利益冲突与协调,同时还关涉到税法概念与民法概念、应税行为与民事交易行为等民法和税法问题,在征税过程中还涉及行政法与税法的关系问题。可以说,"税法总则"在税收法律体系中居于统摄地位,并通过税法原则宣示税法的基本功能和理念。

在"税法总则"的结构安排上,有学者在比较世界主要税法典的基础上,认为我国"税法总则"立法框架的设计可以考虑依循"总论、实体法、程序法、救济法、处罚法"的主线安排结构。[27] 有观点认为,"税法总则"应构建税法原则、纳税人保护、纳税义务、税务行政规范制定与解释等支柱性制度。[28]

无论从历史背景、基本理论、立法过程等宏观层面,还是从结构体例、主要内容、立法技术等微观层面,德国《税法通则》和美国《国内税收法》在很大程度上都难以为我国"税法典"和"税法总则"提供理论和经验借鉴。这是因为,一是从我国税收立法过程来看,域外税收法律制度对我国税法的影响较小;二是税法具有显著的公法色彩,其直接反映着一国的政体,一国的税制结构是本国政治体制在税收领域的直接体现。

结合现行税种划分的基本类型,税法典各编可以考虑分解为总则编、货物与劳务税编、所得税编、财产税编、行为税编、纳税人权益保护编、税收程序编、税务争议解决编、关税编、涉外税收编等。而"税法总则"的内容主要包括:一般规定(立法目的、基本概念、调整对象、基本原则),征税机关及其征税权,纳税人的纳税义务与权利,税收构成要件,税收事实,税收违法行为的构成要件与处理,税收法律责任,时效、期间等。

---

[27] 李刚:《比较法视野下我国"税法总则"的立法框架与特色章节》,载《法学家》2023年第4期。
[28] 刘剑文、唐贺强:《法典化目标下税法总则立法的三个问题》,载《交大法学》2023年第3期。

(二)"税法总则"的外部关联

"税法总则"作为税收法典的组成部分,其与税法分则共同组成税法典。"税法总则"的外部关联是指其与构成税法典各分编之间的关系。如果将单行税法加以简单组成,不属于税法典的编纂,而是税收法律法规的汇编,这种法典汇编技术及其产物在数字化时代已经失去了其法律规范的汇集、查询等功能。税法典之所以必要,是我国法治的内在要求;通过法典化形成的各领域的基础性法律,具有"固根本、稳预期、利长远"的效果,对推进全面依法治国、发展社会主义市场经济、国家治理体系和治理能力现代化,都具有重大意义。"税法总则"的制定,既要考虑对现行单行税法的统合,也要为将来的税收立法预留空间,毕竟税法典一旦成型,就难以频繁修改或者在其之外另行制定单行税法。

第一,"税法总则"与单行税法总则的关系。从税法典维度看,税法总则是税法典的开篇,具有引领作用和统合功能,发挥对整个税收法律制度的规范和指引。这就需要处理税法总则与税收单行法总则的关系。在现行单行税法中,只有《企业所得税法》《环境保护税法》和《税收征收管理法》设置了"总则",其他税收法律和行政法规都没有设置章节和总则。"税法总则"独立成编之后,被整合进入税法典的单行税法总则就会居于税法总则之下,从法典内部各部分的效力位阶看,法典总则的效力高于各分则中的总则,因此,现行单行税法的总则部分需要被"抽取"和"提升"到税法总则的位置,在以后编纂税法典时,将单行税法的总则变为"一般规定"。

第二,"税法总则"与税收程序法的关系。税法典不仅包括税收实体法,而且包括税收程序法。现行的税收程序法都要被整合进税法典,所以作为税法典的总则部分,应当是税收实体法和税收程序法共同的总则。从税法结构展开和税收立法实践而言,税收实体法属于建立在民商事交易活动基础上的具有债权债务属性的公法,而税收程序法是以行政法为主。"税法总则"既要统摄税收实体法律关系,也要规范税收程序法律关系,因此,还需要纳入分散在行政法中的税务强制执行、税务行政复议、税务诉讼等程序规定,为将来的税法典奠定税务救济程序编的基础。

第三,"税法总则"与税收救济法的关系。从法律属性角度看,税收关系和税收行为属于行政行为的范畴,因而,税法与行政法存在密切关联。税务行政过程涉及已经被行政法单行立法所规定的行政许可、行政征收、行政执行、行政强制、行政处罚等,而且还包含尚未纳入行政单行立法的行政协商。由于现行《税收征收管理法》设置的"双前置"程序在一定程度上妨碍了纳税人税收救济权的行使,其中"清税前置"将一部分纳税人排除在救济程序的大门之外,而"复议前置"更是增加了纳税人的救济成本,成为其行使权利的阻碍。[29]因此,在税法总则中,处理好

---

[29] 王霞、陈辉:《税收救济"双重前置"规则的法律经济学解读》,载《税务研究》2015年第3期。

《税收征收管理法》规定的"双前置"规则,是实现纳税人实体权利和程序权利保护的基本前提。

五、结　论

　　推进更高层次、更高水平的依法治税,必然要求完备的税法规范和科学合理的税法体系。按照我国法典化的经验,结合税收立法现状,税法典应当是对既有税法规范的体系化整合,并在此基础上增加有利于实现税收征纳关系规范化的新规范。"税法总则"不仅是构建税法典的关键步骤,而且是当前税收法定原则得以落实和税收立法(包括修改既有法律)整体推进的重要环节。

　　一是科学合理界定"税法总则"的价值目标。"税法总则"的价值目标是税法典的理想与精神的集中体现,应当体现税法典应有的价值追求,其不仅仅是"落实税收法定原则",而且还应当是符合中国特色税收法治目标的载体。"税法总则"预设的价值目标应当以保障纳税人权利、规范政府征税权力、实现各税种之间规则的协调统一、提升国家财税效能为主,兼顾税收体系的完整性。

　　二是明确"税法总则"的功能定位。即便税法典编纂完成,也并非我国税法完善的终点,而是开启法典化治税的新起点。"税法总则"作为税法典的组成部分,要从税法典的功能出发,以实现税收法治为依归,既要总结提炼中国特色社会主义新时代税收立法的中国特色,也要为今后走向更高水平的税收治理提供法理依据。"税法总则"的功能定位决定其结构及其条款内容,以体系统摄、规范整合、整体税法解释作为"税法总则"的基本功能,有助于实现税收立法的科学性、税务执法的规范化和税法解释的逻辑统一性。

　　三是厘清"税法总则"与税法典的关系。既然将制定"税法总则"作为未来税法典编纂的"先导性"步骤,就要在科学界定"税法总则"的价值目标与厘清功能定位的基础上合理安排内容结构。税法具有显著的时代性特征,其不变的内容是为国家筹集财政资金,其变化之处是随着经济发展阶段和民事交易方式而不断调整;"税法总则"既要遵循税收法定和正当程序原则,也要适应交易内容和方式而确定量能课税和实质课税原则。因此,"税法总则"的结构和内容要坚持"守正创新"理念,坚守人类社会业已形成的税收文明和税收法治的成果,也要为诸如数字经济、平台经济等新的经济形态留有余地。

核心价值观融入税法:逻辑、向路及实现

谭 晨*

摘要:推动社会主义核心价值观引领税法规范生成完善,对于深入推进税收现代化具有重要意义。基于"价值—规范—体系"分析框架,核心价值观在精神内核、良法善治要求、高质量发展目标等方面与税收立法高度契合,为入法入规提供了逻辑支撑。借助关联性、权义性、公益性、规范性、体系性方法,在国家、社会、个人三个层面融入,为入法入规指明了方向进路。从税法激励、税收民主、税收法定、文明征纳、绿色税制、和谐征纳、税收中性、税收平等、公平分配、税收法治、税收遵从、依法征税、依法纳税、友善征纳等角度具体融入十二个核心价值,为入法入规谱写了现实方案。这有益于构建"发展导向型税制",使税法更好地成为安邦立国法、良善公平法、富足安康法。

关键词:核心价值观 税收立法 价值引领 发展导向

一、背景与问题

近年来,国家高度重视培育和践行社会主义核心价值观、将核心价值观融入法治建设等工作,相继出台系列文件,着力将核心价值观贯穿法律法规立改废释全过程,推动全面融入中国特色社会主义法律体系。[①] 倡导富强、民主、文明、和谐、自由、平等、公正、法治、爱国、敬业、诚信、友善的核心价值观,作为高度凝练和集中表

---

* 谭晨,最高人民检察院政治部干部,法学博士。
本文系国家社会科学基金重大专项"税收立法的核心价值及其体系化研究"(项目编号:19VHJ008)的阶段性成果。

① 相关重要文件,参见中共中央办公厅、国务院办公厅印发《关于进一步把社会主义核心价值观融入法治建设的指导意见》(2016年12月25日);中共中央印发《社会主义核心价值观融入法治建设立法修法规划》(2018年5月7日);中央宣传部、中央政法委、全国人大常委会办公厅、司法部印发《关于建立社会主义核心价值观入法入规协调机制的意见》(2021年9月27日)。

达的核心价值体系内核,在法治建设中肩负灵魂引领的功能作用,为法律运行提供向善思想指引、赋予内在精神品格。在税收立法中,从观念、抽象的税收法治思想,到规范、具体的税法基本原则,强调税法所具有的能够满足人们某种需要之属性的"价值"居于其中,是转化过程中的重要一环,昭示税收立法因何而存在、发挥何作用、向何处发展的根本性问题。而核心价值观则集中体现了诸多价值中最值得珍视、最亟须彰显的内容,是税收法律体系的灵魂和核心,是税收法治实践的评判标准与精神依托。

我国自改革开放以来,一直重视推动税收立法和税制改革,在税法体系建设、营改增等具体领域取得明显成效。但相较于税收现代化深入推进的目标,当前仍存在一定距离,这与改革的复杂性和艰巨性,以及缺少明晰的价值引领相关,不利于税收法治长足发展。② 在新时代背景下,将发展导向的核心价值观融入税收立法和税制改革过程,从核心价值观中提炼重要的税法核心价值,指引具体税法规范生成完善,是把握新发展阶段、贯彻新发展理念、构建新发展格局的生动实践,对于进一步完善现代税收制度,优化税制结构,建立健全有利于高质量发展、社会公平、市场统一的税收制度体系有重要的意义和价值。

有鉴于此,应当逐次明晰核心价值、融入法治建设、构建价值体系,在法律层面形成"价值—规范—体系"系统互动,实现科学税收立法、优化税制结构的目标。本文试图通过分析核心价值观融入税收立法的逻辑基础、方向进路、具体实现三个层面,从而明晰核心价值观的重要引领作用,考察核心价值观在税收立法中的融入现状,反思与探寻当前税收立法存在的不足,探讨如何在税收立法中更好融入核心价值观的问题,同时,关注核心价值观对发展的促进和保障,为构建"发展导向型税制"或称"发展型税制"尽应有之力。

二、从价值观到税法:入法入规何以可能

核心价值观是当代中国精神的集中体现,是凝魂聚气、强基固本的基础遵循。作为当代价值共识,核心价值观也体现了人们对法律功用的需求与期冀,在一定程度上成为评价法律价值的重要标准,进而对法律价值指引下的法律原则、法律规则产生直接影响。

(一) 部门法视角下的法理情统一

核心价值观融入法治建设,是"以法为据、以理服人、以情感人"的切实遵循。法治理念融入立法的实践,在民法中已有表现:"弘扬社会主义核心价值观"明确

---

② 张守文:《税制结构的优化及其价值引领》,载《北京大学学报(哲学社会科学版)》2021 年第 5 期。

写入《民法典》第1条;民主、文明、自由、平等、公正、诚信等内容写入《民法典》民主立法、生态文明、家庭文明、人身自由、行动自由、婚姻自由、自然人民事权利能力一律平等、物权平等保护、诚信原则等法律条文之中;审判机关推进核心价值观融入裁判文书释法说理,明确民商事案件无规范性法律文件作为裁判直接依据的,除可适用习惯外,应以核心价值观为指引,以最相类似的法律规定作为裁判依据。③

在强调"待人处世"的民法之外④,着重"经世致用"的经济法是核心价值观生根发芽的另一沃土。从产生发展史看,现代国家发挥宏观调控和市场规制职能,将经济引向更有利于整体利益的方向,出发点即是打破阻碍人的全面自由发展的桎梏,实现富强、和谐、公正、法治、平等、自由等核心价值。从调整对象看,宏观调控关系与市场规制关系分别关涉宏观经济与微观经济生活,社会主义市场经济有价值引领、总体规划,并以整体效益最优为导向。从价值论看,经济法规范调制行为的功用,有助于促进和保障效率、公平、秩序等普遍意义的价值追求,同时,人们希望通过经济法的规范、保障功能,解决经济领域基本矛盾和基本问题,实现经济和社会的良性运行与协调发展。经济法运行中,立法、执法、司法、守法都应遵循核心价值观指引,并一以贯之。

税法为缓解公共物品领域存在的市场失灵问题而生发,因其具有社会收入再分配功能而成为宏观调控的重要工具。税法要实现分配收入、配置资源、保障稳定三大功能,税制改革要实现统一税法、公平税负、简化税制三大目标,则需要遵循一定价值指引,据此建立包含税法宗旨、税法原则的税法价值论体系,指导相应税收实践。核心价值观是提炼税收立法核心价值的宝库,可使税收立法更加符合普遍认同的价值追求,更好实现国家的价值目标、社会的价值取向、公民的价值准则。

(二) 以良法善治为枢纽的价值内在契合

"自然法中蕴藏着人类至高的善——正义。"⑤核心价值观承载着民族和国家的精神追求,体现着社会评判是非曲直的价值标准,寄托着人民对美好生活的向往。而税收立法的价值,同样体现了理性对于"理想税制"的不懈追求。核心价值观的德性基础与税收法治的价值追求相契合,良法善治的法治理想是联结二者内在一致性的枢纽。

什么是"好的税法"?这是税法研究潜在探寻的本源性问题。"好的税法"首先应在内容上反映和体现"好的税制"。了解税法从何处来,预判其将往何处去,更好地处理税法稳定性和变易性的关系,就应从"好的税制"出发,结合"理想税制"

---

③ 参见最高人民法院《关于深入推进社会主义核心价值观融入裁判文书释法说理的指导意见》(法〔2021〕21号),2021年1月19日公布。

④ 私法是"生活百科全书",告诉人们为人处世之方、待人接物之法、安身立命之术。邱本、崔建远:《论私法制度与社会发展》,载《天津社会科学》1995年第3期。

⑤ 〔古罗马〕查士丁尼:《法学总论——法学阶梯》,张企泰译,商务印书馆1989年版,第56页。

的应然结构,梳理税制优化和税法变迁应当遵循的重要价值。

回顾改革开放以来的税制改革史,四次面向现代化的税制改革总体上也是税收法治现代化的过程。1984年税制改革使单一税制转变为复合税制,使税制体系由以流转税为主体转变为以流转税和所得税为主体、其他税种相配合。此过程中,税收制度的合理性、税种配置的协调性、税收征纳的公平性是"好的税制"的衡量标准。1994年税制改革提出"统一税法、公平税负、简化税制、合理分权"的重要目标,突出了税收法治统一性、税收负担公平性、税收立法高效性、财税分权合理性的重要性。2004年税制改革遵循"简税制、宽税基、低税率、严征管"原则,强调统一税制,平衡城乡税制、内外税制,实施结构性减税,进一步提升了税制法定性、公平性,强化了税收促进分配正义的作用。2014年开启的新一轮税制改革中,"营改增"扩围、煤炭资源税改革、成品油等消费税调整、系列税收优惠政策等作为改革重点,体现了"好的税制"在资源配置合理、税收负担公平、税收征管公正、税收关系和谐等多方面的追求,充分释放了对民营企业等纳税主体的执法善意。

由此可见,"好的税制"融入多元价值,需要符合经济合理性,体现制度公平性、协调性、同一性和简明性,集中体现对公平与效率、自由与秩序、发展等价值的追求⑥,核心是良法善治。"法治应包含两重意义:已成立的法律获得普遍的服从,而大家所服从的法律又应该本身是制定得良好的法律。"⑦良法合乎社会经济发展规律,符合公平、正义、平等、自由、民主、秩序、安全、效率、和谐等价值,能够实现形式正义和实质正义;善治是道德在良法基础上的延续,强调法律实施的合法性与合理性,鼓励将上述价值贯穿于执法、司法等过程,全面提升国家治理体系和治理能力的现代化水平。

(三)以高质量发展为目标的相同价值取向

法因时因地而易,税制变革和税法变迁的方向应是发展的,"发展导向型"税收立法应格外重视融入核心价值观中的发展型价值。

税法基于税收活动,大到国家财政收支,小到个人钱袋盈余,关涉其广。税法作为宏观调控法,是国家达成高质量发展目标所需经济条件之依托,也是国家调控市场主体往高质量发展道路上行进所依赖的工具。因此,税法理论和制度都必须体现新发展的要求,而其地位和功能设置则保证其确实具备促进发展的能力。例如,强调人与自然和谐共生的绿色发展已成为世界范围内发展的重要目标,我国实现绿色发展需要发挥税法的宏观调控功能,通过税收立法立规,可以引导市场主体行为,使绿色发展成为现实。2015年出台的中共中央、国务院《关于加快推进生态

---

⑥ 张守文:《税制结构的优化及其价值引领》,载《北京大学学报(哲学社会科学版)》2021年第5期。

⑦ 〔古希腊〕亚里士多德:《政治学》,吴寿彭译,商务印书馆1965年版,第199页。

文明建设的意见》指出,要健全价格、财税、金融等政策,激励、引导各类主体积极投身生态文明建设;将高耗能、高污染产品纳入消费税征收范围;推动环境保护费改税;加快资源税从价计征改革;完善节能环保、新能源、生态建设的税收优惠政策。税法是绿色经济立法的热土,《环境保护税法》的立法目的是保护和改善环境,减少污染物排放,推进生态文明建设,这本身是对绿色发展理念的阐释;消费税、资源税、耕地占用税、车船税、车辆购置税、烟叶税等税种也部分具有节约能源、保护环境的功能,能够通过税目设置、税率分档、免征或减征等税收优惠等方式引导相关应税活动;为实现碳达峰、碳中和目标,可考虑将碳税纳入征收范围;等等。高质量发展既是税法的重要目标,也是确定税法价值的重要导向。

核心价值观倡导的十二个价值内涵丰富,涵盖了经济增长、社会进步、环境优化、主体能力提高、人的实质自由等多层次追求,总体上从三个层面描述了现代化国家的建设目标、美好社会的应然愿景、基本道德的恪守准则,指明了国家发展、社会发展、个人发展的前景方向。这些价值兼具独特性和协调性,体现了发展的全面性、现代性、系统性和高质量要求。这与税收立法的内在价值取向正相契合,为价值融入税法奠定了基础。

三、方法与适用:入法入规的可行进路

核心价值观作用于税收立法,不单表现为法律文本吸纳相关语词,更关涉税制和税法因何建立、制度运行代价成效几何、不同主体利益关系何以平衡等深层次问题。为使入法入规真正具备可操作性,有必要打通普适性核心价值观与税收特定领域、税法特定法域之间的内在桥梁,在理解相关价值内涵、熟识税法规则结构的基础上,实现形而上的和具象的协调互动。

(一) 价值观融入税法的方法

借助经济法学分析方法,可以更加深入地理解核心价值观与税收立法之间的逻辑关系,更为明晰地总结与立法情境相称的价值甄别之法。

1. 因果分析下的关联性

因果是对于世界变化的一种抽象描述,联结着原因和结果这两个相互作用的过程。休谟关于时间先后、经验相邻、恒常关联的阐述,亚里士多德关于形式、物质、动力、终极起因的概括,都在描绘因果关系的复杂关联。⑧ 因果分析是科学研究的基础,也是学科假设的核心,以此考察核心价值观融入税收立法的原意,可以发现潜藏的因果关联:核心价值观指导税收立法,必须基于税收法律关系的客观存在,同时对于税收法治发展发挥能动作用;税制改革和税收立法是对核心价值观的

---

⑧ 王天夫:《社会研究中的因果分析》,载《社会学研究》2006年第4期。

遵循与落实，同时也为核心价值观的深化发展提供实践检验。二者互为因果、互相作用、不可分割。

基于此，甄选特定核心价值观融入相应税法场景，尤其应当注重特定价值观与税收法律关系的密切关联性。税收是国家或地方公共团体为实现公共职能而按照预定标准强制地、无偿地从私人部门向公共部门转移资源的活动，税法因调整税收活动中的社会关系而具有宏观调控功能。融入税法的价值观应当充分体现国家和个人财富、资源分配转移、宏观经济调控等范畴的实际需要。着眼于获取财政收入这一税收最原始、最基本的职能，核心价值观中的富强价值与之最具关联性，适宜融入体现该项职能的税法规范之中。例如，《税收征收管理法》第1条中"保障国家税收收入，保护纳税人的合法权益，促进经济和社会发展"，《刑法》第205条对"虚开增值税专用发票或者虚开用于骗取出口退税、抵扣税款的其他发票的"之刑罚规定等，早已潜在地融入了富强价值。接下来，作为国家税收收入重要组成部分的增值税、消费税的立法进入关键阶段，与之具有高度关联性的富强价值有很大融入空间。

2. 本益分析下的权义性

"成本—收益"分析主张通过比较成本和收益来判断决策或行为的效率与效益，它是各类经济分析方法的重要基础，也是经济法学重要的分析方法。总体上说，成本对应于义务，收益对应于权利。成本与收益、权利与义务直接影响着相应主体利益，左右其主观思想和客观行为。税收法律关系中，无论是征税主体还是纳税主体，均在有意无意间运用本益分析方法开展活动。在税法领域，由于核心价值观融入立法，归根到底是通过设置权义实现的，因此也应当进行本益运算，考虑特定价值观赋予税法主体的职权与职责、权利和义务相适应的问题。

以平等价值在《企业所得税法》中的融入为例，对于各种形态的企业所得税纳税人，平等价值要求税法赋予其法律上平等的权利，包括税率、应纳税所得额、税收优惠等各方面的权利平等。根据本益分析，在平等价值指导下的税法规则应特别注意权义结构问题。与纳税人平等权利相关的问题，包括征税主体平等对待纳税人的职责，以及纳税人依循法治原则应当履行法定纳税义务、征税主体在法治原则指导下有依法征税职权等。由此还发现，一项特定价值在税法情境中的融入，往往需要其他特定价值在同一税法情境中配合作用，以实现本益分析下的权义平衡。

3. 博弈分析下的公益性

亚当·斯密从博弈视角理解经济过程，指出政府干预对于博弈结果可能产生的影响，强调个体发挥主观能动性的重要作用，认为个体行动规律与立法施加规则的协调一致能够使结局圆满，而两者相互抵牾则会陷入高度混乱。[⑨] 将视线从经济领域移转到经济法领域，可以发现博弈理论的广泛适用性。"司法裁判根据它在

---

⑨ 〔英〕亚当·斯密：《道德情操论》，蒋自强等译，胡企林校，商务印书馆1997年版，第302页。

具体情况下赋予各该法益的'重要性',来从事权利或法益的'衡量'。"⑩经济活动中,各类主体存在着不同的行为目标,无论是合作还是非合作,彼此都具有鲜明的互动性。

税收立法的过程,也是各类经济法主体之间的博弈过程。运用博弈论进行主体、信息、收益、均衡分析,有助于从多个维度理解税收法治中的"二元结构"问题。利益是价值的一项实质性内容⑪,例如,民主价值融入税法,典型体现为基于"无代表不纳税"落实税收法定原则,表现为《立法法》第11条关于"税种的设立、税率的确定和税收征收管理等税收基本制度"只能制定法律的规定,实际上赋予了作为公民的纳税人税收立法的权利。保护代表最广大人民利益的社会公益,则是应有的博弈选择。

4. 政策分析下的规范性

政策分析强调深入研究政策的起因、制定、实施、成效及过程中存在的问题,以期更好落实相关政策目的和价值。税收政策由于具有出台时间和程序的相对灵活性,而成为税收调控频繁使用的重要工具。税收政策往往先于税收立法而存在,其实施效果可以作为立法的参考,同时,税收法律和税收政策在制定主体、目标宗旨、实施路径、工具手段、所要解决的问题等多个方面具有同一性或相通性。大量税收政策本身即是在表达如何将价值导向、经济政策吸纳进入税收规范的问题。

近年来,为实现减税降费、对外开放、节能环保等目标,国务院、国家税务总局等出台实施了大量税收政策,价值取向贯穿其立改废过程。例如,为落实"绿水青山就是金山银山"的理念,贯彻绿色发展理念,一系列税收政策出台,引导推动绿色经济发展。《"十四五"节能减排综合工作方案》指出,"落实环境保护、节能节水、资源综合利用税收优惠政策""研究适时将挥发性有机物纳入环境保护税征收范围""建立健全城镇污水处理费征收标准动态调整机制"等,这些融入生态文明价值的税收政策将直接推动相关税收立法,资源税、环境保护税、耕地占用税"多税共治",系统性税收优惠政策"多策组合"的绿色税收体系将不断完善。

5. 系统分析下的体系性

系统研究强调科学认识不同类型和形式客体的整体、综合属性,揭示多种多样的联系与结构。现代系统科学着重从整体性、联系性、结构性、有序性、目的性、外部环境的适应性等角度考察系统,以获得更深入的认识和更好的问题解决方案。系统法学以系统为核心概念和逻辑起点,已对法学方法论产生重要影响。

在系统分析下,税法本身是一个能够实现平衡协调的有机体系,其构成部分和要素各司其职、各尽其责,并且又不可分割、相互作用、彼此配合。同时,核心价值观内部每一个价值都不可或缺,共同形成内在融贯的统一体。基于此,核心价值观

---

⑩ 〔德〕卡尔·拉伦茨:《法学方法论》,陈爱娥译,商务印书馆2003年版,第279页。
⑪ 张宇飞:《司法过程中的价值衡量研究》,中国政法大学2014年博士学位论文,第3页。

恰当地指引税收立法,就必须兼顾两个体系及其内部的协调性,与单一性、孤立性绝缘。例如,"营改增"过程中,系列文件相继出台,明确了个人所得税、房产税、土地增值税、契税等税种的营改增协调问题,相继牵涉中央税、地方税、中央和地方共享税的协调问题⑫,此中富强、和谐、平等、公正等价值既各自发挥指导作用,又互为条件、相互融合,统一于税收法治现代化实践。

(二) 三个层面价值目标的税法融入

从关联性、权义性、公益性、规范性、体系性的角度考虑核心价值观融入税收立法的过程,可从国家、社会、个人三个层面固定价值观类型,以便相关价值观更好融入对应的税法内容中。

1. 将国家层面核心价值观融入税法

夏商周时期,我国已出现农业税"贡""助""彻","耕百亩者,彻取十亩以为赋";周代开始征收"关市之赋""山泽之赋";春秋时期鲁国首行"初税亩","非公之去公田而履亩,十取一也"。自古以来,税收就是国家取得财政收入的主要来源,也是政府行使公共管理职能的物质基础。税收作为国家收入的主要来源,不仅决定了国家"钱袋子"的充盈程度,也影响着国家宏观调控的执行力度,是推动国家治理现代化的重要力量。

为实现税收在国家层面组织财政收入、保障宏观调控的重要职能,税收立法必须体现国家层面的价值目标。在关联性上,"主之所以为功者,富强也","富强"是税收立法的首要核心价值。在权义性上,"民主"是税收立法另一大价值,应配置好国家与公民、中央与地方等各方面的权义结构。在规范性上,"文明"是国家发展的重要标志,在新发展阶段,应基于历史文化传统,构建新时代制度文明。从体系性看,"和谐"要求税收立法解决好各类政治、经济和社会问题,构建和谐征纳关系。共同满足国家治理现代化对税收立法的要求。

2. 将社会层面核心价值观融入税法

国家借助税收收入供给公共物品,通过税收征纳和宏观调控,对社会分配结构、社会政策、社会文化产生重要影响。财政与税收的原始功能即为获取收入、参与分配,与此相适应,现代财税法不仅要保障国家参与社会产品的分配,还要发挥再分配功能,保障经济公平与社会公平。

为实现公平分配、稳定促进就业、保护弱势群体等社会集体层面目标,税法相关功能的发挥不可忽视。从关联性、公益性、规范性来看,"自由"是市场经济核心价值,应在税收立法中保障市场主体经济自由权利,如通过"多予少取"适当降低

---

⑫ 参见财政部、国家税务总局《关于营改增后契税房产税土地增值税个人所得税计税依据问题的通知》(财税〔2016〕43号),2016年4月25日公布;《关于营改增后土地增值税若干征管规定的公告》(国家税务总局公告2016年第70号),2016年11月10日公布;国务院《关于印发全面推开营改增试点后调整中央与地方增值税收入划分过渡方案的通知》(国发〔2016〕26号),2016年4月29日公布。

居民税负水平,减少税制性重复征税等。"平等"是社会公平正义的重要内涵,要求税法对每个市场主体生存和发展的需求给予同等程度的尊重。税收立法在相关领域体现"税收中性",通过调整纳税主体制度、扣除制度等优化横向税负公平,对于保障公平竞争、消除税收歧视、优化营商环境有重要价值。"公正"是社会制度的首要价值,国无法则人无矩,法不公则国不稳,为此,税收立法应遵循税收公平原则,实现分配正义。这些价值的实现,最终都应当遵循"法治"要求,不断落实税收法定原则,提升税收立法质量,提高税收法治水平。

3. 将个人层面核心价值观融入税法

纳税是公民的法定义务。2019年,中共中央、国务院印发《新时代公民道德建设实施纲要》,要求坚持以核心价值观为引领,将其体现到法律法规立改废释、公共政策制定修订、社会治理改进完善中。公民在税收征纳过程中,应当遵循社会公德、职业道德、家庭美德、个人品德,这在税收立法中应有所体现。

从关联性、公益性、规范性、体系性视角观察,公民纳税不只是个人事项,更关涉内政外交,"爱国"是中华民族的文化基因,也是纳税人应始终秉持的精神。征税过程中,税务人员应葆有"敬业"和"友善"价值,依法依规专业履职,对纳税人作诚实推定。纳税人的"诚信"尤为重要,虚假申报、偷税漏税等违法行为,本质上是个人不诚信的道德问题。这些个人层面的核心价值观均应适时体现在税收立法中,使中华传统美德和社会主义道德进一步落实。

四、过去、现在与未来:入法入规的现实实现

核心价值观融入税收立法是一场法理上的创新、价值论的实践、立法能力的考验,需要在过去的规范层面、现行的问题层面、未来的发展层面综合思考,推动税收立法现实充分体现核心价值观的内容和要求。

(一) 富强价值与税法激励

富强是社会主义现代化国家经济建设的应然状态,是中华民族几千年来梦寐以求的美好夙愿,也是国家繁荣昌盛、人民幸福安康的物质基础。无论是"外设百倍之利,国富民强,器械完饰,蓄积有余",还是"越主内实府库,垦其田畴,民富国强,众安道泰",都道明了税收与富强的因果联系。

"做大蛋糕"是富强价值的直接要求,税法应适应经济发展规律,发挥激励创新等方面的作用,营造适宜经济增长的法治环境。当前,我国已初步建立以产业性优惠为主、多种优惠方式并存的鼓励创新的税收优惠体系,如出台企业研发费用加计扣除优惠政策,增设研发支出辅助账样式,对符合条件的高新技术企业、软件企

业、集成电路企业实施相关税收优惠政策等[13]，致力于为企业创新发展减轻负担。为进一步促进经济增长，税法可从以下方向进行调整：一是提高鼓励创新的税收优惠政策效力层级，增强政策规范的系统性、协调性；二是将关注视野投向全行业，在整体层面激励创新；三是扩大优惠范围，如对研发初期的创新体现优惠；四是丰富优惠方式，考虑运用税前扣除、加速折旧、延期纳税、亏损结转等间接优惠方式。

《管子》云："凡治国之道，必先富民。"国家财富取之于民，用之于民，税法应实现"藏富于民"的目标。近年来，国家加大减税降费规模力度，减轻了纳税人负担，激发了市场主体的信心活力，实现"水多鱼多"良性循环。持续"放水养鱼"，可考虑以下几个方向：一是在全产业链普及减税效果[14]；二是强化企业对减税降费的体感度[15]；三是警惕收过头税、乱收费、违规举债、变相融资等，实现财政可持续。

（二）民主价值与税收民主、税收法定主义

没有广大人民的民主，就没有人民当家作主的国家。[16] 税收立法必须体现民主这一核心价值。税收民主原则要求税收立法、执法、司法均应体现、尊重、保护纳税人的参政议政权、知情权、隐私权、申诉权、控告权和获得赔偿权、监督权等。税收立法遵循人民民主过程，且税法不得随意修改、必须严格遵守，体现了税收法定主义的要求。

我国立法已确立税收法定原则，并已在税收立法程序、纳税人权利规定、税务行政复议和行政诉讼等方面有所体现。落实税收民主和税收法定，需要民主价值和法治价值互动，并与量能课税、实质课税、禁止溯及既往、契约自由等其他法律原则相互配合。

（三）文明价值与文明征纳、绿色税制

文明，是个人内在品德修养外化的结果，是社会各方面发展到较高水平的状态，包括物质文明、精神文明、政治文明、生态文明等多样内涵。税收立法注入文明价值，要求纳税人文明纳税、税收机关文明征税，展现昂扬向上的精神状态。其中，文明纳税体现为及时准确申报缴纳的税收遵从行为，而不办理税务登记、税务登记不及时变更、注销，不申报或申报不及时、不准确、不入库等不文明纳税行为，既违

---

[13] 参见国家税务总局《"大众创业 万众创新"税收优惠政策指引》，2019年6月公布；国务院《新时期促进集成电路产业和软件产业高质量发展若干政策》（国发〔2020〕8号），2020年7月27日公布；《国家发展改革委、工业和信息化部、财政部、海关总署、税务总局关于做好享受税收优惠政策的集成电路企业或项目、软件企业清单制定工作有关要求的通知》（发改高技〔2021〕413号），2021年3月29日公布。

[14] 中国财政科学研究院"降成本"税费成本调研组：《减税降费政策评估报告——基于高质量发展视角的分析》，载《财政科学》2019年第12期。

[15] 庞凤喜、牛力：《论新一轮减税降费的直接目标及实现路径》，载《税务研究》2019年第2期。

[16] 吕澄、张竹梧、钟碧惠等主编：《党的建设七十年纪事：1919—1991》，中共党史出版社1992年版，第204页。

反税法也不符合税收道德。文明征税要求税务机关在服务意识、征管理念、能力建设、纳税人权利保护、税务争端解决等方面均体现文明要求。

生态文明是文明价值中的一抹亮丽绿色。发挥税收在生态文明建设中的作用,税法可考虑在诸多方面作出调整。例如,在税法中增添实现"碳达峰""碳中和"目标的相关举措,引导市场主体节约资源、转型升级;又如,进一步调整相关税收要素和税收优惠政策,将环境危害大、资源消耗大的消费品纳入消费税征税范围等。

(四) 和谐价值与和谐税收征纳关系

荀子说:"万物各得其和以生,各得其养以成。"和谐,描绘了古人理想的"大同"情境,是中国传统文化的核心理念。和谐社会是和谐价值的现代表达,税收和谐作为其重要方面,建立在税收文明的基础上,强调在微观的征税机关、纳税人之间,宏观的国家和公民、公民与公民、中央与地方、地方与地方等各方面关系间实现互相尊重、配合、协调。

为构建和谐税收征纳关系,税务机关已作出诸多努力,如推出税务行政处罚"首违不罚"制度,运用说服教育、约谈提醒等非强制性方式督促纳税,体现了法律刚性和执法柔性。⑰ 在和谐价值的指引下,税收执法可考虑以下调整方向:一是树立以服务纳税人为中心的现代征管理念,建立友好型征管关系;二是运用互联网、大数据等技术手段,构建规范型、便捷型、精准型现代征管业务体系;三是构建税收共治格局,深化部门间沟通联系,发挥行业协会及中介组织作用,深化国际反避税等方面合作,实现"以和邦国"目标。

(五) 自由价值与税收中性原则

真正的自由并不排斥适度良性约束,税收宏观配置资源以避免"富者田连阡陌,贫者亡立锥之地",提供公共物品实现单靠个人财富难以实现的目标,从而通过保障公共自由,更加全面保障个人自由。

税法全方位影响着纳税人自由:所得税中,个人所得税影响个人支配财富的自由,企业所得税关涉企业扩大再生产或利润分红的自由;作为间接税的流转税,其税率增减一定程度上影响市场主体定价的自由;消费税影响纳税人选择商品的自由;财产税中,纳税人占有、使用、处分财产的自由都受到税法影响。自由竞争是市场经济的黄金法则,税法应坚持税收中性原则,保持谦抑性。如何把握税法调控自由的限度,表征在税种的存立废、征税范围和税率的设置调整、税收征管的体制机制等具体问题上。

---

⑰ 国家税务总局《关于发布〈税务行政处罚"首违不罚"事项清单〉的公告》(国家税务总局公告 2021 年第 6 号),2021 年 3 月 31 日公布。

（六）平等价值与税收平等原则

"一切人，或至少是一个国家的一切公民，或一个社会的一切成员，都应当有平等的政治地位和社会地位。"[18]认同平等价值，践行彼此尊重，是个人涵养的基本体现，是文明社会的重要标志。法律平等原则投射到税法领域，表现为税收平等原则，在现行税法中已有体现。

威廉·配第认为公平原则是税收原则的中心，指税收对各类主体要一视同仁，且税负不能过重。[19]《优化营商环境条例》第10条规定"国家坚持权利平等、机会平等、规则平等，保障各类所有制经济平等受到法律保护"，国家税务总局《关于规范税务行政裁量权工作的指导意见》指出"税务机关行使行政裁量权应当平等对待纳税人，同等情形同等处理"，这是对税收平等原则、税收法定主义的彰明强调，要求平等适用税法，维护税法权威性、公信力和遵从度。近年来，国家更加重视鼓励、支持、引导、保护民营经济发展，持续优化税收营商环境。在经济发展面临需求收缩、供给冲击、预期转弱三重压力背景下，税收立法应愈加重视融入平等价值，以更大力度持续推动各种所有制经济平等发展。

（七）公正价值与公平分配

"平出于公，公出于道""公生明，偏生暗""正义是社会制度的首要价值"[20]，公正在社会治理中起着重要的标尺作用。

税法是体现公正的重要法域，通过影响社会财富公平分配，从而实现经济上的公正价值。改革开放以来，我国经济总量和社会财富迅速扩张，但因诸多因素导致的分配差距过大、分配不公、分配失衡等问题凸显，影响了经济公正的实现。[21] 例如，财富行业分配方面，明星艺人的薪资水平引起震惊[22]；经济资源分配方面，资本无序扩张挤压中小企业、新兴企业生存空间。作为"财富分割利器"的税法，在初次分配、再分配、三次分配中都应充分发挥"分配法"的作用，注重保障经济公平和社会公平。

（八）法治价值与税收法治

"法律是最优良的统治者。"[23]法治强调法律权威性和普遍适用性，税收法定原

---

[18] 《马克思恩格斯文集》（第9卷），人民出版社2009年版，第109页。
[19] 张守文：《税法学》，法律出版社2011年版，第18—21页。
[20] 〔美〕罗尔斯：《正义论》，何怀宏等译，中国社会科学出版社1988年版，第1页。
[21] 张守文：《分配结构的财税法调整》，载《中国法学》2011年第5期。
[22] 张琰：《一周"纪"录|偷逃税，法不容！》，中央纪委国家监委网站，2021年8月30日，https://www.ccdi.gov.cn/yzjln/202108/t20210830_141922.html，最后访问日期：2021年12月26日。
[23] 〔古希腊〕亚里士多德：《政治学》，吴寿彭译，商务印书馆1965年版，第171页。

则是法治价值在税收领域的体现,包括课税要素法定、课税要素明确和征税程序合法三个层面基本内涵,并衍生出禁止税法漏洞补充、禁止税法溯及既往、禁止创设过于宽泛的税收行政裁量权等具体要求。

十八届三中全会提出了"落实税收法定原则"[24],为税收立法提供了顶层政策依据。2015年修订《立法法》时将只能制定法律的事项从"税收基本制度"细化为"税种的设立、税率的确立和税收征收管理等基本制度",是对税收法定原则更为清晰、明确的规定。为发挥法治定分止争作用,《税收征收管理法》已将税收争议纳入行政争议解决机制。税收司法是税收争议解决的终极路径,是法治价值在最后环节的体现。近年来,人民法院出台系列规范性文件,审理大量涉税刑事、行政诉讼案件,为推进依法治税发挥了积极作用。[25] 人民检察院从严惩治严重涉税犯罪,精准打击利用政策优惠、攫取改革红利、套取财政资金的虚开骗税违法犯罪,落实"少捕慎诉慎押"和服务民营经济各项政策,维护国家经济安全税收秩序。[26]

(九) 爱国价值与税收遵从的精神力量

《孟子》中说:"徒善不足以为政,徒法不能以自行。"《论语》又说:"道之以政,齐之以刑,民免而无耻;道之以德,齐之以礼,有耻且格。"依靠强制措施实施税法,可以保证税法刚性;让人们从内心认同税法核心价值,在行动上自觉遵从税收法律法规,是税法实施的更高境界。

在中华民族几千年绵延发展的历史长河中,爱国主义始终是激昂的主旋律,始终是激励各族人民自强不息的强大力量,始终是中华民族团结奋斗、自强不息的精神纽带。无论身在何时何处,无论从事何种活动,无论做人还是做事,爱国始终是第一位的。纳税人依法纳税是爱国的表现,在税收立法中倡导爱国价值,可增进经济领域正能量。

(十) 敬业价值与依法征税

《礼记》中说:"一年视离经辨志,三年视敬业乐群。"孔子也说:"饱食终日,无所用心,难矣哉!"热爱和敬重自己的工作和事业,勤勉努力、尽职尽责,是每个人应当遵循的准则。税务人员依法征税是敬业的体现,税务工作者、税法执行者唯有葆有敬业精神,才能真正做到为纳税人服务。

---

[24] 中共中央《关于全面深化改革若干重大问题的决定》,2013年11月12日公布。

[25] 参见《周强:为税收改革发展营造良好法治环境》,最高人民法院网站,2017年3月30日,http://www.court.gov.cn/zixun-xiangqing-38972.html,最后访问日期:2021年12月28日。

[26] 参见孙风娟、单鸽:《孙谦:落实政治责任维护国家税收经济安全》,最高人民检察院网站,https://www.spp.gov.cn/zdgz/202110/t20211030_534004.shtml,最后访问日期:2021年12月28日。

(十一) 诚信价值与依法纳税

诚信,是修身之本、创业之基。"信"能够展示一个人对待承诺的认真态度,"人而无信,不知其可也"。诚信是经济生活的黄金法则,也是税收立法的重要价值。

崇尚诚信征纳的环境下,税务机关对网络主播偷逃税案件处以高达十余亿元的罚款[27],暴露了税收信用危机。《刑法》第二编第三章第六节、《税收征收管理法》第五章规定了不诚信纳税的相关法律责任;《关于进一步深化税收征管改革的意见》强调"在全社会营造诚信纳税的浓厚氛围";国家税务总局出台《关于纳税信用评价与修复有关事项的公告》《重大税收违法失信主体信息公布管理办法》,促进依法诚信纳税。

(十二) 友善价值与友善征纳税

《左传》中说:"善不可失,恶不可长。"《管子》里也说:"善人者,人亦善之。"与人为善,是为人立世的圆融态度,是中华民族的传统美德。税收立法可以更多融入友善价值,税务人员应对纳税人友善,文明征税;纳税人对税务人员也应友善,文明纳税。

五、结　论

"求木之长者,必固其根本;欲流之远者,必浚其泉源;思国之安者,必积其德义。"将核心价值观融入税收法治中,有益于明晰价值引领,发掘税收的多重功能作用,为税收法治注入内在精神之魂。基于"价值—规范—体系"分析框架,本文从逻辑、向路和实现三个方面,分别针对核心价值观为什么能够融入税收法治、怎样推动其融入税收法治、其在税收立法中的具体实现这三个主要问题展开论述,强调税收立法应以核心价值观为思想指引,通过明确目的、确立原则、主体倡导、权义配置、要素调整、设置责任等多种方式,推动核心价值观成为重要价值追求。

关于发展主题的思考还在继续。研究如何运用法律解决"发展问题"并促进和保障发展的发展法学,必须立足于当代国家的发展态势和发展问题,反思和畅想关于发展的深层次问题。立足新发展阶段,贯彻新发展理念,构建新发展格局,应使法律在理念落实、规则指引等方面更加符合国家高质量发展的需求。将核心价值观融入税收立法,有利于构建"发展导向型税制",实现"更好的税法",推动税收法治现代化。

---

[27] 参见中国新闻社:《薇娅偷逃税被查,网络直播税收秩序规范迎来新拐点》,国家税务总局网站,2021年12月20日,http://www.chinatax.gov.cn/chinatax/n810219/c102025/c5171510/content.html,最后访问日期:2022年1月2日。

海南自贸港销售税制度选择与建构的功能主义分析

潘 越[*]

摘要：《总体方案》与《自贸港法》确立了海南自贸港将增值税等五项税费简并为销售税的改革路径，但在国际社会以增值税为主流和域外销售税制呈现多样性的背景下，尚需进一步明确开征销售税的必要性以及销售税制度建构的具体模式。从功能主义的视角出发，海南自贸港销售税具有二维多元的功能需要。维度之一是建设高水平自贸港，销售税单一环节征税的特征兼具针对性与灵活性，更能满足降低税负、简化程序和促进特定产业的功能需要；维度之二是为国家整体税制改革"先行先试"，销售税的部分功能与内地增值税、消费税改革方向一致，其消费地原则能更好地满足收入归属清晰、财政收支基本均衡的功能需要。海南自贸港销售税制的建构应以中国现实的功能需要作为出发点和立足点，分阶段完善各税制要素。

关键词：税制改革 海南自由贸易港 货劳税 销售税

2020年中共中央、国务院印发的《海南自由贸易港建设总体方案》（以下简称《总体方案》）与2021年施行的《中华人民共和国海南自由贸易港法》（以下简称《自贸港法》）明确指出未来海南自由贸易港货劳税改革的方向是简并税制、开征销售税。但是对于海南自贸港销售税改革路径选择的必要性以及销售税制度建构的细节尚无官方文件加以明确。与之对应，当前学界对于海南自贸港销售税制度

---

[*] 潘越，中国人民警察大学讲师。

本文系国家社会科学基金专项课题项目《"一带一路"国际合作框架机制设计》（项目编号：18VSJ050）以及教育部一般项目《海南自由贸易港与内地税制之间的衔接与协调研究》（项目编号：21YJA820026）的阶段性研究成果。

建构的意见极具多样性，甚至相互之间还存在冲突。① 这些冲突并非是论据错误或论证错误导致的，而是学界对于海南自贸港销售路径选择与制度建构出发点、立足点分歧的具体表现。因此，在中央已经明确销售税改革目标的前提下，仍有必要反思海南自贸港开征销售税的正当性，并以之为立足点和出发点，凝聚实务界和学界共识，对销售税税制进行完善。

一、海南自贸港销售税改革的路径反思

国际货劳税的主流选择是增值税，国内货劳税改革同样如此，从 2012 年"营业税改增值税"后，近年来又进一步推动了增值税由条例向立法"升级"。海南自贸港选择将增值税、消费税、车辆购置税、城市维护建设税及教育费附加等五项税费简并为销售税的路径，是否与国际货劳税的主流选择相兼容，是否与国内税制改革趋势一脉相承？如果答案为否，海南自贸港销售税改革的出发点和立足点又在何处？这是改革过程中需要反思与回应的问题。

（一）海南自贸港销售税与国际货劳税主流选择的相容性反思

货劳税是对货物与服务的流转、消费所征收的税的统称，传统的货劳税对每一次货物与服务的流转和消费都以其总价为税基进行征税，极易产生级联效应，引起通货膨胀，干扰经济运行的价格要素，因此现代货劳税制度均对之进行了改进。一种改进思路是欧洲发票抵扣式增值税（Value-added Tax，VAT），企业通过交易环节中进项税与销项税的抵扣转移税负，直至转移给最终消费者；另一种改进思路是美国零售型销售税（Retail Sales Tax），仅在单一的零售环节征税。理论上两种思路都能维持一定的税收中性，避免级联效应，但现实中两种模式的分布极不均衡。

第一，采用增值税模式的经济体数量远大于销售税模式的经济体数量。截至 2020 年，已有 170 个国家和地区采用增值税模式，澳大利亚、新西兰等国家所谓的

---

① 例如在征税范围方面，有的学者主张通过全品类的消费税改革征收销售税，以实现地方政府财政收支平衡，参见张富强：《论消费税立法改革与地方财政自给能力的提升》，载《法学杂志》2021 年第 7 期；有的学者主张采用"窄税基、高税率"的策略，对奢侈品消费免税，而销售税征收范围等限定在"烟、酒、成品油、汽车、房地产等商品范围内"，参见曹胜新、梁军：《海南自由贸易港销售税制度研究》，载《税务与经济》2022 年第 1 期；再如在税收优惠方面，有的学者主张以公平竞争政策作为包括税收政策在内的政策制定的立足点，参见徐则林：《"双循环"下海南自由贸易港的特殊定位与实现路径》，载《中国流通经济》2021 年第 11 期；有的学者主张应对海南自贸港实施"针对性、力度更大的税收优惠政策"，作为对海南省历史上工业基础薄弱的补偿，参见刘荣：《自贸区（港）税收优惠政策的立场分歧与路径融合》，载《海南大学学报（人文社会科学版）》2020 年第 1 期。

"货物与劳务税"（Goods and Services Tax，GST）也基本等同于（equivalent）增值税。②而采用销售税模式的主要经济体只有美国，个别国家虽有以"销售税"命名的税种，但其实质相当于中国的营业税和增值税，例如巴基斯坦；还有的国家允许地方在国家增值税的基础上并行设置市政销售税，但整体来看仍是以增值税为主导，例如爱沙尼亚。③

第二，许多经济体在新近的货劳税模式改革中选择了增值税模式，包括一些曾采用零售型销售税的地区。印度从20世纪90年代开始启动销售税（营业税）向增值税的改革，其官方声明的两点改革理由为减少道道征收的销售税的级联效应和改善邦政府的不良税收竞争行为。④ 加拿大的纽芬兰和拉布拉多、新斯科舍和新不伦瑞克曾实施零售型销售税，但它们于1997年在与联邦货物与服务税（GST）相同的基础上引入了统一销售税（Harmonized Sales Tax，HST），完成了向增值税模式的转变。⑤ 中国于2012年启动的"营改增"税制改革也属此类。

可以认为，国际社会货劳税模式中，现代增值税模式取得了压倒性的优势。但中国建设海南自贸港时没有选择与世界大多数经济体保持一致，而是采用了在数量和趋势上不占优势的销售税模式，这需要更充分的必要性论证。

（二）海南自贸港销售税与国内税制改革趋势的承继性反思

中国2012年启动的"营改增"税制改革取得了丰硕成果。在"营改增"之前，中国同时适用营业税和增值税，前者主要适用于服务业，后者主要适用于商品制造业。这使得生产性服务业与制造业企业间存在抵扣机制不完善导致的重复征税问题，增加了产业间产品流通的交易成本，企业为降低此种成本只能"牺牲效率、横向发展"，但却削弱了企业的专业性和降低了市场的整体效率。⑥ "营改增"使得增值税的征收范围涵盖所有货物和服务，促进制造业企业服务外包、主辅业分离，优化

---

② See OECD, "Consumption Tax Trends 2020：VAT/GST and Excise Rates, Trends and Policy Issues," OECD iLibrary, November 3, 2020, accessed January 29, 2022, https://www.oecd-ilibrary.org/sites/152def2d-en/1/3/1/index.html？itemId=/content/publication/152def2d-en&_csp_=c74456d46ecc7b2f6fd3352bb00363ec&itemIGO=oecd&itemContentType=book#figure-d1e721.

③ 在2018年的一个判决中，欧洲法院指出，市政征收的零售型销售税无法构成对增值税的替代，因而可以与国家层面的增值税所兼容，不违反欧盟《增值税指令》。See Benjamí Anglès Juanpere, "Is a Municipal Sales Tax Compatible with VAT？" *European Journal of Business and Management Research* 6, no. 3 (2021)：26.

④ See Abhay Aneja, Nirupama Kulkarni and S. K. Ritadhi, "Consumption Tax Reform and the Real Economy：Evidence from India's Adoption of a Value-Added Tax," *Journal of Empirical Legal Study* 18, no. 3 (2021)：569.

⑤ See Michael Smart and Richard M. Bird, "The Impact on Investment of Replacing a Retail Sales Tax with a Value-Added Tax：Evidence from Canadian Experience," *National Tax Journal* 62, no. 4 (2009)：591.

⑥ 袁始烨、周晓珺：《税制改革、产业集群与企业技术创新——基于"营改增"的政策效应分析》，载《现代经济探讨》2021年第4期。

资本在整个制造业链条上的配置结构。⑦ 这一转变成功消除了两种税制并存导致的竞争扭曲以及通货膨胀效果的级联效应，尤其对金融服务征收增值税的创新走到了世界前列。⑧

除对产业布局的影响外，还有大量实证研究指出"营改增"增强了中国企业外贸竞争力，显著提高了企业价值⑨，提高了企业的税收遵从度⑩，并在多个行业中实际降低了企业税负。

然而，海南自贸港货劳税改革未选择继续完善和优化增值税模式，而是选择新的销售税模式。从世界范围看，营业税本身就属于广义销售税的一种，海南自贸港的销售税改革到底是对国内税制改革的承继还是背反，需要进一步阐释。

（三）海南自贸港销售税路径选择与制度建构的应然模式

由上可知，海南自贸港销售税改革路径的确定既不是单纯对域外法律制度的借鉴，也不是表面上对国内税制改革的承继，而应具备更深层次的理由。但是开征销售税的必要性研究较少。张云华、何莹美从消除双重征税、降低征纳成本、促进产业发展、转变发展模式、调节居民税负、稳定财政收入等方面论证了销售税开征的必要性⑪，但其研究仅限于销售税与增值税的理论比较，未考虑实践中存在的困难。此外，曹胜新、梁军从降低宏观税负水平、间接税比例以及税收成本三个方面进行研究。⑫ 刘磊从当前中国增值税制度存在的问题出发，论证开征销售税的必要性。⑬ 上述研究虽然较为深入，但均属于对特定问题研究时的过渡研究，对海南自贸港销售税模式的选择因素缺少全局把握。

为兼顾各项因素，可尝试以功能主义作为海南自贸港销售税路径选择与制度建构的应然模式。功能主义作为一种问题分析范式，在法社会学和比较法学等领域被广泛运用，因为其具有"打破本国法学的概念体系，以'功能'为基础比较解决同一具体事实问题的法律方案"的优势⑭，而海南自贸港销售税和内地增值税统一

---

⑦ 孙正：《服务业的"营改增"提升了制造业绩效吗？》，载《中国软科学》2020年第9期。
⑧ 〔加拿大〕让·克劳德·卜夏尔：《中国的增值税改革：欧洲同行怎么看》，陈延忠译，载《国际税收》2016年第10期。
⑨ 曹玉珊、张越：《"营改增"、市场化进程与经济效应——来自中国外贸上市企业的经验证据》，载《财贸研究》2021年第3期；谢申祥、范鹏飞、王晖：《服务业"营改增"与出口贸易高质量发展》，载《当代经济科学》2022年第2期；Yan Zhang, Zhuoran Bai and Christopher Findlay, "Value-added Tax Reform and Services Exports: Evidence from China," December 22, 2021, accessed January 29, 2022, https://mpra.ub.uni-muenchen.de/111184/。
⑩ 王怡璞、张玄、鞠铭：《增值税改革与企业税收遵从》，载《中央财经大学学报》2021年第7期。
⑪ 张云华、何莹美：《海南自由贸易港销售税的制度设计》，载《税务研究》2020年第9期。
⑫ 曹胜新、梁军：《海南自由贸易港销售税制度研究》，载《税务与经济》2022年第1期。
⑬ 刘磊：《海南自由贸易港货物和劳务税制度集成创新研究》，载《国际税收》2021年第10期。
⑭ 〔德〕茨威格特、克茨：《比较法总论》（上），潘汉典、米健、高鸿钧等译，中国法制出版社2016年版，第46—50页。

于同一法治体系内,进行功能主义分析更有问题查找、识别的便利性,高度的问题导向性还与海南自贸港制度创新的实践需求相匹配。在功能主义的视角下,海南自贸港销售税路径选择与制度建构的过程可以看作是满足不同层次的功能需要、调和不同层次功能冲突的过程。

二、海南自贸港销售税路径选择的功能分析

海南自贸港销售税路径选择的功能分析应从海南自贸港的功能定位出发。《总体方案》指出,海南具有"全面深化改革开放试验区、国家生态文明试验区、国际旅游消费中心和国家重大战略服务保障区的战略定位",这反映出海南自贸港功能需要的双重维度,一是立足自身发展和国家战略定位的需要,建设高水平自贸港;二是作为改革开放的试验区,需要对国家体制改革中的共性问题作出回应。

(一)海南自贸港销售税建设高水平自贸港的功能需要

需要说明的是,建设高水平自贸港的功能需要与国家体制改革的功能需要并非是完全互异的,但其重叠部分仍可在功能实现的位阶、时机等方面加以区分。例如,税收最基本的功能是组织政府财政收入,"更有效率地组织财政收入"也是当前世界各经济体采用增值税模式的重要理由。但是,在海南自贸港建设初期,这一功能相对不具有优势,《总体方案》以及《自贸港法》第25条明确了自贸港建设初期,中央财政可以根据实际给予适当财政支持。因此,销售税在第一阶段的重心在于减税降费、降低企业负担、优化营商环境,服务于自贸港投资、贸易"自由便利"的需要。[15] 但在全国范围和一些财政收入在全国占有重要地位的地区(例如上海市)中,追求企业降负的同时又不得不考虑其对财政收入的影响。此外,自贸港其他具有个性化特征的产业促进需求也属于建设高水平自贸港的功能需要。

1. 精准降低纳税人负担,减少纳税成本

首先,销售税模式下企业和消费者能够更为公平地享有降税红利。通常认为,增值税的优势在于其更能体现"税收中立",现代增值税模式下(全行业、全主体征收+统一增值税税率),企业能够不承担任何流转税的税负,不会因为税收扭曲生产要素的价格,从而更有利于市场自发地配置资源。[16] 但是,所谓的"税收中立"仅仅在理论上成立,企业的税负在经济学意义上不可能完全转嫁,税负转移的多少取

---

[15] 潘越:《美国销售税制分析及对海南自贸港税制建设的启示》,载《税收经济研究》2021年第6期。

[16] 胡天龙:《增值税历史沿革与改革动向——基于国际实践和国内发展的研究》,载《国际税收》2021年第3期。

决于企业或消费者在商业谈判中的地位。[17] 并且,每经过一次流转,降低税负的"红利"都要在上下游企业之间分配。当商品最终到达拟降负的企业或消费者手中时,降税"红利"常常所剩无几。[18] 而销售税只在一个环节征收,免除了生产链上各企业进行博弈和利益分配的环节,国家的税收减免政策将使税负的实际承担人获益。无论是出于扶贫目的,还是促进特定产业发展的目的,销售税的减免可以精准地惠及每一个需要税收优惠的个体。例如美国有的州对于低收入人群的生活补贴,就是通过对符合条件的人发放特定的资格证,赋予其在购买特定类别商品(一般是生活必需品)时免缴销售税的特权来实现的。[19] 这种定向补贴不会因为交易双方经济地位的不对等而大量减损,具有高度的"可控性"。

此外,增值税在程序上还有其他税负成本。第一是税务合规成本。为了实现抵扣,企业必须建立完善的发票管理体系,并且企业具有督促上游交易对手开具符合要求的增值税专用发票的动力,即使企业完全做到了税务合规要求,也可能因为第三人增值税发票造假的行为、各地税收优惠不统一等原因导致抵扣链条中断。第二是资金占用成本。一般情况下,企业需要预缴增值税,但在我国增值税适用多档税率的前提下,有时会发生销项税额小于进项税额的情况,2019 年前超出的额度只能留抵未来税收,不能申请退税。[20] 2019 年后虽然试行了留抵额退税制度,但仍存在其他问题。上述成本是难以转嫁的企业运营成本。销售税仅在"零售环节"征税,理论上可以使生产性企业免于销售税的征缴。不过,从美国的实践看,对于生产性消费和"两用商品""两用服务"的销售税还不能做到对企业完全豁免,但许多州已经允许了企业对以上缴纳的销售税进行抵扣,在经过调整后的"销售额"的基础上计算其生产商品的销售税。[21] 与增值税相比,其使得零售企业之外的企业无须再进行烦冗的税务管理,减省了大量的资金占用成本,从而降低了企业的运营负担。

2. 发展海南自贸港特色产业

《总体方案》指出,海南自贸港应重点发展的产业包括"旅游业、现代服务业和高新技术产业"。此外,海南还准备"培育发展数字经济",建立"知识产权交易中心"等。以上产业的附加值较高,以轻资产运营为主。在中国现行税收法制背景下,产业优惠除销售税外还能采取增值税与所得税优惠两种模式。

增值税主要是为传统的工业制造业企业设计使用的,对于新兴产业(尤其是高

---

[17] 童锦治、苏国灿、魏志华:《"营改增"、企业议价能力与企业实际流转税税负:基于中国上市公司的实证研究》,载《财贸经济》2015 年第 11 期。

[18] 事实上,在海南自贸港先期推行的保税油政策中,已经出现了"税费降低、价格上涨,减税红利被优势企业独享"的情况,中国当前的税收规则尚不能避免此种情形的发生。

[19] See *SDCL* 10-45A.

[20] 翁武耀:《欧洲部分国家增值税法——立法架构特点与启示》,载《国际税收》2017 年第 1 期。

[21] See K. J. Stark, "The Uneasy Case for Extending the Sales Tax to Services," *Florida State University Law Review* 30, no. 3(2003): 435, note 38.

科技产业)应对明显不足。以高科技企业为代表的轻资产运营型企业,对资产依赖度低导致其进项税少,可用于抵扣的税额相应地减少,高附加值意味着其实际承担的税负更高。一个欧盟的互联网企业可能需要承担其所提供的货物或服务全部价款(高附加值的情况下,假设其余部分可以忽略不计)17%—25%的增值税,而同期美国的互联网企业仅需要承担4%—9%的销售税,甚至免税。㉒ 而中国虽然也采用增值税模式,但给予了高科技企业更低的增值税税率。因此,世界互联网"巨头"企业主要在美国和中国,而欧洲鲜有之,税制差异或能解释一部分原因。但是,增值税自身的"中立性"对全国法治统一的要求更高。增值税的税率档次越少,适用行业越广,其效率越高,而增值税上设置的各种税收优惠,在局部增加特定行业或企业福利的同时可能损害全国增值税运行的效率。销售税作为新税种开征以及海南自贸港与内地之间"二线"货物进出规则中的"准边境税调整"可以切断这种影响,较为自由地设置税收优惠。

此外,即使与企业所得税和个人所得税优惠相比,销售税也更加有利于海南自贸港的特色产业发展。所得税优惠由于针对的是综合所得(即含在海南以外的所得),难免存在"税收洼地"风险,并且不能反映企业对海南自贸港所作的贡献与其享受优惠之间的关联性。而销售税的特性在理论上可以解决这个问题:第一,销售税在零售环节征收,只有发生在海南的消费才会产生销售税,继而享受销售税优惠;第二,销售税优惠与消费环节绑定,也意味着在海南的活动越多,对海南自贸港建设的贡献越大,享受的优惠也就越多。不过,实践中也存在理论难以预测的企业套利风险,但这种风险较所得税优惠来说要小得多。例如,美国加利福尼亚州对电影行业有销售税优惠的政策而无所得税优惠政策,但出于实践中对风险的防范,企业享受销售税优惠除需满足特定条件外,也有享受优惠的上限。㉓

(二) 海南自贸港销售税国内税制改革试点的功能需要

习近平总书记在多个场合指出,当前国际环境严峻,需要逐步形成"以国内大循环为主体、国内国际双循环相互促进的新发展格局",海南自由贸易港的一个重要功能就是先行先试,为中国高水平的改革开放开辟新路。因此,海南自贸港销售税改革也必须兼顾国内税制改革试点的功能需要。

当前国内货劳税制度改革已取得较大成果,初步完成了"营改增",正在推动"增值税法"立法,并已经开始试行增值税留抵额退税等新制度。程序上简化申报

㉒ 该免税是因为美国销售税主要对实体物征税而产生的征管漏洞,并非合法的税收优惠,美国当前的销售税改革正在尝试填补这一漏洞。

㉓ 美国加利福尼亚州对电影业设有优惠税率,除其他条件外,电影制作公司至少75%的生产天数完全发生在加利福尼亚州,或者生产预算的75%用于支付在该州内提供的服务以及购买或租赁在该州内使用的财产,才能申请享受加利福尼亚州对电影业的优惠,并且税收优惠存在一个可由立法修改的上限。See CRTC § 6902.5.

程序,对增值税、城市建设附加费和教育附加费实行并表申报。但随着数字经济的发展、国家产业结构的调整,地方财政收支不平衡、政府间财政分配不均衡等问题突出,迫切需要对增值税、消费税等税制进一步改革。

1. 纵向财政分配均衡

中央政府与地方政府的纵向财政分配关系与选择销售税模式还是增值税模式的货劳税制度并无直接关系,而是整个财税体系综合运作的结果。但随着中国2016年全面实施"营改增",地方失去了主体税种,加之"棘轮效应"下地方财政支出居高不下,"房住不炒"限制土地财政,中国纵向财政分配呈现失衡状态,尤其是一些传统资源型城市所在地政府,已有债务重整之危机。

不过,增值税以流转中的商品和服务作为税基,通常认为,如果将税基流动性较强的税种分配给地方,出于对税收最大化的追求,地方政府将会采取各种形式的税收竞争手段促使税基向本地流动,这些手段可能是不健康的,从而造成社会福利的损失。㉔但只要具备相应的约束条件,流转税与所得税也可以划给地方政府。美国州与地方销售税即是将本国货劳税的收入全部划分给了地方政府,德国、日本、加拿大则是按照地区人口、公共服务的需要等条件将增值税收入在中央与地方间划分,减少地区间税收竞争的动力。㉕因此,解决纵向财政分配不均的可借鉴思路至少包括完善转移支付制度和完善税收分配制度两种。然而,转移支付制度的完善需要持续性的成本投入,以进行人口、公共服务、经济贡献的统计和审计,并且转移支付本身也需要成本。㉖直接在税收征管阶段明确收入归属,能够提高财政分配的效率。

中国《实施更大规模减税降费后调整中央与地方收入划分改革推进方案》提出,将消费税征收环节后移并稳步下划地方,但当前消费税只对特定商品征税,不能满足地方财政的需要。因此有学者将消费税扩展为对全品类的商品和服务征收,归属于最终消费环节所在地的地方政府。㉗扩展后的消费税在纳税环节、纳税人、计税依据等税收要素上基本等同于零售型销售税。但是,消费税的课税客体具有选择性和目的性,旨在发挥该税种的调节功能,如将其课税客体扩展到全品类商品和服务,则会损害这一调节功能。单一税种的改革并不足以解决财政分配失衡的问题,海南销售税与内地消费税的改革均是完善路径的尝试。

㉔ 石子印:《政府间税收划分的规律性:基于OECD国家的例证》,载《财经理论与实践》2021年第3期。

㉕ 同上。

㉖ 例如中国在废除农业税时,引发了烟草——农业特产的征税问题。当时有两个解决方案:一是提高有关品类的增值税税率,然后通过财政转移支付将增值税多收的部分交给地方政府;二是制定单独的烟草税。最后选择了方案二,因为财政转移支付将产生大量额外的成本,降低效率。

㉗ 张富强:《论消费税立法改革与地方财政自给能力的提升》,载《法学杂志》2021年第7期。

2. 横向财政分配均衡

当前中国增值税采用生产地征收原则，本身就存在横向财政失衡现象。虽然增值税的税负可以随着交易环节向后转移直至转移到终端消费者，但增值税的税收收入将进入生产地企业所在省的国库。这一原则并非是绝对的，例如，我国对于跨省的建筑施工活动要求建筑企业在项目发生地预缴 2% 的增值税，但是实践中建筑企业可以通过分包来规避这一规定。㉘ 这种基于生产地的税收会存在税负输出问题，造成本应由一些辖区承担的税负转嫁给了另一些辖区，税收收入的流出地的财力会受到损害。㉙ 因而消费地的居民虽然承担了主要的税负，但由于横向财政失衡，并不能享受到与之对应的公共服务。

电子商务的出现加剧了横向财政失衡的状况。数据显示，中国的电子商务交易金额于 2018 年登顶世界，且"零售交易中超过 80% 是跨省交易"㉚。不仅如此，电子商务的经营者的地理分布高度集中在沿海经济发达的几个省份，而数字经济往往具有"赢者通吃"的特点，平台经营者经过竞争后往往由一家或数家企业垄断全国市场，导致全国市场的税收都汇入该企业所在地。㉛ "该形势进一步发展可能导致中央财力严重依赖某几个省份，形成地方财政寡头，其他省份严重依赖中央转移支付的困境。"㉜

因此，要改变增值税增收的生产地原则，逐步向消费地原则或综合考虑消费、人口和财力的方向过渡。㉝ 如果增值税完全采用消费地原则，并且实现理论上完善的留抵额退税，则意味着中间流通环节的企业不再具有任何纳税负担，仅在最终消费环节产生实质纳税义务，那么此时的增值税同样与零售型销售税十分接近。

综上所述，在解决政府间纵向和横向财政分配不均问题时的税制改革思路，无论是扩展消费税的征税范围还是对增值税根据消费地原则进行改革，在理论上推演到极致后均与零售型销售税十分接近。因此，从功能主义的角度看，海南自贸港选择开征零售型销售税，既是对上述改革思路的一种验证——消费税在何种程度上可以扩展其课税客体而不失其调节功能？增值税进行完全的消费地原则改革是否会产生额外的问题？又能与内地的改革形成"对照试验"，充分体现了海南自贸港"先行先试"的政策功能。

㉘ 蔡瑛：《"营改增"对建筑业税负的影响研究》，载《建筑经济》2021 年第 S1 期。

㉙ 张克中、张文涛、万欣：《税收分享与财政失衡：中国增值税分享制度的重构》，载《财贸经济》2021 年第 3 期。

㉚ 邱峰：《数字税的国际实践及启示》，载《西南金融》2020 年第 3 期。

㉛ 陈筠、傅彤、许昕羽：《源泉扣缴税收征管模式在电子商务中的应用初探》，载《税务研究》2019 年第 2 期。

㉜ 王卫军、朱长胜：《应对数字经济的挑战：从生产增值税到消费生产税》，载《税务研究》2020 年第 12 期。

㉝ 同上。

(三) 海南自贸港销售税路径选择的功能冲突与协调

虽然,《自贸港法》中将"税种结构简单科学、税制要素充分优化、税负水平明显降低、收入归属清晰、财政收支基本均衡"五个原则一体规定,但同时满足上述原则,和自贸港自身建设以及为国内税制改革"先行先试"的功能需要,在个性与共性上可能存在冲突。

从建设高水平自贸港和为国内税制改革先行先试的功能需要的关系出发,可得出"区分"和"抓重点"两种协调方案。一些依据自贸港定位所提出的个性需求具备高度的时间、空间属性,明显不具备推广适用的条件,并且能够与其他共性功能需求相对分离的,可以在时空维度中加以区分,化解冲突。《总体方案》明确了自贸港建设"分阶段"的原则,在自贸港建设的不同阶段其功能侧重亦应有所不同,初期的任务是建成"自由便利"的自贸港,着重优化营商环境,个性维度的功能需要优于共性需要;在自贸港初步建成后,方有试验各项政策措施的"流量",此时共性维度的功能需要取得优势。对于无法相对分离的冲突,可以根据不同阶段的功能需要的重点加以取舍。此外,在全国性的共性功能与海南自贸港的个性功能之间,还存在着广泛的中间地带,包括可在现有自贸区、未来自贸区等特殊园区进行推广的功能设计等。

例如,"税负水平明显降低"和"财政收支基本均衡"应分属不同阶段的重点,"降低"反映一种动态变化,"均衡"是一种持续状态,因此前者只能发生在自贸港建设初期,后者则应从自贸港建成后不断维持。同时,如果后期自贸港仍不能以税负水平之外的理由留住投资者和消费者,则财政收支可能因缺少流量而失衡,因此一定时期内"维持较低的税负水平"将成为后者的应有之义,从而形成后一功能对前一功能的吸收。但当海南自贸港能够通过完善的产业链条、市场规模、特色产业、公共服务等因素持续发展,不再过度依赖税负水平的优势时,两种功能又可以相对分离。同时,降低税负水平如果是通过实体上减税实现的,则可推广价值较低;而程序上减负的推广价值较高,具备在自贸港建设的中后期深入推进的资质。

三、功能视角下的海南自贸港销售税制设计

即使零售型销售税总体上相较于增值税模式更加具备满足自贸港建设和国内税制试验的优势,但在不同的零售型销售税的制度建构下,满足功能需要的程度也是不同的。"美国销售税"也不过是一种地域上的泛指,事实上美国州与地方销售税极具多样性,在美国销售税简化运动前,最多同时存在过7600套州和地方的销

售税制度。㉞ 这反映出销售税税制要素高度的灵活性和可塑性,应当并且能够根据海南自贸港不同的功能需要加以本土化优化。

(一) 纳税人与征税环节的优化

销售纳税人的确定可以分为两个维度,一是纳税人资格问题,二是产生纳税义务的行为问题,后者与征税环节紧密关联,不可分离。

1. 一般意义的纳税人确定

美国销售税的纳税主体具有模糊性。就其表述而言,销售税的纳税申报人是经营者(零售商),而使用税的纳税申报人是消费者。㉟ 但在具体的权利义务安排上,销售税的纳税人尤其是不明朗的,经营者更像是纳税人和代扣代缴义务人的混合体。经营者的纳税义务被表述为"收集和移交"(collect and remit),并在新兴的电子商务领域,要求电商代征使用税时运用了同样的"收集和移交"的表述,仅仅是将"销售税"替换为"使用税"。南达科他州还对律师服务的税款征缴作出过判决——律师可能会在收取的费用中添加销售税,而无论税款是否从客户那里收取,律师最终都有责任支付税款。加利福尼亚州税法更是允许所有的零售商与消费者就税负承担进行约定,零售商可以在嗣后退还全部或部分销售税给消费者,自行承担纳税义务。㊱ 因此,虽然零售商在条文的表述中更像是扣缴义务人,但从实际的权利义务关系看,其更接近纳税人。

进一步思考该问题的实际意义在于,中国制定了专门的《税收征收管理法》,对于纳税人和代扣代缴义务人有着严格的区分,如果仅将经营者视为代扣代缴义务人,则其不能享有大部分的纳税人权利,将出现权利与义务的错位。因此,在兼顾既有税收征管体系的稳定性前提下,存在两种优化思路:一是将消费者界定为纳税人,但是经营者申报销售税的也视为纳税人,二者均享有《税收征收管理法》中广泛的纳税人权利;二是在将来《销售税法》中单独规定纳税申报人的权利,如同美国销售税一样可对纳税人和代扣代缴义务人模糊处理。

2. 具体纳税义务的发生

应税行为是纳税义务发生的原因,在销售税中是指"零售环节"中的销售行为。但存在两个疑问:一是海南自贸港销售税是否包括使用税? 二是仅在"零售环

㉞ See E. A. Ess, "Internet Taxation Without Physical Representation?: States Seek Solution to Stop E-Commerce Sales Tax Shortfall," *Saint Louis University Law Journal* 50, no. 3(2006): 895.

㉟ 例如,南达科他州规定:"在南达科他州从事零售商业务需要缴纳税款。零售商按所有销售有形个人财产(包括商品、物品或展品)的总收入的 4.5%纳税。"See SDCL 10-45-2,4. "购买用于南达科他州的有形个人财产的使用、储存和消费应当被征税。"See SDCL 10-46-2. 加利福尼亚州规定:"加利福尼亚州销售税是对零售商在加利福尼亚州零售有形个人财产的总收入征收的一种特许税。"See CRTC § 6051. "从零售商处购买的有形个人财产在加利福尼亚州存储、使用或其他消费,其在加利福尼亚州存储、使用或消费将征收该税。"See CRTC § 6201.

㊱ See CCC § 1656.1.

节"征税是否具备可操作性？

美国销售税的全称是销售与使用税，使用税是对严格定义的销售税在跨州贸易时产生的双重不征税现象的一种补救，消费者对于在州外购买后在州内使用、存储、消费的商品和服务应当依法申报缴纳使用税。但是，面向数量众多的消费者的税务稽查成本极高，少数成功的例子集中在飞行器、车、船等需要政府机构发放许可证和登记的大宗商品上，此时向消费者征收使用税的成本是可控的。㊲如果存在此种征管漏洞，则可能导致岛内消费流出，与自贸港国际旅游消费中心的战略定位不符，因此为兼顾财政收入和征管效率，原则上应设立消费者申报缴纳使用税的义务，但在自贸港建设初期可以宣布缓征或免征除大宗商品外的使用税。因为，当前仅有海南自贸港实施销售税制度，内地其他省份仍实施增值税制度，不存在适用使用税的"双重不征税"情形。在自贸港建设中后期，可以紧随世界数字经济背景下的货劳税改革趋势，采用类似美国2018年南达科他州诉韦费尔公司案（以下简称韦费尔案）中的经济联系规则㊳，要求符合一定条件的省外互联网企业代征使用税，对具备征管效率的大宗商品径行征收使用税，对不具征管效率的小额商品实行免税。

第二是征税环节的可操作性问题。美国的销售税制度实施了近一个世纪，已经有了一套成熟的适于销售税的账簿管理体系，但海南自贸港从增值税模式转向销售税模式，主要的纳税人从有会计管理体系的生产商、批发商转变为可能不具有会计管理体系的零售商，征管成本可能过高。因此，有学者提出"一般纳税人将货物、服务销售给会计核算不健全、信用有待提升的小规模纳税人认定为进入消费环节"的分类管理方案。㊴事实上，该方案与美国"市场协调人法"的本质较为类似㊵，都是要求更具实力的市场主体承担更多的征纳成本。但是，该方案具有一定的正当性挑战。因为美国"市场协调人法"中消费者确实通过互联网购买了商品，纳税义务已经产生，只是在汇缴的环节进行了市场主体间的成本分配。而将小规模纳税人视为消费者，但商品事实上没有被终端消费者购买和使用，其实是一种预征，由此首先产生了批发商、生产商进行税务管理的程序成本，以及零售商（小规模纳税人）的资金占用成本，与自贸港建设初期所要追求的自由便利、优化营商环境、显

㊲ See E. Greener, "The Use Tax: Its Relationship to The Sales Tax," *Vanderbilt Law Review* 9, no. 2 (1956): 358-359.

㊳ "经济联系规则"具体包括两种情况："1. 卖方销售有形个人财产、任何以电子方式传输的产品或交付到南达科他州的服务的总收入超过10万美元；或者2. 卖方在200次或更多的单独交易中出售有形个人财产、任何以电子方式传输的产品或交付到南达科他州的服务。" See SDCL §§10-64-1, 10-64-9.

㊴ 兰双萱：《海南自由贸易港销售税若干问题初探》，载《税务研究》2020年第9期。

㊵ "市场协调人法"是美国学者对各州类似的销售税修正案或条文的统称，修正案根据企业规模的不同分配不同的税务合规义务，通常是要求满足一定条件的电商平台，作为适格的市场协调人，对在其平台上向本州进行线上销售且满足最低限度的联结点要求的第三方企业的业务，代征销售税并移交给本州税务机关。

著降低税负的功能需要相冲突,并不适于作为过渡措施。

综上所述,销售税的征税环节应坚持以"零售环节"作为基本标准,不再区分一般纳税人和小规模纳税人,并额外增加使用税的纳税条件,但在短期内缓征、免征使用税。为保证从增值税制向销售税制的平稳过渡,对于原增值税制中的小规模纳税人,可以对其加强纳税指导,与市场管理工作结合,辅助其尽快(在2025年前)建立完善账簿管理体系,并开发新的适于销售税的税控技术加以支持。

(二)课税客体与税率的优化

在不考虑逃税率的前提下,课税客体与税率共同决定了该税种的财政收入。因此,上述两个税制要素与政府间财政分配均衡的关系极为密切。借鉴美国销售税的经验,课税客体与税率不仅与州财政收入相关,还与州及州以下地方政府间财政收入分配及税收立法权分配相关。

1. 财政收支均衡与其他功能的冲突与协调

对税率设置与财政其他功能的冲突,学界提出了两种协调思路:第一种是以略低于增值税的税率设置消费税率,吸引外地消费者来岛消费,"实际上是岛外或境外税源的一种转移,对海南财政有利而不违背国际惯例"。[41] 第二种是"窄税基,高税率"的思路,对海南自贸港鼓励消费的商品和服务实行低税率或免税,对不符合海南自贸港定位的商品和服务课以重税。[42] 两种思路对于税收组织财政收入的功能都予以了充分考虑,但对于该功能与税收可能需要追求的其他功能的冲突与协调的考虑还有不足。

思路一隐含着组织财政收入的功能与维护公平竞争功能的冲突。因为其本质上是将一定的税源通过税率差异在不同省份进行分配——当地方享有税率的自主权时,这将直接引起地方间税率的"逐底竞争";当地方不享有税率自主权时,则反映为各自贸区、园区向中央争取更低的优惠税率。如无法获得明确的税率优惠,地方可能通过行使税收返还、税收行政自由裁量权来实现实质的税收优惠。[43] 思路二形成了组织财政收入功能和产业调整功能的矛盾——如果实现财政均衡,则意味着抑制污染产业等政策目标未实现;如果产业调整目标实现,则意味着财政收入进一步减少。相较而言,思路一更具备加以改进的可能性——在全国减税降费的趋势下,海南自贸港设置略低于增值税的一般销售税税率也仅能维持暂时的优势,未来仍需以综合优势吸引产业。在自贸港试行和将来的推广阶段,还需要加强公平竞争审查,积极防止地方税收政策向下竞争。而思路二中产业调整功能和组织财政收入功能应当相对分离,不能以高税率的产业作为税收支柱。

---

[41] 张云华、何莹美:《海南自由贸易港销售税的制度设计》,载《税务研究》2020年第9期。
[42] 曹胜新、梁军:《海南自由贸易港销售税制度研究》,载《税务与经济》2022年第1期。
[43] 计金标、王何鸣:《我国省级政府税收竞争策略研究——基于动态双向固定效应空间杜宾模型的检验》,载《税务研究》2022年第6期。

美国的销售税课税客体范围经历了由窄变宽的过程,在初期课税客体被限制为"有形"个人财产,主要是为兼顾征管便利性。20世纪30年代美国仍处于工业化进程中,在国民生产总值中服务业占比较低而制造业占比较大,而以知识产权为代表的无形资产更未兴起。[44] 而随着技术水平的进步和征管手段的多样化,这一限制已经制约了州财政收入的正常增长,开始被逐步放弃。海南自贸港销售税作为在21世纪数字经济背景下开征的新税种,具备更加充分的技术支持和稽查手段,不应再自缚手脚,尤其要研究对于知识产权交易和数据交易的征税模式。

综上所述,海南自贸港销售税的课税客体应当尽可能广泛,尤其关注知识产权、数据等无形财产的征纳情况。一般课税客体在短期内采用略低于增值税的税率,长期看则应与内地增值税税率基本一致,防范地方税收无序竞争。基于产业调整的需求可以对部分课税客体实施特别税率,但这部分客体的范围应当尽量窄,不对财政收入形成实质影响,使财政政策能够与产业政策保持一致。

2. 海南自贸港地方政府间财政分配

国务院办公厅在2022年发布《关于进一步推进省以下财政体制改革工作的指导意见》(以下简称《指导意见》),开启了内地省以下财政体制的完善之路,海南自贸港作为重要的改革开放试验区,实现地方政府间的财政分配均衡同样构成了海南自贸港自身建设和国内税制改革的功能需要。

目前国内尚未有关于销售税在地方政府间进行收入分配的学术研究,借鉴域外经验来看,存在两种类型的制度设计。一种是单独确定部分商品和服务征收地方销售税,例如美国各州除在州层面征收销售税外,通常还允许市、县征收市政销售税,但这一允许伴随着税率和课税客体的严格限制,例如市政销售税的课税客体不得超过州的课税客体范围,市政销售税的税率幅度通常较窄或者只能按州规定进行征收。另一种是在所有销售税的课税客体上同时征收不同级别的地方销售税,例如爱沙尼亚允许市政当局向商品和服务的经营者征收最高1%的销售税,欧盟法院基于两个重大理由认定该市政销售税未违反欧盟《增值税指令》:第一,增值税在商品流转环节征收,销售税在零售环节征收,通常销售税的征收不会干扰到统一的增值税系统的运行;第二,只有在市场中的经营者并非都必须缴纳销售税的情况下,税收中立才受到损害。[45]

如果采用第一种方案,对部分商品和服务额外征收地方销售税,则会客观上形成多个销售税税率,增加销售税的复杂性,不利于实现自贸港简化税制的目标,但如果将征收地方销售税的税目限定为当前征收消费税的商品和服务的范围内,并压缩消费税的税率档次,则复杂性可以控制在一定范围内,并可以与内地消费税改

---

[44] See K. J. Stark, "The Uneasy Case for Extending the Sales Tax to Services," *Florida State University Law Review* 30, no. 3(2003): 442-445.

[45] See Benjamí Anglès Juanpere, "Is a Municipal Sales Tax Compatible with VAT?" *European Journal of Business and Management Research* 6, no. 3 (2021): 26.

革相呼应,但税目范围的狭窄可能影响财政收入的稳定性。如果采用第二种方案,对全部商品和服务征收地方销售税,则在外观上可以维持销售税税率的统一性,相当于地方政府对销售税的分成,并且税收收入更为稳定。海南自贸港作为区域贸易中心,对于税收规则的透明度和简易性要求较高,在自贸港建设初期不宜构建复杂的市政销售税体系。从简化税制的功能目的出发,采用第二种思路进行地方销售税的设计更为适宜。此外,基于海南各市、县发展水平的差异,部分知名的旅游市县距离"国际旅游消费中心"的目标更为接近,产生的销售税流量更大,而岛内一些较为封闭的区域的销售税流量更小,将形成较大的销售税收入差距。根据《指导意见》的要求,还必须进一步完善省以下财政转移支付制度。

(三) 税收优惠的优化

与需要以统一性维持抵扣链条的增值税不同,仅在最后零售环节征收的销售税具备更多设置税收优惠的灵活性,并且相较增值税而言更具优惠的针对性,相较所得税而言更具优惠的属地性。此外,国际条约、协定中对税收优惠的限制主要针对的是直接税,作为货劳税一类的销售税的税收优惠不易引发国际纠纷。借鉴美国的经验,销售税的税收优惠可以由居民优惠和产业优惠两部分构成。

1. 居民优惠的优化

对居民消费的优惠源自对流转税固有的"累退性"的调和,立足海南自贸港的战略定位和国家大政方针,销售税的民生优惠与国家"共同富裕"的目标相合。美国销售税实践提供了两种具体方案:一是向符合条件的消费者,例如老年人、残疾人和政府认定的贫困人口发放免税凭证,在购买特定商品时向经营者出示凭证从而以免税价格购买商品;二是准允符合条件的消费者凭借购物凭证,在一个销售税纳税周期结束后向税收征管机关申报退税。两种方案都存在身份盗用、滥用的骗税风险,区别在于方案一将防止骗税风险的核查义务分配给了经营者,而方案二则将这一义务交给了税收征管机关。从海南自贸港降低税负、优化营商环境的功能出发,以及考虑到初步开征销售税时零售商普遍缺乏税务合规经验,方案二更适于海南自贸港的居民优惠。但方案二的劣势在于帮扶对象在纳税周期内承担了免税额的资金占用成本和退税的程序成本。在骗税风险能够更多地以技术手段化解而非依靠法律责任预防时,可以考虑向方案一进行转化。

2. 产业优惠的优化

对特殊产业的优惠则与该州当下的产业政策紧密相关,例如美国加利福尼亚州对电影业的特殊优惠和对科技设备实施的优惠税率,南达科他州则对博彩业和农业免税和实施优惠税率。海南自贸港可以考虑针对与其战略定位相匹配的旅游业、现代服务业、高新技术产业、大数据和知识产权交易行业实施包括优惠税率在内的产业优惠政策,对符合国家战略要求而进行的企业并购、重组,免征或减征资产交易的销售税。

(四) 税收收益归属的优化

如果仅考虑海南自贸港的个性需求,则收入归属清晰至少在纵向政府间财政分配上已经实现,《总体方案》已经明确规定,除个人所得税和企业所得税作为中央与地方的共享收入外,销售税及其他国内税种收入作为地方财政收入。但从"先行先试"的共性维度出发,尤其是数字经济背景下各省份间的横向财政分配如何实现均衡还未解决。

其一,"公平的"横向财政分配标准难以确定。中国当前以生产地原则确立的增值税分析模式理论上足够明确,但不够公平。如果综合考虑区域人口、地方政府财力和对产生税收的经济行为的贡献,理论上公平但会导致标准的模糊性,并且考虑要素越多,细节和例外也就越多,形成的规则也更复杂。由于消费在经济活动中的重要地位以及消费者与地方政府公共服务人口的耦合性,消费地原则较能兼顾公平性和收入归属清晰。但在数字经济背景下,互联网"用户"虽然不是商品和服务的直接消费者,但也为平台营利创造了价值,因此,欧盟、印度等一些经济体支持对互联网平台征收数字税[46],而美国等经济体则认为数字税增加了企业的实际税负,违反了公平原则[47],国内学者还指出当前 OECD 双支柱方案存在过高估计用户贡献的问题。[48] 虽然海南自贸港销售税暂且不涉及数字税问题,但关于数字税的争议反映了主流的消费地原则也在面临挑战。

其二,为收入归属清晰而进行的税收征管措施的成本分配难以平衡。只要存在多个税收管辖区和税收成本差异,就不可避免地使纳税人走向税收筹划或利用税收征管的"漏洞"。因此存在两个维度的征管成本分配问题,第一个维度是政府与市场主体之间的分配问题,如果将该成本主要分配给政府,则表现为宽监管下对税收筹划的一定容忍;如果将该成本主要分配给市场主体,则意味着企业税务合规成本的上升,由此引出第二个维度的市场主体间税收征管成本的分配问题。美国销售税在处理跨州贸易的销售税问题时正从第一个维度走向第二个维度,早期美国销售税的跨州贸易存在征管漏洞,致使跨州经营者长期处于"双重不征税"状态。在韦费尔案前,美国最高法院将征管成本全部分配给州政府,认为由于各州销售税制的复杂性,对跨州贸易征税将导致企业税务合规成本急剧上升,实质性地阻碍州际贸易,因而是违宪的。但在数字经济背景下,州的财政收入下降严重,美国最高法院不得不在韦费尔案中宣布一定条件下对跨州贸易征收销售税的行为合宪,引起了美国各州销售税改革的高潮。但随后发现,新的销售税法对企业施加了过重的合规负担,许多州又以"市场协调人法"加以补救,此次修正的本质是根据

---

[46] 岳云嵩、齐彬露:《欧盟数字税推进现状及对我国的启示》,载《税务与经济》2019 年第 4 期。
[47] 龚辉文:《数字服务税的实践进展及其引发的争议与反思》,载《税务研究》2021 年第 1 期。
[48] 陈镜先、周全林:《数字服务税:内容、挑战与中国应对》,载《当代财经》2021 年第 4 期。

企业规模差异分配不同的税务合规义务。虽然如此,美国销售税对税务合规成本的分配远未达到让各方满意的程度,"市场协调人"的认定和责任程度也存在争议。

综上所述,单一的生产地原则或消费地原则都可能面临挑战,难以全面兼顾"公平"的收益分配和"公平"的税收征管成本的分配,需要在实践中发展起更多的"细节"规定加以弥补。美国在州的所得税分配改革中,正是根据航空、货运、广播等不同产业的差异,分别设计加权因素,来修正消费地原则。[49] 海南自贸港销售税在保持消费地原则的同时,也不可忽视个别行业的特殊性,在特殊规则增加税收征管成本的同时,要平衡和协调各方利益,防止过分增加普通纳税人的负担。

四、结 论

海南自贸港销售税制度建构的分歧和矛盾可能是由开征销售税的必要性论证的缺失所导致的,因此以功能主义的视角对海南自贸港销售税路径选择进行分析是有必要的。海南自贸港销售税路径选择的功能需要具有二维多元结构,包括建设高水平自贸港和为国内税制改革试点两个维度的功能需要,两个维度的功能需要基本保持一致,但在一些具体问题上存在冲突,需要通过时空区分或"抓重点"的方式加以调和。

在功能视角下,自贸港销售税税制要素优化可以分为自贸港建设初期和初步建成后两个大阶段,对部分要素的优化进行拆分处理。销售税的纳税人宜确定为消费者,但代征销售税的经营者视为享有纳税人权利;征收环节宜设置为零售环节和外地购物物品的入岛使用环节,通过税收指导和技术支持增加销售税征管的可操作性;课税客体在满足征管可能性的前提下应尽可能广泛,而销售税的基准税率应使得宏观税负水平大体和增值税模式一致,以保障自贸港财政收入,在自贸港建成后可适时授权地方征收市政销售税补充地方财政;税收优惠可以进行灵活的针对性设计,居民优惠以特定人群申报退税为主,产业优惠应具有针对性和必要性。最后,为内地税制消费地原则的改革需要,税收管辖权背后的财政收入分配标准问题和征收成本的分配问题也应当重视。

㊾ See John A. Swain, "Reforming the State Corporate Income Tax: A Market State Approach to the Sourcing of Service Receipts," *Tulane Law Review* 83(2008): 287-357.

互联网视域下税法硕士课程的透明化教学实践与启示
——以墨尔本大学法学院"税法基础"教学为借镜*

王婷婷　范卫国**

摘要：随着网络信息时代的发展，我国高校税法硕士课程在加强网课建设的同时，也面临着信息不对称、信息过载与干扰困境，强化过程透明化教学以提升学生应用信息的能力至关重要。墨尔本大学拥有现代化的税法硕士课程教学体系，新冠疫情期间该校所有课程实现了线下教学向线上教学的转移。为保障学生接收课程教学的平等化，改变课程信息的不对称，帮助学生应对考核评价，墨尔本大学在课程透明度建设上加强了师资投入和机制建设，以"税法基础"为样本的税法硕士教学实现了事先规则传导、事中互动参与、事后精准帮扶的有机结合，透明化实践教学卓有成效，具有推广价值和可复制性，能为我国各法律院校加强财税法方向法律硕士培养提供有益借鉴。

关键词：墨尔本大学　税法硕士　信息不对称　信息过载　透明化教学

一、互联网视域下税法硕士课程透明化建设的必要性和迫切性

近年来，我国大学法学教育正历经多元学科融合发展、培养专门化法律人才的

---

* 本文系重庆市教育科学"十三五"规划课题《校地协作培养法律实务人才研究》（项目编号：2018-GX-276）和西南大学教育教学改革研究重点项目《法学专业本科毕业论文管理改革研究》（项目编号：2021JY012）的阶段性成果。

** 王婷婷，西南政法大学经济法学院副教授，中国财税法治研究院研究员；范卫国，西南大学法学院副教授、实践教学中心主任。

发展过程。就税法专门化人才的培养而言,为解决传统税法人才培养脱离市场经济发展的问题,我国部分高校法学院加强了法律硕士专业学位的税法课程设置,为独立的税法硕士学位发展奠定基础,不断适应新时代财税发展建设时期对税法专业人才的需求。① 税法课程的集中增设在承载培养财税法治人才的新使命和新任务的同时,也要求在课程建设、教学模式领域进行改革创新。观察实践可知,在全球化和产业科技不断发展升级的背景下,互联网、人工智能产业的发展已在新的领域掀起了教育方法、手段的变革②,在线教育方式的发展和即时通讯手段的进步,使得师生交流与沟通的渠道大为拓展。受此影响,我国传统税法硕士课程教学取得了一定突破、改进和创新,实务导师进课堂、网络慕课教学、网络视频直播等方式③,拓展了教学的途径,使学生能够借助多元渠道获取学习信息。

不过,也应看到的是,网络信息"透明"时代④虽加大了学生获取信息的便利性,"教师的知识集"与"学生的知识集"之间的差距越来越小,但鉴于专业知识、搜索技能以及专注程度的差别,学生在信息的择取、知识的消化和应用方面的差距越来越大。与此同时,法学教学过程中仍然存在教学资料私密化、教学过程的流程化以及教学评价的单方化等局限,师生之间信息传递的不对称性极为突出,主要反映为二者在课程目标、教学计划、教学内容、教学要求等方面教学信息的不对称分布⑤,使得教师与学生对同一主题掌握知识的"量"和"质"之间的认识差异明显⑥,制约了课堂教学效果的整体提升。

整体观察,网络信息化时代的税法课程教学的信息不对称问题突出反映为:第一,课程信息过载带来的选择负担。在信息爆炸时代,法学教育容易出现持续性信

---

① 以西南政法大学经济法学院为例,目前所采取的方式就是在法律硕士下面设置"财税金融"方向的方式来培养税法研究生人才。参见张怡、廖呈钱:《税法硕士专业设置与培养模式创新研究——以西南政法大学研究生税法课程改革为例》,载曹义孙主编:《中国政法大学教育文选》(第21辑),中国政法大学出版社2017年版,第26—40页。

② 2018年4月2日教育部印发的《高等学校人工智能创新行动计划》提出,要加快人工智能在教育领域的创新应用,利用智能技术支撑人才培养模式的创新、教学方法的改革、教育治理能力的提升,构建智能化、网络化、个性化、终身化的教育体系。

③ 例如,2020年3月,厦门大学国际税法与比较税制研究中心、福建拓维律师事务所和武汉大学财税与法律研究中心携手合作,邀请业界知名实务专家采取网络视频直播的方式,为受新冠肺炎疫情影响、遍布全国各地的财税法学子开设财税法实务专题讲座。参见《厦大·拓维·武大财税法联合战"疫"网络直播课堂》,"厦大国际税法与比较税制研究中心"微信公众号,2020年3月22日,https://mp.weixin.qq.com/s/IUDdlaUPXX2_92ppQbPBNA,最后访问日期:2021年6月1日。

④ 刁生富、赵亚萍:《论透明化时代的隐私权保护》,载《河南师范大学学报(哲学社会科学版)》2017年第6期。

⑤ 辛丽清、乔连全:《信息不对称视野下的高校课堂教学探析——以某部属大学期中教学检查工作为例》,载《教育与考试》2014年第3期。

⑥ 张炳林、杨改学:《信息不对称理论之教学思考——成因、表征、模型、启示》,载《课程·教材·教法》2013年第11期。

息过载⑦的危机，使得学生无法适从。这一问题在税法教学中尤为明显，税法体系的庞杂和近年来税法规范的修改频繁，不仅造成了法律适用上的困难，也给教师教学增添了难度。如果不经加工和分析就把修法信息告知学生，容易因疏于信息的提炼分析带来"食古不化"效果。第二，税法专业化带来的信息查询困境。在信息时代，信息分散在互联网平台的每个角落，但就极具专业性的税法教育而言，相关教学信息往往不容易被直观地搜索。例如，很多税收领域的规范性文件需要借助国家税务总局平台、财政预算报告的分析需要借助财政部的信息公开，有关国际税法的前沿问题需要用到IBFD（荷兰国际财税文献局）、威科先行·财税信息库等研究平台。一旦各大院校没有购买相应的税法数据库或疏于对检索技能的培训，则难以让学生获得有效信息。第三，课程纲要信息的供给不足带来的信息应用困境。当前，日益增加的、流动的海量数据虽然为新时代的税法课程教学积累了丰富的"原始素材"，但由于我国大部分高校对税法课程的教学目标设置过于笼统、教学大纲的设置不够精细，学生缺乏对深层次课程建设目标和主要教学内容的必要了解，进而难以将所学知识与教学目标之间建立有效链接，对信息的相关性和信息应用的重难点存在甄别困境。第四，课程信息交流互动不足带来的注意力稀缺问题。以网络为基础的当代经济的本质是"注意力经济"，在这种经济形态中，最重要的资源是注意力。就税法教学而言，教学内容本身就晦涩难懂，如果在网络信息时代仍继续以往"填鸭式"的教学方式，只注重课件中的知识通读，缺乏重难点知识的解读和与同学之间的互动交流，即便教师"满腹经纶"，也难以化解学生理解困难的问题。

  课堂教学是高等教育的前线阵地，是教学工作的核心环节。网络线上教学固然具有便捷化、信息化的特点，但由于学生在获取资料的能力、技术手段、方式方法上存在劣势，其获取信息的及时性、完整性和集中度难以保障，要想让网络教学获得受众的广泛认同，就必须提高课程的透明化建设。当前，在财税体制深化改革的背景下，高层次、精细化、复合型的税法专业人才成为社会紧缺人才，但税法又是一门具有综合性、技术性和复杂性的学科，在课堂信息不对称的情况下，容易引起学生在税法硕士课程学习中的"畏难情绪"，难以保障教学的效果。这就要求在课堂教学方式上进行深度变革，适时引入透明化教学模式，有效化解师生之间信息传递不对称性之间的矛盾。

---

  ⑦ 所谓信息过载，是指社会信息超过了个人或者系统所能接收、处理或有效利用的范围，并且导致故障。也就是接收的信息过多，超过我们的信息处理能力。

二、墨尔本大学法学院税法硕士课程"透明化"教学模式的实践观察

在税法硕士培养领域,欧美国家许多著名大学早已设置了税法硕士(Tax Law LLM)项目或国际税法硕士(International Tax Law LLM)项目,开设了非常详尽的税法课程,税法教育相关模式和方法也较为成熟。⑧ 针对税法课堂教学中的信息不对称这一共通性问题,国外高校已在课程透明化建设领域取得一定效果。以澳大利亚墨尔本大学法学院为例,在 2020 年至 2021 年的疫情封锁阶段,该学院在以线上授课为主的税法课程教学中采用了透明化的教学模式设计,取得了较好的教学成效,值得我国税法硕士课程教学借鉴。

(一)墨尔本大学法学院税法硕士项目课程建设概况

墨尔本大学(The University of Melbourne)于 1853 年始建于澳大利亚的文化、艺术与工业中心墨尔本,是全球 40 强顶尖名校,也是享誉世界的公立研究型大学。170 多年来,墨尔本大学在科研、创新、教学等领域一直保持领先地位。2007 年开始,墨尔本大学进行了彻底的学制改革,逐渐抛弃了以往的澳大利亚传统"专才"教育模式,而效仿北美地区以及新近改革的欧洲大学所采纳的"通才"教育模式(博洛尼亚进程,Bologna Process),意在塑造独特的"墨尔本模式"(Melbourne Model),传递教学领域的"墨尔本经验"(Melbourne Experience),建立起国际认知度更高、与国际教育接轨更紧密的学位制度以及培养出更多澳大利亚及世界所需要的未来社会新型人才。⑨

根据《墨尔本大学课程和科目信息官方手册》的安排⑩,墨尔本大学的税法硕士项目总体上可以划分为以下几大板块:(1)一般税法课程,主要包括"税法基础"(Foundations of Tax Law)、"资本利得税:理论与实践"(Capital Gains Tax: Problems in Practice)、"公司税 A:股东、债务和权益"(Corporate Tax A: Shareholders, Debt and Equity)、"商业和投资所得税收"(Taxation of Business and Investment Income)。(2)特别税法课程,主要包括"非营利组织、法律和国家"(Not-for-Profits, Law and the State)、"公司税 B:合并和亏损"(Corporate Tax B:

---

⑧ 刘剑文:《域外财税法学发展及其对中国的启示》,载《科技与法律》2014 年第 5 期。

⑨ 博洛尼亚进程进行的一系列改革旨在建立一个一体化的欧洲高等教育地区。该协议的签署国在学位结构、学分转换和质量保证体系等方面力求更加一致,澳大利亚于 2009 年 4 月 29 日首次参加博洛尼亚论坛。参见"The Bologna Process," Australian Goverment Department of Education, https://internationaleducation.gov.au/About-AEI/Government-Relations/Pages/TheBolognaProcess.aspx,最后访问日期:2022 年 1 月 5 日。

⑩ 参见 The University of Melbourne's official source of course and subject information, https://handbook.unimelb.edu.au/search,最后访问日期:2022 年 3 月 20 日。

Consolidation and Losses）、"商品与服务税原理 A"（Good and Service Tax Principle A）、"矿产和石油税"（Mineral and Petroleum Tax）、"体育与税收"（Sport and Taxation）、"地方税收"（State Taxes and Duties）、"税收与犯罪"（Tax and Crime）、"避税和税收筹划"（Tax Avoidance and Planning）、"税务诉讼"（Tax Litigation）、"税收政策"（Tax Policy）、"税务实践：有效写作"（Tax Practice：Writing Effectively）、"重大基础工程税收"（Taxation of Major Projects）、"企业并购税收制度"（Taxation of Mergers and Acquisitions）、"中小企业税收制度"（Taxation of Small and Medium Enterprises）、"养老金税收制度"（Taxation of Superannuation）、"信托税制"（Taxation of Trusts）、"税收创新"（Tax of Innovation）、"税收实务"（Tax in Practice）、"税收管理问题"（Administrative Law in Tax Matters）、"全球数字税"（Global Digital Tax）。（3）国际税法和比较税法课程，主要包括"比较公司税"（Comparative Corporate Tax）、"比较国际税"（Comparative International Tax）、"比较避税研究"（Comparative Tax Avoidance）、"税收改革和发展"（Tax Reform and Development）、"国际税收：反避税"（International Tax：Anti-avoidance）、"国际税收：原则和结构"（International Tax：Principles，Structure）、"美国国际税收"（International Taxation in the US）、"税收条约"（Tax Treaties）、"税收条约特殊问题"（Special Issues in Tax Treaties）、"转让定价：实践和问题"（Transfer Pricing：Practice and Problems）、"英国国际税收"（UK International Tax）、"税收条约解释"（Tax Treaty Interpretation）、"国际税收主要问题"（Current Issues in International Tax）、"所得税的遵守和执行"（Income Tax Compliance and Enforcement）、"中国税收法律与政策"（Chinese Tax Law and Policy）。

在上述课程中，大部分课程的学分都是 12.5 分，其中，"税法基础"和"国际税收：原则和结构"两门课程是必修课程，会分别安排在墨尔本大学的春季和秋季两个学期，由不同的授课教师进行授课，以为从不同时间段入学的研究生提供基础必修课程。除此以外的其他都是选修课程，会结合课程规划和教师授课时间均匀分布在不同的月份。根据课程的难易，学校会在课程手册中用字母"A""I"进行重点标记，标注"A"的属于难点课程、标注"I"的属于基础课程，其他属于一般课程。凡是被纳入"A"类的课程都带有一定挑战性，需要学生有过硬的税法基础，这类课程对于熟悉澳大利亚税法、长期从事税法实践的律师人员而言无疑是提升能力的最佳选择，但实践经验相对缺乏、基础薄弱一些的国际学生则可以根据需要选择难度适中的课程进行学习。而在授课时间安排上，墨尔本大学有 90% 的课程都会安排集训授课，教师需要在五天的时间内完成课堂教学，只有少部分课程会以每周 2 个小时的讲授方式进行，持续 10 周的教学。总体上，墨尔本大学根据税法硕士的培养目标确立了多样化、特色性的课程体系，课程设计集合了澳大利亚国内税法和国际税法中最前沿的知识领域，能够体现税法实践性人才培养的需求。

新冠疫情期间，为保障师生的安全，墨尔本大学所有的教学活动都由线下教学转为了远程在线教学活动,在此期间,墨尔本大学的教学委员会为疫情期间的授课做了多轮讨论和细致的安排,以确保处于封锁中的澳大利亚本地学生和无法前往澳大利亚留学的外国学生能够参与到远程授课,税法研究中心也对税法硕士课程的线上教学多次进行统筹协调。通过申请旁听"税法基础""税收改革和发展""税务诉讼"等课程的线上学习,本文以税法研究中心主任 Miranda Stewart 教授主讲的"税法基础"网络教学为例,总结该门集训课程在透明化过程教授中的授课方法和经验。

(二)墨尔本大学法学院"税法基础"透明化教学的微观观察

墨尔本大学是较早开展网络统一选课、成立授课系统平台的学校,拥有比较成熟的校园网学习系统,学生只要有自己的账号便可登录到该系统当中。该系统下一共下设了"通知公告""学习模块""作业板块""讨论区""授课中心""Zoom 会议"这六大板块。⑪ 早在新冠疫情之前的线下教学阶段,任课教师就会通过这一平台来发送课程通知、发布课程学习资料。而从 2020 年 3 月底开始,为做好国际疫情蔓延下的课程安排,墨尔本大学更是有效地改进了该系统,全面实现了线下教学向线上教学的转移。⑫ 就 Miranda Stewart 教授主讲的"税法基础"课程而言,主要从以下方面作了透明化教学的过程设计。

1. 教学资料准备的透明化:全方位的信息供给

在线上教学的过程中,课堂是一个集专任教师、学生和网络云课堂为一体的教学体系,需要通过课前的课程安排和资料供给让学生了解相关的课程信息。在墨尔本大学,由于"税法基础"是集训课程,课程教学从 7 月 27 日延续到 8 月 2 日,为避免课程开始后师生之间的不适应性,教学资料的准备显得尤为重要。按照授课要求,在正式开课前的四周内,Miranda 教授便把课程学习大纲、课程阅读指南和课程阅读资料上传到了授课系统,以便学生了解授课规则,为课程预习做好准备。因此,6 月 26 日所有学生都收到系统发放的开课信息和课程资料。为更好地听取学生对网课教学的建议,墨尔本大学还在校园网课程平台中发放了"课前调查问卷",征集学生对课堂教学的建议,以更好地协助该门课程的密集安排。总体上,学生能从"税法基础"课程教学平台中了解的信息包括:第一,明确的选退课规则说明。在提前发布的课程学习大纲中,会有关于选课、退课和请假制度的详细说明,学生在选课之前可以向学习支持中心询问相关问题,并获得及时回复。根据课程学习大纲的介绍,对于为期 5 天的集训课程,如果学生要退课,应该在开课第一天下午 5 点之前作出选择而无须负担任何经济责任,但如果是在开课第一天下午 5

---

⑪ 参见墨尔本大学校园网络教学平台,https://canvas.lms.unimelb.edu.au/,最后访问日期:2022 年 4 月 26 日。

⑫ 需要说明的是,从 2022 年起,墨尔本大学已基本回归线下教学。

点之后的时间段申请退课,学生将因此承担选课的经济责任。第二,授课老师的基本情况。为更好地增进师生之间的了解,任课教授会事先把自己的简介情况放置于课程学习大纲中,以便学生提前了解。为了改善全过程网课教学期间师生缺乏了解的情况,Miranda 教授还别出心裁地设计了"介绍你自己"的课前活动,在系统中上传了自我简介视频,同时鼓励学生自愿上传自我简介视频,以便增进相互认识和了解。第三,完整的配套课程学习资料。为保障学习的质量,授课教师会将课程阅读指南、阅读资料以及信息索引放在校园网上,学生可以通过校园网提前下载或通过预约打印的方式获得全套学习资料。例如,"税法基础"课程的阅读资料就包括了参考教材、网页链接、案例素材、学术文章等内容,共计 400 多页,课程平台中还有相关的视频链接和查询索引,以便学生自主查询资料和事先预习。第四,学习规则的透明化。墨尔本大学对自己的版权有着严格的保护规定,几乎在每一份阅读材料或录音之前都会有关于版权的声明,要求学生基于 1968 年《版权法》的授权使用课程资料,未经允许不能擅自使用。在墨尔本大学的课堂上,学生如果未经过授课老师的允许,不能录制课程供个人使用。此外,课程学习大纲中还有关于学术诚信以及协同工作的规范,要求学生不能做出学术不端的行为,在完成家庭作业和评测任务时不能私下进行讨论,以确保作业完成的独立性和诚实性。

由上可以看到,在"税法基础"课程的课前准备阶段,课前信息公示和全方位教学资料的精准提供,能够让学生形成相对稳定的学习预期。一方面,明确的选退课信息能够充分保障学生的选课自主权,通过为学生提供选课后一定期限的"反悔权",能够让学生根据自身的兴趣选择适宜的课程进行学习,确保课程服务的公平性。另一方面,通过授课教师"前置化"发放阅读资料和布置视频预习的教学安排,学生能够在课前及时了解和接受学习任务,从而构建一个规则透明、学习前置、信息充分的学习环境。

2. 授课时间的透明化:周密的教学安排

就墨尔本大学的法律硕士而言,其生源结构具有很大的差异性,其中既有获得法学学士学位,本科阶段已经学过税法基础的研究生,也有来自经济学、会计、统计学等其他学科,对税法原理了解不深的研究生。根据学生的学制,也有全日制学生和非全日制之分,学生在税法领域的实践经验也有所不同。如何为多样化的教学对象提供普适性的集训课程服务,使其能够集中 5 天时间不间断地参与课程学习,成为课程建设中的难题。在此方面,墨尔本大学在课程设计中进行了周密的时间安排,授课教师会在课程阅读指南中详细载明授课主题的时间安排以及每个主题具体需要阅读参考的内容。

此次网络授课期间,考虑到很多国际生参与课堂的时间安排和网络信息接收的不便利,为确保每一天授课和实践安排的顺利进行,Miranda 教授在正式授课前便根据课程内容分布和学生事先反馈的建议为集训课程做了"松紧结合、形式灵活"的学习安排,提前发放给学生作为参考。从表一中可以看到,这一集训课程的时间表非常周密和细致,具体到每一天、每个时间段提交什么资料、做什么事情,看什么资料、讨论哪些问题、通过何种形式等,由此能够督促学生做充分的预习安排和课程准备。当然,对于这一时间安排,任课教师也有权力根据课堂开展的情况进行适当调整,但任何的微调都会以邮件和校园网平台的方式及时告知学生。在透明化的授课时间安排之下,学生能事先调配好学习、工作和生活的时间,最大限度地参与课堂进程。同时,这种具象的时间安排能够增强学习的规划性,学生能够根据每天的主题安排"领取学习任务",进行针对性的材料阅读,熟悉相关案例背景和税法规范。例如,此次教学过程中,由于学生们根据 Miranda 教授指定的案例作了事先的分析和总结,并在规定时间到来前上传到了校园网平台,所有参课的研究生可获得可讨论的基础性素材,加强了问题讨论的深度。

表一 墨尔本大学"税法基础"课程的集训授课时间安排

时间安排	内容安排	具体教学内容
授课前一天(自由安排)	欢迎课	1. 观看欢迎课(自由安排时间) 2. 观看事先录制的关于课程概述的介绍课(自由安排时间) 3. 阅读并准备分配的案例陈述并上传(指定时间)
第一天(5.5小时~6小时)	主题1(澳大利亚税制简介和税法渊源)+主题2(所得概念)	时间段:9:00am~4:00pm 1. 加入 Zoom 并进行课程介绍(45分钟) 2. 讨论区小组活动:关于预算的小组练习(30分钟到45分钟) 3. 阅读教科书、案例和材料(2小时) 4. 讨论区小组活动(20分钟) 5. 观看预先录制的税法法律研究讲座,并做网上税法法律研究练习(1小时) 6. Zoom 现场讨论(1小时)
第二天(5.5小时~6小时)	主题2(所得概念)+主题3(所得来源:财产、服务和经营)	时间段:9:00am~4:00pm 1. 课前:观看预先录制的主题3.1的视频(30分钟) 2. 主题2和主题3的线上 Zoom 讨论,并对 Anstis, Rowe, Brown 三个案例进行探讨(1小时) 3. 讨论区小组活动:案例研究练习题第1题~第4题(30分钟) 4. 观看预先录制的主题3.2和3.3的视频(每个30分钟) 5. 授课当天:阅读课文、案例和资料(2小时) 6. 讨论主题3的内容以及 Blank, McNeil, Westfield, Grieg 等案例(1.5小时)

(续表)

时间安排	内容安排	具体教学内容
第三天(5.5小时~6小时)	主题3(所得来源:财产、服务和经营)+主题4(扣除规则)	时间段:9:00am~4:00pm 1. 上课前:观看预先录制的主题4.1、4.2的视频(30分钟) 2. 主题3和主题4的线上Zoom讨论(1小时) 3. 讨论区小组活动:案例研究练习题第5题~第6题(30分钟) 4. 观看提前预制的主题4.3、4.4、4.5的讲座(1小时) 5. 授课当天:阅读课文、案例和资料(1.5小时) 6. 对Magna Alloys,Steele,Broken Hill等案例进行线上Zoom讨论(1小时)
第四天(5.5小时~6小时)	主题4(扣除规则)+主题5(资本利得税)	时间段:9:00am~4:00pm 1. 上课前完成课本第3章和第12章的预习 2. 讨论主题4及Origin Energy,Mussalli,Citylink等相关案例(1小时) 3. 提前观看录制的主题5的视频(45分钟) 4. 授课当天:阅读课文、案例和资料(2小时) 5. 讨论区小组活动:案例研究练习题第7题~第10题(30分钟) 6. 对主题5进行线上Zoom讨论(1小时)
第五天(5.5小时~6小时)	主题6(课税主体)+主题7(避税和一般反避税规则)	时间段:9:00am~4:00pm 1. 提前观看录制的主题6的视频(30分钟) 2. 对学生案例演示进行讲解(1小时) 3. 对主题6及相关案例进行讨论(1小时) 4. 提前观看录制的主题7的视频(30分钟) 5. 对主题7及相关案例进行讨论(1小时) 6. 考试说明和以往试题讲解(1.5小时)

3. 教学过程设计的透明化:互动式教学方法的灵活运用

由于5天的集训课程非常紧张,如果全天都由授课老师一人上课会显得太过紧凑,难以让学生有效地消化,因此将上课过程划分模块的方式能够较好地协调矛盾。作为全过程网络授课的首次试验,Miranda教授非常重视,在对课程内容进行周密安排的前提下,充分结合了"讲授式教学"和"讨论式教学"的优势,通过精细化、透明化的课堂设计较好地落实了教学安排,形成了紧张有序、安排科学的透明化教学模式(参见图一)。在5天的教学过程中,主要有以下课程设计得到了很好地运用:

第一,提前录制视频帮助学生"释压"。为了让学生尽快熟悉老师第二天授课的内容,缓解第二天长时间集中听课带来的"信息过载"压力,Miranda教授选择通过提前录制课前视频的方式让学生了解第二天上课的主体内容。每次上课前,授课教师都会针对主题内容提前制作"Prerecorded lecture"(30分钟到40分钟不等),其基本目的在于让学生提前根据视频中的信息概览去阅读教学书和案例中的相关内容,以便对将学的知识做好充分的课前准备。有了这项准备工作,学生可以通过提前听课的方式对课程内容的主要知识点进行了解。

第二,课程知识内容的重点串讲。提前录制视频的方式并非要替代线上授课或冲淡课时,其重点在于为第二天的集中学习做好基础准备。进入第二天的 Zoom 会议学习之后,对于课件中的重要知识点,授课教师会通过思维导图的方式进行串联,帮助学生更好地消化学习。对于疑难问题,授课教师不会提前录制,而会专门留到第二天的授课过程进行重点讲解。在第二天的授课过程中,针对学生已经阅读过的案例,Miranda 教授会通过"白板展示"的方式帮助学生理解争议焦点和裁判理由。对于某一部分税法适用的规范内容,授课教师会将涉及的法条进行详细分工,在"讨论区"中发动学生讨论,通过每个人分解一个法条知识点的方式实现知识的互动和共享。

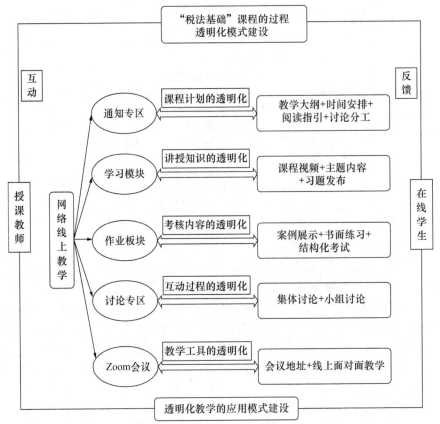

图一 "税法基础"课程过程透明化的教学模式构建

第三,资料查询方法的专门传授。考虑到学生在学习过程中需要自主查询资料,且税法资料的搜集是一个专业化的过程,Miranda 教授专门邀请了墨尔本大学的图书管理员就如何查找税法资料录制了"Legal Research for Tax Law"专题视频,告知学生如何通过墨尔本大学图书馆的查询工具搜索学习资料、书籍、案例和评论文章,包括如何查询税务局的税收裁定和规范性文件等,让学生从课程"内容关"和"技术关"两方面进行双向突破。在具体授课环节中,授课教师也会带领学生就具体报告和法律规范的查询作示范。印象最深刻的是,为了让学生读懂澳大利亚的预算报告,Miranda 教授带着学生到澳大利亚财政部网站上下载了预算报告,并通过列问题、分组讨论的方式让学生对预算报告进行分工学习,最后再由其在课堂上进行综合讲解,从而实现课程内容学习的"循序渐进"。

第四,互动讨论教学的穿插运用。为改善讲授式教学模式的程式化和单一性,Miranda 教授在课堂设计中增加了讨论专区和习题演练两个部分内容,针对知识点中的重点和难点,任课老师提前做好了"案例演习"板块,每个知识点都对应不同的案例,上课时,任课教师会依次进行问题分工,随时进行提问,同时也欢迎学生交叉提问,以此来检验学生的自学能力。与此同时,为了更好地提升学生主动学习的能力,Miranda 教授会在 Zoom 会议中设置讨论专区,由学生小组自行组织"15—20分钟"的讨论,她则会利用主持人的身份进入每个小组观察学习,对讨论的情况进行提醒和指点。这种体系化但不失灵活性的教学过程安排,能够引领学生运用好税法分析工具去发现实践问题,做好重点知识、真实案例与教学内容的有机结合,活跃课堂教学的氛围,让学生能够深入细致地了解课程知识内容。

4. 课程评价的透明化:多元化考核体系的建构

考核评价是教学管理的重要环节,也是保证和提高教学质量的重要方式。在新冠疫情期间,由于线下集中考试难以实施,所有的考试都在线上完成,为了检验学生是否在经历了 5 天的集训课程后能获得较大的教学收获,对考核方式进行科学安排也是课程教学的重点内容。就墨尔本大学法学院而言,大部分的法律硕士课程都摒弃了传统上应试化的教学模式,而采取"结构化"考试的方式。"税法基础"课程在考核设计上主要做了以下方面的具体安排。

第一,考核安排的透明化。在授课之前,授课老师便会告知本门课程的考核要求,其中"税法基础"课程的考试安排主要由三部分构成:一是学生要针对已分配的案例做案例陈述的 PPT 和录音,在规定时间内上传到校园网,并就该案例陈述接受老师随堂提问和其他学生的质询,所得分数占比 10%。二是根据老师指定的案例练习题做一份书面作业,所得分数占比 20%。三是根据老师指定的结构化分析问题提供一份研究报告,所得分数占比 30%(如表二所示)。

第二,考核要求的透明化。对于每一份考核作业的具体要求,授课老师都会在课前阅读指南中进行具体说明。例如,就案例板块的作业而言,老师会有详细的"Instructions"。首先,要求学生必须完整地阅读所分配的案例,研究税法案件的历史和后续发展,观察该案件为后续的法律改革或裁判带来的启示。其次,学生需要做一份1500字的案例笔记,阐明对所分配案例的讨论和分析,具体包括案件事实和问题、法律规定、裁判内容、裁判过程分析以及裁判带来的影响等。最后,在案例作业上,授课老师还要求学生在既有分析的基础上通过10分钟左右的"Presentation",将观点表达出来。关于陈述的形式要求,Miranda教授也作出了具体安排,要求PPT的主体内容不能超过6张,形式应该美观大方,观点陈述应该按照总结事实、案例的主要观点、相关引用的案例、裁判结果以及任何有趣的问题这一框架进行,高度提炼自己的观点。同时,Miranda教授要求每个学生把自己的案例分析和总结共享到校园网讨论区,便于参课的其他学生共同了解,通过"信息的互动交流"增强学习效果。

第三,历年试题的透明化。由于网课集训期间学生的消化程度有限,尤其是语言水平不太理想的学生可能需要较长的时间来消化试题,所以,为尽可能地帮助学生减少学习和考试的障碍,Miranda专门花了1个半小时的时间讲解了历年考题的基本情况,并以例证的方式进行阐明分析。

第四,专门的课后答疑。为了让学生更好地克服考试困难,2020年的考试作业提交时间普遍比以往推迟了一周的时间,学生也可以在授课教师结课之后,就复习过程中遇到的问题跟老师商议争取专门的讨论和沟通时间,请求老师给予必要的考前辅导。但值得说明的是,墨尔本大学对考试诚信有着严格的要求,学生在提交作业时必须签署"反剽窃"宣言,且不能在考试事项上与其他学生进行协作,以保障学习的独立性。

表二 墨尔本大学"税法基础"课程的考试安排

考核形式	时间安排	分数占比	形式要求
课堂展示	7月27日—8月2日	10%	案例PPT+讲述录音,教师会结合参与和答问情况综合给分
书面作业	8月26日	20%	关于教师指定问题的书面论述,1500字
结构化任务	9月16日	30%	结合任课教师提供的文章素材和案例分析材料撰写实质性论文,6000字
课堂参与要求:学生至少保证整体课时75%的出席率才能获得成绩。			

整体上,就"税法基础"课程的评价过程来看,连续5天的集训学习过程实际上也是教师对学生进行综合评价的过程,多样化的练习安排和考核设计综合考量了课程时间的连续性、内容的多样性、过程的累积性等因素。从"税法基础"课堂前的案例预习和案例陈述,到课中的案例问题练习和回应,再到课后的历年考题分析和考前答疑活动,通过"透明化"的考核安排形成了一体化、全过程的综合考评模式,进而能够实现对学生学习情况的全面、综合评估。值得一提的是,历年考题的讲解

分析能够通过"实景再现"的方式全面、系统地检验学生学习情况并进行综合运用,进而能够强化学生运用所学知识解决实际问题的能力,在此过程中也可以让学生较好地建立自信心和责任感。[13] 如此一来,墨尔本大学的考核安排并非以单次考试成绩作为唯一的评定标准,而是综合了学生在整门课程中的综合表现,透明化的考评机制亦能实现对学生能力的科学测评。

三、墨尔本大学法学院"税法基础"课程透明化设计的影响因素

以上实践考察和经验分析表明,在网络知识信息"汗牛充栋"和新冠疫情使得外部学习环境积极不稳定的情况下,墨尔本大学以 Miranda 教授为代表的税法研究中心教师团队在实现教学阵地"线上转移"的过程中,正在不断加大对网课教学的精力投入,加强课程安排的统筹协调和教学方式方法的创新运用。通过对墨尔本大学"税法基础"教学的微观观察可知,该门课程已实现了"事前安排——过程设计——事后评估"的全过程透明化教学模式的设计,能够为学生构建一个全程透明、学习前置、信息充分的学习环境。客观而言,墨尔本大学法学院的"税法基础"等课程设计之所以能实现全过程的高度透明化、有效化解信息过剩和有效信息供给不足的困境,主要得益于以下几个方面的客观条件:

(一)时间条件:集中授课模式的普遍实施

在墨尔本大学的课程设计中,有 90% 以上的课程为"集训课程",学生可以在周一至周五或周三至下周二(不包括周末)的五天内接受课程教学,这种"Intensive"的授课方式可以让学生在主题内容中进行"浸润式"学习,也能让来自外地或海外的学生可以集中时间飞往墨尔本上课学习,因而是诸多在职专业人士的理想选择。另有 10% 的课程属于一般性的课程,是按照一个学期共计 10 周的课程来进行设计的。与墨尔本大学的法律硕士课程设计类似,税法硕士项目作为学制为 1 年(全日制)或 42 个月(非全日制)的全英文授课的硕士课程,主要采用集中课堂面授的方式进行。并且,墨尔本大学税法硕士每门课程的平均学分为 12.5,而顺利获得硕士学位需要完成 100 个学分,至少学习 8 门课程。不难发现,课程多且时间短的授课模式设置,客观上要求教师有深厚的理论功底、实务经验以及法律知识储备,尤其是要充分地收集、整理和分享相关课程资料,以便教学活动顺畅开展。

就 2020 年的税法硕士项目教学安排而言,由于受新冠疫情的影响,原定的 41 门税法硕士课程中,有接近一半的课程由于各种原因无法在 2020 年正常启动,授

---

[13] 参见王晨光、陈建民:《实践性法律教学与法学教育改革》,载《法学》2001 年第 7 期。

课模式上也推行了从"线下面授"到"线上远程"的平台转移,这就需要教师通过视频、课件等资料全程分享的方式确保课程授课质量。而就学员结构来看,由于大部分的税法硕士生都是海外生源,且有一些是从事兼职工作的税收实务工作者,从时间成本的角度考虑,他们也需要在较短的时间内完成高负荷的学习,如果等到课程开始后才看到学习资料,将难以适应课程快节奏的开展过程。加之墨尔本大学有"选课犹豫期"的制度设计,倒逼授课教师提前进行课程架构和素材收集,以"前置化"输送的方式将课程安排和阅读资料发放给学生,向学生传递有效的课程信号,展示自己讲授课程的能力。

(二) 内容因素:英美法系案例教学主导的必然要求

澳大利亚是典型的英美法系国家,案例教学占据非常重要的地位,案例涉及的理论、法律往往错综复杂,需要大量的实践资料予以佐证。事实上,墨尔本大学税法硕士项目的重要目标就在于帮助来自世界各地的学生适应国际化的税务实践要求。因此,在课程设计上,墨尔本大学的税法硕士课程也具有实践性的特点,主要围绕以下几个方面进行设计:① 支撑和影响税法运行的理论和政策;② 澳大利亚财政部、税务局(ATO)和法院等机构发展、管理和决定税法适用的过程;③ 国际和国内前沿的税法实践发展;④ 在税法方面有影响力的国际组织的税法提议,如OECD 的提议;⑤ 当前关于税法改革建议的讨论。

税法实践问题的顺利解决,离不开对相关法律知识的全面掌握。然而,就澳大利亚的税法渊源来看,其既有成文法的规范,也有大量的判例法。以所得税法为例,澳大利亚相关的成文法就有 1936 年《所得税评估法(联邦法)》及 1997 年《所得税评估法(联邦法)》两部法律规范,每一部法律规范都多达 2000 多页,如果没有教师的提前说明,学生很难在授课过程中找到对应的法条进行阅读分析。而判例法主要产生于澳大利亚联邦法院和最高法院判决,经过数十年的运行,已形成庞大的税法案例体系,这使得大部分税法教材的编写都采用"案例演绎"的方式,学生要想了解具体的知识内容,就必须回归法律规范和判例制度寻求支撑。庞大的税法体系、数不清的税法判例以及成熟的税法实践给学生研习带来了较高的专业门槛,这就需要教师提供必要的学习素材,对税法硕士课程进行透明化的设计,让学生撷取和提炼有用信息。

(三) 竞争驱动:法律教育产业国际化发展的需要

作为海洋大国,留学和国际教育长期以来都是澳大利亚的核心产业,"打强手牌"是澳大利亚提振留学和国际教育市场竞争力的新思路。其中,墨尔本大学法学院则是澳大利亚的顶尖法学院,在 2023 年的世界大学法学专业 QS 排名中位列第

11位。⑭

就墨尔本大学法学院的税法硕士项目综合实力而言,2020年其被评为国际税法十大LLM课程之一,位列第七名。⑮尽管在项目实力上墨尔本大学法学院税法硕士项目具有较高的优势,但与此相称的是其学费也相对较高,一年的教材资料费和考试费用总计为42688澳元,即接近22万元人民币。与排名全球第五位的荷兰蒂尔堡大学和第六位的伦敦大学政治经济学院同类项目费用相较,墨尔本大学的税法硕士项目学费要高出三分之一。而在高学费的条件下,要保障墨尔本大学法学院税法硕士项目的核心竞争力,就客观上要求其教学要以较高的质量为支撑。就此而言,税法研究中心教师团队周到的教学服务和透明化制度设计,将有助于学生尤其是国际学生充分了解师资团队、教学内容、教学过程、考核要求等课程信息,从而更有意愿选择就读该项目。

(四) 师资基础:高水平税法教学科研团队

墨尔本大学的税法研究中心是世界上著名的税法研究中心之一⑯,常年举办各项年度税务讲座,包括国际财政协会澳大利亚分会会议,以及其他关于当前税收问题的不定期研讨会等⑰。研究中心主任Miranda Stewart是国际财政协会澳大利亚分会的执行会员,是研究澳大利亚未来税收制度的"亨利税制改革"的专家顾问,也是联合国亚洲及太平洋经济社会委员会收支领域的专家组成员,在澳大利亚和海外都有丰富的教学经验,负责研究中心的全面工作。研究中心的税法硕士项目汇集了墨尔本大学法学院的学者、实务专家和来自世界各地的法律学者,每年有200多名校内外讲师参加这个项目的教学,其中有70多名是国际访问专家。

正是在充分结合国际和国内税法人才培养的需求以及自身师资力量优势的基础上,墨尔本大学法学院税法研究中心与政府和实务部门合作推出了该税法硕士项目,其教学团队既有墨尔本大学法学院的专业教师,还包括来自澳大利亚财政部、联邦法院、行政仲裁庭、律师事务所、会计师事务所的实务专家。需要特别说明的是,墨尔本大学对于教师没有指标化的科研压力,且"集中化"的教学模式能帮助教师倾注一部分的时间于教学领域,教师即便在事先进行课程资料的分享,也不会因为教学阅历浅、知识储备不足等原因影响学生的求职需求。而课程设计的实

---

⑭ 参见"QS World University Rankings by Subject 2003: Law and Legal Studies," https://www.topuniversities.com/university-rankings/university-subject-rankings/2023/law-legal-studies,最后访问日期:2024年3月10日。

⑮ 参见"Top LL. M. Programs for International Tax Law 2020," https://llm-guide.com/lists/top-llm-programs-by-speciality/top-llm-programs-for-international-tax-law,最后访问日期:2022年4月10日。

⑯ 参见"Tax Group," https://law.unimelb.edu.au/centres/tax-group,最后访问日期:2021年8月10日。

⑰ 例如,新冠疫情期间,墨尔本大学税法研究中心便开展了"应对新冠疫情危机的财政政策""数字经济税收的挑战与应对"等主题的10余项讲座。

践性和师资结构的多元化使得实务导师能够站在专业实践的角度分享一手的案件素材和税收实务经验,通过课程的多样化设计为学生提供更加全面的课程信息。由此,通过自主创新和从实践平台"借力借智"等方式,教师能对教学大纲、教学内容进行精准化的设计,为全过程透明化的课程运用奠定基础。

(五)资料支撑:立体化的全景法学资料库

依托墨尔本大学图书馆丰富的馆藏资源和数据库资源,墨尔本大学能为全校师生提供优质、丰富的教育资源。在检索工具上,墨尔本大学图书馆按照字母顺序、数据类型、科目类型以及管辖区域对数据库进行了细分,以方便学生及时地查找线上资源。在税法学习领域,墨尔本大学图书馆具备了"IBFD Tax Research Platform""CCH Intelliconnect""ATO Legal Database""Tax Notes"等多个国内外税法数据库资源。疫情期间,为给学生提供更好的资源服务,墨尔本大学在课程设计中实现了图书馆线上专业指导与专业课程实施的深度对接。

就"税法基础"授课过程而言,授课教师在第一天的课程中便通过邀请图书管理员以视频录制的方式对税法专业数据库的查询进行辅导,以便于学生自主进行资料查询。此外,墨尔本大学还有强大的学术服务团队,在这里,学生可以免费加入法学技能培训社区,获得学术上的指导、参加学术研讨会以及更多的学习资源。在庞大的数据资料库和紧密合作的学术服务团队支持下,透明化的教学模式拥有了坚实的后盾,能够因地制宜地协助授课教师与上课同学做好资料收集、分析与整理。

四、墨尔本大学"税法基础"课程透明化教学模式设计之于我国的启示

当前,我国独立的税法硕士专业设置尚处于"准备阶段",财税法方向税法硕士课程的建设还不成熟。但自2017年伊始,国家正逐步重视对法律硕士的培养,教育部、国务院学位委员会《学位与研究生教育发展"十三五"规划》指出,要积极发展硕士专业学位研究生教育,建立以职业需求为导向的硕士专业学位研究生教育发展机制。⑱《中华人民共和国国民经济和社会发展第十四个五年规划和2035年远景目标纲要》更是提出,要"建设高质量教育体系"。⑲ 在此背景下,推动税法硕士专门人才的培养具有迫切性和必要性。然而,观察国内现有的高校税法硕士课程安排,仍然存在税法专业课程的特色不够突出、教学信息的"私有化"现象严

---

⑱ 徐晓颖:《法律专业学位研究生的实践教学改革——以北京大学法律硕士(非法学)项目为例》,载《法学教育研究》2019年第4期。

⑲ 教育部:《"十四五"规划和2035年远景目标纲要提出建设高质量教育体系》,载《中国教育报》2021年3月13日,第3版。

重、有效信息的过程传递不到位,税法课程评价机制不甚科学等问题,网络信息时代学生知识掌握程度较好但知识实践运用能力较差等问题,与"高精尖"的高级法律人才培养目标相去甚远,制约了整体法学研究生教育质量的提升。因此,未来有必要借鉴墨尔本大学税法硕士课程的透明化教学模式,以学生为中心,从课程框架、课程内容、授课过程、课程评价等方面进行透明教学模式的设计,增强学生获取信息、选择信息、应用信息能力,实现教学理念改革和教学方法创新。本文认为,面对未来互联网教学手段的不断深化和财税法治建设给税法人才培养带来的重大挑战,有必要借鉴墨尔本大学税法硕士课程过程透明化教学模式的有益经验,从以下方面推动我国税法硕士课程的科学设置和教学模式的适时改革。

(一) 强化税法课程的综合设计

"财税法学"是一门相对比较特殊的课程,其特殊性在于将法学知识与经济学理论融为一体,且不同性质的知识内容和理论框架相互渗透的深度亦是其他哲学社会科学所无法比拟的。[20] 目前,由于我国尚未赋予财税法学独立的二级学科地位,大部分高校的税法硕士学位建设尚处于初步阶段,但就部分高校"经济法学科"下的财税法方向课程设计来看,一些高校已经初步实现了由"学位基础课程+专业核心课程+专业选修课程"构成的结构[21]。以北京大学法学院为例,适用于所有法律硕士研究生的课程主要有政治、英语、法理学、民法总论、刑法总论、民事诉讼法、刑事诉讼法、行政法与行政诉讼法、国际法、经济法总论、宪法、国际私法,属于专业核心的课程主要有税法专题、国际税法专题、财税法案例专题,而属于专业选修的课程则主要有民法分论、财税法学、企业法与公司法、金融法与证券法。[22]在西南政法大学经济法学院,财税金融法方向的研究生课程也包括了财税法、税收实务、税收实务前沿讲座等基础性和实践性课程。但相比墨尔本大学法学院税法专业硕士的课程设置的体系性,我国高校的既有课程设置依然存在较大问题,缺乏必要的"交叉学科"税法知识内容的设计,也缺乏多元化、特色性的课程安排。本文认为,针对我国财税法方向专业课程设计的局限性,可以本着拓宽领域、紧贴实际、面向未来的原则,在课程容量允许的前提下,对税法硕士课程进行"宽口径+应用性+特色化"的打造,实现税法专业与民商事基础法律部门、税收学、会计学、体育学、管理学等专业的交叉设计,如在国内税法领域,可以加强"个人所得税法""增值税法""地方税制度""税收筹划"等专门化的课程设计,在国际税法领域,则可以将"比较税法""税收条约""数字税收""转让定价税收"纳入税法领域的核心课程。

---

[20] 张怡:《财税法专业课程的特殊性与改革对策》,载《中国大学教学》2007 年第 8 期。
[21] 施正文:《论税法硕士专业学位的设置与教育》,载《法制与社会发展》2005 年第 2 期。
[22] 参见北京大学《财税法专业方向培养计划》,https://www.law.pku.edu.cn/docs/2016-04/20160421165733510745.pdf,最后访问日期:2021 年 8 月 15 日。

(二) 推行税法课程资料的及时供给

在国内部分高校的税法课程教学过程中,尽管研究生培养方案可以随时被学生查询,但对于每一门学习科目的教学大纲、教学目标、教学进度和考核要求,教师通常不会主动进行公布,或只作简要说明,教师教学信息的"私有化"现象依然较为严重,这使得学生从选课开始到上课结束对课程学习的目标都不明确。由于缺乏课程的前置介入,学生需要等到第一堂课才知道老师的课程安排和讲授的内容,在课堂教学时,教师通常以自己拥有而学生没有的教材和资料内容来进行教学,这使得教学内容随意性较大,无法对重点问题进行深入讨论,也容易使学生学到的知识停留在表面。为此,有必要借鉴墨尔本大学"税法基础"课程教学的重要经验,加强税法课程信息的前置化。一是要做好课前资料的选取和发放,教师可以根据学院和学科的教学时间安排,将本课程的教学大纲及课程资料提前发到校园网平台。学生可以在平台上事先了解课程目标、课程计划、课程作业等情况,以做好课前准备,这也可以督促教师课前认真备课。尤其是对于税收前沿问题讲座、税法案例的研讨、国际税收前沿问题的课程,教师需要提前做好"备课"工作,甄选适合课程学习的文章和案例素材发放给学生,使其事先了解课程知识体系,增强学习的可预判性。二是可以通过录制或发放"微视频"的方式做好课程内容的彩排和预先布置,在此方面,可以借鉴墨尔本大学教学经验,由教师在课程学习的前一周将精心设计好的教学知识概要制作成微视频,或在网上寻找相关教学视频资源上传到校园网,提醒学生事先根据教学视频和书本内容提前进行知识准备和自主学习。三是可以做好课前问题的释疑工作。任课教师可以在校园网上的课程板块开通实时答疑板块,对于学生预习过程中存在的问题,借助手机、电脑等设备等方式予以解答,对于学生普遍反映的问题,则可作为课堂讲授的重点在课程中统一回答,增强学生消化知识点的及时性和有效性。

(三) 促成税法课程安排的适度集中

与墨尔本大学法学院税法硕士课程大部分属于"集训教学"不同,国内大部分学校的税法硕士课程都是按周来上的,对于每门课程的学习,学生每周只需要完成3课时到6课时的学习内容。但是以周为单位的教学安排容易带来不同学科学习的"分散性",由于学生在同一阶段或同一天需要接收其他课程的学习,时间安排相对紧凑,如果没有精细的课前预习和信息补给,将难以跟上教师上课的节奏。但如果不同课程老师在同一时间段提供的信息资料过多,也容易造成学生学习的负担。这就需要从整体课程安排上对一些问题集中、实践性突出的税法课程进行集中安排,并提前发放课程大纲和学习资料。一方面,这样的设计可以较好地借助实务导师的资源,集中精力投入教学过程;另一方面,这样的教学安排也能帮助学生心无旁骛地对一门课程的学习倾注注意力,及时解决学习过程中遇到的问题。在教学科研关系紧张、教师科研压力过大的背景下,适度的集中授课也有利于做好时间规划和资源配置,以"训练营"式的教学安排帮助学生快速融入学习环境,提高学习的效率和效果。

(四) 增强税法课程教学过程的互动性

在网络教学的过程中,如果长时间地"蹲在"网上学习,并进行不同科目之间的学习切换,很容易带来学生课程学习和知识体系建构的混乱,这就要求在实现部分课程集中授课的同时,加强教学方法的创新设计。在墨尔本大学"税法基础"课程的网络授课过程中,教师在"小班教学"的基础上,在课程讲授中增加了视频预播、资料查询、案例分析、报告讨论、实务习题演练等多个环节,极大地丰富了教学的形式。本文认为,为提升税法课程教学的透明度,国内高校也应当加大师生在网络平台中的互动,从以下方面缩短教师与学生之间的信息不对称距离。第一,要建立多元化的网络教学信息交流平台,如腾讯会议平台、QQ 群、微信群、公共邮箱等,已建立了统一校园网平台的高校也应用好教学平台和讨论区间,以此实现教学信息的公开共享和互动交流。第二,要加强师生的双向互动,可以学习墨尔本大学"税法基础"课程中的"授人以渔"教学方式,由教师带领学生共同分析税法结构、共同讨论预算报告,通过零距离地解构税法规范、税法咨询等方式提升学生学习的主动性,在实际操作中掌握知识。第三,加强分组讨论,对于课程中涉及的争议问题或者相关案例,任课教师可以在课程环节中增加讨论设计,由学生分组进行讨论,教师则可以以"监测员"的身份介入课堂,监督学生讨论的情况、提醒学生注意平时自己不注意的问题,教导学生反思性学习。第四,加强重点内容的思维导图演示,对于学生难以掌握的知识点,任课教师应当引导和组织学生对相关问题进行解答。在此方面可以借鉴墨尔本大学"税法基础"授课过程中的"白板教学法",由教师通过在黑板或课件中画思维导图、案例分析图、用练习题演示的方式让学生领会问题的思考过程和操作方案。对于课程中演示的内容,教师可以及时保存,并及时上传到相应的学习板块,以便学生课后消化和复习。

(五) 增强教师团队建设和促进能力提升

化解税法硕士课堂教学的信息不对称问题,既需要从教学模式上进行调整,更需要教师勤练内功,做好知识的提炼和观点创新。这是因为,"教师想要给学生一瓢水,自己必须有一缸水,而且是活水"[23]。要在实现课程透明化的过程中拉开教师与学生之间重叠的知识集,就必须要求教师做好自我能力建设,及时做好课前备课工作,在查阅、掌握大量相关教学参考资料的基础上,加强对资料的整理和观点

---

[23] 乔旭宁、杨永菊、魏峰远:《信息不对称条件下高校和谐"教""学"环境构建》,载《继续教育研究》2010 年第 6 期。

的提炼。一方面,教师要不断扩充自身的知识库,养成与时俱进的学习意识,避免出现由于教师的信息储备量不足而引起的师生之间的信息完全对称。另一方面,教师要学会"教研相长",在不断补给教学资料的同时提升自身的科研水平,在共同知识的基础平台上,用独特的视角、创新的意识和观点带领学生深层次地分析和解决问题,为构建研究生课程教学"金课"做好能力储备。此外,由于某些税法硕士课程是由教师之间"接力"完成的,这就要求教师之间在课堂教学中加强信息沟通和集体备课,以相互协作的方式做好课程团队建设,避免教师之间课程信息的不透明,共同服务于税法课程建设质量的提升。

(六) 搭建过程化的税法课程评价机制

为保障税法硕士教学的质量,同时兼顾课程评价机制的灵活性,有必要设计多元化的考核方式,做好对学生学习情况的反馈和改进。本文认为,透明化的税法教学模式不仅要求课堂教学过程的透明化,也要求体现学生学习过程和效果的透明化,这就要求加强对学生的全面评估,重视学习的过程评价而非结果评价。在此方面,可以借鉴墨尔本大学"过程性""结构化"考核的方式,一是将考核内容和规则前置化,正式开课之前对学生做好相关考试安排、考试时间、考试规则的说明。对于课中评价的内容,需要做好讨论板块的设置和案例陈述的分工,让学生事先了解考核的日程安排,做好充分的考前准备,防止"突击应付"的应试弊端。二是要加强考核方式的多元化,在此方面,可借鉴现代技术和"互联网+"的思维建构起可操作的评价体系,将学生的课堂表现、习题练习、课堂互动、结构化考试等全面纳入课程评估过程,加强对学习过程的整体管理,客观评估学生学习的真实状态和效果。三是可以加强课堂实务问题的演练,通过仿真教学、模拟法庭、角色分工、文书写作等方式重点训练学生解决税法实务问题的能力和写作技巧,强化对学生实践技能的考评。四是建议教师开放课后税法答疑板块,学生可将学习过程中遇到的问题放到校园网板块进行讨论,教师进行及时答疑,为学生提供充分的复习指导。如此,通过上述四个方面的制度安排,我国税法硕士评价制度中存在的评价内容和方法单一、评价标准过于随意、评价程序不透明等问题能得到有效改善。

五、结　　论

互联网教学的远距离授课方式加大了法学课程教育的信息不对称,而税法硕士专业课程的综合性、复杂性又在一定程度上加大了学生获取精确信息的难度、加大了学生课程学习的任务和压力,容易带来网络课程教学的负面效果,不利于税法课程教学水平的有序提升。本文对墨尔本大学系统化的税法硕士课程设计以及"税法基础"课程的透明化教学过程的实践观察表明,通过课程教学的前置化、课程安排的清晰化、课中教学的互动性、课程评价的过程性等方式,能够实现课堂秩序的重新调整、推动师生在教学过程和效果上的互动共赢。面对未来互联网教学手段的不断深化和财税法治建设给税法人才培养带来的重大挑战,有必要借鉴墨尔本大学税法硕士课程全过程透明化教学模式的有益经验,发挥教师、学生、学校和实务部门的共同积极性,探索构建透明化的课程教学体系,化解信息不对称的主要障碍,全面推动我国税法硕士课程的科学设置和教学模式的改革创新。

市场规制法

新《反垄断法》背景下公平竞争审查制度的法治化改进

焦海涛[*]

摘要: 2022年《反垄断法》修正之后,公平竞争审查制度正式"入法"。基于法律与政策的不同实施方式,公平竞争审查制度需要尽快实现"法治化"转型。在审查方式上,既有的自我审查模式虽然短期内难以改变,但可通过加入错位审查、联席审查等具有外部属性的审查方式,弥补自我审查的不足。在监督与约束机制上,可以通过建立、完善、运用各类抽查、考核、信用、执法、约谈、举报程序,强化公平竞争审查制度的刚性约束。公平竞争审查标准也应与行政性垄断的违法性标准彼此对接、互相借鉴,最终实现二者的协调统一。此外,开展公平竞争审查制度的实施评价、建立专项公平竞争审查制度,也应成为未来提升公平竞争审查制度法治化水平的重要方向。

关键词: 公平竞争审查制度　外部审查　刚性约束　专项公平竞争审查制度

2022年修正的《反垄断法》第4条新增了"强化竞争政策基础地位"的表述,新增的第5条正式将公平竞争审查制度写入《反垄断法》。这两条的修改具有紧密关联。确立"竞争政策基础地位",使得竞争政策与其他经济政策之间的协调有了明确的法律依据,为公平竞争审查制度从"政策"上升为"法律"奠定了重要基础。公平竞争审查制度则是贯彻"竞争政策基础地位"的最重要举措,没有公平竞争审查制度,竞争政策的基础地位就无法真正落地。

不仅如此,公平竞争审查制度还能从源头规范政府行为,并弥补原《反垄断法》规制滥用行政权力排除、限制竞争制度的不足。2007年《反垄断法》颁布时就

---

[*] 焦海涛,中国政法大学民商经济法学院教授。

明确规定了"行政机关不得滥用行政权力,制定含有排除、限制竞争内容的规定"①,但 2016 年国务院《关于在市场体系建设中建立公平竞争审查制度的意见》(国发〔2016〕34 号)确立的公平竞争审查制度,管辖范围显然要比原《反垄断法》广。一方面,不仅普通行政机关,最高行政机关、部分立法机关制定的政策措施,也在公平竞争审查的范围之内②;另一方面,所有涉及市场主体经济活动的政策措施,都需要进行公平竞争审查,而不论是否因"滥用行政权力"而制定。③ 也就是说,虽然 2007 年《反垄断法》也有禁止行政主体不当制定政策措施的内容,但只能涵盖一部分政策措施,而公平竞争审查制度的内容因超出了原《反垄断法》而难以被视为《反垄断法》项下的一项制度。④ 这也意味着,我国的公平竞争审查制度一度停留在"政策"层面,而未获得完全的"法律"身份。

2022 年《反垄断法》修正之后,公平竞争审查制度正式入法,成了《反垄断法》之下的一项具体制度。这不仅有助于提升公平竞争审查制度的法律地位,也有利于在整个反垄断法的框架下审视公平竞争审查制度的实施与完善程度。⑤ 不过,与"滥用行政权力排除、限制竞争"制度既有《反垄断法》总则的强调,又有分则中的专章细化相比,公平竞争审查制度在《反垄断法》中仅有"总则"层面的宣示性规定,分则中尚无任何的细化内容。⑥ 这一方面源于 2022 年《反垄断法》修正的目标不在于公平竞争审查制度,能够将该制度入法已经是较大的进步;另一方面也因为公平竞争审查制度过于重要,需要另行制定详细规则——这尤其体现为我国正在以行政法规的形式制定《公平竞争审查条例》。⑦

总的来说,2022 年《反垄断法》的修正既为公平竞争审查制度的全面落实提供了重要契机,也对公平竞争审查制度的进一步完善提出了更高要求。作为一项法

---

① 这是原《反垄断法》第 37 条的规定。现行《反垄断法》第 45 条将其修改为"行政机关和法律、法规授权的具有管理公共事务职能的组织不得滥用行政权力,制定含有排除、限制竞争内容的规定",即主体扩展至"法律、法规授权的具有管理公共事务职能的组织"。
② 国务院《关于在市场体系建设中建立公平竞争审查制度的意见》(国发〔2016〕34 号)规定:"行政法规和国务院制定的其他政策措施、地方性法规,起草部门应当在起草过程中进行公平竞争审查。"
③ 焦海涛:《公平竞争审查制度的实施激励》,载《河北法学》2019 年第 10 期。
④ 学界对这个问题还有不同看法,代表性观点有三种:(1)有学者认为,公平竞争审查制度属于反垄断法的内生制度,包含在反垄断法的体系之内。参见张占江、戚剑英:《反垄断法体系之内的公平竞争审查制度》,载《竞争政策研究》2018 年第 2 期。(2)也有学者认为,公平竞争审查制度本质上是宪法问题,应当在宪法体系下建构公平竞争审查制度。参见王炳:《公平竞争审查的合宪性审查进路》,载《法学评论》2021 年第 2 期。(3)还有学者认为,在微观层面,公平竞争审查制度可以被理解为反垄断法的一项制度,而在宏观层面,公平竞争审查制度也可以被理解为整体经济法乃至经济宪法上的一项制度。参见张守文:《公平竞争审查制度的经济法解析》,载《政治与法律》2017 年第 11 期。
⑤ 例如,一旦公平竞争审查制度被视为反垄断法中的一项具体内容,反垄断执法机构就可以对公平竞争审查制度的推行发挥更大作用。
⑥ 我国也有学者建议《反垄断法》修改时新增"公平竞争审查制度"专章。参见时建中主编:《〈中华人民共和国反垄断法〉专家修改建议稿及详细说明》,中国政法大学出版社 2020 年版,第 148—164 页。
⑦ 2023 年 5 月,国家市场监督管理总局向社会公布了《公平竞争审查条例(征求意见稿)》。

律规则的公平竞争审查制度,和作为一项经济政策的公平竞争审查制度,在实施方式、实施效果、约束机制等方面都有较大不同。未来公平竞争审查制度的改进方向,需要紧紧围绕"法治化"的基本要求,强化法律制度的基本属性。

近年来,我国非常重视公平竞争审查制度的全面推行和强化实施,尤其将公平竞争审查制度与优化营商环境联系在一起。[⑧] 世界银行新推出的营商环境指标体系(B-READY)也特别加入了"促进市场竞争"的评价内容。这些做法对维护市场竞争秩序,特别是保护民营中小微企业公平参与市场竞争具有重要意义。在新《反垄断法》已经实施,且党的二十大特别强调要保护、促进民营中小微企业发展的新时期,从多个方面完善公平竞争审查制度,进一步推进公平竞争审查制度的法治化水平,具有重要的战略意义。

一、创新多样的公平竞争审查模式

我国公平竞争审查制度备受诟病的一个主要方面就是自我审查模式的约束力不足。[⑨] 以政策制定机关自我审查为主的公平竞争审查模式在我国虽然具有一定的合理性[⑩],但自我审查容易流于形式,在没有后续程序(特别是追责机制)"兜底"的情况下,自我审查难以发挥法律制度的约束力。这是当前公平竞争审查制度法治化水平不足的重要体现,也是公平竞争审查制度面临的最核心问题。彻底解决这个问题的方式固然是废除自我审查模式,但在当前阶段只能在自我审查之外逐步增设其他审查方式,特别是外部审查。

国家市场监管总局等五部门 2021 年印发的《公平竞争审查制度实施细则》虽然鼓励政策制定机关引入第三方评估,但实践中还未普遍推行。在此情况下,建议从以下方面进一步创新公平竞争审查模式,以更多的外部审查方式弥补自我审查的不足:

第一,引入错位审查模式。所谓错位审查,即 A 机关拟出台的政策措施交由 B 机关审查,B 机关拟出台的政策措施交由 C 机关审查,以此类推。错位审查不是相互审查、交叉审查。A 机关审查 B 机关的政策措施,B 机关再审查 A 机关的政策措施,可能存在互相包庇的情况,仍难确保审查效果。为提高审查效率,错位审查可以主要在同级政策制定机关之间进行,只有特殊情况下才需要上下级间的错位审查。错位审查机关的选择,可实行"相近原则",即由熟悉该政策措施的其他机关来审查,而非交由职能不相关的主体。同时,可以先从省内开始选择错位审查机关,

---

⑧ 例如,《优化营商环境条例》第 63 条第 1 款规定:"制定与市场主体生产经营活动密切相关的行政法规、规章、行政规范性文件,应当按照国务院的规定进行公平竞争审查。"

⑨ 相关文献参见殷继国:《我国公平竞争审查模式的反思及其重构》,载《政治与法律》2020 年第 7 期;李俊峰:《公平竞争自我审查的困局及其破解》,载《华东政法大学学报》2017 年第 1 期。

⑩ 参见朱凯:《对我国建立公平竞争审查制度的框架性思考》,载《中国物价》2015 年第 8 期。

再逐步扩展到省外。为免频繁更换审查机关带来的额外成本,错位审查可以以一年为周期,一年之后再更换审查机关。当然,条件允许的话,错位审查机关也可以全部随机抽取,即某机关拟出台的政策措施,并不由固定的一个机关审查,而是从同级政策制定机关中随机抽取审查主体。

第二,推行重大政策措施强制"联合审查"(联审)制度。有些政策措施具有综合性,涉及多个业务领域及监管部门,或者属于基础性、重大性的政策措施,具有极大的市场影响,这些政策措施的出台不仅需要更细致地审查,还需要多个部门联合统筹。《公平竞争审查制度实施细则》在这方面的规定是:"以多个部门名义联合制定出台的政策措施,由牵头部门负责公平竞争审查,其他部门在各自职责范围内参与公平竞争审查。政策措施涉及其他部门职权的,政策制定机关在公平竞争审查中应当充分征求其意见。"这种由"牵头部门"负责审查的做法很容易带来审查程序的拖延、无效。对这类政策措施,最好引入"联合审查"模式。联审的具体职责,可以以我国目前已经建立的各级公平竞争审查联席会议制度为依托,由联席会议办公室承担。如果以后设立其他"统筹协调"主体的,也可由该主体主导联审工作。联审的具体范围,需要以法律方式固定下来,以增强联审的强制属性。对于在公平竞争审查中所出现的争议较大、部门意见难以协调一致或者实施后引起较大影响的政策措施,都要求政策制定机关提出联审申请。为确保联审效果,可以邀请相关政府部门代表、专家学者、行业代表、专业机构等参与联审程序。联审工作应确保专业性、代表性和中立性,不应选择与决策事项有利害关系的主体参加。

第三,建立重点政策措施复审机制。对一些社会舆论普遍关注、对社会公共利益影响较大以及之前存在过较严重问题的政策措施,建议在政策制定机关完成自我审查的前提下,再由前述联审主体进行复审。政策制定机关应当提供自我审查的各项材料,包括政策措施文稿、起草说明、相关法律法规依据及竞争影响评估报告等。经前述联审主体复审通过后,政策制定机关才能出台该政策措施或者提交政府审议。需要复审的政策措施范围,可以从两个方面来确定:一是在立法上确立必须复审的政策措施,主要是自我审查存在较大风险的政策措施;二是复审主体可以自由决定将某些政策措施纳入复审范围,政策制定机关必须配合。

第四,开展独立审查试点。自我审查模式是基于我国当下现实的选择,随着大部分存量政策措施已经审查完毕,以及某些经济发达地区反垄断执法机构的经验不断丰富,可以在某些地方逐步开展公平竞争独立审查试点工作,即由专门机构

(主要是反垄断执法机构)负责公平竞争审查工作。⑪ 独立审查试点需要循序渐进,不能以影响反垄断执法工作为前提,所以只能针对新增政策措施,且以反垄断执法机构的人员编制较为充分为前提。

二、强化公平竞争审查的刚性约束

法律与政策的一个重要区别就是约束力强。在自我审查模式下,只有强化公平竞争审查制度的刚性约束,以具有约束甚至惩戒效果的后续程序来"兜底",才能确保自我审查的效果。我国在《中华人民共和国国民经济和社会发展第十四个五年规划和2035年远景目标纲要》(2021)、国务院《"十四五"市场监管现代化规划》(2021)、国务院《关于开展营商环境创新试点工作的意见》(2021)、国务院办公厅《关于印发全国深化"放管服"改革着力培育和激发市场主体活力电视电话会议重点任务分工方案的通知》(2021)等多部重要文件中,均提出了强化公平竞争审查制度"刚性约束"的要求。市场监管总局等四部门《关于进一步推进公平竞争审查工作的通知》(2020)、市场监管总局《法治市场监管建设实施纲要(2021—2025年)》中也有类似提法。

本文建议从以下方面建立、完善、运用各类抽查、考核、信用、执法、约谈、举报程序,强化公平竞争审查制度的刚性约束。⑫

第一,强化抽查机制。在自我审查模式下,建立政策措施的抽查机制尤为重要。这不仅可以及时发现政策措施的公平竞争审查情况,也可以有效应对政策措施实施中市场环境出现的新变化。抽查机制可以从以下几方面建立:(1)抽查主体可以是政策制定机关的上级机关,可以是前述的统筹协调主体,也可以是反垄断执法机构,或者由上述机构实施联合抽查;(2)抽查方式包括定期抽查和不定期抽查两种,两种方式都应常态化运行,并根据实践需要合理确定抽查比例,同时对市场主体反应比较强烈、问题比较集中、行政性垄断问题多发的领域、行业和地区进行重点抽查;(3)抽查内容包括政策制定机关是否履行审查程序、审查流程是否规范、审查标准是否遵守、例外规定是否滥用、审查结论是否准确等;(4)抽查结果尽量向社会公开,并根据抽查结果建立相应的奖惩机制,且与反垄断执法、纪检监察等程序相衔接。

---

⑪ 关于公平竞争审查的适格主体,我国学界有不同主张。相关文献可参见张占江:《中国法律竞争评估制度的建构》,载《法学》2015年第4期;王健:《我国公平竞争审查制度的特点及优化建议》,载《竞争法律与政策评论》2016年总第2卷;王磊:《比例原则下公平竞争的深入审查》,载《西安交通大学学报(社会科学版)》2017年第6期;刘大洪、邱隽思:《推动民营经济发展背景下的公平竞争审查制度改进研究》,载《法学论坛》2019年第2期;殷继国:《我国公平竞争审查模式的反思及其重构》,载《政治与法律》2020年第7期。

⑫ 对公平竞争审查的监督与约束,有学者还提出了立法监督、司法审查的建议。参见苗沛霖:《公平竞争审查的模式选择与体系建构》,载《华东政法大学学报》2021年第3期。

第二，建立统一的公平竞争审查考核、公示制度。我国目前有些地方已将公平竞争审查工作纳入相关政府部门的考核体系，但考核的内容、标准、方式等还不太一致，考核结果的使用也有区别。在此基础上，可以在全国范围内建立相对统一的考核制度，将公平竞争审查工作统一纳入政府部门年度考核以及优化营商环境、法治政府建设等考核评价体系，并公示考核结果。

第三，建立公平竞争审查信用记录制度。《反垄断法》第64条规定："经营者因违反本法规定受到行政处罚的，按照国家有关规定记入信用记录，并向社会公示。"对行政主体其实也可以建立信用记录制度。行政主体因其身份特殊，一旦违法，财产罚几乎没有意义，声誉罚反而是更好的制约机制。行政主体违反公平竞争审查标准或程序出台政策措施的情况，如果能够留存下来，构成其信用记录的一部分，并长期向社会公示，则对激发其以后严格遵守公平竞争审查制度将有重要意义。

第四，实现反垄断执法与公平竞争审查的有效衔接。自我审查类似于自我合规。合规不仅是反垄断法的实施方式之一，也是反垄断法实施的最终目标，因此各国反垄断执法机构都支持、鼓励相关主体做好合规工作。不过，公平竞争的自我审查与市场主体的主动合规有很大的不同。经营者的合规工作有执法兜底：合规有效的，执法机构无须启动调查程序；合规无效的，执法机构仍然可以启动调查程序、施加行政处罚。在有些国家和地区，经营者刻意开展无效合规工作的，如以合规隐瞒垄断行为或者误导执法活动，反垄断执法机构还可以对经营者加重处罚。⑬ 而在公平竞争审查制度运行中，自我审查居于核心地位，自我审查无效的，也几乎不会有执法程序跟进。这使得自我审查几乎处在不受约束的状态。如前所述，行政主体"滥用行政权力"制定含有排除、限制竞争内容的规定，原本就属于《反垄断法》明确规定的行政性垄断行为，更何况2022年《反垄断法》还直接写入了公平竞争审查制度，因此，对政策制定机关违反公平竞争审查标准或程序出台政策措施的，反垄断执法机构完全可以立案、调查。经调查证实违法的，一方面会给政策制定机关留下一个违法决定，如果建立了前述的信用记录制度，则政策制定机关相当于多了一个信用"污点"；另一方面，2022年修正后的《反垄断法》新增了行政性垄断执法中的报告制度，即"行政机关和法律、法规授权的具有管理公共事务职能的组织应当将有关改正情况书面报告上级机关和反垄断执法机构"，这也构成了对政策制定机关的另一重约束。

第五，发挥约谈与整改机制的效用。2022年《反垄断法》新增第55条规定："经营者、行政机关和法律、法规授权的具有管理公共事务职能的组织，涉嫌违反本法规定的，反垄断执法机构可以对其法定代表人或者负责人进行约谈，要求其提出

---

⑬ 英国公平贸易局（OFT）在2011年发布的反垄断合规指南（How your business can achieve compliance with competition law, OFT1341），以及意大利竞争主管机构（AGCM）在2018年发布了反垄断合规指南（Guidelines on antitrust compliance）中，均有这方面的内容。

改进措施。"约谈经营者,在我国以往的执法实践中已多有采用并积累了丰富经验,但对行政主体进行约谈的,实践中并不多见。新法为约谈行政主体提供了法律依据,公平竞争审查主体由此也可以被纳入约谈的对象范围。约谈不仅是一种程序,根据新法规定,约谈之后,反垄断执法机构还可以对被约谈方"提出改进措施"。这也是一项重要的约束机制。关于什么时候启动约谈,《反垄断法》虽然没有限制约谈的适用情形,但从我国其他领域的立法和实践看,对经营者的约谈一般适用于轻微案件,而对行政主体的约谈则多适用于违法违规行为比较严重的场合。基于此,建议反垄断执法机构更多对下列违反公平竞争审查制度的行为启用约谈程序,并督促当事人提出改进措施:(1)多次未进行公平竞争审查而出台政策措施,或者未经审查程序且不及时补做审查的;(2)虽已进行公平竞争审查但仍出台违反审查标准的政策措施,或者被发现政策措施违反审查标准后仍不按照相关程序停止执行或调整的;(3)经上级机关或者反垄断执法机构事后抽查发现政策措施排除、限制竞争但不调整的。

第六,健全举报处理、回应和奖励机制。对涉嫌违反公平竞争审查标准或程序的政策措施,鼓励任何单位和个人向政策制定机关的上级机关、反垄断执法机构、公平竞争审查统筹协调主体举报。举报受理主体应当尽可能地广泛,即便受理主体发现自己无法处理的,也可以将案件线索转移给其他机关。同时,要建立规范化的举报回应与奖励机制及举报人保护制度。激励不足是当前举报机制运行不畅的一个重要原因,这里的激励不仅是金钱奖励,也包括举报受理主体的回应。公平竞争审查是一个小众领域的专业问题,举报人能够做出这方面举报的,往往并不在意金钱奖励,其举报的更大积极性来源于受理主体的回应。当然,金钱激励也是一个可选的额外手段。2021年8月,国家市场监管总局、财政部联合制定颁布了《市场监管领域重大违法行为举报奖励暂行办法》,要求各地市场监管部门、财政部门要做好协调配合及举报奖励资金保障工作,结合实际制定具体实施措施和配套制度,积极推进举报奖励制度落实。在公平竞争审查领域建立举报及奖励制度,就是落实上述办法的重要举措。为此,可以考虑出台专门的《公平竞争审查举报与奖励办法》,规定举报的方式、程序、举报处理与回应、举报人保护与奖励等各项制度。

三、对接行政性垄断的违法性标准

公平竞争审查制度与反垄断法上的其他制度具有相同的目标和依据,只是运作方式不同而已。公平竞争审查制度的入法也意味着垄断行为的违法性标准也可用于分析行政主体制定的政策措施。2016年国务院《关于在市场体系建设中建立公平竞争审查制度的意见》虽然规定了公平竞争审查制度的四大类、十八项具体标准,但与《反垄断法》确立的分析标准仍有一定区别。特别是2022年《反垄断法》修正之后,国务院制定的公平竞争审查标准已与《反垄断法》的有些表述不尽一致。从理论上看,两者的违法性标准应当相同,尤其是《反垄断法》中的行政性垄断制度,它与公平竞争审查制度的区别应仅限于两个方面:一是规制方式上,一个侧重事后规制,另一个侧重事前审查;二是规制范围上,一个既涉及具体行为也包含抽象行为,另一个则侧重抽象行为。

在公平竞争审查制度入法的背景下,公平竞争审查标准与行政性垄断的违法性标准应该彼此对接、互相借鉴,最终实现二者的协调统一。公平竞争审查制度需要将《反垄断法》中关于行政性垄断的新规定吸纳到审查标准之中;《反垄断法》对行政性垄断的调整,一方面也要以公平竞争审查标准为基础,扩大规制范围,另一方面放弃"滥用行政权力"的要求。通过相互改造,最终形成一个约束公权力限制市场竞争的完整链条;公平竞争审查制度以事前方式,预防各种不当限制竞争的政策措施出现;公平竞争审查制度未能发挥作用的,或者行政性限制竞争行为不以政策措施的方式出现,则依靠《反垄断法》中的行政性垄断制度实现事后纠正。而在判断相关措施或行为是否违反公平竞争审查制度或《反垄断法》上,实体标准应该是一致的。也就是说,凡违背公平竞争审查标准出台的政策措施,在未被公平竞争审查制度过滤时,到了《反垄断法》上,也应能通过行政性垄断制度来纠正;凡被《反垄断法》规定为行政性垄断的行为,如果体现在政策措施中,也应当违背公平竞争审查标准,并可通过公平竞争审查程序识别出来。

基于上述前提,在当前阶段,公平竞争审查标准需要以现行《反垄断法》为依据进行更新。公平竞争审查标准中的很多内容,原本就借鉴于《反垄断法》,而这次《反垄断法》对行政性垄断制度的修改,主要立足于近年来的执法经验,具有较强的现实针对性,因此,公平竞争审查标准也需要随之更新。2016年国务院《关于在市场体系建设中建立公平竞争审查制度的意见》中提及的下列标准,已经被《反垄断法》调整了:一是"不得排斥或者限制外地经营者参加本地招标投标活动",在现行《反垄断法》中的表述是"排斥或者限制经营者参加招标投标以及其他经营活动",不仅不再强调本地和外地的区分,还增加了"其他经营活动"的内容;二是"不得排斥、限制或者强制外地经营者在本地投资或者设立分支机构",在现行《反垄断法》中,行为方式变为"排斥、限制、强制或者变相强制","变相强制"是特意新增的内容;三是"不得强制经营者从事《中华人民共和国反垄断法》规定的垄断行为",在现行《反垄断法》中也增加了"变相强制"的表述。另外,2022年《反垄断法》新增的第40条,即"通过与经营者签订合作协议、备忘录等方式,妨碍其他经营者进入相关市场或者对其他经营者实行不平等待遇,排除、限制竞争",特别指向近年来共享单车领域普遍存在的违法行为,这也应当成为公平竞争审查的重点。

从长远来看,公平竞争审查标准应当立足以下两个原则来构建——当然,《反垄断法》中的行政性垄断制度也是如此:

一是中立原则。政府为解决"市场失灵"问题而介入经济领域是必要的,但应当坚持中立原则,即不偏不倚地对待所有经营者,不能人为地造成同等条件的经营者面临不同的竞争环境,使有的经营者获得竞争优势,有的经营者则处于竞争劣势之中。这里的"中立",首先包括不同所有制经营者之间的不偏不倚,也即经济合作与发展组织(OECD)、联合国贸易和发展会议(UNCTAD)、《跨大西洋贸易与投资伙伴关系协定》(TTIP)、《全面与进步跨太平洋伙伴关系协定》(CPTPP)等国际组织或双边、多边协定所倡导的"竞争中性原则"[14],以及我国"两个毫不动摇"政策的主要内容。中立原则的内容,还包括不同地域经营者之间的不偏不倚,即不优待本地企业、歧视外地企业,或者相反。2007年《反垄断法》规定行政性垄断制度时,花了较大篇幅禁止地方保护行为,原《反垄断法》第33条至第35条规定的都是对外地企业的限制或歧视行为。公平竞争审查制度在2016年引入时也受此影响。从理论上看,政府不管优待本地企业还是外地企业,都会破坏公平的市场竞争秩序,而实践中也的确出现了有些地方政府为吸引投资而给予外地企业更多优惠的做法。因此,2022年《反垄断法》修正时,不再突出对地方保护行为的规制,而是尽可能地坚持一视同仁的原则。[15]公平竞争审查标准也须相应地作出调整。

二是比例原则。政府介入经济领域有时出于其他更重要的价值目标的考虑,特别是一些非经济性的社会政策目标,这时限制竞争可能是必要的。竞争政策的基础性地位,主要是相对于其他经济政策而言的,并非指在所有政策体系中竞争政策都处于基础地位。当政府基于国家安全、环境保护、救灾救助等目标而限制市场竞争时,公平竞争审查制度或反垄断法应当豁免这类限制,但前提是政府应当坚持比例原则,即限制竞争必须具有必要性,且以最小限制为前提。这体现为公平竞争审查制度中的"例外规定"——其本质是豁免制度。我国《反垄断法》之所以无这方面的规定,是因为行政性垄断被界定为"滥用行政权力"的结果。[16]在行政性垄断制度与公平竞争审查制度实现完全的对接、统一之后,以比例原则为基础的豁免制度,在两个法律制度中也应当是共通的。

四、开展公平竞争审查的评估评价

公平竞争审查制度在我国已经实施多年,虽然总体来说对预防和制止滥用行政权力排除、限制竞争行为和建立全国统一大市场发挥了重要作用,但在不同领域、行业和区域仍存在不平衡的现象。为更好地推动公平竞争审查制度全面落实,

---

[14] 参见李俊峰:《竞争中性的国际规制演进与中国因应策略——以美欧互诉"民用大飞机补贴案"为参照》,载《上海财经大学学报》2021年第1期。

[15] 这尤其体现为现行《反垄断法》第42条调整了原法中"外地经营者"的表述,即删除"外地"二字。不过,新法有些内容仍未做到完全的"中立",例如第41条规定"妨碍商品在地区之间的自由流通"这类行为时,仍强调对外地商品的限制或歧视;第43条规定去"投资或者设立分支机构"行为时,也强调对外地经营者的限制。

[16] 焦海涛:《非经济性社会政策的反垄断法审查》,载张守文主编:《经济法研究》(2018年第2期),北京大学出版社2019年版,第258页。

找到短板和不足，提升公平竞争审查效果，需要对公平竞争审查制度实施情况予以全面地评估和评价。《公平竞争审查制度实施细则》第12条也规定："对经公平竞争审查后出台的政策措施，政策制定机关应当对其影响统一市场和公平竞争的情况进行定期评估。"

在评估方式上，可以借鉴市场监管总局正在开展的"市场竞争状况评估"工作，包含"总体评估"和"专门评估"两种。总体评估是全面检视公平竞争审查制度的实施效果，尤其是总结有些地方的先进做法，发现有些地方的短板不足。我国各地的公平竞争审查工作呈现出"地方竞争"的局面，特别是一些经济发达地区，不断创新公平竞争审查方式、完善公平竞争审查程序、强化公平竞争审查约束。例如，上海市建立了公平竞争审查重大政策措施会审机制[17]，江苏省宿迁市开展了公平竞争审查"双随机"抽查工作[18]，江苏省南京市发布了《公平竞争审查过错责任追究办法》[19]，江苏省镇江市探索开展公平竞争审查"三书"制度[20]，还有多地将公平竞争审查工作纳入政府考评[21]。总结这些经验，对从总体上完善我国的公平竞争审查制度具有重要意义。专门评估针对特定行业和地区，尤其是滥用行政权力排除、限制竞争多发或屡禁不止，或者市场影响较大、社会反应比较强烈的领域。专门评估的主要目的是为了发现并解决问题。例如，就当前来说，共享单车和公用事业领域属于行政性垄断多发领域，可以重点评估这些领域的政策措施是否进行了公平竞争审查。

在公平竞争审查评估中，可以重点关注"例外规定"的滥用情况。政策制定机关可能在明知政策措施不符合公平竞争审查例外规定的情况下，仍然选择对其适用例外规定，从而允许相关政策措施出台。《公平竞争审查制度实施细则》规定："政策制定机关应当逐年评估适用例外规定的政策措施的实施效果，形成书面评估

---

[17] 上海市市场监管局：《上海市建立公平竞争审查重大政策措施会审机制》，国家市场监督管理总局网站，2023年3月6日，https://www.samr.gov.cn/zt/qhfldzf/art/2023/art_2ff7dd6995034120afdac311b7b57049.html，最后访问日期：2023年8月20日。

[18] 江苏省市场监管局：《江苏省宿迁市开展公平竞争审查"双随机"抽查工作》，国家市场监督管理总局网站，2023年1月10日，https://www.samr.gov.cn/jzxts/sjdt/dfdt/art/2023/art_340fbd17a7154651bdf58635ef2e52a6.html，最后访问日期：2023年8月20日。

[19] 江苏省市场监管局：《江苏省南京市率先出台公平竞争审查刚性约束制度》，国家市场监督管理总局网站，2022年8月24日，https://www.samr.gov.cn/jzxts/sjdt/dfdt/art/2023/art_b549d90efaa84476be10df559887e6ac.html，最后访问日期：2023年8月20日。

[20] 江苏省市场监管局：《江苏省镇江市探索开展公平竞争审查"三书"制度》，国家市场监督管理总局网站，2023年7月3日，https://www.samr.gov.cn/jzxts/sjdt/dfdt/art/2023/art_d8368fa2222444f0a5b9fe54ba60d200.html，最后访问日期：2023年8月20日。

[21] 四川省市场监管局：《四川省攀枝花市将公平竞争审查工作纳入法治政府考评》，国家市场监督管理总局网站，2022年10月27日，https://www.samr.gov.cn/jzxts/sjdt/dfdt/art/2023/art_65f917579fc24209b2cbc244c1e8b809.html，最后访问日期：2023年8月20日；安徽省市场监管局：《安徽省淮北市将公平竞争审查制度落实情况作为重点工作纳入目标绩效考核》，国家市场监督管理总局网站，2023年2月2日，https://www.samr.gov.cn/jzxts/sjdt/dfdt/art/2023/art_5333d59162a84eb3a7cc6a58f6e39a10.html，最后访问日期：2023年8月20日。

报告。实施期限到期或未达到预期效果的政策措施,应当及时停止执行或者进行调整。"据此,建议市场监管总局根据当前实践及公平竞争审查评估情况,建立公平竞争审查例外规定的动态调整机制。

借助公平竞争审查评估的契机,可以系统梳理现行财政补贴政策的合法性,特别是针对国有企业的各类财政补贴政策。财政补贴一直是公平竞争审查的重点,也是地方政府特别偏爱的政策措施。而目前之所以需要特别梳理针对国有企业的财政补贴政策,主要是基于两方面考虑:一是党的二十大报告明确提出,要"优化民营企业发展环境,依法保护民营企业产权和企业家权益,促进民营经济发展壮大";要"完善中国特色现代企业制度,弘扬企业家精神,加快建设世界一流企业",要"支持中小微企业发展"。② 二是 2023 年 1 月 12 日,欧盟《关于扭曲欧盟内部市场的外国政府补贴条例》正式生效,这对有意或已经进入欧洲市场的中国企业,特别是享受了政府补贴的国有企业,具有较大影响。

五、制定专项的公平竞争审查规则

虽然公平竞争是市场经济的普遍性要求,公平竞争审查制度是一项普遍性规则,但不同领域和行业中,政府限制竞争的程度和表现存在差异,统一的公平竞争审查制度和规则有时不能完全适应特定领域和行业的审查需要。在我国公平竞争审查制度已经实施多年,审查机关已经积累相当多经验的基础上,可以考虑逐步制定重点领域和行业的专项公平竞争审查规则,开展专项公平竞争审查工作。

欧盟的国家援助规则,一直包含两个层次:一是一般性规则,即《欧盟运行条约》第 107—109 条及相关细化规定;二是特别规则,即适用于特定领域或特定时期的国家援助规则。在农业、食品和渔业,以及能源和环境等领域或行业,欧盟都有专门的国家援助规则。在新冠疫情期间,欧盟委员会还对成员国应对疫情而实施的国家援助开辟了专门的审查通道、发布了专门的指导模板(State aid guiding templates),以指导成员国实施与欧盟竞争法规则一致的国家援助行为。

我国制定专项公平竞争审查规则,关键是重点领域和行业的选择。对此,可以从以下两方面着手:

第一,可以与市场监管总局一直开展的"市场竞争状况评估"工作结合起来。据《中国反垄断执法年度报告》(2020、2021、2022)披露,国务院反垄断委员会成立以来,先后于 2008 年和 2016 年两次委托开展中国市场总体竞争状况评估,委托开

---

② 习近平:《高举中国特色社会主义伟大旗帜 为全面建设社会主义现代化国家而团结奋斗——在中国共产党第二十次全国代表大会上的报告》,中国政府网,2022 年 10 月 25 日,http://www.gov.cn/xinwen/2022-10/25/content_5721685.htm,最后访问日期:2023 年 8 月 20 日。

展互联网、电力、汽车、钢铁、半导体、农药、通信、医疗设备、保险、原料药、航空运输、航空制造、钢铁13个重点行业市场竞争状况评估;2020年,市场监管总局委托第三方完成了平台经济、石油天然气、船舶制造、轨道交通、半导体、汽车制造、钢铁7个重点行业市场竞争状况评估;2021年完成了对玻璃行业、新型零售业态、石油化工行业的市场竞争状况评估;2022年完成了对水泥、造纸、检验检测、网络游戏、网络视频等行业的市场竞争状况评估。2023年两会期间,市场监管总局罗文局长向媒体披露,继续在"在数字经济、民生保障等重点领域,加强市场竞争状况评估,强化预防性监管"。㉓ 通过市场竞争状况评估,特别是重点行业市场竞争状况评估,可以发现不同领域和行业市场竞争状况的差异,如果某些领域和行业存在较明显的滥用行政权力排除、限制竞争行为,则可以优先在这些领域建立专项公平竞争审查规则。

第二,可以与国家市场监管总局部署开展的"滥用行政权力排除、限制竞争执法专项行动"结合起来。2022年以来,为进一步激发市场主体活力,畅通国内大循环,推动形成高效规范、公平竞争的全国统一大市场,市场监管总局部署在全国范围内开展制止滥用行政权力排除、限制竞争执法专项行动。各地市场监管部门随后依法调查处理了一批行政机关违反《反垄断法》实施的滥用行政权力排除、限制竞争行为,目前已经公布了5批、共63起案件。这些案件很大程度上反映了目前公权机关限制竞争的"重灾区",这尤其体现在共享单车、建设工程、健康体检、校园服务(校园安防技术、近视预防、校服)等领域。着眼于实践,在这些领域率先建立专项公平竞争审查规则,具有较大的现实意义。

六、结　　语

2022年《反垄断法》的修正实现了我国公平竞争审查制度从"政策"到"法律"的转型,也构成了完善公平竞争审查制度的重要契机。"法治化"是未来一段时期内公平竞争审查制度的完善方向,这既包括审查方式、审查程序的法治化创新,也包括监督机制、约束机制的强制化改革,还包括审查标准与《反垄断法》的充分对接。此外,随着公平竞争审查制度在我国全面落地,对公平竞争审查制度实施情况开展"总体评估"与"专门评估",也有助于总结经验、发现问题,并找到公平竞争审查制度的完善方向。同时,根据不同行业或领域的市场竞争状况差异,建立专项公平竞争审查制度,也应当成为提升公平竞争审查制度法治化水平的一个重要着力点。

我国正在制定的《公平竞争审查条例》,试图将2016年国务院《关于在市场体

㉓ 赵文君、熊丰:《两会现场速递 | 市场监管总局局长谈市场监管领域热点话题》,http://www.xinhuanet.com/fortune/2023-03/08/c_1129420056.htm,最后访问日期:2023年8月20日。

系建设中建立公平竞争审查制度的意见》和《公平竞争审查制度实施细则》的全部内容提升到行政法规的层面。这是实现公平竞争审查制度法治化转型的重要举措。不过,公平竞争审查制度涉及的内容繁多、程序复杂,且既有的自我审查模式、监督约束机制基本定型,想要从"质"的方面实现颠覆性变革非常困难。目前《公平竞争审查条例(征求意见稿)》的内容,主要还是对2016年国务院《关于在市场体系建设中建立公平竞争审查制度的意见》的"修修补补"。公平竞争审查制度的长远变革,还要依赖于《反垄断法》的充分实施。从这个角度看,将公平竞争审查制度纳入《反垄断法》,也是完善公平竞争审查制度的必经阶段和重要方式。

申报标准之外的经营者集中审查问题

丁茂中[*]

摘要:根据修正后的《反垄断法》第 26 条第 2 款的规定,如果国务院反垄断执法机构要对申报标准之外的经营者集中进行审查,那么所涉的经营者集中不仅必须未达到国务院规定的申报标准,而且应当具有或者可能具有反竞争效果。因为对申报标准之外的经营者集中进行审查较为特殊,所以在管辖和流程上采用的模式应当不能完全"拷贝"对达到申报标准的经营者集中进行审查的做法。管辖应当统一采用亲自执法模式,流程应当统一采用普通案件模式。在具体案件所涉的条件允许的情况下,国务院反垄断执法机构应当对申报标准之外的经营者集中尽量作出干预程度最小的决定,以在最大程度上减少对申报标准之外的经营者集中的负面影响。

关键词:经营者集中 未达到申报标准 竞争审查

修正后的《反垄断法》第 26 条第 2 款规定:"经营者集中未达到国务院规定的申报标准,但有证据证明该经营者集中具有或者可能具有排除、限制竞争效果的,国务院反垄断执法机构可以要求经营者申报。"[①]这就是申报标准之外的经营者集中审查[②],它

---

[*] 丁茂中,江苏盐城人,上海政法学院教授。
本文系国家社会科学基金一般项目"加强和改进平台经济领域反垄断执法的科学路径研究"(项目编号:22BFX103)的阶段性研究成果。

[①] 除了引用他人原文内容之外,本文将《中华人民共和国反垄断法》简称为《反垄断法》,涉及其他法律的也都是按照这样的方式进行处理。为了方便行文,本文将"国务院规定的申报标准"称为申报标准,文中所言的申报标准均指"国务院规定的申报标准";另外,除了特别说明之外,未达到申报标准的经营者集中和申报标准之外的经营者集中均为同一内容,只是表达方式不同而已。

[②] 从严格意义上来讲,申报标准之外的经营者集中审查有两种情形,一种就是修正后的《反垄断法》第 26 条第 2 款规定的,另一种是《经营者集中审查暂行规定》第 16 条规定的,即"经营者集中未达到申报标准,参与集中的经营者自愿提起经营者集中申报,市场监管总局收到申报文件、资料后经审查认为有必要立案的,应当按照反垄断法予以立案审查并作出决定。"本文所谓的申报标准之外的经营者集中审查特指前者,不包括后者。根据实践来看,后者既不存在立法缺陷问题,也不存在特殊操作问题。

是《反垄断法》修正新增的内容,是针对修正前的《反垄断法》在经营者集中的审查启动上存在的立法缺陷所作的制度完善。虽然国务院反垄断执法机构在《反垄断法》修正前在相关的配套规章中对此也作过规定③,但是在《反垄断法》修正前的十四年反垄断执法中一直没有出现过这类具体案件。究其原因,除了法律依据不足之外④,还应当有对申报标准之外的经营者集中进行审查,相较对达到申报标准的经营者集中进行审查而言,不仅影响更大,而且需要考虑的因素更多。所以,一方面,我们应当最大限度地健全经营者集中的申报标准,尽量使之能够有效涵盖需要国务院反垄断执法机构进行审查的经营者集中;另一方面,我们必须充分理清对申报标准之外的经营者集中进行审查所需特别考虑的内容,最大限度地确保这类"以备不时之需"的反垄断执法之科学性。

一、对申报标准之外的经营者集中进行审查的前提

根据修正后的《反垄断法》第 26 条第 2 款的规定,如果国务院反垄断执法机构要对申报标准之外的经营者集中进行审查,那么所涉的经营者集中不仅必须未达到国务院规定的申报标准,而且应当具有或者可能具有反竞争效果。

(一) 经营者集中未达到国务院规定的申报标准

修正后的《反垄断法》第 26 条第 1 款规定:"经营者集中达到国务院规定的申报标准的,经营者应当事先向国务院反垄断执法机构申报,未申报的不得实施集中。"与修正前的《反垄断法》一样,修正后的《反垄断法》对达到申报标准的经营者集中也是采用了事先申报制度。一方面,除非法律另有规定,否则达到申报标准的经营者集中必须由当事人事先向国务院反垄断执法机构进行申报,而不需要国务院反垄断执法机构必须逐个进行要求,国务院反垄断执法机构也无权免除这类经营者集中的当事人相应的申报义务;另一方面,除非法律另有规定,否则达到申报标准的经营者集中在申报前不得被实施。⑤ 如果这类经营者集中的当事人在向国务院反垄断执法机构申报前就实施集中,那么仅此就将会受到行政处罚。与修正

---

③ 例如《经营者集中审查暂行规定》第 6 条第 2 款规定:经营者集中未达到申报标准,但按照规定程序收集的事实和证据表明该经营者集中具有或者可能具有排除、限制竞争效果的,市场监管总局应当依法进行调查。

④ 根据《反垄断法》修订前的《国务院关于经营者集中申报标准的规定》和商业活动中发生的各类并购交易来看,可以肯定的是,在过去的十四年中应当存在虽然未达申报标准但是确有可能甚至确定会排除或者限制相关市场竞争的经营者集中,特别是平台经济领域的并购交易。参见时建中:《新〈反垄断法〉的现实意义与内容解读》,载《中国法律评论》2022 年第 4 期。

⑤ 与修正前的《反垄断法》一样,修正后的《反垄断法》第 27 条规定:"经营者集中有下列情形之一的,可以不向国务院反垄断执法机构申报:(一)参与集中的一个经营者拥有其他每个经营者百分之五十以上有表决权的股份或者资产的;(二)参与集中的每个经营者百分之五十以上有表决权的股份或者资产被同一个未参与集中的经营者拥有的。"

前的《反垄断法》不同,修正后的《反垄断法》对此规定了更为严厉的行政处罚。修正后的《反垄断法》第58条规定:"经营者违反本法规定实施集中,且具有或者可能具有排除、限制竞争效果的,由国务院反垄断执法机构责令停止实施集中、限期处分股份或者资产、限期转让营业以及采取其他必要措施恢复到集中前的状态,处上一年度销售额10%以下的罚款;不具有排除、限制竞争效果的,处500万元以下的罚款。"

仅就规范而言,修正后的《反垄断法》对申报标准之外的经营者集中采取的应当并非事先申报制度。首先,并非所有申报标准之外的经营者集中都必须由当事人向国务院反垄断执法机构进行申报。只有国务院反垄断执法机构逐个要求这类经营者集中的当事人进行申报,它们才必须向国务院反垄断执法机构进行申报。[⑥]如果国务院反垄断执法机构没有逐个作出要求,那么它们就无须向国务院反垄断执法机构进行申报。其次,国务院反垄断执法机构对申报标准之外的经营者集中是否必须进行申报有着高度的自由裁量权。"在法律文本中,以'可以'作为关键词的授权性规范中规定的行为模式,政府无论作为还是不作为,都属于政府自主的范围。"[⑦]国务院反垄断执法机构可以要求申报标准之外的经营者集中的当事人进行申报,也可以不要求申报标准之外的经营者集中的当事人进行申报。最后,无法排除申报标准之外的经营者集中在当事人按照国务院反垄断执法机构的要求进行申报前就已经被实施。而即便如此,国务院反垄断执法机构也不能仅因此就对这类经营者集中的当事人进行行政处罚。只有它们没有按照国务院反垄断执法机构的要求进行申报时,国务院反垄断执法机构才可以根据修正后的《反垄断法》第58条规定对它们进行行政处罚。[⑧] 在此背景下,申报标准之外的经营者集中必须未达到国务院规定的申报标准。

申报标准之外的经营者集中在性质上是一个相对的范畴,其具体范围是随着申报标准的调整而会发生不同程度的变化。例如按照《反垄断法》修订前的《国务院关于经营者集中申报标准的规定》所定的标准,参与集中的所有经营者上一会计年度在全球范围内的营业额合计低于100亿元人民币或者在中国境内的营业额合计低于20亿元人民币或者其中上一会计年度在中国境内的营业额超过4亿元人民币的经营者少于两个的经营者集中就属于申报标准之外的经营者集中。而如果国务院将参与集中的所有经营者上一会计年度在全球范围内的营业额合计数值、参与集中的所有经营者上一会计年度在中国境内的营业额合计数值、参与集中的所有经营者中两个或者两个以上的上一会计年度在中国境内的营业额单个数值都

---

⑥ 类似场景的表述或者讨论都是以这类经营者集中具有或者可能具有反竞争效果为基础的。

⑦ 喻中:《论行政权的两种形态及其法理意蕴——以授权性规范的表达方式为视角》,载《社会科学》2005年第8期。

⑧ 申报标准之外的经营者集中中的当事人在按照国务院反垄断执法机构的要求进行申报之后违反其他规定的,国务院反垄断执法机构也可以对它们进行行政处罚,但是这就另当别论了。

进行上调，那么有些之前达到申报标准的经营者集中就变成了申报标准之外的经营者集中。上调的幅度越大，由前者变成后者的数量也就越多。而如果国务院将这些数值进行全面下调，那么有些之前属于申报标准之外的经营者集中就变成了达到申报标准的经营者集中。下调的幅度越大，由前者变成后者的数量也就越多。

毫无疑问，申报标准的具体设置不可能是随心所欲的。[⑨] 一方面，这直接关系到需要投入的反垄断执法资源。即便是采用事后申报制度，国务院反垄断执法机构也需要投入人力、物力、财力对当事人申报的经营者集中进行审查。具体设置的申报标准越低，需要投入的反垄断执法资源就越多。另一方面，这会直接影响商业投资的运行速度。即便是采用事后申报制度，情况也是如此，只是程度要比采用事前申报制度轻很多。具体设置的申报标准越低，对商业投资的影响面就越广。但是它们并非具体设置申报标准时需首要考虑的因素，是否具有或者可能具有反竞争效果才是。"申报标准要科学、合理，既能够将具有或者可能具有排除、限制竞争效果的经营者集中纳入申报范围，又避免将过多的对市场竞争没有影响的经营者集中纳入申报范围。"[⑩]只有在确保能够将具有或者可能具有反竞争效果的经营者集中纳入申报范围的前提下，考虑如何最大限度地减轻企业和国务院反垄断执法机构的负担才具有意义。否则就是本末倒置，会导致相当数量的具有或者可能具有反竞争效果的经营者集中游离在具体设置的申报标准之外。所以，无论具体设置的申报标准采用何种衡量标准，其基本使命都是将具有或者可能具有反竞争效果的经营者集中初步筛选出来。

虽然申报标准在适用上确实可能存在部分的不确定性[⑪]，但是它在整体上还是具有很强的指引性。经营者基本能够对自己计划实施的经营者集中是否达到或者可能达到申报标准作出较为合理的判断，从而大体可以预期到自己应当做什么或者不应当做什么以及国务院反垄断执法机构是否可能进行干预及其潜在程度。但是对于未达到申报标准的经营者集中是否具有或者可能具有反竞争效果，几乎没有多少经营者能够作出较为合理的判断。除非是为了彻底排除潜在的法律风险而自愿向国务院反垄断执法机构进行申报的[⑫]，否则这类经营者集中的当事人难以预期自己应当做什么或者不应当做什么以及国务院反垄断执法机构是否可能进行干预及其潜在程度。即便是最终作出无条件批准，国务院反垄断执法机构启动的审查对这类经营者集中的当事人往往也有着不小的"意外性"影响，包括项目的

---

⑨ 参见于左、魏昕：《经营者集中申报标准设定：基于"误差—成本"理论》，载《中国工业经济》2022年第11期。

⑩ 国法：《国务院法制办解读〈国务院关于经营者集中申报标准的规定〉》，载《政府法制》2008年第17期。

⑪ 参见李剑：《经营者集中强制申报制度的实效与转变》，载《交大法学》2021年第4期。

⑫ 例如风险投资基金为了最大限度地确保将来能够顺利通过公开发行股票退出被投资企业，而往往会对所有相关并购交易向国务院反垄断执法机构进行申报，其中就包括可以确定未达到申报标准的经营者集中。

交易成本和交易风险等[13],这就更不用说国务院反垄断执法机构最终作出禁止或者附加限制性批准了。即使这类经营者集中在国务院反垄断执法机构要求进行申报前尚未实施,如果国务院反垄断执法机构对此最终作出禁止或者附加限制性条件批准,那么当事人通常也会被迫对经营计划临时作出重大调整;若经营者集中在国务院反垄断执法机构要求进行申报前就已经被实施特别是已经完成,则当事人面临的成本或者遭受的损失等就会更大,特别是在国务院反垄断执法机构最终作出禁止的情况下。[14]

故而对申报标准之外的经营者集中进行审查的前提可以且应当有另一深层次的含义及要求,那就是我们应当最大限度地健全经营者集中的申报标准,尽量使之能够有效涵盖需要国务院反垄断执法机构进行审查的经营者集中,最大限度地避免对申报标准之外的经营者集中启动审查。为此,其一是申报标准的设置必须更为缜密。在仅以营业额为据的框架内可作的合理设计已经被实践证明是无法有效涵盖所有具有或者可能具有反竞争效果的经营者集中的情况下,国务院应当根据实践所反映的问题要点有针对性地增加其他类型的衡量标准,例如经营者集中的交易额等。具体新增的衡量标准不仅必须可以进行量化,而且必须不存在因采用的计算方法不同而会有不同的结果这一问题。除此以外,国务院还应当根据国内生产总值和通货膨胀率等适时调整申报标准当中的参数。其二是申报标准的适用必须更加清晰。以参与集中的单个经营者之间共同控制的其他经营者与第三方经营者之间的营业额计入参与集中的单个经营者的营业额为例,在明确该营业额只计算一次的情况下,国务院反垄断执法机构至少还应当进一步明确在该营业额计入参与集中的不同单个经营者会直接影响到该经营者集中是否达到申报标准的情况下该营业额的具体计入规则。[15]

(二) 经营者集中具有或者可能具有反竞争效果

除了当事人自愿申报之外,只有申报标准之外的经营者集中具有或者可能具有反竞争效果,国务院反垄断执法机构才可以对其进行审查。一方面,未达到申报标准的经营者确实也有可能具有反竞争效果或者确实具有反竞争效果。即便申报标准在设置时是非常缜密的,但是随着生产技术、商业模式、货币体量等因素的变化发展,市场上确实也会出现一些具有或者可能具有反竞争效果的经营者集中开

---

[13] 交易成本例如当事人(申报义务人)支付给代理申报机构的各种费用,交易风险例如投资方在协议中约定并购交易遭遇意外性的"搁浅"时中止支付约定的投资款项,这对于濒临破产边缘的被投资方就会形成很大的风险,有可能因此就陷于破产境地或者经营状况进一步恶化等。

[14] 除了之前的交易成本全部"打水漂"之外,当事人还需要采取措施恢复到集中前的状态,这不仅会进一步增加诸多的成本,而且经营计划的被动调整可能导致客户的部分流失或者产品投产进度放缓等。

[15] 核心问题是允许当事人自由选择,还是应当按照"就高不就低"的原则来计算它们的营业额。国家市场监管总局2023年修订发布的《经营者集中审查规定》对此作了细化,实行平均分配。

始游离在申报标准之外，这就更不用说申报标准在设置时缺乏必要的缜密性了。"与初创企业的营业额相比，并购的交易价格更能反映特定初创企业的预期竞争实力。究其原因，现行营业额标准偏向于是一种评估静态市场中既有竞争企业合并可能造成的价格或产出损害的指标，无法有效反映未来市场可竞争性丧失的损害。"[16]另一方面，只有未达到申报标准的经营者集中具有或者其可能具有反竞争效果才有审查的必要性。"各国反垄断法都对经营者集中实行必要的控制，以防止因经济力的过于集中而影响市场竞争。控制的主要手段是对经营者集中实行事先或者事后申报制度，并由反垄断执法机构进行审查，决定是否允许经营者实施集中。"[17]如果经营者集中没有或者不可能具有反竞争效果，那么国务院反垄断执法机构就没有必要对之进行审查，特别是未达到申报标准的经营者集中。

按照传统方法，判断经营者集中是否具有或者可能具有反竞争效果，第一步应当界定相关市场。修正后的《反垄断法》第15条第2款规定："本法所称相关市场，是指经营者在一定时期内就特定商品或者服务（以下统称商品）进行竞争的商品范围和地域范围。"非常明显，这与修正前的《反垄断法》一致。根据国务院反垄断委员会《关于相关市场界定的指南》，界定相关市场的基本原理是替代性，包括需求替代和供给替代；维度主要是商品维度和地理维度，必要时还需考虑时间维度和技术维度；方法可以采用一般的定性分析方法，更宜采用假定垄断者测试法进行定量分析。第二步是进行竞争影响分析。与修正前的《反垄断法》一样，根据修正后的《反垄断法》第33条，国务院反垄断执法机构进行竞争影响分析应当重点考虑市场份额以及市场控制力、市场集中度、市场进入壁垒等权衡因素。如果经营者集中将会导致或者可能会导致下列一种效应的，可以认定该经营者集中具有或者可能具有反竞争效果：一是单边效应，即经营者集中可能产生或加强某个交易当事人单方面在市场上排除、限制竞争的能力；二是协调效应，即经营者集中可能增加行业内企业进行共谋的机会，从而具有共同排除、限制竞争的可能性；三是封锁效应，即上下游企业的合并将导致未参与交易的企业被迫退出市场或者新的企业难以进入市场的情况。[18]

对于判断经营者集中是否具有或者可能具有反竞争效果，理论界和实务界近些年也逐渐提出了一些新的方法，例如 UPP 测试法。"涨价压力可以通过下述公式表示：$UPP_b = D_{AB}(p_B - c_B)$，$D_{AB}$ 表示产品 A 涨价时其客户向产品 B 的转移率，$p_B - c_B$ 表示 B 的利润，即 B 的价格与其边际成本之间的差额。这个公式说明，如果执法机关可以获取 A 产品的转移率（即分流比）与 B 产品的利润率，那就可以通过

---

[16] 王伟：《平台扼杀式并购的反垄断法规制》，载《中外法学》2022年第1期。

[17] 曹康泰：《关于〈中华人民共和国反垄断法（草案）〉的说明——2006年6月24日在第十届全国人民代表大会常务委员会第二十二次会议上》，载《全国人民代表大会常务委员会公报》2007年第6期。

[18] 参见王晓晔：《我国反垄断法中的经营者集中控制：成就与挑战》，载《法学评论》2017年第2期。

测试并购后企业是否存在涨价压力而直接预测并购的竞争效果。"⑲不难看出,这种方法"跳过"了相关市场界定。就经营者集中而言,此类做法应当是可以的。一方面,相关市场界定确实往往比较复杂。随着数字经济的发展,这在很多案件中表现得更为突出。"数字经济领域的复杂性使相关市场界定成为有效反垄断执法的一个重要障碍。"⑳另一方面,判断经营者集中是否具有或者可能具有反竞争效果重点是对未来某种局部趋势的预测。㉑"在经营者集中案件当中,人们关心的问题主要是企业并购对于未来竞争环境的影响。随着时间的推移,市场的竞争环境会发生很大的变化。在这种背景下,要精确界定相关市场不仅十分困难,而且即使界定了某一时刻的相关市场,对于分析未来的竞争状况所能作出的贡献也较小。"㉒

无论采用的是传统方法还是新的方法,国务院反垄断执法机构在此得出的申报标准之外的经营者集中具有或者可能具有反竞争效果的结果都是具有"初步性"的,它们都只是支持国务院反垄断执法机构可以要求这类经营者集中的当事人进行申报而已。即便是在此被认为具有反竞争效果的,也并不等于该经营者集中最终就会被禁止。㉓虽然与修正前的《反垄断法》一样,修正后的《反垄断法》第34条规定:"经营者集中具有或者可能具有排除、限制竞争效果的,国务院反垄断执法机构应当作出禁止经营者集中的决定。但是,经营者能够证明该集中对竞争产生的有利影响明显大于不利影响,或者符合社会公共利益的,国务院反垄断执法机构可以作出对经营者集中不予禁止的决定。"但是一方面,如前面所言,国务院反垄断执法机构对申报标准之外的经营者集中是否必须进行申报有着高度的自由裁量权。即便是对于具有反竞争效果的,国务院反垄断执法机构也是可以不要求当事人进行申报的。另一方面,即便国务院反垄断执法机构决定要求当事人进行申报,也无法排除当事人或者市场在国务院反垄断执法机构审查期间不会发生重要变化。如果当事人或者市场在此期间发生了重要变化,例如参与合并的一方因遭受重大自然灾害而导致涉及横向并购性质的资产出现实质性灭失的问题,那么即便之前是具有反竞争效果的,也有可能在此情况下变成没有或者不可能具有反竞争效果。这就更不用说之前是可能具有反竞争效果的,进行更为深入的分析之后确

---

⑲ UPP 测试法(Upward pricing pressure)是涨价压力测试的简称,它由美国加州大学的法瑞尔(Joseph Farrell)与夏皮罗(Carl Shapiro)两位经济学教授提出,这两位教授还分别在美国联邦贸易委员会和美国司法部反垄断局担任过首席经济学家。王晓晔:《市场界定在反垄断并购审查中的地位和作用》,载《中外法学》2018 年第 5 期。

⑳ 参见 George J. Stigler Center for the Study of the Economy and the State,"Committee for the Study of Digital Platforms Committee for the Study of Digital Platform," May 15, 2019, https://research.chicagobooth.edu/-/media/research/stigler/pdfs/market-structure---report-as-of-15-may-2019.pd, 最后访问日期:2023 年 4 月 6 日。

㉑ 参见丁茂中:《数字经济领域"相关市场"界定的守正与变革》,载《法学》2023 年第 7 期。

㉒ 陈永伟:《平台条件下的相关市场界定:若干关键问题和一个统一分析流程》,载《竞争政策研究》2020 年第 3 期。

㉓ 这里不包括符合修正后的《反垄断法》第 34 条但书部分规定的情形,符合但书规定的另当别论。

实可能会得出不同的结论。

若当事人对国务院反垄断执法机构要求其进行申报的决定有异议的,则还可以进行寻求权利救济。与修正前的《反垄断法》一样,修正后的《反垄断法》第65条第2款规定:"对反垄断执法机构作出的前款规定以外的决定不服的,可以依法申请行政复议或者提起行政诉讼。"无论当事人是申请行政复议还是提起行政诉讼,其在这些情况下都有权对国务院反垄断执法机构在此得出的申报标准之外的经营者集中具有或者可能具有反竞争效果的结论进行"正式有效的"辩驳。但是在国务院反垄断执法机构作出要求申报决定之前,即便当事人被国务院反垄断执法机构明确告知所涉的经营者集中被认为是具有或者可能具有反竞争效果的,当事人应当也是无权对国务院反垄断执法机构在此的看法进行"正式有效的"辩驳。虽然与修正前的《反垄断法》一样,修正后的《反垄断法》第51条规定:"被调查的经营者、利害关系人有权陈述意见。反垄断执法机构应当对被调查的经营者、利害关系人提出的事实、理由和证据进行核实。"但是修正后的《反垄断法》新增的第26条第3款规定:"经营者未依照前两款规定进行申报的,国务院反垄断执法机构应当依法进行调查。"从严格意义上来讲,此情景之下的当事人应当还不属于被调查的经营者。但是这并不等于当事人在此之前就不能向国务院反垄断执法机构表达自己不同的意见,关键在于是否有畅通的渠道及有效的机制等。[24]

需要特别指出的是,虽然在实质上同样是对国务院反垄断执法机构所作的申报标准之外的经营者集中具有或者可能具有反竞争效果的认定有异议的,但是因国务院反垄断执法机构所作的决定在形式上的差异而使得当事人在同样享有权利救济的情况下可以选择的实施路径却有所不同。与修正前的《反垄断法》一样,修正后的《反垄断法》第65条第1款规定:"对反垄断执法机构依据本法第三十四条、第三十五条作出的决定不服的,可以先依法申请行政复议;对行政复议决定不服的,可以依法提起行政诉讼。"如果当事人对国务院反垄断执法机构因认定申报标准之外的经营者集中具有或者可能具有反竞争效果而作出禁止的决定不服,计划向法院提起行政诉讼,那么其就必须先申请行政复议,而不能像对国务院反垄断执法机构因认定申报标准之外的经营者集中具有或者可能具有反竞争效果而作出要求当事人进行申报的决定不服那样直接向法院提起行政诉讼。

二、对申报标准之外的经营者集中进行审查的模式

因为对申报标准之外的经营者集中进行审查较为特殊,所以在管辖和流程上采用的模式应当不能完全"拷贝"对达到申报标准的经营者集中进行审查的做法。

---

[24] 除了个人或者单位资源可以进行的少数对话之外,重点是指经营者集中申报之前的磋商机制等。

(一) 管辖应当统一采用亲自执法模式

与修正前的《反垄断法》基本相同[25],修正后的《反垄断法》第13条规定:"国务院反垄断执法机构负责反垄断统一执法工作。国务院反垄断执法机构根据工作需要,可以授权省、自治区、直辖市人民政府相应的机构,依照本法规定负责有关反垄断执法工作。"显而易见,我国反垄断执法在具体形态上可以有两种模式,即亲自执法模式和授权执法模式。当国务院反垄断执法机构自己进行执法时,采用的就是亲自执法模式;当国务院反垄断执法机构授权省级执法机构进行执法时,采用的便是授权执法模式。根据实践来看,在采用亲自执法模式的基础上,授权执法模式在我国反垄断执法中已经被比较普遍地采用,特别是在对垄断协议、滥用市场支配地位、滥用行政权力排除限制竞争的执法上。早在修正前的《反垄断法》开始实施不久之后,我国就在对垄断协议、滥用市场支配地位、滥用行政权力排除、限制竞争的执法上采用了授权执法模式,只是当时采用的基本是个案授权执法模式。[26] 随着反垄断执法的不断推进,我国在此逐渐转到采用普遍授权执法模式。一方面,各省级执法机构都获得了对垄断协议、滥用市场支配地位、滥用行政权力排除、限制竞争的执法权;另一方面,各省级执法机构对管辖范围之内的垄断协议、滥用市场支配地位、滥用行政权力排除、限制竞争直接立案调查和作出处罚。

虽然经营者集中审查目前也采用了授权执法模式,但是这与对垄断协议、滥用市场支配地位、滥用行政权力排除、限制竞争的执法有着不小的差异。首先,经营者集中审查采用授权执法模式的时间非常短。直到2022年7月8日,国家市场监督管理总局才发布《关于试点开展委托实施部分经营者集中案件反垄断审查的公告》,拟于2022年8月1日起试点委托省级执法机构进行经营者集中审查,而且试点期限截至2025年7月31日。其次,并非所有的省级执法机构都获得了进行经营者集中审查的授权。在发布的《关于试点开展委托实施部分经营者集中案件反垄断审查的公告》中,国家市场监督管理总局仅委托了北京市、上海市、广东省、重庆市、陕西省市场监督管理局进行经营者集中审查。[27] 最后,获得授权的省级执法机构进行的经营者集中审查也仅限于管辖范围之内的简易案件。一方面,可以进行审查的不包括任何普通案件,也就是《关于经营者集中简易案件适用标准的暂行规

---

[25] 在《反垄断法》修正前,国务院反垄断执法机构在经过两次机构改革之后由"三"合"一"。基于这个重大变化,修正后的《反垄断法》对相关条款的立法表述作了相应的调整。

[26] 杨绎、蒋岩波:《反垄断法地方实施制度的完善——基于美国的经验》,载《江西社会科学》2017年第10期。

[27] 北京市市场监督管理局负责的相关区域包括北京、天津、河北、山西、内蒙古、辽宁、吉林、黑龙江;上海市市场监督管理局负责的相关区域包括上海、江苏、浙江、安徽、福建、江西、山东;广东省市场监督管理局负责的相关区域包括广东、广西、海南;重庆市市场监督管理局负责的相关区域包括河南、湖北、湖南、四川、贵州、云南、西藏;陕西省市场监督管理局负责的相关区域包括陕西、甘肃、青海、宁夏、新疆。

定》所说的非简易案件㉘;另一方面,可以进行审查的简易案件也只是符合《关于试点委托开展部分经营者集中案件反垄断审查的公告》规定的标准部分㉙。

虽然采用授权执法模式可以大大缓解国务院反垄断执法机构人手不足的问题㉚,但是这也遇到了不少其他问题。其中,较为突出的应当是执法动机不纯和执法能力不足。执法动机不纯主要表现在两个方面:一是明显带有谋求财政创收的色彩。除了滥用行政权力排除、限制竞争之外,无论是垄断协议还是滥用市场支配地位,即便是根据修正前的《反垄断法》,反垄断执法机构也可以对经营者处上一年度销售额1%以上10%以下的罚款。个别被授权的省级执法机构在有些情况下试图利用此进行财政创收,㉛目前这类问题基本集中在经济相对欠发达的省份。二是明显带有谋求工作业绩的色彩。除了刻意追求案件数量之外,不少被授权的省级执法机构还刻意追求案件的类型,特别是在一个工作计划时段内对垄断协议、滥用市场支配地位、滥用行政权力排除、限制竞争的全覆盖或者连续覆盖,这种情况似乎越来越具有普遍性。执法能力不足主要表现在对垄断行为的查处失败或者查处缺陷或者查处瑕疵上,特别是对比较复杂的垄断行为。即便是经济相对发达

㉘ 《关于经营者集中简易案件适用标准的暂行规定》第2条规定:"符合下列情形的经营者集中案件,为简易案件:(一)在同一相关市场,所有参与集中的经营者所占的市场份额之和小于15%;(二)存在上下游关系的参与集中的经营者,在上下游市场所占的份额均小于25%;(三)不在同一相关市场、也不存在上下游关系的参与集中的经营者,在与交易有关的每个市场所占的份额均小于25%;(四)参与集中的经营者在中国境外设立合营企业,合营企业不在中国境内从事经济活动;(五)参与集中的经营者收购境外企业股权或资产的,该境外企业不在中国境内从事经济活动;(六)由两个以上经营者共同控制的合营企业,通过集中被其中一个或一个以上经营者控制。"《关于经营者集中简易案件适用标准的暂行规定》第3条规定:"符合本规定第二条但存在下列情形的经营者集中案件,不视为简易案件:(一)由两个以上经营者共同控制的合营企业,通过集中被其中的一个经营者控制,该经营者与合营企业属于同一相关市场的竞争者;(二)经营者集中涉及的相关市场难以界定;(三)经营者集中对市场进入、技术进步可能产生不利影响;(四)经营者集中对消费者和其他有关经营者可能产生不利影响;(五)经营者集中对国民经济发展可能产生不利影响;(六)商务部认为可能对市场竞争产生不利影响的其他情形。"《经营者集中审查规定》不仅在形式上对这些作了调整,而且在内容上对不属于简易案件的情形作了完善,将"由两个以上经营者共同控制的合营企业,通过集中被其中的一个经营者控制,该经营者与合营企业属于同一相关市场的竞争者"改为"由两个以上经营者共同控制的合营企业,通过集中被其中的一个经营者控制,该经营者与合营企业属于同一相关市场的竞争者,且市场份额之和大于15%的"。

㉙ 《关于试点委托开展实施部分经营者集中案件反垄断审查的公告》规定,试点期间,市场监管总局将根据工作需要,将部分符合下列标准之一的适用经营者集中简易程序的案件(以下简称简易案件)委托试点省级市场监管部门负责审查:其一,至少一个申报人住所地在该部门受委托联系的相关区域(以下简称相关区域)的;其二,经营者通过收购股权、资产或者合同等其他方式取得其他经营者的控制权,其他经营者的住所地在相关区域的;其三,经营者新设合营企业,合营企业住所地在相关区域的;其四,经营者集中相关地域市场为区域性市场,且该相关地域市场全部或主要位于相关区域的;其五,市场监管总局委托的其他案件。

㉚ 参见段宏磊:《我国经营者集中分类分级审查制度的构建——以新〈反垄断法〉第37条为分析对象》,载《法商研究》2022年第6期。

㉛ 例如某自治区市场监督管理局在2019年年底拟对某烟草公司以滥用市场支配地位为由罚款数亿元,从案件内容等相关情况来看,该案使人感觉明显是突击性地应对当地的财政紧张问题。

的省份,被授权的省级执法机构也不同程度地存在这类问题,这就更不用说经济相对欠发达的省份了。即便是对比较简单的垄断协议,也出现了一些被授权的省级执法机构明显"失手"情况㉜,这就更不用说对比较复杂的滥用市场支配地位了。

  这应当是之前经营者集中审查迟迟没有采用授权执法模式的重要原因,应当也是目前经营者集中审查没有采用普遍授权执法模式的重要原因。相较对垄断协议、滥用市场支配地位、滥用行政权力排除、限制竞争的执法而言,经营者集中审查涉及的性质是更为复杂的。一方面,经营者集中审查具有行政许可性质。"在经营者集中审查执法中,对于拟定交易的审查决定,譬如是否批准集中、附加何种限制性条件、选择哪种补救措施等,属于一种行政许可。"㉝另一方面,经营者集中审查还可能涉及行政强制执行和/或行政处罚。当违规实施的经营者集中具有或者可能具有反竞争效果时,这就不仅会涉及行政强制执行,而且会涉及行政处罚;当违规实施的经营者集中没有或者不可能具有反竞争效果时,这就仅会涉及行政处罚。而即便是对垄断协议和滥用市场支配地位的执法,它们也最多可能涉及行政强制执行和行政处罚,这就更不用说对滥用行政权力排除、限制竞争的执法了。㉞ 所以,即便是假定修正后的《反垄断法》没有大幅增加对违规实施经营者集中的处罚力度,经营者集中审查对市场和企业的影响也是更为直接和广泛的,这就更不用说修正后的《反垄断法》已经将违规实施的经营者集中的罚款上限提高到与垄断协议和滥用市场支配地位相齐平了。

  《反垄断法》实施以来审结的经营者集中案件中,简易案件的数量约占80%。为进一步提高经营者集中反垄断审查效率,减轻申报人经营者集中申报负担,《经营者集中审查暂行规定》在总结简易案件申报和审查实践的基础上,完善了经营者集中简易案件的适用情形,进一步明晰了简易案件适用及除外情形,为申报人提供更加明确的指导。"㉟与普通案件一样,简易案件指的也是达到申报标准的经营者集中。正如前面所言,虽然申报标准在适用上确实可能存在部分的不确定性,但是它在整体上还是具有很强的指引性。而对于未达到申报标准的经营者集中是否具有或者可能具有反竞争效果,几乎没有多少经营者能够作出较为合理的判断。除非是为了彻底排除潜在的法律风险而自愿向国务院反垄断执法机构进行申报的,否则这类经营者集中的当事人难以预期到自己应当做什么或者不应当做什么以及国务院反垄断执法机构是否可能进行干预及其潜在程度。这就从基础上决定了对

  ㉜ 例如某省市场监督管理局在2022年对数家水泥企业作出处罚,因该案在程序、证据、法律适用等上存在很大的问题而受到了当事人的"严厉挑战",极有可能因此而被撤销或者通过行政调解解决。

  ㉝ 张晨颖:《比例原则视角下经营者集中反垄断执法的规则修正》,载《当代法学》2021年第4期。

  ㉞ 无论是修正前的《反垄断法》还是修正后的《反垄断法》,它们规定对滥用行政权力排除、限制竞争都是只适用行政处分的,并且均不是由反垄断执法机构来进行直接实施的,而是由上级机关来进行的。

  ㉟ 吴振国:《健全反垄断审查制度 推动经济高质量发展——〈经营者集中审查暂行规定〉解读》,《中国市场监管报》2020年10月29日,第A4版。

申报标准之外的经营者集中进行审查至少在目前情况下是不宜采用任何形式的授权执法模式的,而应当统一采用亲自执法模式。

虽然修正后的《反垄断法》第26条第2款在立法表述上用的是"国务院反垄断执法机构可以要求经营者申报",但是这并不等于对申报标准之外的经营者集中进行审查就只能采用亲自执法模式。根据《反垄断法》修正前的实践来看,国务院反垄断执法机构是可以根据修正后的《反垄断法》第13条授权省级执法机构对申报标准之外的经营者集中进行审查的。只是如果国务院反垄断执法机构在亲自执法模式的基础上对申报标准之外的经营者集中进行审查采用授权执法模式,即便是像对简易案件那样仅仅授权北京市、上海市、广东省、重庆市、陕西省市场监督管理局㊱,也很容易导致对申报标准之外的经营者集中进行审查所客观存在的较大的不确定性及其潜在风险或者负面影响的扩散或者扩大。而比较来看,统一采用亲自执法模式则可以将这些问题控制在最小范围和最低限度内。不可否认的是,这必然会进一步加剧国务院反垄断执法机构人手不足的问题,但是这个矛盾也并非不可调和。一方面,只要我们最大限度地健全经营者集中的申报标准,这类案件的数量应当不会太多,而且这类案件的数量也应当不能太多。另一方面,如有需要,国务院反垄断执法机构仍可像以前那样通过向省级执法机构借调人员参与办案的方式进行应对,特别是目前被授权对简易案件进行经营者集中审查的北京市、上海市、广东省、重庆市、陕西省市场监督管理局。

(二) 流程应当统一采用普通案件模式

对于达到申报标准的经营者集中,国务院反垄断执法机构目前将它们分为简易案件和普通案件两类进行处理。就简易案件而言,目前它在此主要有以下四个"特点":第一,简易案件设有特定的衡量标准。对于简易案件的范围,国务院反垄断执法机构专门作了规定。一方面,国务院反垄断执法机构根据市场份额、经营地域、控制情况等具体列举了属于简易案件的情形;另一方面,国务院反垄断执法机构根据特殊关系及市场份额、相关市场界定、负面影响等具体列举了一些不属于简易案件的情形。第二,简易案件实行自愿申报原则。对于符合简易案件标准的经营者集中,当事人可以将此作为简易案件进行申报。如果当事人没有将此作为简易案件进行申报,那么即便所涉的经营者集中符合简易案件标准,国务院反垄断执法机构也不会按照简易案件程序对其进行审查。第三,简易案件需要进行前置性审核。对于经营者申报的简易案件,国务院反垄断执法机构还需要进行单独的类型审查,任何主体在经营者集中简易案件的公示期间均可以按照规定的方式提出

㊱ 虽然在理论上国务院反垄断执法机构可以仅授权一家省级执法机构对申报标准之外的经营者集中进行审查,甚至由一家省级执法机构对全部申报标准之外的经营者集中进行审查,但是根据以往的实践来看,应当可以说无论是现在还是将来采取这种做法的可能性都不大。

异议。只有确定申报的经营者集中确实是符合简易案件标准的，国务院反垄断执法机构才会最终按照简易案件程序对其进行审查。第四，简易案件采用快速审查方式。对于确属简易案件的经营者集中，国务院反垄断执法机构会在公示结束后很快作出批准决定。㊲

相较而言，普通案件在此没有什么"特点"。一方面，凡是不符合简易案件标准的经营者集中都属于普通案件；另一方面，虽然经营者集中符合简易案件标准，但是如果当事人没有将此作为简易案件进行申报的，那么这些经营者集中也都属于普通案件。无论是前者还是后者，它们均是自动被归为普通案件的，而无须当事人另行申报，也无须国务院反垄断执法机构单独进行审核。普通案件的审查基本都是比较慢的，最长的将会经历三个阶段，数百日才能结束。㊳ 第一个阶段是初步审查。自经营者集中申报被立案之日起30日内，国务院反垄断执法机构对申报的经营者集中进行初步审查，作出是否实施进一步审查的决定，并书面通知经营者。第二个阶段是实质审查。㊴ 国务院反垄断执法机构决定实施进一步审查的，自决定之日起90日内审查完毕，作出是否禁止经营者集中的决定，并书面通知经营者。第三个阶段是延期审查。如果"经营者同意延长审查期限的"或者"经营者提交的文件、资料不准确，需要进一步核实的"或者"经营者申报后有关情况发生重大变化的"，那么国务院反垄断执法机构经书面通知经营者，还可以延长审查期限，但是最长不得超过60日。

若仅参照现有的分类及其标准，对于申报标准之外的经营者集中，国务院反垄断执法机构在审查流程上似乎没有可以采用简易案件和普通案件之分的空间。既然国务院反垄断执法机构有证据证明该经营者集中具有或者可能具有反竞争效果，那么该经营者集中就至少存在可能对市场进入、技术进步产生不利影响或者对消费者和其他有关经营者产生不利影响或者对国民经济发展产生不利影响或者对市场竞争产生不利影响的其他情形。但是，这并不等于国务院反垄断执法机构对申报标准之外的经营者集中进行审查就不会遇到类似问题。一方面，在达到申报标准的经营者集中被分为简易案件和普通案件的情况下，申报标准之外的经营者集中至少在理论上应当也是可以被分为简易案件和普通案件的，只是相应的具体标准与达到申报标准的经营者集中可能是完全不同的或者不尽相同而已。另一方面，在可能涉及的具体规则没有明确的情况下，当国务院反垄断执法机构依据修正

㊲ 授权省级执法机构进行审查的简易案件，所涉的具体操作由它们按照规定各自进行。

㊳ 与修正前的《反垄断法》一样，修正后的《反垄断法》对此也规定了三个阶段；但是与修正前的《反垄断法》不同的是，修正后的《反垄断法》对审查期限可以进行"中止计算"，所以具体案件的实际审查时长就不再是以前的最长也就是180日了。

㊴ 实质审查是竞争法学界对此常用的称法，但是这并不等于国务院反垄断执法机构在初步审查阶段不对申报的经营者集中进行实质审查，故也有不少人将此阶段称为进一步审查。参见孙晋：《谦抑理念下互联网服务行业经营者集中救济调适》，载《中国法学》2018年第6期。

后的《反垄断法》第 26 条第 2 款要求经营者进行申报时,必然会面临着当事人的询问,即是否只能是参照达到申报标准的普通案件进行申报还是可以选择参照达到申报标准的简易案件进行申报,毕竟前者与后者目前在审理期限上存在着巨大的悬殊。

事实上,对于申报标准之外的经营者集中进行审查,国务院反垄断执法机构自身或许也存在类似需求。从设计目的来看,国务院反垄断执法机构将达到申报标准的经营者集中分为简易案件和普通案件两类进行处理是为了提高结案率。"商务部反垄断局局长尚明在近期举行的 2012 年反垄断工作进展专题新闻发布会上表示,从去年开始,商务部一直在推进《关于经营者集中案件适用简易程序的规定》的立法工作,以期缩短办案周期,提高结案率。据统计,《反垄断法》实施四年来,每年审结的案件数量直线增长,已经从 2008 年的 16 件增加到 2012 年的 200 余件,提高办案效率迫在眉睫。"[40]虽然国务院反垄断执法机构在要求经营者进行申报时得出的申报标准之外的经营者集中具有或者可能具有反竞争效果的结果都是"初步性"的,但是这并不排除国务院反垄断执法机构对其中有些甚至不少是已经"胸有成竹"的。对于这类申报标准之外的经营者集中,国务院反垄断执法机构在此情况下的核心需求是一个基本的流程。只要在审查期间当事人或者市场没有发生重大变化,并且当事人没有主动寻求通过结构性救济措施或/和行为性救济措施来解决该经营者集中所存在的或者可能具有的反竞争问题,那么国务院反垄断执法机构对此确实可以在一个很短的期限内就作出是否允许集中的决定。

但是对于申报标准之外的经营者集中,国务院反垄断执法机构不宜再另设简易案件。首先,除非经营者集中的申报标准在现有设计的基础上发生大幅"倒退",否则这类案件的数量应当不会太多。事实上,修正后的《反垄断法》第 26 条第 2 款规定主要源于对互联网领域头部企业对初创企业的并购的关注。[41]无论是在总量还是占比上,这都不可能有达到申报标准的简易案件的基本水平。而从达到申报标准的简易案件的运行实践来看,它在客观上是存在机制运作成本的。其次,这类案件往往是比较复杂的。即便国务院反垄断执法机构前期证明了申报标准之外的经营者集中具有或者可能具有反竞争效果,这也并不意味着此类案件通常就是相对简单的。恰恰相反,实践经验充分表明,这类案件往往要比达到申报标准的简易案件复杂得多。因此,国务院反垄断执法机构一般难以在一个较短的时间内作出较为周密的裁决。最后,普通案件也可以支持国务院反垄断执法机构快速审查。如果国务院反垄断执法机构前期所作的证明确实是比较充分,在没有发生其他变化的情况下,基于此完全可以立即作出禁止集中决定的,那么国务院反垄断执法机

---

⑩ 宋斌斌:《反垄断案件骤增 商务部拟推简易程序立法》,载《机械制造》2013 年第 3 期。
⑪ 参见徐瑞阳:《论经营者集中申报标准实施机制的完善》,载《法学家》2016 年第 6 期。

构在初步审查阶段也可以作出是否允许集中的决定。㊷

修正后的《反垄断法》第 32 条规定:"有下列情形之一的,国务院反垄断执法机构可以决定中止计算经营者集中的审查期限,并书面通知经营者:(一)经营者未按照规定提交文件、资料,导致审查工作无法进行;(二)出现对经营者集中审查具有重大影响的新情况、新事实,不经核实将导致审查工作无法进行;(三)需要对经营者集中附加的限制性条件进一步评估,且经营者提出中止请求。自中止计算审查期限的情形消除之日起,审查期限继续计算,国务院反垄断执法机构应当书面通知经营者。"这被称为"停钟"制度㊸,它是《反垄断法》修正新增的内容,目的是弥补修正前的《反垄断法》在经营者集中审理期限上存在的不足。随着"停钟"制度的引入和应用,经营者集中的审查期限在实质上将可能会被大幅延长。虽然对于在简易案件中是否可以适用"停钟"制度可能会存在一定的争论㊹,但是对于在普通案件中是否可以适用"停钟"制度应当是没有任何争论的。当国务院反垄断执法机构对申报标准之外的经营者集中进行审查时,如果遇到上述法定情形,就可以按照规定中止计算审查期限。至于具体案件中的审理期限何时恢复计算,这取决于多方面因素,包括当事人的配合程度和国务院反垄断执法机构的工作进度。

三、对申报标准之外的经营者集中进行审查的结果

在具体案件所涉的条件允许的情况下,国务院反垄断执法机构应当对申报标准之外的经营者集中尽量作出干预程度最小的决定,以在最大程度上减少对申报标准之外的经营者集中的负面影响。

(一)国务院反垄断执法机构无条件批准集中

如果在经过审查后确定申报标准之外的经营者集中确实没有或者不可能具有反竞争效果,那么国务院反垄断执法机构应当会无条件批准实施该经营者集中。一方面,虽然国务院反垄断执法机构在要求申报标准之外的经营者集中的当事人进行申报之前证明了该经营者集中具有或者可能具有反竞争效果,但是这在客观

㊷ 一方面,这类案件的当事人往往会主动寻求通过结构性救济措施或/和行为性救济措施来解决该经营者集中所存在的或者可能具有的反竞争问题,这在很大程度上将会影响到国务院反垄断执法机构快速审查的概率;另一方面,从社会效果角度来看,即便国务院反垄断执法机构前期证明了申报标准之外的经营者集中具有或者可能具有反竞争效果,也不宜在立案后一个很短的时间内就作出是否准许集中的决定。

㊸ 张工:《关于〈中华人民共和国反垄断法(修正草案)〉的说明——2021 年 10 月 19 日在第十三届全国人民代表大会常务委员会第三十一次会议上》,载《中华人民共和国全国人民代表大会常务委员会公报》2022 年第 4 期。

㊹ 就法律规定来看,"停钟"制度确实是可以被用到简易案件中的。但是从简易案件的设计来看,"停钟"制度应用到这类案件中是不太合适的,会在很大程度上破坏或者影响到简易案件的应有作用。

上具有"初步性"。无法排除的是,在当事人按照要求进行申报之后,经过当事人提供更为丰富的材料和国务院反垄断执法机构更为深入、全面的考察和论证,之前被怀疑具有或者可能具有反竞争效果的经营者集中也有可能被最终证明确实是没有或者不可能具有反竞争效果的。另一方面,实践中也有可能会发生经营者集中的当事人或者所涉的相关市场其他因素在国务院反垄断执法机构进行审查期间出现重大变化的情形。例如参与集中的某个当事人因他人违法行为或者违约行为而可能面临破产风险、所涉的相关市场先前存在的进入壁垒因某种缘由而将会被消除、潜在的竞争对手在关键技术的研发或者转化应用上出现了历史性突破等。根据以往的经验来看,这些会直接影响到一个经营者集中案件的竞争评估。[45] 即便是之前被国务院反垄断执法机构怀疑具有反竞争效果的经营者集中,也有可能因此而最终变成没有或者不可能具有反竞争效果。

对于申报标准之外的经营者集中而言,能够获得国务院反垄断执法机构无条件批准实施是具有非常特别的意义的。除了尚未开始实施集中之外,申报标准之外的经营者集中在国务院反垄断执法机构要求进行申报之前有些可能已经完成集中或者正在实施集中。无论是已经完成集中还是正在实施集中,这都意味着参与集中的当事人为该项集中作了更深入的安排和更多的付出,只是具体程度不尽相同而已。例如对于刚刚开始实施集中而言,可能只是涉及高层人事调整问题,但是对于已经完成集中而言,则往往会涉及各级人事、业务范围、股权结构等全面调整问题。根据修正后的《反垄断法》第58条,如果这些情形之下的经营者集中没有获得国务院反垄断执法机构无条件批准实施,那么这就意味着参与集中的当事人必须对既有的安排作出恢复性的调整,也就是限期处分股份或者资产、限期转让营业以及采取其他必要措施恢复到集中前的状态。一旦如此,除了之前投入的费用基本付之东流以外,参与集中的当事人在客观上还将会面临着因商业计划被"打乱"而带来的诸多经营风险。如果这些情形之下的经营者集中能够获得国务院反垄断执法机构无条件批准实施,那么参与集中的当事人就不会面临着前面提及的潜在损失和风险了。

因此,国务院反垄断执法机构在条件允许的情况下应当最大限度地无条件批准这类经营者集中进行实施。首先,经营者集中的竞争评估在客观上具有一定的弹性空间。以HHI指数的使用为例[46],无论是调整集中之后的HHI指数衡量标准还是HHI指数的增量衡量标准,都会直接影响到对经营者集中是否具有或者可能具有反竞争效果的评估结果。如果衡量标准上调,那么经营者集中具有或者可能具有反竞争效果的概率就会下降;如果衡量标准下调,那么经营者集中具有或者可

---

[45] 参见韩伟:《经营者集中对创新影响的反垄断审查》,载《清华法学》2022年第4期。

[46] 赫芬达尔—赫希曼指数(Herfindahl-Hirschman Index,简称HHI),是一种测量产业集中度的综合指数。它是指一个行业中各市场竞争主体所占行业总收入或总资产百分比的平方和,用来计量市场份额的变化,即市场中厂商规模的离散度。

能具有反竞争效果的概率就会上升。㊼其次,互联网经济领域往往有着较强的动态性特质。如前面所言,对申报标准之外的经营者集中进行审查,目前的主要潜在对象应当是互联网经济领域;而互联网经济领域的发展历史充分表明,其无论是在产品还是服务或者商业模式以及经营主体上相对其他领域通常都是更迭比较快的。最后,《反垄断法》对经营者集中的评价一直是多元视角的。与修正前的《反垄断法》一样,根据修正后的《反垄断法》第34条的规定,如果经营者能够证明申报标准之外的经营者集中对竞争产生的有利影响明显大于不利影响或者符合社会公共利益的,国务院反垄断执法机构就可以作出对该经营者集中不予禁止的决定。

(二) 国务院反垄断执法机构附条件批准集中

与修正前的《反垄断法》一样,修正后的《反垄断法》第35条规定:"对不予禁止的经营者集中,国务院反垄断执法机构可以决定附加减少集中对竞争产生不利影响的限制性条件。"因此,对于确实具有或者可能具有反竞争效果,且当事人没有证明该集中对竞争产生的有利影响明显大于不利影响或者符合社会公共利益的申报标准之外的经营者集中中,除了可以作出禁止集中的决定之外,国务院反垄断执法机构还可以通过附加限制性条件的方式来批准集中。但是需要特别指出的是,国务院反垄断执法机构可以决定附加减少集中对竞争产生不利影响的限制性条件并不等于国务院反垄断执法机构在对申报标准之外的经营者集中进行审查过程中会主动提议通过附加限制性条件来解决其所关注的竞争问题。只有这类经营者集中的当事人在被告知该集中具有或者可能具有反竞争效果之后主动向国务院反垄断执法机构进行此类动议,国务院反垄断执法机构才会对此进行互动性的协商,包括主动提出其认为更为合适的附加限制性条件的实施方案。之所以如此,这背后是有着深刻的缘由的。一方面,根据问题成因与责任主体相对应原则,既然具有或者可能具有反竞争效果是由当事人计划或者已经实施的经营者集中造成的,那么解决这个问题的责任主体也应当是这类经营者集中的当事人;另一方面,除了可能面临潜在的选择性执法问题之外,如果国务院反垄断执法机构率先进行动议,那么在当事人后续因履行附加限制性条件而遭遇重大损失或者危机等问题时,其在客观上可能面临着潜在的诉讼风险。

作为经营者集中的一项救济措施,附加限制性条件确实能够最大程度地平衡当事人发展的需求和国务院反垄断执法机构维护市场竞争的需求。即便申报标准之外的经营者集中在客观上具有或者可能具有反竞争效果,并且当事人也不能够证明该集中对竞争产生的有利影响明显大于不利影响或者符合社会公共利益,这

㊼ 美国司法部和联邦贸易委员会在对《横向并购指南》所作的最新修订中就对该指数进行了上调。

也并不意味着该经营者集中的当事人就存在传统意义上的"过错"问题。⑱ 事实上，无论是修正前的《反垄断法》还是修正后的《反垄断法》，它们有关经营者集中的规定在性质上都是对无过错的私权采取的一种特别限制。在这种背景下，最大程度地兼顾经营者集中的当事人利益是非常必要的。而从实践来看，有些措施确实不仅可以满足当事人实施集中的需求，而且可以满足反垄断执法机构解决竞争问题的需求。所以，应当允许甚至应当鼓励这类经营者集中的当事人积极寻求通过附加限制性条件的方式来获得准许实施集中。就深层次而言，这有助于最大程度地减少政府对市场的干预，促进政府与市场的高度耦合。但是必须指出的是，也并不是所有具有或者可能具有反竞争效果的经营者集中都能够通过附加限制性条件的方式来消除相关的问题。如果经营者集中所存在的反竞争效果的问题点与当事人可以接受的附加限制性条件几乎无法兼容或者协调时，就会出现要么当事人无法最终接受反垄断执法机构认可的救济措施，要么反垄断执法机构无法接受当事人最终认可的救济措施的局面。这在之前对达到申报标准的经营者集中进行审查中就已经发生过，例如可口可乐并购汇源案件。⑲

就基本类型而言，附加限制性条件在整体上可以分为两类，即结构性救济措施和行为性救济措施。结构性救济措施就是要求经营者集中的当事人剥离有形资产、知识产权或者数据等无形资产或者相关权益等，例如国家市场监督管理总局对丹佛斯公司收购伊顿股份有限公司部分业务所附加的限制性条件，即"剥离丹佛斯动力系统（江苏）有限公司的摆线马达业务，包括所有有形资产和无形资产（包括知识产权）、协议、租约、承诺和客户订单，以及人员等"⑳。行为性救济措施就是要求经营者集中的当事人开放其网络或者平台等基础设施、许可关键技术（包括专利、专有技术或者其他知识产权）、终止排他性或者独占性协议、保持独立运营、修改平台规则或者算法、承诺兼容或者不降低互操作性水平等，例如国家市场监督管理总局对思科系统公司收购阿卡夏通信公司股权所附加的限制性条件，即"（一）交易双方和集中后实体将继续履行现有客户合同，包括各项商业条款以及现有销售做法和程序。除非相关中国客户自行决定终止现有客户合同，交易双方和集中后实体不得终止现有客户合同。（二）交易双方和集中后实体应按照公平、合理、无歧视的原则，继续向中国客户供应相干数字信号处理器。（三）交易双方和集中后实体不得在销售相干数字信号处理器时对中国客户强制搭售商品，或附

---

⑱ 参见刘桂清：《反竞争经营者集中的公共利益辩护：路径选择与制度建构》，载《政法论坛》2016年第5期。

⑲ 在该案件中，国务院反垄断执法机构认可的方案是剥离"汇源"商标，而这正是收购方实施该项集中的核心目的，所以双方在此没有达成一致意见，国务院反垄断执法机构最终作出禁止集中决定，这也是修正前的《反垄断法》实施之后第一起被禁止的经营者集中。

⑳ 《市场监管总局关于附加限制性条件批准丹佛斯公司收购伊顿股份有限公司部分业务案反垄断审查决定的公告》，https://www.sac.gov.cn/cms_files/filemanager/samr/www/samrnew/jzxts/tzgg/ftjpz/202106/t20210607_330289.html，最后访问日期：2023年4月6日。

加其他不合理的交易条件。（四）交易双方和集中后实体应对其相关管理人员和员工进行培训，采取必要措施，确保承诺方案落实"[51]。需要指出的是，结构性救济措施和行为性救济措施有可能被国务院反垄断执法机构在一个经营者集中案件中同时采用。[52]

当申报标准之外的经营者集中在客观上具有或者可能具有反竞争效果，并且当事人也不能够证明该集中对竞争产生的有利影响明显大于不利影响或者符合社会公共利益时，如果当事人在国务院反垄断执法机构要求进行申报之前还尚未开始实施集中，那么在当事人主动寻求希望通过附加限制性条件的方式来解决相关问题的情况下，国务院反垄断执法机构在可以选择采用的救济措施上就相对宽松些。可以说，这与对达到申报标准且存在类似问题的经营者集中进行附加限制性条件的情形没有实质区别。虽然同为经营者集中的救济措施，但是结构性救济措施和行为性救济措施有着不小的差异。就对经营者集中的当事人影响而言，结构性救济措施往往要比行为性救济措施影响更大。如果被附加的限制性条件是结构性救济措施或者含有结构性救济措施，那么这意味着当事人就需要不同程度地出售经营者集中所涉的资产，这通常带有"伤筋动骨"的影响。如果被附加的限制性条件只是行为性救济措施，那么当事人就无须对经营者集中所涉的资产进行任何处置，由此带来的影响通常是比较小的。[53] 除非经营者集中所存在的反竞争效果的问题点与当事人可以接受的附加限制性条件几乎无法兼容或者协调，否则即便是国务院反垄断执法机构最终认可的结构性救济措施或者含有结构性救济措施，尚未实施的经营者集中也有着足够的空间和时间来应对和消化潜在的影响及冲击，这就更不用说国务院反垄断执法机构最终认可的只是行为性救济措施。

当申报标准之外的经营者集中在客观上具有或者可能具有反竞争效果，并且当事人也不能够证明该集中对竞争产生的有利影响明显大于不利影响或者符合社会公共利益时，如果当事人在国务院反垄断执法机构要求进行申报之前已经开始甚至已经完成集中，那么在当事人主动寻求希望通过附加限制性条件的方式来解决相关问题的情况下，国务院反垄断执法机构在可以选择采用的救济措施上就相对有着较大的"压力"，特别是当事人在国务院反垄断执法机构要求进行申报之前

---

[51]《市场监管总局关于附加限制性条件批准思科系统公司收购阿卡夏通信公司股权案反垄断审查决定的公告》，https://www.sac.gov.cn/cms_files/filemanager/samr/www/samrnew/fldes/tzgg/ftj/202204/t20220424_342154.html，最后访问日期：2023年4月6日。

[52] 例如原商务部在《关于附加限制性条件批准嘉能可国际公司收购斯特拉塔公司经营者集中反垄断审查决定的公告》（2013年第20号）中要求，嘉能可和斯特拉塔应履行如下义务：剥离铜精矿资产，维持集中前铜精矿的交易条件；2013年至2020年12月31日，嘉能可应继续向中国客户提供锌精矿和铅精矿长期合同和现货合同报盘，其报盘条件（包括与价格相关的条件）应公平、合理，并在考虑产品质量、数量、交货期、付款条件、买方信誉以及其他相关因素的情况下与当时通行的国际市场条款一致。对此，有些学者也将此称为综合性救济措施，它在实质上就是同时采用了结构性救济措施和行为性救济措施。

[53] 参见赵莉莉：《经营者集中非剥离救济的执行与监督》，载《财经法学》2023年第1期。

已经完成集中的。相较达到申报标准的经营者集中而言,申报标准之外的经营者集中被国务院反垄断执法机构进行审查对于当事人来说确实往往具有不同程度的"意外性"。对于已经开始尤其是已经完成集中的当事人而言,如果国务院反垄断执法机构最终认可的是结构性救济措施或者含有结构性救济措施,那么当事人受到的"意外性"冲击通常就是相当大的,这意味着他们必须对计划之内的资产进行临时性的处理。而如果国务院反垄断执法机构最终认可的只是行为性救济措施,那么"意外性"的冲击往往就会大大降低。因此,除非别无选择,否则国务院反垄断执法机构对此应当尽量选择采用行为性救济措施。事实上,在结构性救济措施和行为性救济措施中,国务院反垄断执法机构基本一直也是尽量选择采用行为性救济措施以最大程度地减少对经营者集中的当事人之潜在影响。[54]

(三) 国务院反垄断执法机构禁止集中

如果申报标准之外的经营者集中在客观上具有或者可能具有反竞争效果,并且当事人也不能够证明该集中对竞争产生的有利影响明显大于不利影响或者符合社会公共利益,而且当事人与国务院反垄断执法机构最终没有达成双方认可的救济措施,那么国务院反垄断执法机构应当将会作出禁止集中的决定。当然,如果申报标准之外的经营者集中在客观上具有或者可能具有反竞争效果,并且当事人也不能够证明该集中对竞争产生的有利影响明显大于不利影响或者符合社会公共利益,而且当事人就直接没有向国务院反垄断执法机构动议通过附加限制性条件的方式来解决相关问题,那么国务院反垄断执法机构应当更会直接作出禁止集中的决定。另外,如果申报标准之外的经营者集中在客观上具有或者可能具有反竞争效果,并且当事人也不能够证明该集中对竞争产生的有利影响明显大于不利影响或者符合社会公共利益,虽然当事人也向国务院反垄断执法机构动议通过附加限制性条件的方式来解决相关问题,但是双方没有在法律规定的审查期限内达成双方认可的救济措施,那么国务院反垄断执法机构应当也会作出禁止集中的决定。

需要特别指出的是,即便当事人与国务院反垄断执法机构最终达成双方认可的救济措施,这也不等于就可以排除国务院反垄断执法机构最终不会对此作出禁止集中的决定。无论附加的是结构性救济措施还是行为性救济措施,只有它们都得到及时有效的履行才有意义。如果当事人没有在规定的期限内有效履行所作的承诺,那么国务院反垄断执法机构按照法律规定将会要求当事人采取措施恢复到实施集中之外的状态,并会对当事人处上一年度销售额10%以下的罚款。从实践来看,可能导致当事人没有在规定期限内有效履行承诺的缘由大体有两类,即客观限制和主观过错。前者例如资产剥离中无法找到合适的购买者。"根据欧盟的调

---

[54] 参见白让让:《我国经营者集中的反垄断审查与执法者的"行为性救济"偏好分析——兼论专利密集领域的执法困境》,载《经济研究》2019年第2期。

查报告来看,在美国波音公司与美国麦道公司合并案件中,将道格拉斯飞机公司剥离给合适购买者的这项关键性的结构救济措施不能采用的原因就在于没有合适的购买者。虽然从理论上来看,作为优质的剥离资产的道格拉斯飞机公司,它客观上可以吸引很多购买者来竞价;但是欧盟经过调查发现:由于技术要求、资本规模的要求等,在市场上是不存在这样的合适购买者的。"⑤后者例如资产剥离中义务人故意损害剥离资产的成活性。"有些案件中的经营者还故意采取一些做法影响资产或者业务的剥离,如在过渡期内采取各种做法来损害剥离资产或者业务的成活性。例如在美国的Schnucks/National案件中,当事人采取删除商店电话号码、停止或者萎缩待剥离门店的营业等做法来降低剥离资产的成活性能力。"⑤

一旦国务院反垄断执法机构最终作出禁止集中的决定,即便申报标准之外的经营者集中在国务院反垄断执法机构要求申报之前尚未开始实施,这对当事人也是有着不小的影响的,至少当事人先前的经营计划因此变得无法按部就班推进了,就更不用说申报标准之外的经营者集中在国务院反垄断执法机构要求申报之前已经开始或者已经完成集中了。如前面所言,无论是已经完成集中还是正在实施集中,这都意味着参与集中的当事人为该项集中作了更深入的安排和更多的付出,只是具体程度不尽相同而已。如果这些情形之下的经营者集中没有获得国务院反垄断执法机构无条件批准实施,那么就意味着参与集中的当事人必须对既有的安排作出恢复性的调整,也就是限期处分股份或者资产、限期转让营业以及采取其他必要措施恢复到集中前的状态。除了之前投入的费用基本付之东流以外,参与集中的当事人在客观上还面临着因商业计划被"打乱"而带来的诸多经营风险。需要特别指出的是,只要是申报标准之外的经营者集中的当事人按照国务院反垄断执法机构的要求进行了申报,即便国务院反垄断执法机构最终作出禁止集中的决定,也不能就此对当事人处上一年度销售额10%以下的罚款;只有当事人没有遵守国务院反垄断执法机构申报要求或者所作承诺,国务院反垄断执法机构才可以对其并处上一年度销售额10%以下的罚款。

四、结　语

作为修正后的《反垄断法》配套实施的规定之一,国家市场监管总局2023年发布的《经营者集中审查规定》对申报标准之外的经营者集中作了一些专门规定,即:"经营者集中未达到申报标准,但有证据证明该经营者集中具有或者可能具有排除、限制竞争效果的,市场监管总局可以要求经营者申报并书面通知经营者。集

---

⑤　丁茂中:《经营者集中控制制度中资产剥离的合适购买者问题研究》,载《安徽大学法律评论》2012年第2期。

⑤　丁茂中:《资产剥离机制解决竞争问题的有效性探析》,载《东方法学》2011年第3期。

中尚未实施的,经营者未申报或者申报后获得批准前不得实施集中;集中已经实施的,经营者应当自收到书面通知之日起 120 日内申报,并采取暂停实施集中等必要措施减少集中对竞争的不利影响。"不难看出,这只是对申报标准之外的经营者集中审查问题作了部分规定。除了对已经完成集中的审查等之外,对申报标准之外的经营者集中进行审查的模式在实践中很有可能成为必须回答的问题。毫无疑问,这不仅直接关系到申报标准之外的经营者集中的当事人具体权益,而且直接关系到市场兼并重组的效率。因此,如果将来在实践中这些问题逐渐凸显出来,那么国务院反垄断执法机构应当对它们进行进一步的细化规定,从而在最大程度上确保对申报标准之外的经营者集中进行更为科学的审查。

反垄断法相关市场界定中的创新因素分析

方 翔[*]

摘要：2022 年最新修正的《反垄断法》将"鼓励创新"确立为一项新的立法宗旨，标志着创新成为我国反垄断法实施环节的重要价值考量。相关市场界定作为垄断行为竞争分析的前置步骤和重要环节，有必要引入创新因素的分析，以更好地划定创新竞争的边界及其限制约束，从而为反垄断法后续的创新分析提供范围依据。受创新因素的影响，在界定相关市场时应当注意到创新竞争的动态性，但这种动态的变化不足以在现有的相关市场界定理论框架下得到评估。在既有的相关市场界定理论中引入"未来市场"的概念，可以有效地考虑当前相关市场随时间发展而动态变化的情况，并能对未来的商品市场竞争和创新竞争进行有力的分析。

关键词：相关市场界定 创新因素分析 潜在竞争原则 相关创新市场 相关未来市场

相关市场界定是反垄断法实施的基本前提。可以说，界定相关市场是任何类型的垄断行为竞争分析的原点，特别是在禁止滥用市场支配地位制度和经营者集中控制制度中，相关市场界定往往是反垄断分析必不可少的第一步。一般而言，相关市场界定的维度可区分为相关商品市场和相关地域市场两个维度，世界主要国家或地区的反垄断法也基本如此规定。但在反垄断执法实践中，由于经营者竞争活动范围的多维性和复杂性，还有必要进一步考察时间、知识产权、技术创新等因素对竞争范围的影响，因而产生了相关时间市场、相关技术市场等维度。国务院反垄断委员会《关于相关市场界定的指南》在《反垄断法》规定的相关商品市场和相关地域市场的基础上，进一步补充了相关时间市场和相关技术市场，由此在外观形

---

[*] 方翔，苏州大学王健法学院讲师。

本文系 2023 年度江苏高校哲学社会科学研究一般项目"互联网平台企业竞争合规体系构建研究"（项目编号：2023SJYB1381）的阶段性研究成果。

式上区分了四个维度的市场。① 值得关注的是,传统相关市场界定的理论与方法均主要建立在静态的市场环境之上,此际,反垄断分析工具面向的商品大多是同质的,市场创新率适中、需求稳定②,从而导致竞争分析不能适当考虑商品多样化、未来商品和创新竞争。尤其是在数字经济蓬勃发展的今天,创新构成企业竞争的重要维度,欲判断企业的垄断行为是否损害以及在何种程度上损害创新,也必然需要界定创新竞争的范围和场域,但当前的相关市场界定理论很难对其揭示。因此,如何在相关市场界定环节充分考量创新因素,是反垄断法理论与实践亟待破解的现实难题。

一、创新对传统相关市场界定理论的挑战

创新对反垄断法相关市场界定提出的挑战,已经引起不少国家或地区反垄断执法机构的关注。欧盟委员会于2021年启动了对《关于为共同体竞争法界定相关市场的通知》(1997年)的修订工作,其在最终的研究报告中特别提到创新对市场界定的影响,并认为这些挑战源自九个具体方面:一是创新努力与现有商品或服务之间的联系不明确;二是在商品开发过程中难以界定市场;三是创新的结果不确定;四是快速或破坏性的市场结构变化;五是高进入壁垒(例如医药行业创新活动的大量投资成本和持续时间,数字行业的网络效应);六是缺乏地域和进入壁垒(例如在快速发展的行业中,低成本或贸易限制,人力资本成为关键资产,在软件开发方面没有重大的额外投资);七是对使用静态价格测试(如假定垄断者测试)的影响;八是创新市场的价格波动、零价格战略、创新可以降低目前过于昂贵而不能被视为替代商品的价格;九是高度差异化的商品。③ 此外,大量研究文献也警示,反垄断法必须考虑创新市场的动态特征,相关分析工具特别是市场界定方法也应随之革新。总的来说,创新对传统相关市场界定理论的挑战突出表现在以下两大方面。

---

① 从原国家工商行政管理总局2015年颁布的《关于禁止滥用知识产权排除、限制竞争行为的规定》第3条规定看,其认为在知识产权领域界定相关市场应考虑创新和知识产权等因素的影响,特别是在知识产权许可等反垄断执法工作中,相关商品市场可以是技术市场,也可以是含有特定知识产权的产品市场。可见,尽管相关技术市场有时被单列为相关市场界定的一个独立维度,但我国法律文件仍将其作为一类特殊的相关商品市场进行了强调。

② A. Fatur, *EU Competition Law and the Information and Communication Technology Network Industries: Economic versus Legal Concepts in Pursuit of (Consumer) Welfare*, Oxford & Hart Publishing, 2012, p. 116.

③ European Commission, "Support study accompanying the Commission Notice on the evaluation of the definition of relevant market for the purposes of Community competition law (Final report)," June 2021, https://competition-policy.ec.europa.eu/system/files/2021-06/kd0221712enn_market_definition_notice_2021_1.pdf, p. 113.

(一) 创新的不确定性难以在相关商品市场维度得到评估

在传统相关市场界定的分析框架下,合理可替代性法或假定垄断者测试法的核心任务,均是从消费者的角度确定具有替代性关系的商品,并且主要面向最终商品市场进行竞争效果分析。但在技术快速发展和创新迭代较快的行业中,与价格、数量或产量的竞争相比,创新方面的竞争不一定与现有的商品市场存在联系,或者这种联系存在很大的不确定性,这使得替代性分析变得越来越难以掌握。由于创新是以未来为导向的,无论反垄断执法机关还是司法机关,都很难知道或准确预测未来的创新商品会是什么,特别是处于早期研发阶段的企业创新活动可能还尚未形成特定的商品雏形,甚至于一项研发是否能够成功也存在不确定性,这导致相关市场界定变得异常复杂。

即使是已经转化为商品的创新活动,亦需要对其作出困难的前瞻性分析。根据创新的不同程度,其可被划分为渐进式创新与突破式创新,尽管两者都是建立在先前的创新基础之上,但其创新成果具有显著不同。④ 具体来看,在渐进式创新的环境中,将新商品与现有商品市场联系起来比较容易,因为它并没有颠覆原有的技术范式,只是让现有商品变得更好,因此相关市场界定仍是基于现有商品市场开展的。相比之下,当创新是突破性的,相关技术模式或范式发生了根本性变化以至于替代了先前的创新,则会导致新的需求的产生,并可能缔造反垄断法意义上的新市场⑤,这将会使相关市场界定的框架扩展到现有商品之外,从而难以清晰地划定相关市场的界限。对此,反垄断分析的重点需要随之转移到未来的创新商品,但要在快速变化和高度不确定的创新环境中把握未来商品的替代可能性,显然是困难的。

为了解决这些不确定性因素,有学者建议将创新活动区分为定向研究(directed research)和非定向研究(undirected research)。⑥ 定向研究是针对现有商品市场中的特定问题展开的研究,如针对某种传染病的疫苗研究或是改进汽车发动机等。在这种情况下,创新能力和当前商品市场之间的联系通常是明确的,创新商品和现有商品之间的可替代性较强,传统的市场界定方法可以继续适用。相反,非定向研究指的是由此产生的创新适用的商品类型事先并不为人所知,这时可能需要考虑使用其他替代方法进行相关市场界定。因此,在创新发挥重要作用的行业领域,反垄断执法实践越来越倾向于在界定相关市场时充分考虑企业的创新(研

---

④ See J. L. Bower & C. M. Christensen, "Disruptive Technologies: Catching the Wave," *Harvard Business Review* 73(1995): 43.

⑤ See M. A. Carrier, *Innovation for the 21st Century: Harnessing the Power of Intellectual Property and Antitrust Law*, Oxford University Press, 2009, p. 27.

⑥ Pierre Régibeau & Katharine E. Rockett, "Mergers and Innovation," *The Antitrust Bulletin* 64 (2019): 45.

发)努力⑦,这有助于确定未来的创新商品与现有商品的替代性。然而,如果研发努力呈现出不确定性特征,并且其与现有商品之间的联系较弱,那么对创新竞争的衡量依然很难在相关商品市场维度得到评估。

(二) 传统市场界定的静态分析框架难以评估创新竞争

反垄断法关注的竞争有许多层面,价格只是其中之一,此外还包括商品的多样性、质量、创新等非价格竞争。传统反垄断分析通常不涉及竞争的非价格方面,原因之一是难以评估消费者从特定形式的非价格竞争中获得的利益。在其他条件相同的情况下,消费者无疑会从更低的价格中获益。⑧ 基于此,传统相关市场界定的方法也主要聚焦静态、同质化的商品市场,但在创新的驱动下,市场竞争格局发生变化,商品差异化开始发挥重要作用,价格不再是最重要的竞争参数。特别是在数字经济下,互联网商品与服务并非主要以价格为竞争手段,而是更多突出非价格竞争,通过商品或服务的创新吸引用户,这使得传统市场界定方法难以适用。例如在相关市场界定中经常使用的假定垄断者测试法,很难适用于差异化商品、免费商品和以非价格为主要竞争力的商品。⑨

在有重大技术创新的情况下,传统的用于静态定价效应分析的假定垄断者测试法无法解释商品价格变化的性质。以企业并购的反垄断审查为例,在假定垄断者测试中,价格的小幅但显著的上涨(在5%到10%之间)往往被认为是有意义的价格变化,但在创新的作用下,商品价格会随着成本和质量的变化发生波动,此时可能会低估或夸大企业并购后的市场力量。⑩ 例如,当创新大幅降低生产成本,那么仅保持并购前的价格基准即可以表明企业市场力量的增强,因为利润率会大幅提高,此时运用假定垄断者测试法将低估市场力量。相反,当创新提高了商品质量,其价格可能会伴随成本的上涨而提高,即使比并购前的价格基准上涨10%,仍可能是有竞争力的定价,此时无法断言并购后的企业拥有绝对的市场力量。因此在创新的作用下,假定垄断者测试法可能得出误导性结论,这就需要认真研判生产成本和商品质量的变化,甄别导致价格上涨的真实原因。⑪

---

⑦ D. J. Teece & M. Coleman, "The Meaning of Monopoly: Antitrust Analysis in High-Technology Industries," *Antitrust Bulletin* 43(1998): 801.

⑧ See Richard J. Gilbert & Steven C. Sunshine, "Incorporating Dynamic Efficiency Concerns in Merger Analysis: The Use of Innovation Markets," *Antitrust Law Journal* 63(1995): 569.

⑨ 丁春燕:《论我国反垄断法适用中关于"相关市场"确定方法的完善——兼论SSNIP方法界定网络相关市场的局限性》,载《政治与法律》2015年第3期。

⑩ Christopher Pleatsikas & David Teece, "The Analysis of Market Definition and Market Power in the Context of Rapid Innovation," *International Journal of Industrial Organization* 19(2001): 665-693.

⑪ See Michael L. Katz & Howard A. Shelanski, "Mergers and Innovation," *Antitrust Law Journal* 74(2007): 35.

二、因应创新挑战的相关市场界定方法

反垄断法在动态竞争的市场环境中界定相关市场,不仅需要考虑当前的市场竞争,还需要考虑竞争者和创新者在未来进入现有市场的可能性,以有效确定竞争的边界和企业受到的竞争约束。为了充分评估创新竞争的边界,理论界和实务界尝试在相关市场界定中纳入与创新有关的考虑因素,并提出了潜在竞争原则(potential competition doctrine)、相关未来市场(relevant future market)和相关创新市场(relevant innovation market)等分析方法。其中,潜在竞争原则主要用于评估创新对当前市场可能产生的竞争限制,未来市场和创新市场的概念均不涉及当前市场本身,而是旨在通过界定正在形成的新的"市场"进而确定创新竞争的边界。由于在垄断协议和滥用市场支配地位案件中,界定相关市场一般侧重于过去或现在的市场,而在企业并购的反垄断审查案件中经常涉及未来的事态发展,因此这些新方法也主要应用于并购案件之中,以对涉及的未来市场竞争予以考虑。

(一)潜在竞争原则

创新竞争的动态性质意味着不仅需要考虑当前的市场情况,还需要考虑其他竞争者进入现有市场的可能性,这在客观上要求反垄断执法机构引入新的分析工具,适当地扩大相关市场界定的范围以囊括可能的创新竞争。"潜在竞争原则"曾被作为一项分析工具,其可以用于界定企业面临的潜在竞争限制(即这种限制可能会出现但尚未实际出现)[12],进而判断企业之间的竞争约束。潜在竞争原则所依据的经济理论,最早在20世纪初就由美国经济学家约翰·贝茨·克拉克(John Bates Clark)提出,其强调了"潜在竞争的可取之处",并将"潜在竞争"的概念表达为即使在不完全竞争下,市场进入的感知威胁也会对现有企业产生约束作用,阻止它们利用自己的市场力量。[13] 随后,美国多位经济学家,如乔·贝恩(Joe Bain)、威廉·鲍莫尔(William Baumol)、约翰·潘扎(John Panzar)和罗伯特·威利格(Robert Willig)等都进一步发展了潜在竞争理论。[14]

潜在竞争原则的适用最早是在反垄断并购审查领域发展起来的,其可以帮助执法机构有效辨别参与并购的企业未来可能面临的竞争限制(尤其是来自创新所带来的竞争约束),以及通过并购交易所消除的竞争。因此,潜在竞争原则既可以

---

[12] See OECD, "The Concept of Potential Competition," October 2021, https://web-archive.oecd.org/2021-10-31/591364-the-concept-of-potential-competition-2021.pdf, p. 9.

[13] See John B. Clark, "The Real Dangers of the Trusts," *The Century Magazine* 68(1904): 955.

[14] Benjamin R. Kern, "Innovation Markets, Future Markets, Or Potential Competition: How Should Competition Authorities Account For Innovation Competition In Merger Reviews?" *World Competition: Law and Economics Review* 37(2014): 175.

作为界定相关市场的工具,还可以在并购审查的竞争评估中发挥重要作用。特别是对可能抑制创新的并购交易,潜在竞争原则是十分有效的分析工具,除了美国以外,其他反垄断司法辖区同样重视在反垄断并购审查中考虑潜在竞争影响。譬如,澳大利亚竞争和消费者委员会(ACCC)已经建议修改相关的并购法律,明确要求考虑并购对潜在竞争的影响。日本公平交易委员会(JFTC)也对其并购指南进行了修订,以确保能够识别并阻止损害潜在竞争的并购交易。[15]

在美国的反垄断执法实践中,潜在竞争原则曾被进一步区分为感知潜在竞争(perceived potential competition)和实际潜在竞争(actual potential competition)。感知潜在竞争意味着企业可能进入市场,尽管尚未正式进入市场,但其作为感知潜在竞争对手(perceived potential competitor)仍会影响在位企业的行为方式并施加竞争限制。理查德·吉尔伯特(Richard Gilbert)和戴维·纽伯里(David Newbery)最早将感知潜在竞争与创新分析相结合,他们认为,即使是垄断企业也可以有强大的创新动机,通过获取先发制人的专利以实现保护自身市场地位的目的。[16] 感知潜在竞争的概念在原则上比较适合解释由感知到市场进入的威胁或威胁性的"替代效应"而产生的在位企业的创新动机。[17] 由于感知潜在竞争对手只会对在位企业的创新激励产生约束作用,因此会出现一个问题:一旦反垄断执法机构观察到一个现有商品市场之外的企业为了进入该市场正在进行研发,那么该企业能否被视为"潜在竞争对手"就值得怀疑了。[18] 除了进入市场的潜在威胁外,还存在预期实际进入市场的潜在竞争,即"实际潜在竞争"。那些为了进入某一商品市场而进行特定研发,并且在不久的将来有望进入该市场的企业,可以被认为是实际的潜在竞争对手或潜在进入者。对于在位企业而言,实际潜在的进入者会增强其创新的动机。如果并购发生在潜在竞争对手之间,则会在很大程度上损害创新竞争,因为如果没有该并购交易,被收购的企业可能会以一个新进入者或创新者的身份进入市场,这无疑更有利于市场的创新竞争。因此,实际潜在竞争理论已被美国的合并指南以及法院的司法裁判接受。但在最近几年的研究中,有学者指出,"实际潜在竞争"和"感知潜在竞争"这两个术语可能会引发一些错误观念,"实际的"和"潜在的"标签没有被用来进行有意义的区分,在竞争已经存在的情况下,为那些将被消除的竞争

---

[15] JFTC, "Amendments to Guidelines to Application of the Antimonopoly Act concerning Review of Business Combination and to Policies concerning Procedures of Review of Business Combination," December 17, 2019, https://www.jftc.go.jp/en/pressreleases/yearly-2019/December/1912172Summary.pdf.

[16] See Richard J. Gilbert & David M. G. Newbery, "Preemptive Patenting and the Persistence of Monopoly," *The American Economic Review* 72(1982): 514.

[17] See Kenneth J. Arrow, "Economic Welfare and the Allocation of Resources to Invention," in Richard R. Nelson ed., *The Rate and Direction of Economic Activity*, Princeton University Press, 1962, p.609.

[18] Benjamin R. Kern, "Innovation Markets, Future Markets, Or Potential Competition: How Should Competition Authorities Account For Innovation Competition In Merger Reviews?" *World Competition: Law and Economics Review* 37(2014): 180.

贴上"潜在"的标签是无益的[19],因此,"实际潜在竞争"指的就是真正意义上的潜在竞争[20],相比之下,"感知潜在竞争"在反垄断实践中比较罕见,并可能会加大反垄断审查的不确定性和证明难度。[21]

潜在竞争原则是市场界定中不可分割的一部分,因为潜在竞争者或潜在进入者可能已经对一家企业的行为施加了竞争限制,尽管该企业本身尚未在该市场上参与竞争,但只要它具有进入的可能性且已经影响了在位企业的行为,那么就构成一种竞争约束。[22] 本质上,潜在竞争原则是一个超越市场界定本身的分析方法,因为潜在竞争既可能与当前市场有关,也可能与未来市场有关[23],这可以较好地因应创新对相关市场界定带来的挑战。但也有观点质疑,潜在竞争原则只有在相关市场被划定之后才应该被考虑,而在界定市场的初始环节发挥的作用不大。特别是在创新行业领域,潜在竞争与实际市场的联系可能很难确定,无法在界定相关市场的早期阶段加以考虑。[24]

笔者认为,潜在竞争的概念不可避免地与现有的商品市场联系在一起。具体到创新的市场环境下,当反垄断执法机构试图进一步预测潜在竞争者研发活动的未来走向,而研发指向的是还不存在的商品市场中的创新,则会陷入解释困境和执法僵局。潜在竞争原则只能解释各企业处于实际商品市场边缘的情况,但不能捕捉到那些有望构成新的相关商品市场中的创新竞争。因此,反垄断执法机构需要弄清楚潜在竞争者是否必须被视为当前商品市场上的未来竞争对手[25],但在相关市场界定的框架下,这种分析又重新回归到商品市场界定的维度。如果要利用潜在竞争原则划定创新竞争约束,不可避免地需要预判潜在竞争者的研发努力在未来究竟是否会创造一个全新的商品市场,这似乎又走回到了前文述及的困境。从这个角度看,潜在竞争原则可能不是创新市场中的相关市场界定良方,但不可否认的是,在创新市场中潜在竞争是一种重要的力量,甚至于比现实竞争更为重要[26],当潜在竞争者具有进入市场的可能性的条件时,执法机构应予以考虑。

---

[19] See Gregory J. Werden & Kristen C. Limarzi, "Forward-Looking Merger Analysis and the Superfluous Potential Competition Doctrine," *Antitrust Law Journal* 77(2010): 111.

[20] See OECD, supra note [12].

[21] See Gregory J. Werden & Kristen C. Limarzi, "Forward-Looking Merger Analysis and the Superfluous Potential Competition Doctrine," *Antitrust Law Journal* 77(2010): 119.

[22] See OECD, supra note [12].

[23] Viktoria H. Robertson, *Competition Law's Innovation Factor: The Relevant Market in Dynamic Contexts in the EU and the US*, Hart Publishing, 2020, p.134.

[24] European Commission, Notice on the definition of relevant market for the purposes of Community competition law [1997] OJ C372/5 (EU Market Definition Notice 1997) para 14.

[25] J.G. Sidak & D.J. Teece, "Dynamic Competition in Antitrust Law," *Journal of Competition Law & Economics* 5(2009): 581.

[26] 参见卢文涛:《动态竞争视野下的反垄断相关市场界定》,载《中国版权》2014年第3期。

(二) 相关未来市场

传统的相关市场界定方法主要考虑相对短期内的竞争状况,本质上是一种静态的分析方法[27],但创新是面向未来的,如果企业的某项创新研发能够取得成功,紧接着就是该创新的生产和商业化,从而在未来形成一个新的市场。例如,在制药领域的两家拟议合并的企业正在进行研发投资,旨在生产一种用于目前无法治疗的疾病的新药,在这种情况下,新药预计不会面临来自现有药品市场的竞争,并可能构成一个全新的相关市场。那么要在这种创新行业领域确定竞争范围,一个关键问题就是要明确应当考虑的时间范围,如果一家企业在不久的将来会开发出某项新的商品或是缔造一个新的市场,其能否被视为一个潜在的竞争者?显然,在传统的相关市场界定框架下无法对其作出判断,此时就需要采用一种前瞻性的方法来界定相关市场。相关未来市场的概念,可用于解释可能发生在目前还不存在的商品市场上的潜在或可能的竞争,因而其也被视为潜在竞争原则的必要延伸。[28]与潜在竞争原则相比,被认为是未来市场竞争者的企业目前是否在同一实际商品市场上竞争并不重要,相关未来市场关注的是那些被认为将在未来出现的市场,其不仅解决了潜在竞争原则只考虑进入已经存在的商品市场的问题,还允许考虑独立于当前商品市场上的创新竞争。[29]因此,相关未来市场实际上提供了一种新的分析工具,能够捕捉到有别于潜在竞争的其他竞争层面。

相关未来市场的方法在企业并购或研发合作的案件中被用于评估创新竞争的范围。欧盟委员会在2011年发布的《横向合作协议指南》中就曾强调,竞争对手之间的研发合作不仅会影响现有市场的竞争,还会影响创新竞争。在这种情况下,研发合作涉及新商品或新技术的开发,可能会在未来创造一个全新的需求。此时,对创新竞争影响的分析变得更加重要,但通过对现有商品或技术市场中的实际或潜在竞争的分析无法满足这种需求,往往还需要对未来市场进行评估。[30]此外,在反垄断并购审查中,未来市场的概念除了可以用于相关市场界定环节,其在竞争效应评估环节也常被适用。事实上,在创新的背景下,相关市场界定与竞争评估之间的界限可能会变得模糊,其依据的基本原理和适用的技术方法通常也是一致的。相关未来市场的分析方法可以保护未来的商品市场竞争,进而实现反垄断法对创新

---

[27] J. A. Newberg, "Antitrust for the Economy of Ideas: The Logic of Technology Markets," *Harvard Journal of Law & Technology* 14(2000): 91.

[28] See Lawrence B. Landman, "Innovation and the Structure of Competition: Future Markets in European and American Law," *Journal of the Patent and Trademark Office Society* 81(1999): 728.

[29] Benjamin R. Kern, "Innovation Markets, Future Markets, Or Potential Competition: How Should Competition Authorities Account For Innovation Competition In Merger Reviews?" *World Competition: Law and Economics Review* 37(2014): 175.

[30] European Commission, Guidelines on the applicability of Article 101 of the Treaty on the Functioning of the European Union to horizontal co-operation agreements [2011] OJ C11/1, paragraph 119.

竞争的关切。即使两家企业都不能被视为现有商品市场的竞争者或进入者,但通过相关未来市场的分析框架,其依然可以作为在未来某一特定的商品市场中的潜在竞争对手而被考虑。㉛ 因此,在界定未来市场时,企业之间是否在当前某一特定商品市场上竞争并不重要。有学者提出,对于相关未来市场的分析模式还存在另一种解释方法,即与前文述及的对未来商品市场竞争的保护不同,而是保护未来某个特定商品市场的出现。㉜ 从这个角度看,未来市场的概念可以适用于对未来市场的创新具有消极影响的并购交易。例如一家企业的研发努力有望缔造一个全新的商品市场,并可能取代或威胁到另一家企业的现有商品市场,尽管两家企业可能永远不会在同一相关商品市场上竞争,但它们的合并仍存在有损于创新的风险可能,即在双方合并后,新商品的推出可能会被放弃或推迟。

相比于当前相关市场的界定而言,界定未来市场充满不确定性,特别是对新商品的性质和时间的预测,以及对现有商品的改进和对未来消费者偏好的预测。鉴于未来市场的这种不确定性,在下列两种情况下界定未来市场可能是比较合适的:第一种情况是对可能的市场发展有很好的了解,未来市场将建立在当前市场的基础上,但在一些重要方面与当前市场有所不同。在这种情况下,反垄断分析可以把当前市场作为分析未来市场的起点。这可以被理解为未来市场是从当前市场发展而来的。第二种情况是当前市场和可能的未来市场之间的联系薄弱,两者在今后可能不会存在竞争,此时应该划定一个完全独立的未来市场来表明这种竞争状况。这可以被看作是一个新颖的未来市场,与任何当前市场都没有紧密的联系。㉝ 在反垄断执法实践中,界定未来市场主要是考察针对特定未来商品或商品类型的研发努力。这种关注研发努力的方法在不同的反垄断司法辖区有着不同的表述方式,例如巴西竞争主管机构将其称为"研究极"(research poles),美国则称其为"研发极点"(R&D poles),但都是对新的或改进的商品的研发努力进行观测的方法。㉞ 在界定未来市场以及考察企业的研发努力时,有两点需要注意的内容常被反垄断执法机构强调:

㉛ Bundeskartellamt, "Innovations-challenges for competition law practice," November 2017, https://www. bundeskartellamt. de/SharedDocs/Publikation/EN/Schriftenreihe _ Digitales _ II. pdf? _ _ blob = publicationFile&v = 3, p. 24.

㉜ Benjamin R. Kern, "Innovation Markets, Future Markets, Or Potential Competition: How Should Competition Authorities Account For Innovation Competition In Merger Reviews?" *World Competition: Law and Economics Review* 37(2014): 176.

㉝ Europe Economics, "The Development of Analytical Tools for Assessing Market Dynamics in the Knowledge Based Economy," September 12, 2003, https://ec. europa. eu/newsroom/growth/items/42428/, p. 43.

㉞ European Commission, "Support study accompanying the Commission Notice on the evaluation of the definition of relevant market for the purposes of Community competition law (Final report, 2021)," June 2021, https://competition-policy. ec. europa. eu/system/files/2021-06/kd0221712enn _ market _ definition _ notice _ 2021_1. pdf, pp. 123-125.

第一，未来市场要求针对未来特定商品的研发努力是"可观察的"和"可预测的"。未来商品与现有商品市场并不完全具有关联性，因为研发结果存在不确定性，其与现有商品的可替代性也不明确。如果不能确定这些研发努力，也就无法确定某一特定企业是否计划进入现有市场，而只能被视为实际的潜在竞争对手。相反，如果能确定这些企业的研发努力，并能认定其具有构成一个全新市场的可能性，那么这两个企业将被视为未来市场的竞争者。[35] 因此，界定未来市场的首要前提，是反垄断执法机构能够观察或识别竞争对手的研发活动。基于这项要求，实践中相关未来市场的方法主要在医药领域的并购案件中得到应用，因为制药企业的研发活动通常易于观察并受到严格的审批限制。

第二，在界定未来市场时，需要评估研发活动成功的可能性，即相关企业的研发是否有足够的把握将新商品成功推向市场。对于执法机构而言，评估一个尚未形成的未来市场中的竞争状况是富有挑战性的，因为该市场中的竞争条件和竞争力量还没有形成，因此，只有那些成功的创新研发才会将该企业推向市场并成为潜在的竞争者。[36] 如何判断研发活动是否会成功，将成为界定相关未来市场的关键，反垄断执法机构可以根据该企业过去在商品开发方面的经验、能力和专门知识，来评估研发成功的可能性。尽管未来商品市场具有不确定性，但执法机构仍然可以从邻近的现有市场入手，通过考察现有市场的特征（如消费者对现有商品的体验、当前商品的需求交叉弹性、市场参与者过去的表现等），来研判未来市场的范围和结构。

总的来说，相关未来市场的方法有助于弥补依赖于当前商品市场界定的方法存在的不足，其不仅能够保护目前不存在的市场中的竞争，还能保护未来特定商品市场的出现，进而划定企业之间的创新竞争范围并保护创新竞争本身。

（三）相关创新市场

1. 创新市场的提出与适用

创新市场（innovation market），是美国反垄断法发展历程中的一次创新实践，其通过在传统的商品市场和地域市场之外，以研发（R&D）为核心的创新活动为对象，构建市场界定的全新维度，从而将企业的创新竞争和动态效率引入反垄断法的分析框架。[37] 创新市场的基本思想，最早可追溯至1984年美国国会颁布的《国家合

---

[35] Benjamin R. Kern, "Innovation Markets, Future Markets, Or Potential Competition: How Should Competition Authorities Account For Innovation Competition In Merger Reviews?," *World Competition: Law and Economics Review* 37(2014): 176.

[36] Bundeskartellamt, "Innovations-challenges for competition law practice," November 2017, https://www.bundeskartellamt.de/SharedDocs/Publikation/EN/Schriftenreihe_Digitales_II.pdf?__blob=publicationFile&v=3, p.25.

[37] 参见李晓蓉：《市场界定与反托拉斯政策研究》，南京大学出版社2010年版，第139页。

作研究法》(NCRA),其要求反垄断执法当局在评估合资企业的合法性时,应恰当地界定相关研发市场,并提出相关市场的范围包含了研发、商品、生产工艺和服务市场等。[38] 同年,美国司法部反垄断部门的一位负责人发文指出,不仅在当前的商品市场,而且在未来市场和研发过程中,都出现了与动态产业有关的竞争问题,而后者本身亦是反垄断法意义上的市场。[39] 1993 年,美国颁布了《国家合作研究和生产法案》(NCRPA),取代了 1984 年的 NCRA,但仍然保留了在分析合资企业反竞争影响时需要界定相关研发市场的有关要求。[40]

创新市场概念首次被正式提出,源于时任美国司法部反垄断局执法官员的理查德·吉尔伯特(Richard Gilbert)和史蒂文·森夏恩(Steven Sunshine)共同发表的文章《在并购分析中引入动态效率:创新市场的应用》。他们主张将反垄断分析的注意力从潜在的商品竞争转向实际的创新竞争,并认为"界定创新市场可以成为一种有价值的工具,用来评估并购引发的结构变化对研发的激励以及由此产生的对工业创新速度的影响"。[41] 他们强调创新对整体经济福利的重要性,并在理论上证明了即使一项并购不损害任何相关商品市场的实际或潜在竞争,亦有可能会通过减少创新竞争而损害消费者福利[42],因此建议将并购审查的重点从商品市场转移到更直接的研发投资活动。1995 年,美国反垄断执法机构在《知识产权许可反托拉斯指南》中首次正式承认"创新市场"这一分析工具,其认为受知识产权许可行为影响的市场包括商品市场、技术市场和创新市场三种。该指南第 3.2.3 节阐述了对创新市场及其适用的基本认识:"创新市场包括针对特定新的或改进的商品或工艺的研发,以及该研发的紧密替代品。紧密替代品是研发努力、技术和商品,它们在相关研发方面极大地限制了市场力量的行使,例如限制了假定垄断者减缓研发速度的能力和动机。只有当从事相关研发的能力与专业资产或特征相关联时,执法机构才会划定创新市场。"[43]按照这一定义,创新市场中的企业既包括实际正在研发某种未来商品的企业,还包括具有类似可替代性研发的企业,即潜在研发的企业。

与传统的市场相比,创新市场是一个全新的概念,其具有如下鲜明的特征:首先,创新市场中不存在任何交易行为。创新市场与传统的市场分析最大的差异即在于对市场的定义,在传统市场分析中,某一特定商品的市场范围是通过确定哪些

---

[38] National Cooperative Research Act (1984), 15 USC §4301-4302.

[39] W. F. Baxter, "The Definition and Measurement of Market Power in Industries Characterized by Rapidly Developing and Changing Technologies," *Antitrust Law Journal* 53(1984): 717.

[40] National Cooperative Research and Production Act of 1993, 15 U.S.C. §§4301-4305 (1993).

[41] Richard J. Gilbert & Steven C. Sunshine, "Incorporating Dynamic Efficiency Concerns in Merger Analysis: The Use of Innovation Markets," *Antitrust Law Journal* 63(1995): 569-570.

[42] Ibid., pp.583-585.

[43] The US 1995 Antitrust Guidelines for the Licensing of Intellectual Property, §3.2.3.

商品限制了该商品的价格来确定的。但创新市场既不是商品市场,也不是服务市场[44],其关注的是企业在市场中的研发和创新活动,并且这些研发尚未形成现实的商品或技术,因而在创新市场中,并不存在具体的交易行为。[45] 相反,企业计划在未来的某个时间销售创新商品,以期在未来的市场竞争中获得优势。其次,创新市场追求研发投入的最大化。由于创新具有不确定性,投入与产出的关系模糊,企业难以确定最优的投资水平,只能采取追求研发投入最大化的经营策略。对于竞争主管机构而言,市场中的研发者数量和研发资源投入愈多,往往会带来愈大的创新回报。但也有观点认为这种理论有一定的弊端,创新市场分析注重资源投入水平而不是创新产出,可能会带来效率的损失,所以在界定的时候要尽量对这一点进行修正。[46] 最后,市场份额在创新市场中的重要性降低。企业的研发投入难以准确量化为相应的创新产出,并且企业参与研发活动的具体情况通常是被严格保密的,因而在当前的创新市场究竟有多少研发者也很难统计。基于这些原因,在界定创新市场时不像过去的传统市场,对市场份额的关注程度大大降低。

创新市场的方法主要应用于反垄断并购审查制度中,用以评估拟议的并购对企业创新努力及研发的影响。吉尔伯特和森夏恩提出了界定创新市场的"五步法",其基本原理与美国1992年《横向合并指南》中的假定垄断者测试法相通,只不过将"小幅显著且非暂时性的价格上涨"替换为"小幅显著且非暂时性的创新投入的减少"。[47] 具体分析步骤如下:

第一步,识别拟议并购企业间的重叠研发活动。只有企业间的研发活动可能导致商品或工艺的改进时,才具有经济意义,而准确识别重叠的研发活动,是界定相关创新市场的第一步,这还有助于进一步判断研发活动是否会对一个或者多个下游商品市场产生重大影响。

第二步,确定重叠研发活动的替代来源。这一步实际上是在第一步的基础上,寻找市场中与拟议并购企业间重叠研发活动具有合理可替代性的其他研发活动,既包括那些已经拥有研发所需专门资产(如生产或检测设备、知识产权等)的企业,也包括有能力在较短时间内获得这些资产并具备相应研发能力的企业。这里的潜在逻辑是,相关竞争对手的识别是通过对进行研发所必需的特定能力和资源(专门资产)的评估来实现的,假定某一领域的创新需要某项专门资产,而这些资产无法在合适的时间内获得,因此,那些拥有关键资产的企业将被视为竞争对手,

---

[44] Ronald W. Davis, "Innovation Markets and Merger Enforcement: Current Practice in Perspective," *Antitrust Law Journal* 71(2003): 679.

[45] Ibid., p.677.

[46] 参见李虹:《相关市场理论与实践——反垄断中相关市场界定的经济学分析》,商务印书馆2011年版,第221页。

[47] See Richard J. Gilbert & Steven C. Sunshine, "Incorporating Dynamic Efficiency Concerns in Merger Analysis: The Use of Innovation Markets," *Antitrust Law Journal* 63(1995): 569.

同属于相关的"创新市场"。该步骤旨在重点考量创新市场中可能的供给替代和潜在竞争者[48]，这实际上是影响假定垄断者降低研发动机的关键要素。如果市场中的研发替代来源很多，那么拟议的并购将不会导致创新市场中的竞争损害，执法机构也无须从创新市场维度禁止该项并购交易。反之，如果研发替代来源较少，则进入到下一步的分析。

第三步，评估拟议并购双方在下游商品市场的竞争状况。除了市场中的替代研发来源情况会影响企业的研发动机，来自下游商品市场的实际竞争和潜在竞争同样会影响企业的研发投入与创新动机。一般而言，企业增加研发投入可以获得在下游市场的竞争优势并能增加利润，但如果其减少研发投入所节约的成本不及因此造成的下游市场的利润损失，那么该企业往往不会选择减少研发，相应地，该项并购交易也不会对创新努力造成减损。

第四步，评估研发集中度的提高和对研发投资的竞争效应。事实上，通过以上三个步骤，创新市场的范围基本可以划定。此步骤旨在分析企业在研发市场中所占的份额是否足以影响该市场的研发总水平，以及是否有任何其他特定因素对竞争产生影响。

第五步，评估研发效率。考虑到研发仅仅是创新的一种投入，除了通过以上步骤确定研发投入和创新努力是否受到影响外，还需要进一步评估并购主体研发活动的结合是否可能带来创新效率收益。对此，必须要评估开发互补研发资产、产生研发规模经济、减少冗余的研发项目等方面的情况。

不难看出，吉尔伯特和森夏恩倡导的五步界定法，其实质是通过对重叠的研发活动中各方的研发投入进行分析，进而在创新市场的维度划定竞争边界。当试图评估一个市场的创新竞争程度时，锁定的目标通常不是当前的研发，而是企业先前创新努力的成果，此时的反垄断分析总是会落后一步。创新市场的方法充分反映了克服这一局限性的愿望——在早期阶段就将创新因素纳入反垄断法分析框架。借助这一分析工具，反垄断执法机构可以分析企业的商业行为（例如并购）对尚未形成的商品的创新产生了哪些影响。

2. 创新市场的争议

自创新市场的概念形成以后，其在美国的反垄断执法实践中逐步得到应用。据有关数据统计，在美国司法部和联邦贸易委员会于1990年至1994年审查过的135起并购案件中，只有4起考察了并购对创新竞争的影响，而这一数字在1995年至1999年上升至47起，2000年至2003年则有41起并购案件审查了对创新市场的影响。[49] 同时，其他反垄断执法机构如日本公正交易委员会（JFTC）和我国台湾

---

[48]　参见李虹：《相关市场理论与实践——反垄断中相关市场界定的经济学分析》，商务印书馆2011年版，第213页。

[49]　同上书，第223页。

地区的公平交易委员会(TFTC)也在相关的反垄断指南中引入了创新市场的概念。㊿ 创新市场的界定方法试图为尚不存在的商品划定竞争范围,实际上是对传统市场界定以商品替代性为分析范式的超越,并在商品市场和地域市场之外拓展出一个全新维度,无疑是后芝加哥学派探索市场界定动态标准过程中的一个重大进步。㉛ 反垄断执法机构根据企业各自的创新能力和动机,而不是根据商品或服务市场进行反垄断分析,因此在实践的过程中引发了不少质疑。譬如,美国《反垄断杂志》曾以专题的形式对创新市场的方法进行了讨论,有关争议焦点集中表现在以下方面。

首先,研发投入与创新之间缺乏确定性关系,两者的联系尚不明晰。对创新市场分析方法的主要质疑是,研发究竟能否作为衡量创新的标准。根据创新市场目前在并购领域的适用情况看,其主张具有重叠研发活动的企业合并会减少研发主体,使研发力量过于集中,进而会减少创新,但现有的经济学研究尚不能清晰证实何种研发水平会带来最优的创新结果。换言之,更多的研发总是更好吗?这一结论在经济学领域中也未能形成共识,因为研发资源的集中也可能会提高研发的效率和成功率,形成有利于创新的研发规模经济,减少重复的研发投入,㊾并且在不同行业领域中最佳研发数量和最佳研发集中度也有差别,这会增加创新市场分析的不确定性。此外,对研发投入的追求与反垄断法的目标可能存在相悖之处。反垄断法旨在追求生产效率和配置效率,这就要求在给定产出水平时,投入越少越好,但在创新市场的框架下追求的却是并行的研发数量和投入的研发资源越多越好,这可能会违反反垄断法的目标。

其次,如何确定相关企业的研发投入和研发资产,是执法实践中亟待解决的难题。通常情况下,企业的研发努力作为商业机密受到保护,因此很难确定哪些企业的研发具有足够的相关性,可以被纳入同一创新市场。㊿ 即便能确定市场中所有相关的研发活动,划定创新市场的边界,但基于当下研发努力的评估也很难确定它将如何影响未来的竞争。

再次,创新市场的分析方法未能摆脱结构主义的影响。如前所述,研发活动、市场结构与创新水平之间的关系并没有形成广泛的共识。创新市场的方法实际上承继了假定垄断者测试法的分析框架,这导致其仍然具有结构主义的倾向㊾,而现有的理论和经验研究尚不能得出创新水平与市场集中度(包括研发集中度)的联

㊿ 王晓晔主编:《反垄断法的相关市场界定及其技术方法》,法律出版社2019年版,第182页。
㉛ 参见李晓蓉:《市场界定与反托拉斯政策研究》,南京大学出版社2010年版,第145页。
㊾ Ronald W. Davis, "Innovation Markets and Merger Enforcement: Current Practice in Perspective," *Antitrust Law Journal* 71(2003): 681.
㊿ Thomas N. Dahdouh, "The Shape of Things to Come: Innovation Market Analysis in Merger Cases," *Antitrust Law Journal* 64(1996): 420.
㊾ 李晓蓉:《市场界定与反托拉斯政策研究》,南京大学出版社2010年版,第145页。

系,那么创新市场的方法则缺失理论支撑。

最后,既有的潜在竞争理论似乎足以应对创新问题。不少学者质疑创新市场分析是否真的是对现有反垄断执法工具的有益补充。批评者认为,既有的潜在竞争理论已经解决了与创新市场有关的问题,而利用创新市场的尝试将注意力从潜在竞争理论上转移开来,虽然吉尔伯特和尚夏尔提出的五步法是实施创新市场分析的最有效方式,但他们在最后一步分析中确实允许通过潜在竞争理论将创新纳入市场界定分析的传统思路。[55] 理查德·拉普(Richard Rapp)提出了类似的观点,他发现大多数案件中界定创新市场的方法是多余的,而且仅仅是谈论潜在竞争的一种新方式。即便不适用创新市场的分析框架,美国1992年《横向合并指南》确定的分析方法(例如潜在竞争、进入分析等)也足以应对动态效应。[56]

针对上述质疑和批评,吉尔伯特和森夏恩再度撰文回应,继续捍卫创新市场的概念。他们认为,传统的市场分析是静态的,不能有效地代表未来市场的实际行为。相比之下,创新市场是面向未来的并且不是一种静态的市场方法。创新对市场很重要,它已经替代价格成为竞争的驱动力,因此在反垄断并购审查时考虑创新非常重要。[57] 尽管目前的经济学研究尚未得出创新与市场结构、研发集中度之间存在的确切关系,但仍然有一些经济学成果能够成为良好的论据,以证明在特定情形下某些并购会减缓创新和研发效率。[58] 两位学者进一步指出,创新市场不完全与潜在竞争理论相同,它可能会在并购双方既不是实际竞争对手也不是潜在竞争对手的市场中发现反竞争效应。以美国通用汽车与德国采埃孚(ZF)并购案[59]为例,两家公司是全球最主要的客运车和大型卡车自动传动装置的生产者,通用汽车拟将其阿里森运输车部门出售给采埃孚公司,但美国联邦贸易委员会经审查认为合并将限制美国境内客运车和重型垃圾运输车市场的竞争。在本案中,联邦贸易委员会将相关市场界定为一个全球范围内客运车和大型卡车自动传送装置的系列技术市场,并认为合并对运输车创新市场的影响要远远甚于这两家公司在商品市场的竞争。但通用汽车和ZF只是两个特定市场的竞争对手,并且ZF也不是通用汽车所在市场的潜在进入者,那么传统的反垄断分析工具只能触及受影响市场的一小部分,无法评估创新竞争的损害。只有借助创新市场分析,才能确定该交易对

---

[55] Thomas N. Dahdouh, "The Shape of Things to Come: Innovation Market Analysis in Merger Cases," *Antitrust Law Journal* 64(1996): 429-434.

[56] Richard T. Rapp, "The Misapplication of the Innovation Market Approach to Merger Analysis," *Antitrust Law Journal* 64(1995): 19-20.

[57] See Richard J. Gilbert & Steven C. Sunshine, "The Use of Innovation Markets: A Reply to Hay, Rapp, and Hoerner," *Antitrust Law Journal* 64(1995): 75-76.

[58] Ibid., p.77.

[59] United States v. General Motors Corp., No. 93-530 (D. Del. filed Nov.16, 1993).

美国市场可能产生的影响。[60] 事实上,该案通过引入创新市场的分析方法,旨在强调并购分析应具有动态性和前瞻性,而不是基于并购之时或之前存在的事实进行静态的竞争评估。

三、创新维度下相关市场界定的制度完善

(一) 相关市场界定考虑创新因素的必要性

创新作为一种非价格竞争因素,并没有得到反垄断法的足够重视。与许多其他形式的竞争相比,消费者更容易从不断增加的创新中受益。创新不仅可以为消费者带来差异化的商品,还有利于降低生产成本和改进生产工艺。因此,只要其他商品或服务的供应没有减少或价格没有上涨,消费者在更多的商品创新中可以获得更多收益,特别是当创新带来价格更低的商品或更节约成本的制造工艺时,消费者福利也会显著提高。[61] 考虑到创新在推动经济增长、提升企业竞争力和提高消费者福利等多方面的关键作用,在反垄断法的分析框架下纳入对创新因素的考量是十分必要的。相关市场界定作为垄断行为竞争分析的前置步骤和重要环节,需要引入创新因素的分析,以更好地划定创新竞争的边界及其限制约束,进而为后续的竞争分析与创新分析提供范围依据。

目前的相关市场界定主要围绕当前商品市场的竞争,重点关注的是企业在提供特定商品和服务时所受到的竞争约束,但在创新的市场环境下,企业间的创新竞争反映了其在今后引进新商品和服务而进行的创新活动中所受到的竞争限制,也就是说,在现有的商品市场中不存在任何竞争限制的企业,可能在创新方面构成激烈的竞争对手,彼此成为对方的竞争约束。在这样的背景下,仅仅对现有的商品市场展开竞争分析是不全面的,既有的市场界定框架无法捕捉到创新层面的竞争限制。首先从需求替代的角度看,创新商品或服务使得消费者偏好的变化更难把握,需求替代分析更加复杂;其次从供给替代的角度看,创新驱动的发展使得对供给方替代的评估更加具有不确定性,因为很难判断创新研发会开辟怎样的未来商品市场;最后从潜在市场进入者的角度看,对未来的竞争动态和潜在市场进入的预测,也是极富挑战性的。[62]

因此,有必要在相关市场界定环节,进一步区分所要测量的不同维度的竞争约

---

[60] See Richard J. Gilbert & Steven C. Sunshine, "The Use of Innovation Markets: A Reply to Hay, Rapp, and Hoerner," *Antitrust Law Journal* 64(1995): 81—82.

[61] See Richard J. Gilbert & Steven C. Sunshine, "Incorporating Dynamic Efficiency Concerns in Merger Analysis: The Use of Innovation Markets," *Antitrust Law Journal* 63(1995): 573.

[62] 韩伟、徐美玲:《GSMA〈数字生态系统竞争政策框架重整〉调研报告介评》,载韩伟主编:《数字市场竞争政策研究》,法律出版社2017年版,第99—100页。

束,这其中既包括商品市场竞争,也包括创新竞争。所谓商品市场竞争,可以将其理解为企业之间在现有商品供应或销售方面的竞争,最突出的竞争手段即是企业在定价方面的竞争,这也是传统相关市场界定方法通过测度价格变化划定商品市场竞争范围的主要原理。而创新竞争,可理解为企业之间为开发新商品或服务以及生产工艺而进行的竞争,企业正在进行的创新研发活动也可被视为一种创新竞争。[63] 在相关市场界定的框架中考虑创新因素,实际上是要求反垄断执法机构或司法机构充分认识到企业的创新研发活动是市场创新竞争的一个重要方面,新商品和新技术的诞生甚至可以导致现有商品的竞争优势转瞬即逝,妨碍创新竞争与现有商品市场上的垄断行为有着相同的反竞争效果。[64] 因此,创新竞争不仅应当成为反垄断竞争分析的一个重要方面,也理应成为市场界定的一个重要维度。

在动态的市场环境中界定相关市场,需要构建一个全面的分析框架,这包括在市场界定中建立创新维度的考察,用以评估创新因素对市场竞争的影响。早期曾有学者研究认为,反垄断法对创新的衡量可在实质性的竞争效果评估环节进行,例如在反垄断并购审查中,只需要在竞争效果审查时考虑创新损害,不一定需要通过界定相关市场(主要指创新市场)的方式来考虑创新因素,但此后长期的反垄断法实施经验表明,仅通过抽象地阐述并购对创新的消极影响不便于实际操作,仍然需要在竞争效果评估的前置环节,即在相关市场界定的过程中划定创新竞争的范围,以便为后续的竞争评估做好铺垫。[65] 仍然以反垄断并购审查为例,一般认为,可能对创新造成损害并受质疑的并购可以归为以下三种类型之一:一是会减少现有市场竞争的并购;二是会减少现有市场潜在竞争的并购;三是在尚不存在但预计将在未来存在的市场中减少竞争的并购。[66] 随着经济理论的发展,反垄断法在潜在竞争理论中认识到,处于供应方而不是实际处于市场中的企业仍然可以限制市场中的价格。在相关市场界定环节考虑创新因素,可以帮助确定一个尚不存在但预计未来会存在的市场中的竞争条件变化情况。前文述及的"潜在竞争原则""未来市场"和"创新市场"的概念,无论是在市场界定环节还是在实质性的竞争效果分析环节,都是为了在充满活力的市场中识别创新层面的竞争。反垄断执法机构在相关市场界定中引入创新维度的分析方法,可以基于一种动态的视角评估企业之间的创新竞争,进而阻止垄断与限制竞争行为对创新的损害。因此,在反垄断法相关

---

[63] Europe Economics, "The Development of Analytical Tools for Assessing Market Dynamics in the Knowledge Based Economy," September 12, 2003, https://ec.europa.eu/newsroom/growth/items/42428/, p.27.

[64] 参见王晓晔主编:《反垄断法的相关市场界定及其技术方法》,法律出版社2019年版,第182页。

[65] 参见李虹:《相关市场理论与实践——反垄断中相关市场界定的经济学分析》,商务印书馆2011年版,第208页。

[66] Richard J. Gilbert & Willard K. Tom, "Is Innovation King at the Antitrust Agencies? The Intellectual Property Guidelines Five Years Later," *Antitrust Law Journal* 49 (2001).

市场界定中考虑创新因素是十分必要的。

(二) 相关市场界定对创新因素的分析框架

1. 引入"未来市场"的概念

承前所述,创新既有可能在现有的商品市场中引发竞争问题,也可能在企业的研发过程或是未来的商品市场中引发竞争问题。因此,受创新因素的影响,在界定相关市场时,反垄断分析应当注意到创新竞争的动态性,但这种动态的变化不足以在现有的相关市场界定理论框架下得到评估。对于因应创新挑战而形成的"潜在竞争原则""相关未来市场"和"相关创新市场"这三种方法,均有其自身适用条件和优势,但同时也存在着一些局限,因而在引入反垄断分析框架时需要作出选择与调整。

潜在竞争原则在创新的市场环境中扮演着重要的角色,因为它可以对当前或未来的市场施加竞争压力,但总的来说,潜在竞争原则是一种考虑市场进入的分析方法,它在市场界定环节所发挥的作用远不及其在竞争效果评估中的作用,因而可将其作为市场界定环节的一种辅助分析手段,尚不足以构成市场界定中的一个稳定的分析框架。而"未来市场"和"创新市场"的概念,事实上是在相关市场界定中建立了一个新的维度,以捕捉传统商品市场所不能评估的创新竞争效果,弥补单纯的商品市场不能完全解决的问题。[67] 20世纪90年代发展起来的美国创新市场理论正在走下坡路,虽然这一方法有助于提醒反垄断执法机构注意在案件审查中考虑创新因素,但创新市场概念本身存在固有缺陷——创新市场实际上是一个不存在任何商品、没有任何交易的"市场",其不属于相关市场意义上的"市场",这很可能会为反垄断法的实施增加一个概念性的法律障碍。[68] 也就是说,尽管在界定相关市场时需要考虑创新因素,但这种考虑最终需要回归到"市场"当中,而不能是虚构的概念,这会进一步增加反垄断分析的不确定性。实际上,在美国的反垄断实践中,适用创新市场方法的大多数案件也只是在竞争分析环节考虑了创新竞争因素,并没有真正界定相关创新市场的范围,更不可能认定相关企业市场份额和市场地位,这是因为很难界定创新市场的范围或者进行量化。[69] 考虑到创新市场方法在反垄断分析中的不确定性及其效果的不明确性,欧盟也没有像美国那样提出创新市场的概念,也未将创新市场作为独立的相关市场进行界定,而是选择在评估竞

---

[67] 参见王晓晔主编:《反垄断法的相关市场界定及其技术方法》,法律出版社2019年版,第185—186页。

[68] See Robert J. Hoerner, "Innovation Markets: New Wine in Old Bottles?" *Antitrust Law Journal* 64 (1995): 56-57.

[69] 王晓晔主编:《反垄断法的相关市场界定及其技术方法》,法律出版社2019年版,第186—187页。

争效果时考虑创新因素带来的影响。[70]

相比之下,"未来市场"的概念在回应创新方面可以弥补"潜在竞争原则"和"创新市场"方法的不足。相关市场界定的最根本目的,是为了确定能够对彼此施加有效竞争约束和限制彼此竞争行为的商品或服务的提供者。创新改变了商品或服务的组合、生产方式和价格,从而影响了替代模式和相关的竞争限制,这也会改变当前相关市场的边界。例如,在分析两种商品当下是否可以替代可能会比较容易,一旦加入对创新因素的考虑,可能无法很好地预测它们在未来是否可以替代以及是否有可能相互竞争。同时,对未来将推出新商品的预期将会对现有商品的供应条件造成限制。[71]

由创新引发的替代模式的变化,意味着市场界定的时间性变得格外重要。在传统相关市场界定的理论框架下,就曾提出"相关时间市场"的维度。相关时间市场也被称为相关市场的时间性,它是指相同商品或密切替代品在同一区域内相互竞争的时间范围。[72] 有观点认为,在具有动态竞争性的市场(例如数字经济市场),相关市场界定需要考虑时间市场的维度,此时用户需求替代的时间性源自商品发展的周期性、创新性等因素的影响[73],按照这一逻辑,创新因素似乎可以在相关时间市场的维度加以考察。但事实上,传统市场界定中的时间维度是相对较短的,并不具备足够的前瞻性。同时,在确定相关时间市场时会要求竞争条件的一致性,即在相关商品市场和相关地域市场给定的情况下,判断时间因素是否令商品竞争条件一致,如果存在不一致的情况,则这些商品不属于同一相关时间市场。[74] 显然,创新因素在未来商品市场对竞争条件的影响或改变,依然无法在相关时间市场的维度得到衡量。

在既有的相关市场界定理论中引入"未来市场"的概念,可以有效地考虑当前相关市场(即传统竞争分析的起点)随时间发展而变化的情况,并能对未来的商品市场竞争和创新(研发)竞争进行有力的分析。企业的竞争约束最终来自商品(服务)的供给或潜在的未来供给,即使在考虑创新层面的竞争时,影响竞争对手创新行为的竞争约束也会因为在同一未来市场上引入商品的前景而出现。[75] 因此,界

---

[70] 刘武朝、杨茂喜:《经营者集中反垄断审查与企业创新——挑战及制度因应》,知识产权出版社2016年版,第64—65页。

[71] Europe Economics, "The Development of Analytical Tools for Assessing Market Dynamics in the Knowledge Based Economy," September 12, 2003, https://ec.europa.eu/newsroom/growth/items/42428/, p.39.

[72] 王晓晔主编:《反垄断法的相关市场界定及其技术方法》,法律出版社2019年版,第194页。

[73] 陈兵:《平台经济领域相关市场界定方法审视——以〈国务院反垄断委员会关于平台经济领域的反垄断指南〉第4条为中心的解读》,载《法治研究》2021年第2期。

[74] 王晓晔主编:《反垄断法的相关市场界定及其技术方法》,法律出版社2019年版,第194页。

[75] Europe Economics, "The Development of Analytical Tools for Assessing Market Dynamics in the Knowledge Based Economy," September 12, 2003, https://ec.europa.eu/newsroom/growth/items/42428/, pp.38-39.

定与创新活动相关的未来市场,既能作为相关市场界定对创新因素的分析框架,也有助于在当下评估未来市场的创新竞争,进而帮助执法机构展开进一步的竞争效果分析。

2."未来市场"界定与创新分析

创新对于企业活动的影响主要体现在其对未来竞争的影响上[76],运用未来市场的分析框架,重点在于解决以下两个方面的问题,一是根据预期或潜在的市场发展(可视为当前相关市场的"未来演变")对未来商品供应的竞争进行前瞻性评估,二是确定尚未进入但预期会进入市场的供应商品的竞争范围。[77] 因此,未来市场既可以从当前商品供应的角度来界定,也可以从预期推出的商品供应的角度来界定,而后者往往与企业的创新研发相关。这种商品供应具体包括在未来继续供应现有商品,或是现有商品的改进款,或是全新的商品。根据上述基本原理,界定未来市场的方法可简单归纳为以下两个步骤:第一步,确定企业现有商品和研发活动,这既是确定当前市场相关竞争约束的传统手段,也是界定未来市场的起点;第二步,根据企业现有商品的特点和创新研发活动的发展方向,前瞻性地评估未来市场的范围。考察企业研发活动的范围对反垄断相关市场范围的评估及潜在竞争范围的定性分析具有重要意义。[78] 研发活动可被视为创新的一种投入,尽管并不是越多的研发投入必然会产生越多的创新,但是将相关市场界定建立在企业研发能力而不是快速变化的商品特征之上,更有助于克服创新市场的波动性和快速变化的性质。[79]

美国反垄断执法机构在 2017 年新修订的《知识产权许可反垄断指南》中,已将"创新市场"的概念更替为"研发市场"(Research and Development Markets)。指南第 3.2.3 节规定,如果许可会对开发新的或改进的商品或工艺的竞争产生不利影响,执法机构可将这种影响作为单独的研发市场中的竞争影响进行分析。许可对研发产生竞争影响,而这种影响无法通过对商品或技术市场的分析得到充分解决。例如,该许可可能影响与识别可商业化商品的研究或与特定商品或服务的开发相关的创新。[80] 这里的研发市场主要由资产组成,包括与识别可商业化商品或特定新型商品或改良商品或工艺相关的研发,以及该研发的紧密替代品。当研发针对

---

[76] 参见李虹:《相关市场理论与实践——反垄断中相关市场界定的经济学分析》,商务印书馆 2011 年版,第 211—217 页。

[77] Europe Economics, "The Development of Analytical Tools for Assessing Market Dynamics in the Knowledge Based Economy," September 12, 2003, https://ec.europa.eu/newsroom/growth/items/42428/, p.41.

[78] 参见卢文涛:《动态竞争视野下的反垄断相关市场界定》,载《中国版权》2014 年第 3 期。

[79] European Commission, "Support study accompanying the Commission Notice on the evaluation of the definition of relevant market for the purposes of Community competition law (Final report, 2021)," June 2021, https://competition-policy.ec.europa.eu/system/files/2021-06/kd0221712enn_market_definition_notice_2021_1.pdf, p.127.

[80] The US 2017 Antitrust Guidelines for the Licensing of Intellectual Property, §3.2.3.

特定新型或改良商品或工艺时,紧密替代品可包括显著限制相关研发行使市场力量的研发努力、技术和商品。只有当从事相关研发的能力与特定企业的专门资产相关联时,执法机构才会划定研发市场。[81] 这充分说明,在创新性极高的市场,企业研发活动对于界定市场和确定企业竞争范围是至关重要的。

  需要注意的是,研发活动能够识别,是界定未来市场的基本要求,同时也是消解未来市场界定不确定性的关键。只有当企业的研发活动和研发计划是"可观察的",并且企业的研发项目有很高的成功可能性,即研发活动所指向的未来商品市场是可以确定的时,相关创新竞争对手的识别才会变得比较容易。德国联邦卡特尔局也在其2017年发布的《创新——竞争法的挑战》报告中指出,在界定涉及创新的市场时,只有创新研发的对象可被归类为具体的、能够识别的商品时,才能归属于现有或未来市场。[82] 但在实践中,研发活动也有无法或难以识别的情况。由于企业往往会采取对研发保密的若干举措,识别在某一领域进行研发的创新竞争对手会因此面临较大的困难。此时,如果企业未来的创新活动需要某些特殊的、专门的资产(如研发实验室或专业人员等),那么识别创新竞争对手依然是有迹可循的。这些资产可以理解为参与创新竞争过程的进入壁垒,当其成为某一领域的研发所不可或缺的资产,并且其他竞争者在较长的一段时间内难以获得,则可以作为识别相关创新竞争对手的重要方法。[83] 适用该方法的必要前提是,反垄断执法机构须证明这些资产对于创新的必需性,这也是为了避免执法机构在适用未来市场方法时因脱离实际商品市场进行创新竞争分析而可能引发的恣意。

  当然,未来市场的分析方法也并非一劳永逸的,最主要的问题是如何破解未来市场可能带来的相关市场界定的不确定性。除了前述内容提出的具体方法外,有必要重申并明确界定未来市场的功能定位和最终目的。如前所述,界定未来市场主要是预测创新对未来市场供应的影响,特别是对新商品的性质和时间的预测,以及对现有商品的改进和对未来消费者偏好的预测,而这些预测可能会带来很大的不确定性,这也是创新对相关市场界定的固有影响。鉴于这些客观现实因素的制约,所得出的预测结论即未来市场的界定未必是十分精确的,但不能据此否定通过未来市场的概念对创新因素进行考虑的有益实践。正如同传统的相关市场界定一样,其得出的市场竞争范围也不可避免地存在着不确定性和不够精准的问题[84],但从市场界定结果的运用来看,其在后续的竞争分析中仍然发挥着重要作用,甚至于

---

[81] Ibid.

[82] Bundeskartellamt, "Innovations-challenges for competition law practice," https://www.bundeskartellamt.de/SharedDocs/Publikation/EN/Schriftenreihe_Digitales_II.pdf?__blob=publicationFile&v=3, p. 24.

[83] Europe Economics, "The Development of Analytical Tools for Assessing Market Dynamics in the Knowledge Based Economy," https://ec.europa.eu/newsroom/growth/items/42428/, p. 41.

[84] 参见王晓晔:《论相关市场界定在滥用行为案件中的地位和作用》,载《现代法学》2018年第3期。

渗透了竞争分析的方方面面。这也提示我们需要重新审视界定相关未来市场的功能定位,其作为反垄断分析的一种工具,是划定创新竞争范围的一种手段。在创新的市场环境中,适用未来市场方法的最终目的是服务于后续的竞争分析特别是创新竞争分析,而不是为了界定相关市场本身,即相关市场界定是一种手段而非目的。

欧盟竞争法中的"母公司责任"及其本土化构建

李 鑫*

摘要：欧盟竞争法中的"母公司责任"是指在母子公司构成单一经济实体的前提下，母公司对子公司的反竞争行为承担的连带责任。"母公司责任"在母公司参与或未参与反竞争行为的情况下均可能被适用，因其能够防止市场主体滥用有限责任制度、增强竞争执法的威慑力、促进企业竞争合规而具有合理性。在我国，法律法规、学术文献、实践案例中均存在"母公司责任"的缩影，这为"母公司责任"的本土化奠定了良好的理论与实践基础。"母公司责任"的本土化可以从两方面入手：一是在立法上明晰单一经济实体与"母公司责任"在反垄断法中的整体适用，二是在执法上统一确立母子公司反竞争行为责任的整体主义。

关键词：欧盟竞争法 "母公司责任" 单一经济实体 整体主义

法律责任制度是竞争法中的重要内容，关乎竞争法的执行效率与执行力度。法律责任的适用对象可以分为适用主体与适用行为两个方面，执法机构在确定法律责任的尺度前，首先要明确责任适用主体。"母公司责任"是有关责任适用主体的制度之一，是欧盟竞争法实施中的重要工具。

在欧盟，"母公司责任"（parent company liability）源于单一经济实体的概念。早在 1969 年的 Christiani & Nielsen 案中，欧盟委员会就提出了单一经济实体这一概念。在该案中，委员会指出：两个企业均具有法人资格，并不一定能满足垄断协议的主体要求，判断垄断协议主体的关键是要根据事实了解子公司相对于母公司是否可以从经济角度采取自主行动。① 在企业构成单一经济实体的基础上，母公司可能承担由子公司违法行为而导致的连带责任，也即"母公司责任"。目前，我国

---

* 李鑫，中国政法大学民商经济法学院博士研究生。

① Commission Decision of 18.6.1969, Ⅳ/22.548, Christiani and Nielsen, accessed August 25, 2023, https://eur-lex.europa.eu/legal-content/fr/TXT/? uri=CELEX:31969D0195.

虽未明确建立"母公司责任"制度,但在过往实践以及最新立法中均能找到直接或间接适用"母公司责任"的"痕迹"。而且,根据我国《反垄断法》2022 年修正内容中增强法律责任的倾向,"母公司责任"本土化也符合我国反垄断执法的现实所需。因此,本文从厘清欧盟竞争法中"母公司责任"的含义与适用情形出发,明确欧盟竞争法中适用"母公司责任"的合理性,并在分析我国"母公司责任"本土化的理论与实践的基础之上,提出我国"母公司责任"本土化的完善路径,以期完善我国的反垄断法责任制度,增强反垄断执法的刚性力量。

一、"母公司责任"的含义与适用情形

"母公司责任"是单一经济实体理论的一部分。可以说,"母公司责任"是在单一经济实体下,执法机构用来判断哪些主体需要承担竞争法责任的规则。但"母公司责任"含义为何,一个法律实体在什么时候可能对第二个独立法律实体从事的反竞争活动负责还不明确。有学者认为欧盟竞争法中用于界定"母公司责任"的原则晦涩难懂,不清晰的责任原则使得执法中产生了"模糊地带"。② 本部分以欧盟的理论与实践经验为基础,意图厘清"母公司责任"的内涵与适用情形。

(一)"母公司责任"的含义

"母公司责任"与欧盟竞争法上的"企业"概念联系密切。"母公司责任"是单一经济实体理论的一部分,单一经济实体又可以追溯到欧盟竞争法上的企业概念。与公司法中的法人资格问题不同,企业是指从事商业活动的任何实法律实体(自然人、法人)组成的经济实体。企业概念侧重于两个方面:一是主体所开展的活动类型的经济性。企业包括在市场上从事经济活动的所有实体,其概念更关注活动的特性而不是活动行为者的特性。二是主体的独立自主性。企业应可以独立在市场中开展商业活动。这里的独立是指竞争上的独立,即企业能够自主决定商业政策与活动方向,不受其他实体的操控。申言之,在欧盟竞争法的企业概念中,经济标准比法律标准更为重要。因此,一个公司法上独立的法人实体,在竞争法上很可能因不具有独立自主性而不能够被称为一个企业。企业可以是一个自然人、一个法人,也可以是多个自然人与多个法人的联合体,后一种在现实中更为常见。在大多数情况下,企业是由母子公司构成的。

"母公司责任"的前提是母公司与子公司构成一个单一经济实体。单一经济实体可以在多种关系中形成,如母子公司、代理关系、雇佣关系。母子公司是最典型的一种,也由此产生了母公司承担责任的规则。在母子公司构成单一经济实体

---

② Briggs and Jordan, "Presumed guilty: Shareholder liability for a subsidiary's infringements of Article 81 of the EC Treaty," *Business Law International* 8(2007): 1-37.

的前提下,母公司控制了子公司的行为,对子公司的行为施加决定性影响。决定性影响表现于子公司的定价政策、营销策略、销售成本、分销活动、现金流等多方面。在 Imperial Chemical Industries v. Commission of The European Communities 案(以下简称 ICI 案)中,欧洲法院认为:如果子公司不独立决定其在市场上的行为,而是在所有重大方面执行母公司向其发出的指示,则子公司的行为可归责于母公司。③

"母公司责任"也被称为"孩子犯错,父母担责",其意味着母公司要承担由子公司反竞争行为产生的连带责任。在母子公司形成一个单一经济实体的前提下,若法院、欧盟委员会判定母公司承担子公司违法行为导致的相应责任,不必然是因为母公司直接参与了违法行为,也不必然因为母公司煽动、促进了违法行为的实现,而是因为母子公司之间的特殊关系形成了一个经济实体。也就是说,连带责任产生于母公司对子公司的控制上,控制可能是基于股权控制,也可能是基于合同控制。在母公司拥有子公司 100% 股权的情况下,子公司的反竞争行为一定会导致母公司责任。在其他情况下,母公司是否要为子公司行为承担责任则要由执法机构根据多种因素综合判断。

因此,"母公司责任"可以定义为:在母子公司构成单一经济实体的前提下,母公司对子公司的反竞争行为承担的连带责任。

(二)"母公司责任"的适用情形

当母子公司构成一个单一经济实体时,母公司可能对经济实体内部任何法律实体的违法行为承担责任。但在实践中,母公司责任的归属并非以如此简单粗暴的方式界定,而是需要划分情况来具体分析。

1. 母公司参与反竞争行为

当多个法律实体参与了违法行为,则每一个法律实体都可能承担连带责任。最典型的一种连带责任形态为:A 与 B 为两个独立的法律实体,A 参与了 B 主导的反竞争行为,则 A 与 B 对行为承担连带责任。在单一经济实体的前提下,当直接参与反竞争行为的 D 为另一个参与此行为的 E 的子公司,连带责任仍存在成立的可能性。在 ICI 案中,法院调查发现 ICI 向其共同体市场的子公司发送了与 1964 年涨价有关的电传信息,信息中包含子公司在与客户交易时应收取的价格和其他销售条件的命令。也就是说,ICI 母公司虽未实施涨价行为,但作为联合涨价行为的决策者,实际上参与了联合涨价行为。因此法院认定:非欧盟母公司对其在欧盟的全资子公司违反《欧共体条约》第 85 条第(1)款的行为负有连带责任。④ 这里的"参与"是指母公司对"子公司的反竞争行为"能够施加控制力。

---

③ Case 48/69, Imperial Chemical Industries v. Commission of the European Communities, [1972] E. C. R. 619.

④ Ibid.

而这种控制需要到达哪种程度,则是母公司参与反竞争行为这一情形下的另一个关键问题。在 Centrafarm v. Sterling 案中,法院认为当实体"没有真正的自由来决定其在市场上的行动方向"时,实体之间的协议规则将不适用。⑤ 换言之,欧盟法院将母公司参与反竞争行为行使控制权的情况限定为一种实际控制,母公司仅仅具有控制的能力不一定能触发此种情形下的"母公司责任"。

2. 母公司被推定参与反竞争行为

在母公司未参与子公司反竞争行为的情况下,也可能因"推定参与"承担起行为引发的连带责任。"推定参与"源于欧盟 Akzo 案形成的单一经济实体推定,也可以称之为"Akzo 推定"。在 Akzo v. Commission 案⑥中,法院认为:"在母公司 100% 控股子公司违反共同体竞争规则的具体案例中,母公司能够对子公司的行为施加决定性影响。在这种情况下,委员会只要证明该子公司由母公司全资拥有,就足以推定母公司对子公司的商业政策具有决定性影响。决定性影响的存在使得委员会能够要求母公司对其子公司的罚款承担连带责任。"由此,欧盟形成了母公司与全资子公司推定为单一经济实体的判例。在该推定下,母公司对全资子公司的反竞争行为承担连带责任。即使母公司未参与子公司的违法行动,也因具有能够对全资子公司施行决定性影响的能力,而被推定参与了子公司的反竞争活动。美国也存在类似的推定,在美国的 Copperweld v. Independence Tube 案⑦中,法院认定母公司与全资子公司构成单一经济实体,该案形成了"Copperweld 规则",并在后续美国的反垄断实践中广泛应用。

母公司也可以举证以推翻该推定。但要反驳该推定,母公司必须证明实施违法行为的子公司在相关市场上"完全自主"(complete autonomy)行事。这对母公司来说是极大的挑战。

二、竞争法中设置"母公司责任"的合理性

欧盟竞争法实践中的"母公司责任"是重要的归责办法。在单一经济实体的前提下,欧洲法院要求母公司对其子公司的垄断行为负责,并允许欧盟委员会对其处以相应罚款。美国的执法实践中也存在由母公司承担责任的类似规定。但在多数情况下,除非母公司积极参与反竞争行为,否则执法机构只对子公司本身处以罚款,而且美国法院通常不愿意在反垄断案件中揭开公司的面纱。⑧

不同法域存在不同的偏好,在竞争法背景下,母公司责任的设置有其合理性。

---

⑤ Case 15/74, Centrafarm BV and Adriaan De Peijper v. Sterling Drug Inc., [1974] E. C. R. 1147.
⑥ Akzo Nobel v. Commission, Case C-97/08P.
⑦ Copperweld v. Independence Tube, 467 US. 771(1984).
⑧ Carsten Koenig, "An Economic Analysis of the Single Economic Entity Doctrine in EU Competition Law," *Journal of Competition Law and Economics* 13(2017): 281.

(一) 防止滥用有限责任制度

母公司通常受到公司法中有限责任制度的保护,有限责任制度保护母公司的资产,免于承担其子公司侵权行为产生的连带责任。有限责任制度具有许多重要的经济功能,有学者将其经济功能概括为六项:(1) 减少了股东对管理层的监督需求;(2) 消除了股东对其他股东的监督需求;(3) 促进了股票的自由交换,从而促发管理者的有效行动;(4) 导致了可靠和"公平"的股价;(5) 允许更有效的多元化;(6) 促进最佳投资决策。⑨ 然而,有限责任制度也会产生负面影响。有限责任制度作为一种保护机制,允许母公司将风险外化到第三方(包括子公司的其他公司)上。当母公司想投资可能对第三方造成损害的活动时,可以利用有限责任制度,"藏匿"于子公司或其他关联公司后面。因此,有限责任制度在竞争法领域,为母公司提供了摆脱反竞争行为法律责任的理由。母公司可能利用子公司实施排除、限制竞争行为,并企图利用有限责任制度逃避相关行为导致的相关责任。

欧盟竞争法中"母公司责任"的设置,相当于打破了母公司的有限责任"保护罩",使得母公司不得不直面子公司涉嫌的反竞争行为并为此承担相应的责任,使风险重新内化。在这种情况下,母公司即使通过隐秘行动促使子公司实施反竞争行为,也可能因施加决定影响而要承担反竞争行为产生的责任(大多数情况下是罚款责任)。申言之,"母公司责任"刺破了反竞争行为主体的面纱,消除了母公司机会主义行为的动机。母公司不再能够被有限责任制度无限制地保护,也无法再将其子公司单独卷入高风险活动。因此,在一定程度上,欧盟竞争法中的"母公司责任"能够防止母公司将有限责任制度作为承担竞争法责任的挡箭牌。

(二) 增强竞争执法的威慑力

法律具有预防和威慑的作用,在竞争法的实施中,威慑占主要地位。1979 年以来,欧盟委员会多次表达出对反垄断执行威慑不足的关注。1983 年出台的委员会第 13 份竞争政策报告中提到:在执行竞争法规的 20 年实践中,由于委员会处以的罚款相对较轻,这种尺度的罚款不能证明产生了足够令公司不再重复违法行为的威慑效果。⑩ 尽管欧洲法院未明确解释要求母公司对子公司反竞争行为承担责任的目的,但现存的多个案例表明,单一经济实体理论中责任制度的适用主要起着威慑的功能。

"母公司责任"是提升竞争执法威慑力的重要举措。在"母公司责任"的前提下,母公司很有可能要承担因子公司反竞争行为引起的法律责任,这尤其表现于罚

---

⑨ Frank H. Easterbrook & Daniel R. Fischel, "Limited Liability and the Corporation," *The University of Chicago Law Review*, 52(1985): 89–117.

⑩ Thirteenth Report on Competition Policy, 1983.

款之上。当母子公司被认定为单一经济实体时,若子公司与其他公司实施了垄断协议行为,执法机构可能将母公司共同处以罚款;若子公司实施了疑似滥用市场支配地位的行为,则执法机构在认定市场支配地位时,可能以母子公司共同的营业额来计算市场份额。同样,罚款也是以母子公司共同的营业额为基数计算。当子公司因资产不足而未受到罚款的充分威慑时,"母公司责任"发挥着重要作用。因此,"母公司责任"提升了欧盟对垄断行为的罚款额度。而且,根据欧盟2006年颁布的《罚款确定方法的指南》,如果委员会或者国家竞争执法机构调查认定企业的行为违反《欧共体条约》第81条或第82条的规定后,该企业继续或重复相同或相似的违法行为,每确立一项违法行为,基础罚款金额将提高100%。[11] 这意味着,在一个由母子公司构成的单一经济实体中,若母公司旗下一个子公司曾经实施过某一排除、限制竞争的行为,而另一个子公司在随后再次实施了类似或相同的排除、限制竞争行为时,则该企业整体可以被视为累犯。在前一个行为中,母公司需要承担相应的法律责任,在后一个行为中,母公司要承担因构成累犯而加重的罚款责任。而且,随着母公司规模的扩张,年营业额提升,母子公司违反竞争法的最高罚款数额将会增加。

竞争执法的威慑力主要是通过罚款实现的。"母公司责任"对罚款额度的提升,不仅给予实施反竞争行为的经济实体以沉重打击,还会震慑到相关市场中的其他企业。可以说,"母公司责任"较好地缓解了竞争执行力度不足的问题。

(三) 促进竞争合规

"母公司责任"能促进企业完善竞争合规计划,贯彻落实合规行动。合规是企业内部自发遵守法律的积极行动,制裁是外部控制,合规则是内部控制。就经营者遵守竞争法的最终目标而言,制裁是通过威慑实现守法的间接手段,合规则是实现守法的直接路径,二者相结合共同促进企业遵守竞争法律法规。欧盟的"母公司责任"制度能够促使母子公司实现竞争合规。

第一,在"母公司责任"下,母公司不会诱使子公司从事风险过高的活动,而是利用其监督和控制的权力来防止高风险活动的发生。一些表面为子公司实施的行为,实际上是在母公司的指导下完成的,尤其是在协议案件中。例如,在 Viho Europe BV v. Commision 案中,法院发现子公司的销售和营销活动(特别是在销售目标、毛利率、销售成本、现金流和库存方面),是由母公司任命并控制的区域团队指导的。该区域团队还划定要销售的产品范围、监控广告并发布有关价格和折扣的指令。[12] 虽然在该案中,母子公司的分割市场行为因单一经济实体的存在而未

---

[11] European Commission, Guidelines on the Method of Setting Fines Imposed Pursuant to Article 23 (2) (a) of Regulation No 1/2003, 2006/C210/02, 210 OJC. 19 (2006).

[12] Case C-73/95 P, Viho Europe BV v. Commision, [1996] E. C. R. I-05457.

被认定为垄断协议,但子公司的高风险行为确实是根据母公司的指示做出的,子公司执行的是母公司制定的战略。当存在母公司可能为子公司反竞争行为承担责任的规定时,母公司则会更注重评估公司策略、行动方向具备的反竞争风险,以预防反竞争风险的发生。而且,"母公司责任"会促使母公司建立或完善公司内部的竞争合规体系。在企业竞争合规计划的指引下,经营者及其员工在日常经营中会有意识地避免实施反竞争行为,实现对反竞争风险的有效预防。

第二,"母公司责任"会使母公司督促子公司完善竞争合规计划并向合规方向努力。在母公司已经制定竞争合规计划的前提下,母公司能够要求子公司认真遵守计划,防范反竞争风险。具体而言,母公司可以要求子公司管理层作出合规承诺,并对子公司的管理人员及员工进行竞争合规培训。此外,母公司还可以制定激励措施,激励措施包括合规计划完成出色的子公司和个人将获得薪酬与职级上的提升。由于公司内部已经存在控制与监督机制,因此与执法机构相比,母公司通常更有能力引导子公司以及员工以合规的方式行动。可以说,由于拥有足够的信息与管理权力,母公司处于以最低成本促进子公司合规运营的最佳位置。[13]

三、"母公司责任"本土化的理论与实践基础

我国竞争法律体系中没有明确确立"母公司责任"制度,但在理论与实践中已经出现了"母公司责任"的"雏形"并具有不断发展的趋势。

(一)"母公司责任"本土化的理论基础

欧盟的"母公司责任"源于竞争法中的企业概念,也就是竞争法上的主体概念。我国《反垄断法》上的主体是"经营者",其中第 15 条对经营者进行了界定:"本法所称经营者,是指从事商品生产、经营或者提供服务的自然人、法人和非法人组织。"我国《反垄断法》中的经营者概念较为宽泛,侧重于描述主体从事的活动,很难回应几个法律实体是否能成为一个竞争法主体的问题,也就更难以从中推断出"母公司责任"的相关内容。但我国其他法律法规中存在"母公司责任"的痕迹。

我国竞争法律体系是在 2016 年国家发展和改革委员会价格监督检查与反垄断局发布的《关于认定经营者垄断行为违法所得和确定罚款的指南(征求意见稿)》中明确提出"母公司现作"。其中第 19 条第 1 款中明确了经营者责任的范围:"一般情况下,反垄断执法机构以直接实施垄断行为的经营者作为行政处罚对象。如果该经营者的母公司对其实施垄断行为具有决定性的影响力,可以以母公司为处罚对象。"这一条也进一步指出决定性影响以"经营活动的控制力"为判断标准。

---

[13] Carsten Koenig, "An Economic Analysis of the Single Economic Entity Doctrine in EU Competition Law," *Journal of Competition Law and Economics* 13(2017):281.

该指南直接提出了"母公司责任"并对执法机构确定"母公司责任"提供了一定的指引。但该指南一直停留在征求意见稿阶段，自2016年发布后尚未正式定稿公布或生效。不过，从上述条款可以看出，我国已经在考虑建立"母公司责任"制度。该征求意见稿中的相关内容，也能够为企业提供竞争合规上的指引。此外，我国现行《反垄断法》在2022年完成了修正，其中第七章全面提升了反垄断法律责任的强度，表现在提升罚款额度、增加对经营者中关键个人的法律责任、增设民事公益诉讼、增加刑事责任以及信用记录公示制度。《反垄断法》第七章的修改体现了我国增强反垄断执行力度的决心与行动。"母公司责任"是欧盟增强竞争法实施威慑力的有力举措，能够提升对企业的威慑效用。因此，"母公司责任"符合我国当前反垄断法实施的现实需要，契合增强反垄断执行力度的时代要求。

而且，我国在2022年直接提出了单一经济实体的概念。由于"母公司责任"是由单一经济实体引申而来的，因此此处以此来论述"母公司责任"的理论基础。2022年11月发布的最高人民法院《关于审理垄断民事纠纷案件适用法律若干问题的规定（公开征求意见稿）》中第21条指出："两个以上经营者应当视为单一经济实体的，不构成前款所称具有竞争关系的经营者。"虽然在2024年6月24日正式发布的《关于审理垄断民事纠纷案件适用法律若干问题的解释》中，该条中的"单一经济实体"表述被删除，但调整后的条款（第19条）仍然通过将"具有竞争关系的经营者"界定为"独立经营决策并承担法律责任的两个以上的实际经营者或者可能进入同一相关市场进行竞争的潜在经营者"，实质提出了单一经济实体的概念。与欧盟相似的是，这里提出单一经济实体也是为了解决企业高风险协议中主体是否适格的问题，条文中说明单一经济实体内部法律实体不具有竞争关系的立场，符合目前公认的对于单一经济实体的解读。而且，该条提出了认定单一经济实体的控制权与决定性影响的标准，为市场主体认定单一经济实体提供了初步指引。

在一些其他的规定中，也存在单一经济实体的"痕迹"。我国《反垄断法》第27条规定了满足要求可以免于向反垄断执法机构进行经营者集中申报的两种情形：参与集中的一个经营者拥有其他每个经营者50%以上有表决权的股份或者资产的，或参与集中的每个经营者50%以上有表决权的股份或者资产被同一个未参与集中的经营者拥有的。从这一条款中可以看出，当法律主体之间具有控制关系或关联关系时，合并等集中行为由于属于企业内部结构的变化，不被认为对竞争具有负面影响。这一规则与单一经济实体理论具有内部一致性，但其适用限定于经营者集中的范畴，不能适用于垄断协议、滥用市场支配地位的规制，仅能视为单一经济实体在经营者集中领域的缩影。

此外，我国学术界也关注到了欧盟竞争法中的"母公司责任"制度。虽相关文献不多，但也为研究"母公司责任"在我国的适用奠定了一定的理论基础。目前，我国关于"母公司责任"的研究主要集中于以下方面：第一，单一经济实体的概念。单一经济实体在"企业"的概念框架下形成，一个单一经济实体意味着一个欧盟竞争法上的"企业"。[14] 单一经济实体通常存在于母子公司之间,因为母子公司之间存在股权关系,往往有共同的利益追求。[15] 第二,"母公司责任"的影响。欧盟的"母公司责任"具有重要意义,其增强了罚款的威慑力度[16],拓展了竞争法上累犯的认定范围[17]。第三,"母公司责任"在我国适用的可能性。单一主体规则可以运用到责任追究领域,但仅限于母子公司构成单一主体的情况。[18] 我国对罚款制度的革新应遵循整体主义思想,明晰母公司对子公司的反垄断违法行为承担连带责任。[19] 同时,我国企业应认识到"母公司责任"带来的法律后果,提前关注合规问题。[20]

(二)"母公司责任"本土化的实践基础

我国反垄断实践中已有多个案例直接或间接地应用了"母公司责任"制度。虽然案件数量相对较少且案件中对"母公司责任"的适用存在多种局限,但也能够为"母公司责任"的本土化奠定一定的实践基础。本部分以实践中出现的典型案件为例,论述我国"母公司责任"的实践现状。

在一些案件中,执法机构注意到几个当事主体之间的特殊关系,并适用了单一经济实体理论。2014年的奔驰纵向协议案[21]是在上下游市场之间固定最低转售价格的案件。在该案中,上游当事人对江苏省的经销商限定了整车、配件的最低转售价格,江苏省物价局将三家公司认定为当事人,对当事人进行了罚款。从行政处罚决定书中,能够看出执法机构在计算罚款时,是以三家公司上一年度相关市场销售额相加的数额作为基数的。该案传达出我国反垄断罚款中的整体主义思想,体现了对单一经济实体理论的适用。但遗憾的是,处罚决定书中未说明为何将三家公司作为共同的调查对象与罚款对象。2016年的别嘌醇垄断协议案[22]中,国家发展和改革委员会认定重庆青阳药业有限公司和重庆大同医药有限公司具有关联关系:"行为、决策具有一致性,在垄断协议中共同代表销售青阳品牌别嘌醇片的一方,且两家公司的别嘌醇片销售额基本重合,是本案的共同行为人。"该认定结果体现了单一经济实体理论。但在计算罚款时,执法机构根据二者的销售额分别计算。

---

[14] 金美蓉:《欧共体条约第81条第1款对母子公司行为的法律适用》,载《法学家》2006年第2期。
[15] 孙晋、全汉:《从葡萄糖酸钙原料药垄断案管窥"单一经济体"的认定——揭开"企业集团"垄断的面纱》,载《中国价格监管与反垄断》2020年第9期。
[16] 高粱:《欧盟竞争法"母公司责任"的发展进程及对中国企业的启示》,载《中国价格监管与反垄断》2017年第4期。
[17] 刘武朝:《欧盟竞争法中的单一主体规则及借鉴》,载《比较法研究》2014年第4期。
[18] 同上。
[19] 王健:《我国反垄断罚款威慑不足的制度成因及破解思路》,载《法学评论》2020年第4期。
[20] 高粱:《欧盟竞争法"母公司责任"的发展进程及对中国企业的启示》,载《中国价格监管与反垄断》2017年第4期。
[21] 江苏省物价局〔2014〕苏价反垄断案2号行政处罚决定书。
[22] 国家发展和改革委员会〔2016〕1号行政处罚决定书。

该案的两个公司不属于母子公司关系,但因具有关联关系而被认定为一个经济实体。

在一些案件中,执法机构认识到几个当事公司之间的控制与被控制关系,将几个当事公司作为一个主体。2016 年的利乐滥用市场支配地位案[23]中,原国家工商行政管理总局将包括利乐国际股份有限公司在内的六个利乐公司作为一个当事人,在处罚决定书中统称为利乐。这六个公司中,利乐国际股份有限公司是利乐集团的总部,属于利乐集团的母公司;其他五个公司属于利乐集团的子公司。执法机构认定这六个公司作为一个整体在相关市场具有市场支配地位,其行为构成滥用市场支配地位行为,并对其整体处以罚款。在该案的处罚决定书中,执法机构并未说明具体行为主体与担责主体之间的关系,但其主体认定与归责方式,均体现了"母公司责任"的精神。该案也是我国当前最贴合"母公司责任"的案件。在 2020 年葡萄糖原料药滥用市场支配地位案[24]中,执法机构清晰地说明了三家当事公司作为一个整体的原因,但却对三家公司分别归责。在该案中,国家市场监督管理总局通过对人员分布、业务安排、财务联系等因素的调查分析,发现普云惠公司和太阳神公司的经营实际受康惠公司控制,三者关系紧密,不相互独立。国家市场监督管理总局认定三者共同实施了本案垄断行为。在该案中,国家市场监督管理总局通过非股权控制因素认定了康惠公司对其他两家公司施加决定性影响。康惠公司是母公司,普云惠公司和太阳神公司为子公司。但在处罚时,执法机构区分了三家公司在滥用行为中所起的作用(主导、次要、辅助),对三家公司分别处以罚款。执法机构在该案的主体认定上较好地体现了"母公司责任",但在罚款方面却将经济实体的整体责任又划归到一个个的法律实体上,体现了"母公司责任"的不完全适用。

综上所述,虽然我国提出单一经济实体的概念较晚,但前序的法律法规、学术文献以及案例实践已经积累了相关的理论与实践经验。"母公司责任"的本土化存在合理性,且具备理论与实践基础。

四、我国"母公司责任"本土化的构建路径

国际竞争网络 2008 年的一项报告指出,当母公司决定其子公司所奉行的商业政策,即当子公司没有独立决定其在市场上的行为时,母公司可以对其子公司的行为承担责任。欧盟委员会、捷克、匈牙利、意大利、韩国、荷兰、新西兰、塞尔维亚、瑞士和土耳其都采用了上述方法。[25] 根据我国《反垄断法》以及配套法律法规的修订

---

[23] 原国家工商行政管理总局工商竞争案字〔2016〕1 号行政处罚决定书。
[24] 国家市场监督管理总局国市监处〔2020〕8 号行政处罚决定书。
[25] ICN, "Setting of Fines for Cartels in ICN Jurisdictions 2," accessed August 25, 2023, https://www.internationalcompetitionnetwork.org/wp-content/uploads/2018/05/CWG_SettingFines.pdf.

内容可以认为,"母公司责任"的本土化存在合理性;在我国已经存在一定的理论与实践基础的前提下,"母公司责任"的本土化具有可行性。具体而言,我国"母公司责任"的本土化可以从以下两个方面展开。

(一) 立法明晰:"母公司责任"的反垄断法适用

第一,应明确单一经济实体在我国反垄断法中的整体适用。目前,最高人民法院《关于审理垄断民事纠纷案件适用法律若干问题的规定(公开征求意见稿)》中提出了单一经济实体概念,在2024年6月24日发布的正式版本中,虽然删除了"单一经济实体"这一短语的直接适用,但条文中仍然能够实质体现单一经济实体规则。综合两个条款,能够得出我国当前单一经济实体的法律体现存在的局限。其一,该条款提出单一经济实体的目的是对垄断协议主体的"竞争关系"进行解释说明,把单一经济实体的适用限定在了垄断协议行为的主体范围中。若仅作文义解释,难以将单一经济实体理论拓展到其他方向,也更难以将其扩展适用到其他类型的垄断行为中。虽然欧盟的单一经济实体理论起初也是作类似的用途,随后才发展到其他垄断行为中,但其演变经过了几十年的时间,通过案例才逐渐确立下来。在当下我国反垄断法律体系逐步完备的基础上,在我国存在适用单一经济实体需要的前提下,通过立法的形式来确立单一经济实体的适用是最快速、便捷且有效的方式。其二,建议我国单一经济实体的条款设置应注意适用范围涵盖所有垄断行为,不局限于垄断协议。

第二,"母公司责任"应在相关法律法规中确立。如上所述,《关于认定经营者垄断行为违法所得和确定罚款的指南(征求意见稿)》中提出了"母公司责任",但这一征求意见稿自2016年发布以后未有下一步举动。需要明确的是,在假定单一经济实体已被确立下来的情况下,"母公司责任"仍有通过法律提出并确立的必要性。这源于反垄断法律责任制度对于维护市场竞争秩序的重要性。在反垄断执法中,仅有对垄断行为的调查、认定是不够的,不足以起到惩罚行为人并防止垄断行为再次发生的作用。由于垄断行为能够为企业带来超额利润,许多企业在权衡之下可能不顾处罚或心存侥幸继续实施违法行为。此时,有震慑力的法律责任便十分必要。"母公司责任"是响应这一需求的最佳选择。在确立单一经济实体的适用之后,有国家或地区将责任制度在法律中单独提出以强调其重要性。例如,德国作为欧盟的成员国之一本就遵守欧盟法律法规,存在适用单一经济实体的实践。2017年3月,德国《反限制竞争法》进行了第九次修订,其中第81条第4款规定:"在计算总销售额时,以作为经济上单一体来营运之所有自然人与法人之全球销售额作为基础。"可见,德国竞争法以立法形式导入了单一经济实体下的责任制度。该条款内容涵盖"母公司责任"的情形,进一步确立了单一经济实体在德国竞争法中的多层次适用。

因此,我国"母公司责任"在立法上的本土化构建应从完善单一经济实体规则入手,明确单一经济实体在反垄断法中的整体适用,并进一步明确:母子公司构成单一经济实体时,母公司需要承担由子公司违法行为所导致的反垄断法律责任。

(二)执法统一:"母公司责任"的整体主义

在我国管辖的垄断案例中,行为主体包括母子公司的,执法机构存在多种责任处理方式,导致执法中对于相同、相似行为的不统一执法。具体可以分为以下几种情况:第一,执法机构认定几个公司为一个经济实体,但分别处以罚款。如在上述葡萄糖原料药滥用市场支配地位案中,国家市场监督管理总局最终根据三家公司在垄断行为中所起的作用大小,对三家公司分别以各自的上一年度销售额为基数,按照10%、9%、7%的比例处以罚款。承担罚款的主体与执法机构认定的当事主体不一致。第二,执法机构认定几个公司为一个经济实体,并对整体处以罚款。利乐滥用市场支配地位案中,执法机构将母公司认定为一个单一经济实体,并共同合并计算罚款,符合"母公司责任"的理念。第三,执法机构只将控制实体(母公司)作为当事人,但将控制主体与被控制主体合并计算罚款额度。在水杨酸甲酯垄断案[26]中,原湖北省工商行政管理局以其他公司业务员的行为均受当事人的控制为由,仅仅将控制主体作为当事人,忽略其他被控制主体。但在处罚时,原湖北省工商行政管理局将控制主体与其他三家公司的销售额合并计算罚款金额。第四,执法机构仅将子公司作为处罚的对象。如在扑尔敏原料药垄断案[27]中,国家市场监督管理总局将湖南尔康医药经营有限公司作为处罚对象与案件当事人,但该公司是湖南尔康制药股份有限公司的全资子公司。执法机构未刺破公司面纱,追究母公司的连带责任。能够看出,在我国目前的实践案例中,执法机构对行为主体包含母子公司的案件出现了执法不统一的情况。

为应对反垄断执法中出现的此种问题,以从执法层面构建我国的"母公司责任"制度,建议反垄断执法机构在处理类似案件时贯彻母子公司责任的整体主义。母子公司责任的整体主义包括责任主体的整体主义与罚款基准的整体主义。也即,总的来说,在单一经济实体引发的"母公司责任"中,母公司承担由子公司垄断行为引发的连带责任。具体而言,第一,在责任归属时,母子公司应共同作为责任承担主体,而不是将母公司与子公司分立,使其中一方承担责任。第二,在计算罚款时,执法机构应依照母子公司共同的上一年度销售额统一计算罚款数额,而不是分别计算罚款数额从而分别处以罚款。但罚款基准的整体主义并不意味着执法机构要在每个案件中都按照企业集团的整体销售额来计算罚款。"母公司责任"不必然导致其他子公司(非行为子公司)的连带责任。一个企业集团可能包括多条

---

[26] 原湖北省工商行政管理局鄂工商处字〔2017〕201号行政处罚决定书。
[27] 国家市场监督管理总局国市监处〔2018〕21号行政处罚决定书。

业务线,A业务线的子公司涉嫌垄断行为时,母公司很可能要承担连带责任。但B业务线的子公司是否要因为关联关系而被一同作为行为当事人共同处罚,还要根据两个子公司之间业务、人员、财务等方面的混同程度来判断。因此,不同业务线的子公司并不当然承担行为子公司垄断行为而产生的连带责任。

五、结　　语

"母公司责任"是欧盟竞争法中的重要制度,是指在母子公司构成单一经济实体的前提下,母公司对子公司反竞争行为承担的连带责任。无论母公司是否参与子公司的反竞争行为,均有可能承担相应责任。通过欧盟的竞争执法实践能够看出,"母公司责任"具有防止企业滥用有限责任制度、增强竞争执法威慑力、促进企业竞争合规的作用。在竞争法中设置"母公司责任"有其重要价值。我国竞争法律体系中虽未确立"母公司责任"制度,但现存法律法规、学术文献、执法案例均出现了"母公司责任"的痕迹。在立法中,"单一经济实体"与"母公司责任"在不同的征求意见稿中被提出;在学术研究中,学者们积极探究"母公司责任"的影响及其在我国建构的可能性;在执法实践中,竞争执法机构已经在多个案件中适用或局部适用"母公司责任"。"母公司责任"本土化的构建可以从两方面着手:其一,在立法上,明确单一经济实体在反垄断法中的整体适用,并确立"母公司责任"的适用。其二,在执法上,贯彻"母公司责任"的整体主义。在母子公司构成单一经济实体的前提下,将母子公司共同作为反竞争行为的当事主体,并由母子公司共同承担由子公司违法行为引发的法律责任。

域外撷英

基于宪法税收条款的联邦规制权

〔美〕罗伯特·尤金·库什曼(Robert E. Cushman)　牛　月　译*

摘要：《基廷—欧文童工法案》(Keating-Owen Act)引发了美国国会课税权行使的巨大争议,主要存在三种理论——仅以财政收入为目的的、以宪法授权之内权力实现为目的以及以一般规制权实现为目的的课税权行使理论。无论三种理论侧重点如何,在美国的法律与政治体制基础之内,都无法逃避有关税收法案合宪性的"客观合宪性"判断标准问题。对三种理论以及"形式"合宪和"效果"合宪的综合研判可知,国会并非不可以行使课税权的方式来行使一般规制权,在课税权行使时需要对这种权力加以规范并消除负面影响,从而寻求《联邦宪法》授权与一般意义上的联邦规制权的平衡,使得课税权的行使既能具有税收之"形式",又能具备规制之"效果"。在我国"收入导向型税制"向"发展导向型税制"的转变过程中,除要重视课税权中蕴含的宏观调控和保障等功能以外,还应当避免课税权成为行政干预市场的权力工具。而"客观合宪性"判断标准则为我们进一步的税制改革提供了可借鉴的经验,能够确保以规制为目的的课税权的形式合法与实质有效。

关键词：联邦规制权　课税权　税收目的　规制　客观合宪性

---

* 作者罗伯特·尤金·库什曼(Robert E. Cushman),男,美国人文与科学学院院士,康奈尔大学教授,主要研究领域为政治学、联邦行政管理、宪法权利。本文原刊发信息为：Robert Eugene Cushman, "National Police Power under the Taxing Clause of the Constitution," *Minn. L. Rev.* 4(1920): 247.

译者牛月,中国政法大学民商经济法学院博士研究生。校译者李蕊,中国政法大学民商经济法学院教授;邓伟,中山大学法学院助理教授。

译者注：本文是作者的另一篇文章《基于宪法商业条款的联邦规制权》观点的延续,其中完整地论述了美国宪法税收条款背后隐含的联邦规制权,与文末提到的《基于邮政权的联邦规制权》共同构成作者有关联邦规制权(National Police Power)的理论体系。Police Power 最早作为警察权涵盖了国家对于社会经济运行、人民生活规范调整的诸多方面,但当前警察权分化后已经不具有笼统的国家规制相关权力,因此本文将其译为联邦规制权,而文章中出现的 Regulation 则更类似于 Police Power 的下位概念,表现形式更为具体,体现为有针对性的规制行为和举措。本文摘要、关键词以及二级标题及以下标题均为译者所加。

一、引　言

　　美国最高法院在 1918 年夏天作出裁定，废除规定了"关闭雇用童工的矿山和工厂的产品的州际贸易渠道"的《基廷—欧文童工法案》(Keating-Owen Act)①。主要原因在于，国会这一立法的内容超出了其被授权的范围②，但在国会内外的反童工者并未因此放弃，他们坚信解决童工问题是正义之举，并开始了在童工立法领域"寻求合宪性"的理论探索。③ 专家学者们从不同方面出发进行研究④，提出了许多具有想象力的提案，希望最终能够制定出一部符合宪法规范的、有效的联邦童工法律。其中有三项有关童工问题的宪法修正案也出现在参议院的讨论中⑤：第一项法案由参议员欧文(Owen)提出，他要求通过增加了"法官无权宣布该法案违宪⑥"这一条款的新《基廷—欧文童工法案》；第二项法案是依据《韦伯—凯尼恩法案》(Webb-Kenyon Act)中的基本原则提出的，其中包括禁止将童工产品运往禁止雇佣童工的州⑦以及拒绝雇用儿童的雇主使用邮政系统⑧；第三项法案从战争权出发，认为禁用童工是符合战争权背后的"保护国家人力，从而更有效地保障国家安全和国防"的要求的⑨，并以此作为全面禁止使用童工的法理基础。最后，也有人提出应利用联邦征税权来实现禁用童工的目的。正因如此，在 1919 年 2 月 24 日通过的《税收法案》(Revenue Act)中就增加了"对雇用儿童的采矿和制造企业的净利润征

---

　　① Act of September 1, 1916, Chap. 432, 39 Stat. at L. 675.
　　② Hammer v. Dagenhart, (1918)247 U. S. 251, 62 L. Ed. 1101, 38 S. C. R. 529.
　　③ 这也是雷蒙德·G. 富勒(Raymond G. Fuller)于 1918 年 11 月在《童工公报》(Child Labor Bulletin)第七卷第 207 页发表的一篇文章的标题。
　　④ 参议员洛奇(Lodge)在参议院关于童工税的辩论中宣称："(童工税)主要目的是制止一种非常大的罪恶，一种应该以某种方式加以制止的罪恶。如果我们不能在合宪性范围内以任何其他方式达到该目的，那么我愿意通过课税权达到这一目的，法院认为课税权是符合宪法规定与目的要求的。除此之外我认为没有别的办法了。"Cong. Rec., Dec. 18, 1918, Vol. 57, 611.
　　⑤ House Joint Resolution 300, introduced by Mr. Mason (Ⅲ.), Cong. Rec., June 11, 1918, Vol. 56, 7652; House Joint Resolution 302, Mr. Rogers (Mass.), ibid, 7776; House Joint Resolutions 304, Mr. Fall (Pa.), ibid, 7776.
　　⑥ Cong. Rec., June 6, 1918, Vol. 56, 7418, Sen. bill 4671. Debated June 6, 1918, ibid, 7431, 7435.
　　⑦ Sen. bill 4762, June 27, 1918, by Mr. Pomerene. Referred to Committee on Interstate Commerce. Cong. Rec., Vol. 56, 8341. See comments in Survey, June 15, 1918, p. 324.
　　⑧ Sen. bills 4732, 4760, June 27, 1918, by Mr. Kenyon. Referred to Committee on P. O. and P. Roads. Cong. Rec., Vol. 56, 8341.
　　⑨ House bill 12767, Aug. 15, 1918, by Mr. Keating (Col.), Cong. Rec., Vol. 56, 9238. Text of this bill is reprinted in Child Labor Bulletin, Aug., 1918, Vol. 7, 98.

收10%消费税"的条款。⑩ 但是,这一法案通过仅仅不到三个月,北卡罗来纳州的一名地区法官就以该法案侵犯了州权力为由宣布其违宪。⑪ 在撰写本文时,有关该法案是否违宪以及州法院判决是否合理的上诉案依然在美国最高法院待决。*

围绕该法案所产生的争议核心在于,宪法对国会行使课税权之目的是否存在限制?该限制范围如何?该法案的支持者们并没有明示设计该法案是出于增加国家财政收入或为了消除童工以外的任何其他目的。⑫ 如果认可这是宪法中有关课税权的合理使用,那么征税权的背后就蕴藏了能够同时处理经济问题和社会问题的双重效能,这就产生了超越国会被授予的其他任何权力的一种更全面、更深远的规制权(Police Power)。⑬ 本文的目的就是探究以课税权作为媒介的联邦规制权(National Police Power)的性质,并分析此种权力在行使过程中应当受到的限制。

---

⑩ 1918年6月27日,波默林先生(Mr. Pomerene)向州间商业委员会提出了一项对雇用儿童征税的法案(S. R. 4763)(Cong. Rec., Vol. 56, 8341.)。1918年11月15日,他与参议员凯尼恩(Kenyon)和伦鲁特(Lenroot)共同提出了一项类似解决方案的草案,作为对《税收法案》(H. R. 12863)的正式修正案并最终颁布。与之相关的是通过的法案的第一部分,Act of Feb. 24, 1919, 40 Stat. at L. 1138. 其内容如下:"除美国州农业部门和美国联邦农业部门认可的,能够雇佣男孩或女孩的罐装协会外,任何经营者经营(a)位于美国的任何矿场或采石场的,在纳税年度任意时间雇用或允许16岁以下儿童工作,或(b)位于美国的任何工厂、罐头厂、车间、工厂或制造机构,其中雇用或允许14岁以下儿童工作,或在纳税年度任意时间雇用或允许14岁到16岁的儿童在任何一天工作超过8小时或在任何一周工作超过6天,或者在下午七点钟之后、上午六点钟之前要求其工作的,除依法征收的所有其他税款外,还应缴纳相当于该年从销售或处置该矿山、采石场、磨坊、罐头厂、车间、工厂或制造机构的产品中获得或应计的全部净利润的10%的消费税。"

国会还提出了通过征税来消灭童工的其他提案。格林(Green)和加德(Gard)分别提出两项对雇用童工的州际商业物品征税的法案(H. R. 12705, 13087)。Cong. Rec., Vol. 56, 9051, 11310. 伊利诺伊州的梅森(Mason)提出向所有雇用儿童的人征收每天两美元的税。Cong. Rec., Vol. 56, Appendix, 461.

⑪ 1919年5月2日,法官詹姆斯·E. 博伊德(James E. Boyd)在达根哈特诉哈默(Dagenhart v. Hammer)一案中作出了地区法院的裁决,宣布《基廷—欧文童工法案》(Keating-Owen Act)无效。虽没有书面意见,但上述事实都存在于新闻报道中,详见1919年5月2日的《纽约时报》。

* 译者注:1922年,美国最高法院以该法案超越国会权力为由判决该法案违宪,彼时撰写意见的为首席法官塔夫脱(William Howard Taft),他曾表示,他认为对涉及童工行为征税是正确的行为,但是美国宪法的原则让他不得不作出这样一种选择。

⑫ 但参议员波默林可能是个例外,他坚持认为颁布该法案的目的有两个,即获取财政收入和消灭童工制度。他坚信这项法案会产生一些国家财政收入(Cong. Rec., Dec. 18, 1918, Vol. 57, 613)。

⑬ See Robert E. Cushman, "National Police Power under the Commerce Clause of the Constitution," *Minnesota Law Review* 3 (1919): 289, 381, 452; Judge Charles M. Hough, "Covert Legislation and the Constitution," *Harvard Law Rev.* 30 (1917): 801; Paul Fuller, "Is There a National Police Power?" *Col. Law Rev.* 4 (1904): 563.

译者注:此处虽然是与标题联邦规制权(National Police Power)类似,但通过上下文分析,其主要是在对比宪法赋予国会的其他权力与课税权的不同,应当译出课税权具有"规制性"的特异属性,因此也可以认为此处是"规制性权力",与下文直接将联邦规制权(National Police Power)作为一种权力名称表述相区别。但因这一观点尚须进一步论述,且为保证文章整体协调,此处依然译为"规制权"。

二、《联邦宪法》中授予课税权的条款释明

国会的课税权源于《联邦宪法》授权,"国会有权制定相关税收政策和决定征收一般税、关税、印花税和消费税,用以偿还债务、保障美国国防以及公共福利"[14]。该条款看似简单且表意清晰,却引发了诸多反响强烈的宪法争议。这些争议主要集中于两个方面[15]:

第一,国会出于何种目的能够行使其被授予的筹集财政收入的权力?换言之,在合法范围内国会可以用税款做什么?《联邦宪法》确定了税款使用原则,"偿还债务、保障美国国防以及公共福利",这并非是对国会的独立立法授权,而是对国会可以"征收一般税、关税、印花税和消费税"的权力达成何种目的的限制说明。简言之,国会为偿还债务、保障美国国防以及公共福利可以征税。[16] 由此延伸出第二层含义,国会可以通过保障或协助宪法授予国会权力之实现而利用税款,其本质在于一方面以税款促进宪法授权一般权力行使,一方面以税款保障更全面和更普遍的目标的实现,即"保障美国国防和公共福利"[17]。因这一问题不在本文主要探讨范围之内,暂不加以赘述。

第二,关于《联邦宪法》税收条款的主要争议并不是关于国会通过征税合法增加的收入是出于何种目的,而是国会是否可以将课税权用于与筹集财政收入毫无关系的其他目的,或只是附带包含收入目的。例如,国会是否可以仅仅为了促进工业发展而征税?是否可以为了消除有害于国家利益的行为和商品而征税?很显然,国会能够依靠税收条款获得增加收入的权力,那么除此以外其他目的能够实现

---

[14] Art. 1, sec. 8, cl. 1.

[15] Story, Commentaries on the Constitution, I, Sec. 958.

[16] 杰斐逊更为清楚地表达了他对国会建立美国银行的这一权力的看法:"征税是为了保障美国的基本社会福利,即'为了提供一般社会福利而征税'。因为征税是权力,公共福利是行使该权力的目的。国会不会出于随意目的征税,而只是为了偿还债务,或为联邦提供福利保障。同样,他们也不能随意地以任何方式或手段来保障公共福利,而是必须通过征税这种合法的方式。就后一句话而言,如不是首要为了阐释其目的,而是赋予他们一种截然不同的、独立的权力,使得他们可以做任何他们喜欢做的事情,即便是为了联邦利益,这也会使之前和其后的所有的权力失效。"Jefferson's Correspondence, Vol. 4, 524, 525. On the same point see Story, Commentaries on the Constitution, I, Secs. 907-930; Miller on the Constitution, 229; Hare American Constitutional Law, I, 241; Watson, Constitution, I, 390; Black, Constitutional Law, 207; Tucker, Constitution, I, 470; Federalist, No. 41.
大法官肯特持相反观点:就目前情况来看,国会被授权为国防和公共福利提供保障;为了保障公共福利相关目的的实现,国会除了那些具体的授权外,也被允许征收并获得税款。Commentaries, 13th Ed., I, 259.

[17] 支持这一观点的经典论据是门罗总统在否决坎伯兰路法案时所发表的讲话。Richardson: Messages and Papers of the Presidents, II, 164-167; Hamilton's Report on Manufactures, Dec. 5, 1791, Works, Lodge Ed., Vol. 4, 151. See also Story, Commentaries on the Constitution, I, Secs. 975-991; Willoughby, The Federal Government of the United States., I, 588. For opposite view see Tucker, View of the Constitution of the United States, I, 475.

的范围和程度就决定了课税权中其他规制权的范围和性质。

而对国会课税权的行使目的,已有一些不同程度的保守性回答。一部分人认为这项权力只能在合法范围内用于筹集财政收入。多数持中立观点的人认为国会可以为获取财政收入之目的课税,同时也可以以促进或完成国会所列举的权力范围内的任意立法项目为目的。最后一部分新童工税和其他类似措施的支持者们声称,国会可以通过税收手段间接地对明确超出其立法权限以外的问题进行调控,但其最终目的还是要保障美国国防和公共福利。对以上三种观点的相关论述进行分析,有助于探明国会的课税权中是否蕴含联邦规制权,以及该权力存在时应当受到何种限制。

三、仅以财政收入为目的的税收理论分析

依照传统理论,国会仅仅可以凭借宪法授予的课税权来筹集财政收入。近一百年以来,那些认为国会制定的保护性关税违宪的人也大都支持这一理论[18]。为使这一理论获得最终的法律效力,卡尔霍恩(Calhoun)和他在南卡罗来纳州的追随者自1829年开始就为此四处奔走[19],最终威尔逊总统在1912年就任时将"仅以财政收入为目的课税"列入执政纲领,并进行了宪法宣誓[20]。

从本质上看,"唯收入论"立足于维护宪法权力行使的适当性,并没有要求人们否认国会能以汲取财政收入以外目的而课税,所以并不能想当然地将此种理论的支持者都界定为自由贸易主义者。这一理论的拥护者认为,国会可以通过课税来实现宪法赋予的其他权力,如对商业贸易或货币进行管控的权力。但是他们也坚持认为在此类情形中,国会行使的并非课税权而是商贸管理权或货币管理权。换言之,虽然《联邦宪法》第一章第8条所赋予的课税权明确限于仅为获取财政收入,但除了这种专门授权并有明确限制的课税权之外,国会也可以通过征收财物的方式保障其他权力的实现,如符合一定的形式要件则也可被称为税收。基于此,只要在宪法授权的范围内,即便国会不行使《联邦宪法》所授予的课税权,但也可以以税收的形式推动合法权力的实现。如果不能准确判断这两者的区别,就会使得"仅以财政收入为目的"的拥护者陷入这一理论的误区。通过对相关理论和争议的梳理,现总结出支持"依照宪法,国会被授予的课税权只能用于增加财政收入"

---

[18] 有关支持和反对保护性关税合宪性的论据分析,见 Passm Stanwood,《19世纪美国的关税争议》(Tariff Controversies in the United States in the Nineteenth Century);另见《埃利奥特的辩论(卷四)》(Elliott's Debates, Vol. Ⅳ)中关于这一点的争论。当然,这并不是反对此类关税有效性的唯一理由。

[19] Works, Ⅵ, 1-59.

[20] 1912年的"民主党执政纲领"中有这样的表述:"我们宣布这是民主党的一项基本原则,即根据宪法,联邦政府除为筹集财政收入之目的外,无权设定或征收关税……"1892年的"民主党执政纲领"包含了几乎相同的声明。

理论的三点重要依据,分别是:"征税"具有特定的法律解释含义,"征税"具有特定目的性以及"征税"是手段而不是权力[21]。

(一)"征税"具有特定的法律解释含义

基于法律文本解释以及大众的一般理解,"征税"仅仅被认为是政府为筹集财政收入而行使的一种权力。查阅现有的英语词典,除基本认可税收具有保障货币安全的固有特性外[22],财政收入的增加也已基本被认定为是课税权行使的要件[23]。法学专业以外的人和辞书编纂者的这一观念获得了法律的支持并形成了相关的条文表述,其中也重点强调了为增加财政收入获取金钱财物与为实现规制或破坏目的获取金钱财物之间的区别。具体来说,前者以课税权为依据,后者以规制权为依据,美国国内的评论员[24]和各地法院[25]也一再表示他们认可这一评判标准。基于这一观点,国家层面的政府为实现保障公众健康、公共安全、公序良俗和公共福利的一般规制权,就以"税收"来解释相应的金钱财物征收行为,以此来实现相应的禁止性的、抑制性的或规范性的目的与效果。在宪法和一般法律层面来说,这些税收应被视为规制法规(Police Regulations)*规定的内容,而不是国家行使课税的权力。如果需要判定由前述观点而引发的行为是否正当,仅仅需要判断这些所谓的"税收"行为是否受宪法对规制权的限制。如果该"税收"的方式或目的无法通过规制权得到合理、正当解释,那么法院就可以毫不犹豫地宣布其违宪。[26] 那么,即便当

---

[21] 有关联邦税收理论完整且最有价值的阐释,请参阅 J. b. Waite 的文章。See J. B. Waite, "May Congress Levy Money Exactions, Designated 'Taxes,' Solely for the Purpose of Destruction?" *Michigan Law Review* 6 (1908): 277.

[22] 韦伯斯特(Webster)将税收定义为"政府为民族或国家利益而对公民的人身或财产设定的财物收缴比例或金钱数额"。

[23] 虽然承认筹集财政收入是课税权的一般特性,但仍有人否认这是基本特性。

[24] "执照费、职业税、检查费和其他类似的费用征收主要目的不是增加财政收入,而是为了适当管理被认为对公共安全、健康或福利至关重要的事项,不是该术语一般意义上的'税',也不受适用于税收的宪法规则和准则的管辖,而是由那些定义和限制国家管制权力行使的规则和准则管辖。" Black, Constitutional Law, 3d Ed. , 467; Cooley, Constitutional Limitations, 7th Ed. 283, n. 1, 709, n. 1, 713; Cooley on Taxation, 3d Ed. Ⅱ , 1125; Freund, Police Power, Sec. 25; McClain, Constitutional Law in the U. S. , 133; 27 Amer. & Eng. Ency. of Law & Proc. , 578; 37 "Cyc." 707.

[25] Gundling v. Chicago, (1900) 177 U. S. 183, 189, 20 S. C. R. 633, 44 L. Ed. 725; Phillips v. Mobile, (1908) 208 U. S. 472, 478, 28 S. C. R. 370, 52 L. Ed. 578; Reymann Brewing Co. v. Brister, (1900) 179 U. S. 445, 45 L. Ed. 269, 21 S. C. R. 201; Pabst Brewing Co. v. Crenshaw, (1904) 198 U. S. 17, 49 L. Ed. 925, 25 S. C. R. 552; Tanner v. Little, (1916) 240 U. S. 369, 60 L. Ed. 691, 36 S. C. R. 379.

* 译者注:此处 Police Regulations 与前文中各种目的的"税收"相对应,可以理解为具体的国家层面的规制性规制行为,但又因本句开头确定是从宪法和法律层面表述,因此应译为规制法规更为恰当。

[26] State v. Ashbrook, (1899) 154 Mo. 375, 55 S. W. 627, 48 L. R. A. 265, 77 A. S. R. 765; Sperry and Hutchinson v. Owensboro, (1912) 151 Ky. 389, 151 S. W. 932; Little v. Tanner, (1913) 208 Fed. 605 (over-ruled in 240 U. S. 369 on other grounds). Earlier cases are cited by Cooley, Taxation, Ⅱ , 1140.

前社会各界一致认为,美国国会的课税权在性质和范围上与其他各国所享有的课税权完全相同,也不应直接认定联邦能够通过规制性和禁止性税收等手段行使一般的联邦规制职权。当国家以规制目的设定一项税收时,它行使的是得到授权的规制权,与此相对,我们认可国会能够为实现相应的权力而设定税收,以课税权辅助其他国家联邦权力的实现,并不代表国会能够以课税权辅助联邦政府行使未被授予的权力。*

该理论认为行使课税权应仅限于筹集财政收入之目的,但其并不是在否认或贬低马歇尔的名言"有权课税即有权毁灭"[27],这两种观点在本质上具有一致性。这句话与其被视为对滥用课税权以实现财政收入以外的任意或所有目的的行为的权威性概括解读,更应被看作是解释一种政治和经济原理的至理名言。因为一个国家或民族的财政需求可能无法确切估算,为保障相应的财政需求,即使税收变得繁重或具有破坏性,通过课税来满足这些需求的权力也不应受到限制。[28] "有权课税即有权毁灭"并不是用来提醒我们注意行使税收权力的目的限度,而是提醒我们注意为汲取财政收入而行使税收权力的弹性幅度。[29]

(二)"征税"具有特定的目的性

有人极力主张,《联邦宪法》的制定者应当对部分条文进行修改,希望赋予国会一项仅能以筹集财政收入之目的实施税收行为的权力。[30] 实事求是来说,授予这一权力的条款的语言表述具有更大、更自由的解释空间,其规定了"税收"能够"偿还债务,并保障美国国防和公共福利"。但是从这句话所描述的权力来看,其仅仅是一种为确保必要、充足的资金来偿还债务并保障美国国防和公共福利而采取税收行为的权力。换言之,"保障美国国防和公共福利"是对通过税收筹集资金之

---

* 译者注:考虑到本文撰写时间为一百年前,彼时联邦政府与一般国家政府的差异争论也未曾停歇,因此此处主要是对比一般国家形态的中央政府与联邦政府所享有的权力的区别。

[27] McCulloch v. Maryland, (1819) 4 Wheat. (U.S.) 316, 431, 4 L. Ed. 579; Weston v. City, Council of Charleston, (1829) 2 Pet. 449, 7 L. Ed. 481. 需要说明的是,这一说法实际上是一句夸张的格言。马歇尔的本意是,一个州不能对联邦政府的机构征收任何税,即使这种税不是负担也不是破坏性的。See article by T. R. Powell, "Indirect Encroachment on Federal Authority by the Taxing Powers of the States," *Harvard Law. Rev.* 31(1918): 321.

[28] "这种观点考虑到作为一个主权国家,政府可能会面临资金短缺,由此则可能面向人民进行财产征收;这一权力可能会反复行使,直到所有财产耗尽;从这个意义上说,联邦政府也有类似的能够做到毁灭的权力。"Waite, "May Congress Levy Money Exactions, Designated 'Taxes,' Solely for the Purpose of Destruction?" *Michigan Law Review* 6 (1908): 292.

[29] 这一观点在马歇尔对同一案件的深层次评述中得到证实:"一个国家的人民赋予其政府对自己和自己的财产征税的权利,由于政府可能面临的紧急情况无法预估,这一权利的行使也就没有限制规定,完全依赖于立法者的利益选择和选民对其代表的影响以防止其被滥用。"4 Wheat. (U.S.) 316, 428.

[30] Waite, "May Congress Levy Money Exactions, Designated 'Taxes,' Solely for the Purpose of Destruction?" *Michigan Law Review* 6 (1908): 284; Bruce, "Interstate Commerce and Child Labor," *Minnesota Law Reveiw* 3(1919): 101; Tucker, View of the Constitution of the United States, I, 478.

目的的陈述,而不是对以排除获取财政收入之目的而行使课税权的陈述。在《联邦宪法》修正案审议期间,提出修正建议的人和部分密切关注该条款的人并未提供充足的理论或实践依据,也未能回应前述问题㉛,但制宪者仍倾向于支持那些人所主张的观点㉜。他们认为新政府必须享有纯粹的用以汲取财政收入的权力,该条款被写入宪法是为了弥补国会无法依据联邦相关条例直接获取财政收入的严重缺陷,而这一条款就是对该权力的基本表述。㉝ 除此之外,制宪者并不赞同国会能够依靠破坏性或规制性税收手段来行使规制权:首先,新政府的创立者希望政府能够具有绝对有限与明确的事务处理权,因此新政府所享有的权力是经授权的列举性权力。基于此,不能理所应当地推定该条款的支持者意图以课税权为幌子,赋予国会能够通过行使课税权而实施间接影响或控制社会或经济问题的政策或行为的权力。若他们有此意图,那么他们必然就会通过这一特定授权来排除对联邦权力范围的大部分限制,而这正是其中另一特定授权提案的目的所在。㉞ 其次,如果制宪者想要国会享有以课税手段作为媒介的概括性的规制权,那么他们是否有可能将

㉛ 国会被授予课税权的权力行使之目的问题在 1787 年宪法中几乎没有引起讨论。伦道夫(Randolph)于 5 月 29 日提出的弗吉尼亚计划没有单独授予国会课税权,但规定国家立法机构应有权享有联邦赋予国会的立法权,并在各州无权立法的所有情况下进行立法等。Farrand, Records of the Federal Convention, I, 21.

帕特森(Patterson)于 6 月 15 日提出的新泽西计划第 2 条规定,国会有权通过增加税收的法案,对进口到美国任何地方的所有外国种植或制造的货物或商品征收关税,对通过邮政总局邮寄的所有纸、羊皮纸信件或包裹贴邮资,以服务于他们认为适当和有利于联邦的联邦共同目标。Ibid., I, 243.

查尔斯·平克尼(Charles Pinckney)于 5 月 29 日提出的新宪法计划认为,合众国的立法机关有权规定和征收一般的税、关税、捐税和货物税。Ibid., III, 595. 这就是细节委员会 8 月 6 日报告该条款的表现形式。Ibid., II, 181. 8 月 22 日,该委员会的另一份报告在该条款中增加了"支付美国的债务和必要费用"的内容。Ibid., II, 366. 在该委员会的记录中显示了伦道夫的一项提议,即国会应有权通过税收筹集资金,金额不受限制,用于支付联邦过去或未来的债务和必需品。Ibid., II, 142. 8 月 25 日,一项提议被驳回,该提议要求在条款中增加授权国会对支付上述债务和支付国防和公共福利费用的条款征税的权力。Ibid., II, 408.

㉜ 《联邦党人》详细讨论了联邦课税权(See Nos. 30-36 inc.)。它并没有暗示这一权力可以用于筹集财政收入以外的其他目的。

谢尔曼(Sherman)和埃尔斯沃斯(Ellsworth)9 月 1 日向康涅狄格州州长递交了一份新宪法的副本。其中写道:"国会可通过与《联邦宪法》第八条中提到的相同的方式获取资金,即为了国防和公共福利,以及偿还为这些目的而产生的债务。" Farrand, Records of the Federal Convention, III, 99.

来自马里兰州的 1787 年大会成员麦克亨利(McHenry)于 11 月 29 日在马里兰州众议院发表讲话时宣称:"赋予国会征税的权力只不过是遵从了《联邦宪法》第八条的精神。" Ibid., III, 149.

㉝ 《联邦宪法》第 8 条规定:"所有战争开销,以及为公共事务或公共福利而支出的一切其他费用……应从若干州提供的国库资产中支付,按各州内所有这类土地的价值比例分配等等……"宪法制定者试图改变的是筹集资金的方法,而不是征税的目的。

㉞ 塔克(Tucker)写道:"令人感到惊讶的是,这一诡辩的手段竟然得到了有学问的评论员的支持,因为很明显,通过这种宪法的构建,国会可以在保留的和未授予的权力范围内,不受限制地行使其酌情处分权,随意征税、使用人民的钱,以及通过其自身以外的其他机构促进并完成其认为是为了国防和公共福利的任何事情;实际上这比用'保障美国国防和公共福利'这一字眼授予所谓的无限权力更糟糕,因为它鼓吹无度财政支出和过度征税,将其作为实现无限权力的唯一途径并窃取未被授予的权力。" Tucker. View of the Constitution of the Whited States, I, 484. See also Bruce, supra note ㉞, 101-103.

国会的此种规制权限制在国会以外的、间接的税收机构？与其说他们认可"只要你打着税收的幌子就可以行使规制权⑤",倒不如相信制宪者会找到一个解决该问题的办法。

(三) "征税"是手段而不是权力

除文义解释以及课税权的目的性以外,"唯收入论"支持者还认为"征税"仅仅是手段或工具,而不是权力。美国最高法院在以往确认国会能够以获取财政收入以外之目的设定税收的案例中,都认为税收行为不是国会在行使税收权力,而是作为辅助其他权力行使的手段。这一观点也得到了许多杰出的法律评论员们的支持与认可。换言之,一般能够被用来证明课税权可以转用于实现破坏性目的的案例,实际上都证明了国会的其他权力或是默许国会设定税收,或是需要国会通过税收手段来辅助该权力实现。有两个典型案例可以很好地解释这一点。

第一,宪法规定的调整商业贸易的权力默许设定禁止性关税。虽然最高法院在这一点上没有直接的裁决表述,但权威观点倾向于认为禁止性关税根本不属于税收的权力表现,其更应该被归为商业贸易规制行为。㊱ 如果征收关税不仅是为了增加财政收入,也是为了保护本国工商业,那么则可以被认为是对税权和商贸权的双重行使。㊲ 即便是斯托里(Story)也反对将"仅以财政收入为目的"作为征税的原则,他认为保护性关税是调节对外贸易的一种手段㊳,如果有哪一个法院就该问题向他请教,那么就很可能会采纳他的这一观点。

第二,国会为实现对货币体系的调控需要依靠破坏性的税收政策。1866 年,就在美国国家银行系统建立初期,国会通过《国民银行法》对各州发行银行券征收10%的禁止性税收,意在保护联邦发行的国民银行券。㊴ 1869 年,美国最高法院在

㉟ Waite, "May Congress Levy Money Exactions, Designated 'Taxes,' Solely for the Purpose of Destruction?" *Michigan Law Review* 6 (1908): 285.

㊱ 最常被引用的权威表述来自于库利(Cooley),他认为:"从宪法上讲,一项税收政策除了为实现公共目的筹集财政收入之外,不能有其他条件基础,而任何没有这一基础的政府征收行为都是专制和非法的。因此,征收进口税的目的不是增加财政收入,而是为了某些国内制造业的利益而阻止和间接禁止某些特定的进口,这很可能因其虚伪目的而被质疑为不符合宪法原则。考虑到所有税收的征收都会对人民繁荣和国家福利造成影响,且它们的有效性不能由金钱回报来决定,在对国内工商业给予附带保护的事实没有异议的情况下,如果任何收入来自于征税,即使是禁止性关税也可能被辩解为是对商业贸易行为的一种规范。"Principles of Constitutional Law, 3d Ed., 58. See also Hall, Constitutional Law, 181; Watson on Constitution, I, 485 n. s.; Willoughby, The Federal Government of the United States, I, 607. 参见波梅罗伊的反对意见:"保护性关税当然不是行使课税权力所必需的;但它肯定是行使这一权力的方法之一。"Pomeroy, Constitutional Law, 217.

㊲ "《保护性关税法》是根据明文规定的权力适当制定的能够增加财政收入和规制对外贸易的措施法。"McClain, Constitutional Law in the U. S., 88.

㊳ Commentaries on the Constitution, I, Sec. 1084-1094. 但请注意,斯托里(Story)也认为以税收条款为基础的保护性关税是适当的。ibid, Sec. 962-965. 然而他认为,制定这种关税的权力"通常更多地来自于商业贸易权力"。Ibid., Sec. 763.

㊴ Act of July 13, 1866, 14 Stat. at L. 146.

韦思银行(Veasie Bank)诉费诺(Fenno)案中维持了对这项税收的合宪性认定。㊶该银行的律师极力向法院主张该项税收无效,他认为该项税收税率畸高,该项税收的目的是消灭各州的银行券,而不是通过税收获得财政收入。

最高法院回应如下:

"首先需要明确一点,司法机关不能规定立法部门在行使宪法授予的权力时应该受到何种限制。因此,课税权可以对任意主体强制实施。但立法机关并不因此行为(造成损失)而向法院负责,立法机关仅需要对选出组成议会的议员的人民负责。因此,如果某一特定税收对某一公司或某类公司有重大影响,那么也不能仅因此而宣布其违反宪法。"

随后法院又表示:

"国会享有宪法授予的保障货币流通的权力。因此,国会可以通过适当的立法,行使宪法赋予的保障货币安全与流通的权力,进一步保障宪法中明确的人民的利益。基于此,国会可以排除外国法定货币的效力,并通过法律规定禁止任何主体向社会提供假币或劣币等。出于同样的目的,国会可以通过适当的立法活动,限制任何非经其授权而发行的纸币进入货币流通市场。实际上,如果没有这种权力,国会为确保国家货币体系统一和健全而付出的努力必然是徒劳的。因而无论从这个角度还是从契约职能或财产税的角度来看,我们都不能质疑当前这一税收政策的合宪性。"

第一段回应常被认为是权威解读,即国会可以出于任何目的不受限制地课税,既不用考虑是否增加了财政收入,也不用担心司法干预。㊷虽然在这一段中很难看出除了关于税收的原则以外的其他信息,但必须承认的是,它确实表明了法院的一种观点,即一项本来合法的税收不能因为法院认为它太高而被判无效,而且该案中国会行使的权力就是课税权。由于这项权力显然不是用来筹集财政收入的,那么这就与"仅以财政收入为目的"的理论相抵触。但即便如此,也不能认定国会可以通过征税行使规制性权力。最高法院第二段回应中明确指出,这种破坏性的税收只是保护国家货币安全的一种便利手段而非权力。事实上,许多法学专家㊸和其他权威专家㊹都认为最高法院对韦思银行诉费诺案最终判决的认定角度

㊶ (1869) 8 Wall. (U. S.) 533, 19 L. Ed. 482.

㊷ 从国会对有关规制性或破坏性税收的辩论中可以明显看出这一点。See infra, p. 266.

㊸ Hall, Constitutional Law, 311; Hare, American Constitutional Law, I, 269; McClain, Constitutional Law in the U. S., 133; Willoughby, The Federal Government of the United States. I, 580.

㊹ 参议员霍尔(Hoar)于1902年(在讨论当年通过的人造黄油税时)在参议院宣布:"在战争时期,我们不能仅仅因为那些'野猫银行'本身就有问题就过分干预各州的银行管理事务,因为这些是授权各州的管理工商业权力的范畴。但是,当我们建立国家货币体系时,我们有权通过以任何符合宪法的方法来保护国家货币体系不受其他任何货币影响。我们有权对现存的州立银行的货币征税,就像我们拥有一项立法权,规定任何州立银行都不得发行竞争性货币。"Cong. Rec., Mar. 26, 1902, Vol. 35, 3280.

较为客观[44]，较为一致地认为1866年修改的《国民银行法》的宪法基础是货币权，而不是课税权[45]。

在另外一个无关紧要的案件中，最高法院承认，根据课税权而获得的税款与根据国会被授予的其他权力所获得的税款之间存在差别。在人头税（Head Money）[46]案件中，最高法院否认了规定"对由船只带入美国的每名外国移民征收50美分税费"的法案的有效性，理由是该法律不符合宪法规定的联邦课税权行使的基本要求。法院认为，这一法案为船主带来的负担仅仅是商业贸易管制的附带性结果，不具有普遍性，因此并不是课税权的行使。由此判断，为了防止商业欺诈行为而要求在出口货物上加盖印花，即便印花是收费的，该收费行为也不应当被认定是设定税收的行为。[47] 但如果这种收费是出于纯收入目的而不是规制目的，它就可以转变成一种税收。[48]

四、以推动宪法授权范围内之权力实现为目的的税收

关于联邦税收权力行使范畴的第二种观点是一种折中观点。该观点认为将课税权用于财政收入以外的其他目的也是恰当的，但不是所有目的都能被包含在内。这一观点的支持者声称，国会能够以筹集财政收入的目的以及宪法授权范围内的其他任何目的而行使被授予的课税权。但是坚持"唯收入论"的人坚持认为如果国会为了规制商业贸易或保护货币体系而征税，那么这些税收实际上就是在行使

---

[44] J. Miller 在人头税案中说："在韦思银行诉费诺一案中，对州银行的银行券发行每年征收8%（实际上是10%）的巨额税款，其目的是削弱部分流通效果，之所以得到支持，主要因其是国会为保护其创造的法定货币和国民银行券而采取的一种适当手段。因此，它并不受制于那些会使普通税种完全无效的规则。"（1884）112 U. S. 580, 596, 5 S. C. R. 247, 28 L. Ed. 798.

In National Bank v. U. S., (1879) 101 U. S. 1, 6, 25 L. Ed. 979, the court commented on the Act of July 13, 1866, as follows："税收是对作为流通媒介使用的纸钞征收的，即这些纸钞的使用违反了美国的政策。因此，那些支持并推动该类纸钞能够依照其显示金额进行流通的银行家要为他们的行为纳税。此时，征税的目的就是破坏纸钞的使用；但是，只有国会有权这样做。"Flint v. Stone Tracy Co., (1911) 220 U. S. 107, 31 S. C. R. 342, 55 L. Ed. 389, Ann. Cas. 1912B 1312.

[45] 那些坚持关于联邦税权范围的三种普遍观点中的第二种和第三种的人对韦思银行案提出了不同的解释。其中对课税权的讨论主要是由权威人士主导。See Cooley, Constitutional Limitations, 681, n. 685; Cooley, Principles of Constitutional Law, 58; Pomeroy, Constitutional Law, 233. See also dissenting opinion of Holmes, J. in Hammer v. Dagenhart, (1918) 247 U. S. 251, 277, 62 L. Ed. 1101, 38 S. C. R. 529.

参议员斯普纳于1902年在参议院宣布，1866年的税收政策制定得到了支持并不依赖于联邦货币权力，"不是因为它是为了协助另一个权力的实现，而是因为根据《联邦宪法》第8条的语言表述，国会享有此项权力"。Cong. Rec., Apr. 1, 1902, Vol. 35, 3506

[46] （1884）112 U. S. 580, 5 S. C. R. 247, 28 L. Ed. 798. 最高法院使用了这样的表述："如果这是国会对商业贸易规制的权宜之计，而为达到属于权力范围内之目的，那么这项法案就不是无效的，因为它的含义比宪法中使用的更宽松和更广泛，它可以被称为税收。"Ibid., p. 596.

[47] Pace v. Burgess, (1875) 92 U. S. 372, 23 L. Ed. 657.

[48] Almy v. California, (1860) 24 How. (U. S.) 169, 16 L. Ed. 655.

商业贸易权和货币权,不能一概而论地认为是课税权的行使。主要原因在于,此类具有规制和调控性质的税收行为之权力来源并非是宪法赋予的课税权,而是前述具有规制性和调控性的具体权力。但是持第二种观点的人分析当前的实践和理论得出结论,以课税权所附加的征税行为辅助于商业贸易规制是非常适当的,进而将课税权所附加的征税行为延展至其他授权领域也并非不可。此时,课税权就成为一种非默示性权力,在确定国会可以依授权行使课税权用以筹集财政收入以外的目的后,必然要对这种权力所能行使的范围加以限制说明。其中最重要的就是要解释,为什么宪法认可国会享有的课税权可以用以规制商业贸易或保障国家货币安全,而不能用来管控有关童工、彩票[49]或政治献金等事务。[50]

(一) 宪法授权范围内权力的目的性延展

为解决前述问题,我们首先需要确定《联邦宪法》授予国会的权力范围。美国国会享有的是经授权的列举式权力,虽然从表现形式上较为有限,但这些权力相互叠加以后,产生的效果不仅仅是权力名称的简单相加,更包含了国会在行使这些权力后所能达到的目标和效果的总和。简言之,授权行为不应仅仅被视为国会手中为实现相应目标所具备的立法工具,国会在行使立法权时也必须要达成该授权背后所隐含的目的、目标或宗旨。这也就是马歇尔(Marshall)所说的:"保证目的合法,在宪法许可的范围内,运用一切适当的方式与手段……要让它们都具有合宪性。"[51]而在吉本斯(Gibbons)诉奥格登(Ogden)一案中,他也表达了对国会越权行为的看法:"如果国会以行使合法权力的名义,制定法律来实现那些并未授予给它的目标,那么在必须为此类案件作出判决的情况下,本法庭不得不艰难地判决:此种法律在我国违宪。"[52]由此可见,如果国会试图通过课税权力来规制或调控一个与未经授权的权力相关的事项时,那么该课税权的行使就应当是无效的。以童工

---

[49] 国会大力敦促对彩票征收破坏性税收。参见路易斯安那州参议员怀特(White)(时任首席大法官)关于这项立法适当性的评论:"当我的人民叫嚣着要镇压它,并向我请愿,要求提出一项法案,通过行使联邦课税权来镇压路易斯安那州的彩票时,我对他们说:'尽管这是一种巨大的罪恶,但还有一种更大的罪恶,那就是要求联邦政府做一件非法和违宪的事情,从而破坏和摧毁我们政府的所有原则……'我拒绝提出一项联邦政府对路易斯安那州彩票征税的法案,因为我认为它违反了《联邦宪法》。" Cong. Rec., July 21, 1892, Vol. 23, 6519. 然而,这样的法案被提出了。与此相比,库利(Cooley)法官在一篇主张征收这种税的文章中阐述了他的观点。

[50] 参议员托马斯对1919年的《战争收入法案》提出了一项修正案,规定在总统选举人、参议员或众议员的提名或选举的任何初选或竞选活动中,对超过500美元的任何竞选捐款征收100%的税。Cong. Rec., Oct. 10, 1918, Vol. 56, 11169. 这一修正案并未通过。

[51] McCulloch v. Maryland, (1819) 4 Wheat. (U. S.) 316, 421, 4 L. Ed. 579.

[52] Ibid., p. 423. For an analysis of this argument see Tucker, View of the Consititution of the United States, I; Green, The Child Labor Law and the Constitution, III. Law Bull., April, 1917, 16. 对比马歇尔(Marshall)的声明:"国会不会为国家授权的专属领域征税。" Gibbons v. Ogden, (1824) 9 Wheat. 1, 199. 6 L. Ed. 23.

See also Kent, Commentaries, 13th Ed. I 279.

问题为例,该问题的规制权不在国会的列举性授权之内,属于各州的保留权力事项,对这一问题的干预违反了《联邦宪法》第十修正案,[53]因而也应当是无效的。

(二) 宪法授权范围内课税权行使的双重限制

国会在行使宪法授予的权力时,必须要考虑到这些权力所受到的潜在限制,即这些权力只能用于与宪法赋予国会权力相对应的特定的目的。有两个普遍认可的潜在限制与课税权相伴而生:第一是税金使用限制,即国会只能出于公共目的使用税收所筹资金[54];第二是应税客体限制,即联邦制度的本质要求国会不能对各级政府、行政机构或州的职能机构征税。[55] 围绕这两个限制,有人认为相较于国会利用其课税权破坏各州的童工制度,国会对州法官的薪资征税更是不符合《联邦宪法》的基本原则。[56] 也有人质疑,如果国会打着课税权的幌子就可以介入并掌控某些州的权力保留领域,那么制宪者为各个州保留的专属权力还有什么意义?换言之,承认国会能够以任意目的行使课税权将"废除和破坏宪法规定的有利于各州的所有限制和保留"。[57]

当时的美国最高法院首席大法官怀特似乎非常赞同前述有关潜在限制的观点。早在1892年,怀特就以路易斯安那州参议员的身份,对国会草拟的意在对棉

---

[53] 这一原则已被澳大利亚联邦最高法院接受。In King v. Barger, (1908) 6 Com. L. R. 41. 对在各州制造的物品征收的联邦税被认为是无效的,因该税取决于薪资的支付比率,并意在控制这种支付比率,但问题是联邦政府无权控制各州的薪资。以下摘录法院的主要观点:

希金斯(J. Higgins):"这一行为并不是一种征税行为。这是一种相当新颖的立法形式,如果被认为是有效的,将赋予联邦议会对原本打算留给各州的权力的完全控制权。在免税的幌子下,联邦议会可以控制英联邦人民的全部商业和社会关系,而宪法中旨在保留各州管理其内部事务的权力的条款将一文不值。(P. 47)联邦议会可以对任何人和任何东西征税;它可以为了征税而将人和物进行分类。但是当区分一个阶级和另一个阶级的特殊领域涉及到属于州立法机构专属权力范围内的行为规范时,联邦立法就无效了。"(P. 52)

艾萨克(C. J. Isaacs):"赋予联邦议会的课税权并不能削弱保留给各州管理工资的权力。"(P. 49)澳大利亚《联邦宪法》第五章第107条规定:"任何已经或将变成州的殖民地议会本来的权力,除非宪法专门授予联邦或禁止各州行使,否则各州仍保留该权力。"

另请比较上述韦思银行案中的最后一句:"如果行使课税权损害各州的独立存在和自治,或者行使的目的与宪法赋予的有限权力不符,则无疑是滥用税权。"P. 451. See Tucker, View of the Constitution of the United States. , I, 373.

[54] Loan Association v. Topeka, (1875) 20 Wall. (U. S.) 655, L. Ed. 455. 本案涉及各州的课税权,但其原则同样适用于联邦课税权。应当指出的是,对公共目的的限制并不像有时假定的那样以正当法律程序条款为依据。

[55] Collector v. Day, (1871) 11 Wall (U. S.) 113, 20 L. Ed. 122; Fifield v. Close, (1867) 15 Mich. 505.

[56] "这一原则同样适用于法院中的每一案件,即政府权力的行使不是为了实现其宣称的目标,而仅仅是为了挫败那些不能与宪法所依据的任何其他原则相一致的权力,但没有一项原则比建立有限权力的国家政府这一原则更根本,即每一次授权都是为了实现特定的目标、目的或结果。" Green, The Childlabor Law and The Constitution III , Law Bull. , April, 1917, 26.

[57] Remarks of Senator White, Cong. Rec. , July 21, 1892, Vol. 23, 6516.

花和谷物期货征收破坏性税收的政策表达了自己的看法。㉘ 他认为国会以一种狡猾的方式行使了具有欺骗性外观的课税权,该权力的行使显然超出了国会所享有的宪法授权范围。以此为契机,他也为我们阐释了国会以规制性或破坏性征税行为来行使宪法授予的权力与国会以前述征税行为辅助行使宪法授权范围以外之权力的区别。

他将课税权与征税行为区别开来,强调如果认可在某一范围内破坏性权力存在的合理性,权力主体为行使这一被赋予的权力而选择了错误的工具或手段,就应当认定为是工具或手段的滥用,而不是这一破坏性权力的滥用。但是,如果认为在某一范围内不应当存在破坏性权力,权力主体使用相应的工具或手段来实行破坏性行为,这就不单单是工具或手段的滥用,更是一种权力的僭越。㉙

对于韦思银行一案,怀特认为既可以将判决中所表述的对州银行券征收的破坏性税视为一种禁令,也可以视为一项税负。如认为这是一种禁令,那么该行为仅仅是国会行使货币权的表现。即便认为这是一项税负,该项课税权的行使也并不违宪。他认为宪法在另一条规定中列出了国会有权禁止的事项,其中包含该种情形,这就构成了该课税权行使的前提条件。但是在另一方面,他也坚持认为这一案件不是以宪法授予权力以外之目的而行使课税权的先例,更不能作为参考案例。㉚

五、以实现宪法未授予国会的一般规制权为目的的税收

除前已述及的两种观点,美国国会更倾向于认为课税权的行使既不应限于筹集财政收入之目的,也不应限于宪法授权范围以内的权力实现之目的。诸多立法实践已经表明了美国国会的基本态度,他们认为课税权可以作为一种手段或工具在任何有利于公共福利的领域发挥作用,即国会可以通过征税等方式实现对其没有直接干预权之事务的管制或破坏。有许多税收实践案例以及公开的理论都明确地表达了这一观点。

㉘ 怀特参议员对这项法案的合宪性问题进行了详细的讨论。有关反对这项法案的长篇演讲见于1892年7月21日的会议记录,最终此项法案遭到否决。Cong. Rec., July 21, 1892, Vol. 23, 6513-6520.

㉙ Cong. Rec., July 21, 1892, Vol. 23, 6517.

㉚ Ibid. 他进一步指出,征收禁止性关税的权力并不是正在讨论的课税权的先例。为了证明"(认为是先例)忽略了联邦政府的关税课税权的性质与联邦政府国内征税的课税权的性质之间的明显区别……当联邦政府在处理关税时,《联邦宪法》赋予了其较为全面的政府权力,但没有为各州保留征收关税的权力。政府在这方面可以行使的所有合法权力,都通过在联邦政府中设立的跨边界的课税权来介入联邦政府生活或个人领域当中。因宪法保留条款的存在,联邦政府在边界以外的权力将不受任何限制。"Cong. Rec., July 21, 1892, Vol. 23, 6516.

(一) 出于一般规制目的的联邦税收实践分析

第一个案例是人造黄油税案。[61] 在1886年,有人提议应当对美国国内制造的所有人造黄油征收每磅10美分的消费税,在经历了国会参众两院旷日持久的辩论之后,这项消费税减至每磅人造黄油收取2美分的税,也正是因为其税率较低,几乎所有人都认为这不是一种破坏性税收。[62] 但是在1902年,这项税收演化成了要对所有颜色看起来像黄油的人造黄油征收每磅10美分的税[63],这项税收政策的效果就是最终完全摧毁了人工着色人造黄油产业。第二个案例与棉花谷物期货期权交易有关。在1892年,国会提议对所有从事棉花或谷物期货或期权交易的经纪人或代理商征收1000美元的执照税,并对所有该交易中成交的产品征收每磅5美分或每蒲式耳20美分的税。[64] 这项税收政策最终并没有成为一项确定的法律制度,但是国会却在1914年对所有期货交易中出售的棉花设定了每磅2美分的税并进行了征收。[65] 第三个案例是对可吸食鸦片征税。在1890年,美国国会宣布对销售可供吸食的鸦片征收每磅10美元的税[66],到了1914年,这项税收提高到每磅300美元[67]。第四个案例是"火柴税"。美国国会为了取缔有毒磷制火柴的生产,在1912年宣布对每100根火柴征收2美分的压榨税。[68] 最后一个案例就是本文开始提及的,国会对雇用儿童的单位的净利润征收10%的税。

国会对这些税收实践的解释说明表示,上述种种行为都不是为了筹集财政收入,而是试图对宪法授权范围以外的事项进行直接干预,即行使规制权。就人造黄油税来说,国会认为他们有责任保护联邦范围内合法的乳制品利益不受侵害,征税的行为是为了使其免受低劣且有害健康的不良产品的竞争。[69] 同理,为了防范商业赌博行为的风险,国会认为有必要通过对期权或期货交易征收许可税、销售税的形式来对其加以限制。[70] 而在1912年征收火柴税尚未通过之时,参议员洛奇(Lodge)就曾斩钉截铁地表达了他对该税收的支持以及看法:"该法案的真正目的

---

[61] 此部分不包含国会为实现规制目的而征税的所有案例,仅讨论在合宪性问题上存在尖锐争议的问题。

[62] Act of Aug. 2, 1886, 24 Stat. at L. 209.

[63] Act of 1902, 32 Stat. at L. 193. 译者注:人造黄油也被称为人造奶油,其本色应当是白色,在彼时能够显示出淡黄色的人造黄油也被称为人工着色人造黄油。

[64] The text of this proposed measure is printed in the Cong. Rec. July 21, 1892, Vol. 23, 6514.

[65] Act of Aug. 18, 1914, 38 Stat. at L. 693. 这一行为被美国地区法院宣布为违宪,因为作为一项税收措施,它是由参议院而不是由众议院提出的,不符合《联邦宪法》第2条的规定。1, sec. 7, cl. 1 of the constitution. Hubbard v. Lowe, (1915) 226 Fed. 135. It was re-enacted as Act of Aug. 11, 1916, 39 Stat. at L. 476.

[66] Act of Oct. 1, 1890, 26 Stat. at L. 5670.

[67] Act of Jan. 17, 1914, 38 Stat. at L. 277.

[68] Act of April 9, 1912, 37 Stat. at L. 81. 这一行为的合宪性从未得到任何法院的认可。

[69] See debates on H. R. 9206, Index to Cong. Rec., Vol. 35.

[70] See debates on Senate bill 110; Index to Cong. Rec., Vol. 51.

就是摧毁一个应该被摧毁的行业。"㉑除他以外,该法案的多数支持者也持此观点,他们认为童工税也应当如此。有关童工税的巨大争议也反映在参议院财政委员会的工作中,因为财政委员会认为童工税的设定初衷并不是筹措财政收入,所以该委员会认为这一行为也不能为已经亏空的国库带来任何收入。正因如此,参议院财政委员会在1919年依照《税收法》对各种税收的预期收入制定预算时,并没有将童工税纳入在内。㉒

(二) 出于一般规制目的的联邦课税权行使理论分析

倘若要证明国会有权以规制目的行使课税权,那么就要分步骤地推翻"仅以财政收入为目的"与"以宪法授权范围内之目的"两种课税权的行使原则,并逐步建立出于规制目的的联邦课税权行使的理论框架。

1. 对"仅以财政收入为目的"的课税权行使原则的驳斥

为证实国会享有的课税权不应当仅限于筹集财政收入之目的,应当从课税权的本质、课税权行使的范围限制以及《联邦宪法》对于课税权的原则性规定三方面进行论述。

(1) 国会课税权与各州或其他国家之课税权本质相同

就国会享有的课税权本质来说,除保留了特别的分配与统筹要求以及特定的出口税禁止性规定以外,并不存在多余的限制,与各州或任何其他主权国家所享有的课税权并无差异。参议员埃德蒙兹(Edmunds)在1886年人造黄油税引起争议时就曾表达过这一看法,他认为"美利坚合众国享有与各州一样广泛,一样至高无上,一样不可限制的课税权"㉓。格雷(Gray)也公开阐释了他对于《联邦宪法》创制者们规定该权力的本意的理解:"他们(制宪者)心目中有一个符合理想、强大政府样态的参照物,这也是多数人非常熟悉且认可的唯一参照,那就是大不列颠政府。他们非常了解那个政府所享有的权力与组织结构,彼时大多数州也都效仿这样的政府体系。基于这些事实可以推断,制宪者们在对合众国政府进行授权并对这些权力加以限制时㉔,主要考虑到以下两方面:第一,授予合众国政府与大不列颠政

㉑ Cong. Rec., April 3, 1912, Vol. 4235. 俄亥俄州的朗沃斯(Longworth)先生在众议院宣布的同一项法案中提到:"该法案的目的是摧毁它(毒火柴行业),这就是我支持该法案的原因,因为我希望它被彻底消灭。"

㉒ 在回答关于这一点的问题时,财政委员会主席西蒙斯(Simmons)参议员说:"我只能对参议员说,我不认为我们对将带来的收入数额作出了估算,我也不认为会有人认为它能产生任何收入。" Cong. Rec., Vol. 57, 612. 将这一点与 Miller Outcalt 先生在麦克雷案中错误地为原告辩护的论点进行比较是很有趣的:"这个时候说国库是充盈的并不为过,在同一年,根据《西班牙战争法》减少的税收相当于7000万美元,国会认为种种税收都是权宜之计。这项法律对外宣称不是一项提振财政收入的举措,而是一项实现联邦规制权的法规。"43 L. Ed. 78, 80.

㉓ Cong. Rec., July 19, 1886, Vol. 17, 7139.

㉔ 课税权尤为特别,因为由税收引发的争议是革命爆发的主要原因之一。

府同等的权力内容,并在有关征税种类与选择适用问题上授予合众国政府与英国政府和各州政府一般同等的权力;第二,以授权方式对这一权力进行限制,以防止各州之间相互歧视。"⑦简言之,除非各州政府和其他国家在联邦政府成立时已普遍将课税权局限于筹集财政收入之目的,否则我们就不能对赋予国会的课税权施加此种限制。

(2) 国会课税权的行使不限于财政收入领域有利于社会经济发展

前述对国会课税权本质的分析就引出了第二个问题,即其他国家在这一时期享有的课税权是否仅限于筹集财政收入之目的。

针对这一问题,斯托里进行了非常全面、清晰而又准确的阐释。他认为,纵观商业国家的发展历史,课税权经常被用于获取财政收入以外的其他目,尤其经常被用于商业贸易规制领域:国家通过设定税收来禁止对特定物的进口,以此鼓励和保护国内工业产品和工业体系;国家通过设定税收来反制外国垄断和不利限制,以保障农业、商业和手工制造业;国家通过设定税收来辅助国家经济政策落实和国内经济的发展;国家通过设定税收来取缔或消除有毒害类消费物品;国家通过设定税收来对新生制造业或农产品进行奖励;国家通过设定税收来实现对贸易的暂时性限制;国家通过设定税收来实现对特定就业行业与类别的调整;国家通过设定税收来排除竞争并确保政府垄断的特权。这些情形已经在世界上的国家实践历史中得到了验证,即无论课税权单独起作用或是与其他权力共同起作用,前述目标也基本都能实现。这里就产生了对"仅以财政收入为目的"行使课税权这一理论的合理怀疑,即如果认为课税权仅能实现一个目标,那么排除所有其他目标的依据是什么?如果坚持认为筹集财政收入是课税权行使的唯一目标,这种观点的依据又是什么?"⑥

为了表达对课税权的行使不应有目的限制这一观点的支持,库利法官在1892年推动国会对彩票征收破坏性税时曾公开表示:"财政收入现在不是,也从来都不是征税的唯一目标。"⑦

---

⑦ Limitations of the Taxing Power, p. 350.

⑥ Commentaries, Sec. I, 965, 966. 关于美洲殖民者反对英国征税的分析,见法兰德(Farrand)所著《美国的发展》(*The Development of the United States*)第 37 页。法兰德引用了麦迪逊(Madison)在革命后所作的声明,即"规制商业贸易的权力和从中获取收入的权力之间的界限,曾被认为是我们自由的障碍,但在公平讨论中发现,这一界限是绝对无法界定的。" Ibid., 38. See also Story, Commentaries on the Constitution, Ⅱ, Sec. 1080. 从经济学的角度来看,为规制和破坏目的而征收税应归入课税权的行使,而不是规制权,关于这一点的详细论证,见塞利格曼(Seligman)所著《税收论文集》(*Essays in Taxation*),第 402—406 页,第 411—413 页。

⑦ Federal Taxation of Lotteries, (1892) Atlantic Monthly, Vol. 69, 523. 库利法官补充说,立法者"不应旨在使其法律尽可能富有成效,而应要求尽可能减轻对人民的负担,同时尽可能附带有益性"。他在进一步评论拟议的税收政策时说:"这种税当然不会给政府带来任何收入。它将被强加上明确的却不能直接实现的目的,即国会通过不友好的和具有破坏性的行动彻底摧毁那些机构或部门,并扩大这一目的的影响。换句话说,这将是联邦政府对法律格言的实际运用,即'有权课税即有权毁灭'。"Ibid., p. 526. 本文与该作者其他有关税收研究的著作相比,既包含支持征税的观点,也包含反对征税的观点。

(3)《联邦宪法》并未规定仅筹集财政收入能够行使课税权

依照《联邦宪法》所载明的条款,国会享有"设定税收以偿还债务、保障美国国防和公共福利"的权力,这一条款从字面意思上就直接否定了"仅以财政收入为目的"的课税权行使原则。斯托里认为,如果可以通过税收来实现财政增收之外的国防和公共福利之目的,那么这一行为也就不存在违宪一说。至少迄今为止,没有人有权提出税收只能用来增加财政收入,而不能保障国防和公共福利。㊆ 汉密尔顿(Hamilton)的表述更为直白,他在论证保护性关税的合宪性时对该条款作出了类似的宽泛解释,他认为征收保护性关税就是国会为了保障"国防和共同福利"直接行使课税权的表现。㊆

2. 对"以宪法授权范围内之目的"的课税权行使原则的驳斥

在推翻了"仅以财政收入为目的"的课税权行使原则之后,童工税的支持者开始转向对"以宪法授权范围内之目的"的课税权行使原则的研究,希望寻找依据推翻该原则,以此来确保有关童工税的法案能够安全地、顺利地通过。

童工税的支持者主要从联邦国家的权力性质、宪法授权内容以及州权力保留等方面来寻找突破。首先,国会虽然只享有被授予的列举性权力,但如果没有明确的限制或禁止性规定,这些权力都是全面且完整的。因为合众国拥有基础性宪法法律㊆,且《联邦宪法》规定"除明确的限制以外……联邦政府绝对地享有宪法赋予的权力"㊆。这就意味着,除一些特殊情况外,国会拥有与英国议会或世界上任何其他主权国家的政府相同的设定税收或调控商业贸易的权力㊆,该权力不会受隐含的限制或保留事项影响逐渐缩小或消失。其次,《联邦宪法》第一章第8条赋予国会的是"权力",并没有规定各项权力要用于何种目的,这也表明宪法授予的是一种独立的权力。与之相对,宪法并没有为国会提供一份许可其能以立法方式解决问题的事项清单,也没有提供一套许可其为完成确定范围以内任务的工具或方法。又因国会被赋予课税、发行货币和规制商业贸易的权力,出于保障公共福利以及前述权力实现的目的,国会只能在没有清单、工具或方法指引情况下小心翼翼地行使权力。鲍威尔(Powell)教授以一个非常形象的比喻来形容这一现象,即国会在立法活动或使用这些工具、方法时,受到类似于挑棒游戏对玩家的限制㊆,稍不

㊆ Commentaries, I.

㊆ Report on Manufactures, Dec. 5, 1791. Works, Lodge Ed., Vol. Ⅳ, 151. 然而,应该指明的是,汉密尔顿的论点并不是基于拟定中的保护性关税不会增加收入这样的假设。

㊆ "但不能忘记的是,当《联邦宪法》通过时,一个拥有绝对和不受限制的根本性权力的国家(区别于国家联盟)诞生了。" Black, Constitutional Law, 35; Hall, Constitutional Law, 255; Hare, American Constitutional Law, 94; McClain, Constitutional Law in the U.S., 43; Pomeroy, Constitutional Law, 70. McCulloch v. Maryland, McCulloch v. Maryland, (1819) 4 Wheat. (U.S.) 316, 421, 4 Law Ed. p. 505; United States v. Cruikshank, (1876) 92 U.S. 542, 550, 23 L. Ed. 588.

㊆ Willoughby, The Federal Government of the United States, I, 54.

㊆ Story, Commentaries on the Constitution, Ⅱ, 1081.

㊆ The Child Labor Decision, The Nation, June 22, 1918, Vol. 106, p. 730.

留神就会侵犯到其他国家权力。㉝ 最后,合众国内各界达成了一个共识,即各州所保留的权力不能限制宪法授予国会的权力的行使范围或方法。这样的表述反映在法律术语上就显得有些矛盾,因为各个州所能够保留的权力都是国会经宪法授权以后剩余的权力,还有哪些能与国会权力冲突?㉟ 有人以数学运算来对此种保留进行类比,在减法中,如果差数是确定且不变的,那么减数的数值也能够确定。如果将这一理论代入到美国的权力结构中,不难发现各州的保留权力已经变成了一种"约柜"㊱,它们要求国会在行使其被授予的权力时不得触犯州的权力。正因如此,如果国会获得了某一授权性权力,那么各州就不能再保留此项权力,否则两者权力行使必然会产生冲突与矛盾。㊲

如果国会在行使课税权时能够跳出筹集财政收入或《联邦宪法》第一章授权范围的限制,那么就能将该权力广泛地用于有利于美国国防和公共福利的任何领域。课税权就可以用以促进工业产业发展,可以调节收入或规制私人财富的扩张,还可以惩治违法乱纪和其他侵害人民利益的行为。从这一角度来说,国会行使课税权之目的的争论并不是一个宪法原则性问题,而是一个单纯的立法政策所能解决的问题。㊳

当然,即便课税权能够出于一般规制目的行使,也不能侵犯个人的基本权利。例如,如果国会对所有吃面包的人或罗马天主教会的成员征收1000美元的税,法院必会裁定这种课税权的行使是无效的,因为无论在任何国家,这种税收都侵犯了

㉞ "然后,问题被缩小至国会行使原本符合宪法的权力是否可以被宣布为违宪,因为它可能是对各州在一个已经承认它们不受联邦直接控制的问题上的相关行为作出的反应。我本以为这件事已经彻底解决了,并且没有任何争议之处。我本以为,本法院中众人皆知的判决已经清楚地表明,规制商业贸易的权力和其他宪法权力不能因其可能干涉任何州内政策的执行这一事实而被削减或限制。"见上文"哈默诉达根哈特案"(Hammer v. Dagenhart)中霍姆斯(Holmes)大法官的异议表述。

㉟ 美国《联邦宪法》第十修正案规定:"宪法未将此权力授予联邦,也未禁止各州行使的权力,将其保留给各州或各州人民。"

㊱ 约柜是以色列人的圣物,象征着耶和华的临在,根据摩西律法规定,只有作为祭司的利未人才可以抬扛约柜,但是任何人都不得触碰约柜。根据《圣经》记载,乌撒在运送约柜期间违反上帝的律法,擅自触碰约柜被处死。

㊲ 对比鲍威尔教授关于《基廷—欧文童工法案》的论述:"如果童工法是规范州际商业的权力的适当行使,那么根据第十修正案的明确规定,它就不是保留给各州的权力的内容。如果这不是对规范州际贸易的权力的正当行使,那就是违宪的,对此无须多言。"The Child Labor Law, the Tenth Amendment and the Commerce Clause, (1918) 3 So. Law Quar. 175.

㊳ 在提到国会不得向各州或其机构征税的隐性限制后,库利指出:"除与所建议的理由相似或类似外,必须提升并保护人民代表对防止滥用联邦课税权的意识,并保持对于所有不适当的立法都可能受到其选民的严格问责的社会氛围。"Federal Taxation of Lotteries, Atlantic Monthly, Vol. 69, 534.
"在选择征税对象时,我们有权考虑到美国人民的普遍福利,正如每一届国会所考虑到的那样。征税的目的是增加财政收入。而就我个人而言,我是出于人民的利益而投票选择这一特定征税条款。" Speech of Senator Spooner on Oleomargarine Tax of 1902, Cony. Rec., April 1, 1902, Vol. 35, 3506.

作为人的基本权利。⑧⑨ 最高法院也基本认可此种观点,即税收只能出于公共目的而设定。⑩ 然而,虽然课税权在公民基本权利领域行使受限,但并不影响国会能够以国防和公共福利相关的任何目的行使课税权。

六、国会课税权行使的客观合宪性问题分析

综合前述各个观点来看,对国会能够以何种目的行使课税权的讨论依然局限于一般宪法原则。除宪法原则的分析以外,如何比对适用各种理论,这就取决于每一位国会议员或司法人员主观上对于法案的合宪性认识。因为每一位国会议员在就任时都宣誓效忠于宪法,在他们准备对可能引起宪法争议的税收法案进行投票表决时,他们可能会产生疑问:将课税权用于一般规制目的是否符合业已健全的宪法原则?解决这种疑问需要一个判断标准,而这一标准就是该法案是否在客观上符合宪法要求与基本原则。

(一) 国会课税权客观合宪性的"形式符合说"

截至目前,客观合宪性概念与标准尚未有一个明确的答案。有学者为了探求这一问题的答案而进行了一种假设推理,即假设童工税法案或一些类似的法案违反了合理的宪法原则,那么最高法院是否可以因该类法案违反宪法原则宣布其无效?换言之,法院是否能为此种性质的法案的合宪性问题提供司法救济?不可否认,囿于我们的宪法制度,许多法案能够在公然违反根本性法律的情况下得以通过,且最高法院无力阻止,此种案例比比皆是。⑨① 如果我们认可这一现象,假使国会将宪法权力用于违宪目的,那么我们是否就只能选择行政救济而不是司法救济?

以麦克雷诉美国联邦政府⑨②一案为例,最高法院最终于 1904 年在该案中维持了 1902 年征收人造黄油税的法案的有效性裁决。本案中,起诉方坚持认为,对人工着色人造黄油征收每磅 10 美分的税是为了遏制应税物的生产制造而不是为了筹集财政收入,并希望法院以此作为判案标准。除此以外,起诉方还认为该法案是对课税权的不当行使,他们指出该法案在侵犯了各州的保留权力的同时,还以破坏

---

⑧⑨ "我们认为,如果在一个案件中,课税权的极端滥用超出了我们前面所说的原则,并且司法人员清楚地认识到课税权的行使不是为了财政收入,而仅仅是为了摧毁那些不能按照宪法所依据的自由和正义原则被合法摧毁的权利,那么法院有责任认定这种行为不仅是对授权的滥用,而且是一种权力的僭越。" White, C. J. in McCray v. U. S. (1904) 195 U. S. 27, 64, 24 S. C. R. 769, 49 L. Ed. 78, 1 Ann. Cas. 9 561.

⑩ Loan Association v. Topeka, supra.

⑨① 这些情况就是最高法院面临的所谓"政治问题"。See Black, Constitutional Law, 100, Cooley, Principles, 157, Hall, Constitutional Law, 40, Willoughby, The Federal Government of the United State, II, 999.

⑨② (1904) 195 U. S. 27, 24 S. C. R. 769, 49 L. E. 78, 1 Ann. Cas. 561.

性的手段剥夺了公民的自由以及财产权利,因此应当判定该法案违宪。尽管这一事实如此,但是最高法院并未依据这一事实作出裁定。在判决后,怀特法官公开表达了最高法院审理麦克雷一案时所持的基本观点。

第一,基于法院所坚持的对违宪法案审查的基本原则,法院无权对国会行使一项合法授权权力之动机进行审查。⑬ 法院认为对动机的审查并无案例可循,如果要宣布一项宪法授权范围内之权力的行使无效,那么该权力的行使必须明显超过必要限度或显失公平。但是,如果以此就认为宪法授予的权力不应受到限制,可以出于非法目的行使合法权力,进而凭借这一滥用的权力实现宪法范围以外的效果,那么司法部门所享有的宪法权力——对其他权力部门行使宪法授予之权力的审查与监督就没有了意义。如果依照本案当事人的观点,那么可以得出这样一种结论:如果司法人员认为某一行政权力机关出于不正当目的或动机而行使合法权力,那么就可以认定该行为构成权力滥用,相应的司法机关就有责任对该项权力的行使加以限制。不难发现,这一结论本身就充满争议,即在合众国当前的宪法制度之下,如果考虑客观目的或动机而认定一个政府部门滥用其合法权力,那么另一个部门也必然需要以滥用权力的方式来对前者纠错。⑭

第二,法院拒绝在不考虑形式或动机的情况下,仅凭该法案可能产生的效果就宣布该法案无效。法院认为在确定某一特定行为是否在授权范围内时,需要综合考虑该权力行使或该行为表现的形式、对象。那么代入本案,该法案所表现出的形式是征收消费税,很显然这一行为符合课税权行使的对象与形式要求,也就不存在权力滥用问题。如果在确定了这一行为在表现形式上并未超越课税权的授权范围,仅因该行为会破坏或限制人工着色人造黄油的生产制造,就判定该行为不符合课税权的基本要求,那么也就等同于对于宪法赋予的权力的合宪性认定仅需要考虑该权力行使的后果,而不必依照宪法或法律条文的规定。

基于最高法院在麦克雷案中的观点,无论该法案的动机或结果如何,最高法院都会认可"形式上"符合课税权行使要求的法案的效力。然而,无论是怀特法官还是最高法院其他成员,他们也都担心国会可能利用其课税权来破坏基本的私人权利。⑮ 因此,最高法院以附带意见的形式作出以下暗示:国会如果试图行使一种仅仅是"形式上"符合要求的课税权,那么也有可能构成权力滥用,甚至是权力僭越。

---

⑬ Black, Constitution Law, 69; Cooley, Constitutional Limitations, 257; Story, Conmentaries on the Constitution, Ⅱ, sec. 1090; Willoughby, The Federal Government of the United States, Ⅰ, 18; United States v. Des Moines Nay. & R. Co., (1891) 142 U. S. 510, 544, 35 L. Ed. 1099, 12 S. C. R. 308; Weber v. Freed, (1915) 239 U. S. 325, 330, 60 L. Ed. 308, 310, 36 S. C. R. 311, Ann. Cas. 1916C 317; Dakota Cent. Teleph. Co. v. South Dakota, (1919) 250 U. S. 163, 194. 63 L. Ed. 910, 924, 39 S. C. R. 507.

⑭ 法院的权力是审查权力滥用,而不是审查目的。如果该权力行使符合法律规定的要求,即便其目的并非法律直接规定的内容,也不应当认定违宪,否则法院就会陷入类似的违宪境况。

⑮ 完整上下文参阅前注⑬。

(二) 国会课税权客观合宪性的"效果符合说"

"形式符合说"并非是国会行使其课税权的"免死金牌",即便某一税收法案"形式上"无可挑剔,但最高法院也有可能认为其不是税收法案,从而裁决其无效。[96] 通过对怀特大法官在担任美国参议院议员期间的讲话的分析,我们就会发现"形式上"含义的具体要求以及存在的漏洞,进而找到推翻"形式符合说"的依据。

第一,怀特曾表示,站在国会议员的角度,如果他发现一项"形式上"符合课税权要求的法案出台并非出于筹集财政收入之目的,而是为了达成规制或禁止的效果,那么他会毫不犹豫地作出该法案违宪的判断并且投出反对票。[97] 因为国会议员能够凭借主观判断,来审视一项法案的动机和目的,从而做出其是否合宪的判断。但如果作为法官,他必须要客观地看待这一问题,必须审查该法案条款规定的内容。如果从"形式上"看,这是一项为了筹集财政收入的税收法案,且确实获得了财政收入,那么就不应当在主观上再考虑动机或目的并裁定其生效。[98]

第二,如果一个法官能够不受国会辩论意见或其他外界意见干扰,通过对法案本身条款的研究,发现该法案并不能产生增加财政收入的实际效果,且确实构成对国会权力范围以外之事项的规制或破坏,那么也可以认定该法案"形式上"不符合课税权行使基本要求,进而宣布该法案违宪。这一点在怀特对棉花和谷物期货破坏性税收法案所作出的评论中也有体现,他认为这一法案从表面上来看找不到任何征税的理由,甚至无法通过主要条款所规定的内容发现获取税收的可能。虽然美国最高法院的一些判例表明,如果一项税收法案具有"形式上"的税收目的,那么法院就不可能再对提案议员的动机进行审查,从而认为该法案"形式"不合宪。但怀特认为这与现实情况明显不符,如果从表面上看并不能产生税收,并且排除了所有通过课税权增加财政收入的可能,那么这一法案就是一种赤裸裸的违宪行为,美国的法院都应当行使他神圣的权力裁定该法案无效。[99] 简言之,法院应当对法案本身以及条款进行审查并得出结论,如果认为该法案实际上不能产生税收,法

---

[96] 有趣的是,库利在讨论征税行为的有效性时也使用了"形式上"这一短语。他说:"因此,在现实中,一部旨在征税的法律,只要其在基本表现上不受争议,那么无论其真正的目的是什么,都是无懈可击的。" Principles of Constitutional Law, p. 58.

[97] 很明显,当时怀特参议员还是坚持这种关于联邦课税权需要有正当目的的狭隘观点。

[98] Cong. Rec., July 21, 1892, Vol. 23, 6518–6519.
与此相对,克利夫兰总统在批准1886年《人造黄油税法》的同时发表了以下声明:"作为对这一措施的反对意见,有人认为,虽然这一措施声称是税收立法,但其真正目的是通过使用课税权来摧毁我们人民的一个行业,以保护另一个行业的利益。如果在本案中放任这种怀疑并作为官方行动的依据,并且完全确信其所将发生的后果,那么我必然会对这种异议感到不适。但是,除了提案给我的法案具有明显的性质问题之外,我并不觉得有必要解释国会的动机,而且我确信,它所产生的税收不可能破坏它所征税的物品的公开和合法的制造和销售。" Richardson, Messages and Papers of the President, VIII, 427.

[99] Cong. Rec., July 21, 1892, Vol. 23, 6516.

院就应当认定国会越权,并裁定该法案在"客观上"是违宪的。[100]

不可否认,怀特的客观合宪性认定标准在麦克雷一案中的运用表明,该标准已经远远超出了学术范畴。他作为最高法院首席大法官,能够直接或者推动这一标准应用到对童工税法案的判定中,有利于较为准确地把握童工税法案的本质以及检验客观合宪性标准的局限性。其实,在1902年的人造黄油税案中,人们已经看到了该标准的价值,该标准能够有效地检验出联邦课税权是否用于规制之目的。怀特认为1886年开始征收的人造黄油税为国会带来了一种"禁止性"税收的概念,因这一法案在与宪法对抗中迈的步子较大,在当时承受了巨大的压力,因此该法案的支持者最终妥协并降低该法案规定的税率至具有产生基本、持续的税收效果的水平。[101] 可以看出,怀特认为这项"禁止性"税收在一开始是客观违宪的,但是通过降低税率的方式实现了客观合宪。但是现在,之前客观违宪的对人造黄油的征税变成了对人工着色人造黄油征收每磅10美分的税。对此,怀特在1904年任最高法院的助理法官时写下了一份意见,在他看来,对人工着色人造黄油征收每磅10美分的税在"形式上"满足税收要求,因此具有客观合宪性。一项税收法案先被认定为客观违宪,后又被认定为客观合宪[102],这也应了怀特对客观合宪性的立场判断观点:最高法院的法官很难宣布一项税收法案"客观上违宪",但作为一名立法者则可以坚定地作出是否违宪的判断。

在实践中,即使最高法院一致倾向于怀特的认定标准,也很难因为该法案"形式上"没有税收而宣布这一法案违宪。首先,如果不是国会存在重大失误,立法机关的法案除具有合宪性的前提以外,是可以通过立法标签获得筹集财政收入的有

---

[100] "如果法院并不能通过对法案的内容等进行实质审查,进而判断法案是否违宪,正如我刚才所说的那样,政府所有部门在一个共同轨道上运行的美丽制度,就会从联邦体系中消失,进而该体系会陷入混乱。既有事例与之相反。美国最高法院在审查法规方面行使的权力与所有州的法院行使的权力相同。书中充满了州法院的案例,从中也可以看出我所认为的区别。在托皮卡(Topeka)一案中,美国最高法院以简单明了的语言作出了裁决。托皮卡政府拨了一笔钱,宣称是用于公共目的。这个案子到了美国最高法院,最高法院认为该行为的动机和目的不能被审查。这超出了争议问题范围之外。但是,如果你认为法律规定是一件事,而法律规定的条款本身又表明了另一件事,而后者是在政府权力之外的,那么它就根本不是法律规定,而是对权力的侵犯,我们就应当把它从成文法典中删除。" Cong. Rec., July 21, 1897, Vol. 23, 6516.

[101] Cong. Rec., July 21, 1892, Vol. 23, 6518.

[102] "有一种理论可以将1886年法案与1902年法案区分开来。即早期的法律对所有人造黄油征收统一税,而1902年的法案对未着色的人造黄油征收每磅0.25美分的税,对人工着色的人造黄油征收每磅10美分的税。国会认为,对有色产品征收破坏性税收是为了帮助政府通过防止有利于逃税的欺骗行为,对非有色产品征收合理税收。"见霍尔(Hoar)参议员的评论,Cong. Rec., Mar. 26, 1902, Vol. 35, 3282.
Speech of Senator Spooner on Oleomargarine Tax of 1902, Cony. Rec., April 1, 1902, Vol. 35, 3506. 这就是最高法院在最近的 United States v. Doremus 一案中支持《哈里森反麻醉品法》(Harrison Anti-Narcotic Act)的理论依据。(1919) 249 U. S. 86, 63 L. Ed. -, 39 S. C. R. 214. 然而,没有证据表明,怀特(White)法官在撰写麦克雷(McCray)案的意见时着重分析这一点。

效推定。㉒ 其次,法院要充分尊重国会能够选择应税客体之自由㉓,并且保证税率的确定仅受国会立法自由裁量权的限制。㉔ 再次,法院还必须进行自我约束,避免在法案审查前知晓立法者的目的和动机。最后,某一法案审查时可能并不具备客观合宪性判断的条件㉕,即便法案实施后有证据证明该法案不能取得税收,法院也不能以此来认定该法案"形式上"不符合筹集财政收入的要求㉖,因为法案实施后的证据并不具有可信性。㉗ 因此,法院为判定某一法案违宪,应当在排除主观猜测的前提下,以法案整体结构以及条文表述为审查对象,力求在不引起争议的情况下证明该法案不是一项能够获取税收的法案。当然,为了能确保对法案的立法目标和可能实现目标进行合理的司法判断,法院还要重视一些具有投机性特征和极度不确定性的因素。因为一项税收法案是否可以被合理地推定为具有产生税收的目的与效果,可能会受到社会现实、各方利益平衡等现实情况的影响,进而法院也需要对衡量合宪性的标准进行动态调整。㉘ 简言之,在运用这项客观合宪性的检验标准时,法庭必须具有超常确定的把握才能作出违宪判断,然而某些法案的性质模糊且表意不明,这也就使得违宪裁决越发困难。

从前述客观合宪性的分析可知,如果最高法院的多数人在对待联邦课税权问题上采纳"唯收入论",或采纳首席大法官怀特有关国会征税的目的受到各州保留权力的限制的观点,那么即便有完美的客观合宪性检验标准也都难以发挥作用,这些目的限制或权力保留也就失去了意义。我们假设国会在权力保留限制之下享有与各州以及其他国家几乎同样广泛的课税权,则这种权力必然要受到《联邦宪法》

㉒ 整个法案应被标识为"筹集财政收入和其他目的的法案";与童工有关的部分的标识应是"雇用童工税"。

㉓ Treat v. White, (1900) 181 U. S. 264, 45 L. Ed. 853, 21 S. C. R. 611; Patton v. Brady, (1902) 184 U. S. 608, 46 L. Ed. 713, 22 S. C. R. 493. See Cooley, Principles, p. 57; Cooley, Taxation, I, 179–180.

㉔ 马歇尔在"麦卡洛克诉马里兰州案"(McCulloch v. Maryland)中确立了这一原则。Knowlton v. Moore, (1900) 187 U. S. 41, 58, 20 S. C. R. 747, 44 L. Ed. 969.

㉕ 例如在寻求禁令以限制执行的诉讼中提出有关征税行为有效性的问题。这体现了美国地区法院诉讼的性质,童工税法案会在该诉讼中被裁定无效。法院可能被迫在法律公平实施之前对这一问题作出裁决。

㉖ 参见怀特法官对麦克雷一案的意见。

㉗ 为了实现一些特定的目的,利益相关主体即便知道某一法案是为了取缔、禁止某一产业等,在某一段时间,为了确保这一法案在形式上符合"获得税收收入"的条件,也会暂时地支付税款。

㉘ 赫伯恩(Hepburn)先生在众议院关于1886年人造黄油税的辩论中以幽默的方式指出了这一点:"在1887年,当我们认为该法案的效力是禁止人造黄油的生产时,该法案就违宪了。但是,假设第二年由于2000万磅劣质黄油退出市场,而在市场上留下100万磅优质黄油,黄油的价格就会上涨,涨到每磅25美分或30美分。当然,如果伪造品的制造商能够为制造伪造品支付税款,那么他也可以参与竞争,这样政府就会增加2000万美元的收入。那么该法律就变成了符合宪法的措施。因此,根据这位先生的观点,该法案可能在1886年符合宪法,在1887年违宪,并在1888年再次符合宪法。该法案之所以合宪或违宪,并不是因为它所包含的法律内容的性质,而是因为黄油的价格。"(Laughter.) Cong. Rec., Vol. 17, 4901.

的限制:其所筹集的收入必须用于公共目的;不得为各州政府或职能机构造成负担;不得侵犯在自由政府中不可侵犯的个人权利。如果国会在满足所有限制与要求后以税收法案的方式行使课税权时,最高法院可以凭借"形式上"没有设定税收来做出违宪裁定,那么国会的该项权力应当如何行使?

如果怀特的客观合宪性标准不能适用于麦克雷一案,或者不适用于1902年的人造黄油税案,那么也基本不适用于1919年的童工税案。

七、结　　论

综上所述不难发现,无论是过去还是现在,国会能够出于何种目的行使课税权存在相当大的争议。前已述及的三种观点,或多或少都得到了一些声名在外的权威人士的支持。但国会坚持认为课税权可以用于任何有助于国防和公共福利的目的,显然这一主张并没有得到最高法院的支持,也可以说最高法院从未正式认可任何一种课税权行使理论。从司法建设实践来看,过于狭窄和具有繁多限制的概念表述不利于课税权发挥应有作用。当然,如果国会足够谨慎,其依然可以在不受司法干预的情况下,通过规制和破坏性税收来行使较为自由的规制权。

但是,就童工税法案来说,只有在最高法院同意基于宽泛的理由裁定该法案是合宪或认为暂时无法确定该法案违宪时,该法案才有可能再次通过。如果此时该法案通过,国会可能会因此而认为其权力得到了增强,甚至理所应当地将课税权作为行使广泛的联邦规制权的工具。那么,相对合理的做法是寻求进一步的、影响更深远的解决路径,规范国会在没有直接干预权力之领域所进行的征税行为,并消除该行为的负面影响。*

---

*　本系列文章的最后一篇是《基于邮政权的联邦规制权》。

证券法会促进短期主义吗?

〔美〕詹姆斯·帕克* 刘伟涛 窦 凯 薛前强 译**

摘要:自1970年以来,美国证券交易委员会(SEC)要求上市公司每季度提交财务状况的总结。这种强制性的季度披露最近被批评为激励企业交付短期业绩,而不是制定可持续的长期发展战略。本文审查了季度报告的条款,以评估SEC是否应该减少定期披露频率。本文结论是,随着市场越来越关注研究分析师发布的盈利预测,上市公司面临的发布短期业绩的压力越来越大。满足这种预测的压力会扭曲上市公司行为,但这种失真只在特定情况下明显。由于尚不清楚季度报告是否会对公司激励机制产生重大影响,故SEC应进行适度改革,而不是采取季度性激进措施来鼓励披露业绩。季度披露是证券法促进交易投资者短期利益的一个典型例子。相比之下,调节股东利益的公司法却往往赋予管理者考虑长期利益的自由裁量权。因此,强大的证券法可以被屠弱的公司法所平衡。

关键词:季度报告 短期主义 证券法

引 言

上市公司市值的涨跌取决于其是否拥有满足投资者期望的能力。在一个既定

---

* 〔美〕詹姆斯·帕克(James J. Park),美国加州大学洛杉矶分校法学院教授。原文"Do the Securities Laws Promote Short-Termism"发表于 UC Irvine Law Review, Vol. 10, No. 3, 2020, p. 991.

** 刘伟涛,北京圣运律师事务所律师,法学博士;窦凯,北京市顺义区龙湾屯镇人民政府副主任科员;薛前强,中央民族大学法学院讲师,法学博士。

本文为司法部2021年度法治建设与法学理论研究部级科研项目"后疫情时代公司应急治理法律问题研究"(项目编号:21SFB4050)、中央民族大学2022年青年教师科研能力提升计划项目"共同富裕视野下企业慈善行为法律规制研究"(项目编号:2022QNPY39)的阶段性成果。

的季度披露惯例中,公司发布财务报表会受到市场密切关注。① 如果一家公司的业绩未达预期,其股价就会暴跌。② 如果该公司总是达不到季度预期,则可能会被其他公司替换。

在过去几年里,一些著名的美国代表性公司认为,强制性季度信息披露的压力促使上市公司专注于满足市场短期预期,而不去发展长期繁荣和开展对社会有积极贡献的业务。③ 2018 年秋天,特朗普总统指示美国证券交易委员会(SEC)考虑是否应该只要求年度披露或半年度披露,以减少上市公司的季度审查负担,同时社会上对季度披露的批评之声也日益高涨。SEC 回应了特朗普的请求,并被要求就以下问题发表评论:"现有定期报告制度……在只关注短期结果的注册者和市场参与者中助长了一种低效的观点。"④取消季度信息披露的提议与一场短期主义的激烈争论有关,即上市公司采取的"短期盈利但会损害公司长期利益的行为"⑤是否是一个短期主义重大问题。在过去几年中,法律学者普遍把注意力集中在对冲基

---

① 1934 年的《证券交易法》第 13 条规定了定期披露的基本要求。See, 15 U. S. C. 78m (2012). 受第 13 条限制的公司必须提交年度报告及季度报告。See, SEC, Form 10-1K (2018) [后称 FORM 10-K]; SEC, Form 10-Q (2018) [后称 FORM 10-Q].

② See, e. g., Fin. Execs. Research Found., Fin. Execs. Int'l, a Survey of Investor Relations and Earnings Guidance 3 (2015)(股市通常会奖励达到或超过预期的人,而惩罚未能达到预期的人).

③ 知名企业律师马丁·利普顿(Martin Lipton)长期批评短期主义,曾提议在 2015 年取消季度披露。David Benoit, Time to End Quarterly Reorts, Lax Firm Says, WALL ST. J. (Aug. 19, 2015), https://www.wsj.com/articles/time-to-end-quarterly-reports-law-firm-says-1440025715; See, Steven A. Rosenblum, Corporations: The Short-Termism Debate, 85 MISS. L. J. 697, 709 (2016) ("在我看来,规模宏大的公开上市公司受到季度收益的影响。如果你忽视了季度收益的重要性,你就会受到惩罚,这是每个上市公司的现实,在维权人士之前也是如此")。2018 年,摩根大通首席执行官杰米·戴蒙(Jamie Dimon)和传奇投资者沃伦·巴菲特提议,公司不再发布收益指引。See Jamie Dimon & Warren E. Buffett, Short-Termism Is Harming the Economy: Public Companies Should Reduce or Eliminate the Practice of Estimating Quarterly Earnings, WALL ST. J. (June 6, 2018), https://www.wsj.com/articles/short-termism-is-harming-the-economy-1528336801. 评论人士定期观察到,市场对季度收益的关注会导致短期主义。See, e. g., Margaret M. Blair, Ownership and Control: Rethinking Corporate Governance for the Twenty-First Century 134-35 (1995) (描述消除季度报告以解决市场短视的建议); Robert G. Eccles et al., The Value Reporting Revolution: Moving Beyond the Earnings Game 4 (2001) ("经理人、分析师和股东都觉得自己陷入了一场没有人真正喜欢的短期收益游戏,但他们都别无选择,只能参与"); Michael T. Jacobs, Short-Term America: The Causes and Cures of Ourbusiness Myopia 32 (1991) ("商界领袖抱怨称,来自股东要求实现短期业绩指标的压力,正在削弱他们打造有竞争力企业的能力"); Lawrence Mitchell, Corporate Irresponsibility: America's Newest Export 133 (2001) ("建议取消季度披露"); David Millon, "Radical Shareholder Primacy," U. ST. Thomas L. J., 10 (2013): 1013, 1019. ("从激进的股东至上主义的角度来看,如果管理层追求其他一些会降低季度收益的目标,比如公司的长期可持续性或某种社会责任议程,就会违反其作为股东代理人的职责").

④ Request for Comment on Earnings Releases and Quarterly Reports, Securities Act Release No. 33-10588, Exchange Act Release No. 34-84842 (Dec. 18, 2018).

⑤ Lucian A. Bebchuk, "The Myth That Insulating Boards Serves Long-Term Value," *Colum. L. Rev.*, 113 (2013): 1637, 1638-39; See Jesse M. Fried, "The Uneasy Case for Favoring Long-Term Shareholders," *Yale L. J.*, 124 (2015): 1554, 1558 (将短期主义定义为"采取措施在短期内提高股价,但在长期内降低公司创造的经济价值").

金的规制之上,认为它们是短期主义的主要驱动因素⑥,而争论的焦点大多集中于这种激进主义对公司法的影响。⑦

  鉴于过去几十年来推进披露义务之努力⑧,消除季度披露的建议似乎是有问题的,不值得过多讨论。⑨ 有限的证据表明,短期主义给上市公司带来严重问题。⑩ 即便如此,将披露频率改为半年或一年也无助于减少问题。减少强制性披露可能会增加股价波动性,减少流动性,并增加内幕交易的可能性。⑪ 但对季度披露的短期主义批评值得分析,因为它提出了一个有趣的问题:保护投资者的政策(通常没有争议)是否会对公司决策产生负面影响。其他司法管辖区的证券监管机构以短期主义为由拒绝强制每季度披露证券信息,这一事实表明美国的做法可能存在缺陷。⑫ 证券监管的核心内容可能会对上市公司的治理产生广泛的负面影

---

⑥ See e. g., Leo E. Strine, Jr., "One Fundamental Corporate Governance Question We Face: Can Corporations Be Managed for the Long Term Unless Their Powerful Electorates Also Act and Think Long Term?" *Bus. Law.* 66 (2010): 1, 8 ("许多激进投资者持有股票的时间很短,他们有可能通过套取公司政策的短期交易策略获得利润"); See Jeff Schwartz, "De Facto Shareholder Primacy," *U. MD. L. Rev.* 79 (forthcoming 2020) (认为对冲基金利用透明度向公司施压,使股东财富最大化). 在对冲基金激进主义变得有些普遍之前,敌意收购的兴起和来自机构投资者的压力被批评为短期主义的主要贡献者。See, e. g., Martin Lipton & Steven A. Rosenblum, "A New System of Corporate Governance: The Quinquennial Election of Directors," *U. Chi. L. Rev.* 58 (1991): 187, 203 ("然而,机构股东的优势和敌意收购造成了对短期结果的强调,这使得企业越来越难以保持对自身和社会福祉所必需的长期关注"); See, Mitchell, supra note ③, at 3 (认为短期主义的"根源"是"公司结构本身……").

⑦ See, e. g., Bebchuk, supra note ⑤ (描述在公司法中普遍存在的短期主义观点); Strine, supra note ⑥ (将短期主义描述为公司治理问题); See Henry Hansmann & Reinier Kraakman, "The End of History for Corporate Law," *Geo. L. J.* 89 (2001): 439 (注意到人们普遍认为"公司法应主要致力于增加长期股东价值").

⑧ See, e. g., Acceleration of Periodic Report Filing Dates and Disclosure Concerning Website Access to Reports, Securities Act Release No. 33-8128, Securities Exchange Act Release No. 34-46464 (Sept. 5, 2002) ("相信定期报告包含对投资者有价值的信息").

⑨ 哥伦比亚法学院蓝天博客上的一组帖子记录了几位著名证券法学者对特朗普提案的早期反应。See August 2018, CLS BLUE SKY BLOG, https://www.clsbluesky.law.columbia.edu/2018/08/.

⑩ See e. g., Mark J. Roe, "Stock Market Short-Termism's Impact," *U. Pa. L. Rev.* 167 (2018): 71, 87 (提出的证据表明,"短期理论要么是不受支持的(研发),要么是自相矛盾的(回购是在消耗现金,股市是在回避未来),要么是更好的解释(资本支出)"); See Lucian A. Bebchuk et al., "The Long Term Effects of Hedge Fund Activism," *Colum. L. Rev.*, 115 (2015): 1085 (没有证据表明对冲基金的激进主义会降低长期业绩); Fried, supra note ⑤ (认为专注于长期价值会降低交易自己股票的公司的经济价值); Michal Barzuza & Eric Talley, Long-Term Bias (ECGI Working Paper Series in Law, Paper No. 449, 2019), https://www.ssrn.com/abstract=3338631 (认为"管理者系统性地高估了自己长期项目的价值"的长期偏差与短期偏差同样值得关注).

⑪ 披露有许多已经被充分记录的好处。See, e. g., Merritt B. Fox et al., "Lax, Share Price Accuracy, and Economic Performance: The New Evidence," *MICH. L. REV.* 102 (2003): 331, 339-40 (描述披露的好处); Renhui Fu et al., "Financial Reporting Frequency, Information Asymmetry, and the Cost of Equity," *J. Acct. & Econ.* 54 (2012): 132 (发现中期报告频率的增加降低了信息不对称和股权成本).

⑫ 欧盟和其他一些司法管辖区拒绝了强制性季度信息披露,理由是这助长了短期主义。See, e. g., Sanjeev Bhojraj & Robert Libby, Capital Market Pressure, "Disclosure Frequency-Induced Earnings/Cash Flow Conflict, and Managerial Myopia," *Acct. Rev.* 80 (2005): 1; see also John Kay, The Kay Review of UK Equity Markets and Long-Term Decision Making 9 (2012) (他的结论是,"英国股市存在短期主义问题").

响。本文追溯了季度报告的起源,有助于解决对定期披露频率的争论。现代季度报告制度包含两个组成部分⑬:一是证券法要求上市公司进行季度披露,二是投资者根据财务业绩的季度披露来预测公司未来业绩。本文并非将信息披露频率看作促进短期主义的唯一原因,故也检视了其他因素,例如披露的可靠性和通过披露的预测评估是如何发挥重要作用的。

  季度报告制度是一个由政府监管和私人秩序紧密交织成的混合体。季度披露和季度预测都独立于 SEC 的规定。在 1970 年 SEC 要求纽约证券交易所(NYSE)披露季度收益之前的几十年,它就已经被要求披露季度收益。由研究分析师发布预测在 20 世纪 60 年代变得很常见,而当时 SEC 的政策试图阻止这种预测。自 20 世纪 70 年代后期以来,SEC 加强了基于季度业绩对公司进行评判的合法性,如它强调发布准确反映公司是否达到市场预期的季度信息的重要性。最明显的证据表明,预测是上市公司压力的主要来源。几十年来,上市公司在公布季度收益时都没有感受到短期主义的压力。直到季度预测广为流传,短期主义才成为一个问题。到 20 世纪 90 年代末,季度预测常与欺诈联系在一起,即公司为了实现短期业绩而破坏长期价值。最近,上市公司的管理层表示,他们愿意削减研发支出,以满足预期。必须承认,预测只会在某些情况下给管理人员造成短期的问题压力。如果市场预期过高,管理者可以传达应该下调预期的信息。另外,管理者可能会有努力实现不切实际的高预测的动机。如果不能产生足够的业绩来满足这种预测,管理层可能会采取提高短期业绩的措施,但却会破坏长期价值。如果预测是引发短期主义的主要原因,那么改革方案就转向针对这些预测而不是采取更激进的措施减少季度披露。增加上市公司提供预测和这些预测背后的假定条件的义务,可能会降低公司对不切实际的期望所作判断的风险。虽然放宽对季度业绩可靠性的要求可以减轻季度报告制度的压力,但这样做也会对其完整性产生不利影响。鉴于有限的证据表明上市公司正在牺牲可观的长期价值,故适度的改革实有必要。季度报告体系可能使上市公司普遍倾向于短期主义,但目前尚不清楚这种压力的影响是否严重。

  季度报告制度对上市公司管理层的影响可能会减弱,因为公司法关注的重点不同于证券法。证券监管的主要目标是促进证券交易⑭,它通常有利于短期投资者,后者买卖证券的频率高于长期投资者。相比之下,公司法在投资者持有股票时更广泛地管理着投资者利益,而不是只关注投资者的狭隘利益。众所周知,上市公

---

  ⑬ 人们早就认识到,报告系统要比"简单地报告数字"更广泛。See, e. g., A. A. Sommer, Jr., An Overview of the Issues, in Public Reporting Of Corporate Financial Forecasts 1, 8 (Prem Prakash & Alfred Rappaport eds., 1974)(注意到"财务报告"包括披露和"对数字进行有意义的解释所必需的信息的陈述,意味着预测和预测未来的发展")。

  ⑭ See e. g., James J. Park, "Reassessing the Distinction Between Corporate and Securities Law," *Ucla L. Rev.* 64 (2017): 116 (认为证券法关注的是交易).

司分散的股东较公司管理者而言是弱势的。⑮ 随着时间的推移,市场的流动性越来越强,监管要求也越来越高,为满足市场需求,证券监管不断演变,股东力量也随之增强。管理层已经能够抵制更强有力的证券法,因为公司法赋予他们考虑公司长远利益的自由裁量权。从某种程度上说,公司法有利于管理层的自由裁量权,这成为解决证券法中交易投资者短期主义倾向的一种方式。换言之,强大的证券法可以被孱弱的公司法所平衡。

本文第一部分介绍了现代季度报告制度的起源。第二部分考察了季度报告制度如何影响上市公司和激励那些专注于短期结果的投资者。第三部分提出了改革季度报告制度以遏制短期主义的建议。第四部分归纳了证券法所促进的短期主义是如何被公司法所抑制的,即公司法赋予管理层考虑公司长期利益的自由裁量权。

一、季度报告制度的起源

在1970年SEC创建10-Q表格之初,短期主义问题在当时并不普遍。季度披露授权本身并不足以显著影响管理层的投资期。1970年以前,许多上市公司按季度披露收益结果,但这种季度披露并没有激励上市公司专注于短期利益。直到公司申报文件变得更加可靠,并且股民通常通过预测来判断未来业绩,管理层才开始显著受到季度报告制度激励的影响。随着投资者在评估公司业绩时越来越依赖预测,发布财务业绩的压力也开始显现。⑯ 到20世纪60年代末,大量分析师试图预测主要上市公司的年收益。尽管SEC的政策是禁止公司在提交的文件中包括预测信息,但一些公司公布了自己的业绩预测,许多公司选择性地向分析师披露信息,以影响这些分析师对该公司未来业绩的预期。到20世纪80年代中期,季度收益预测应用广泛,被市场用来评估公司的管理能力。20世纪90年代,随着季度业绩变得越来越重要,SEC提高了对此类业绩准确性的预期,加大了满足短期预测的压力。因此,通过政府命令和私人命令的结合,现代季度报告体系应运而生。随着时间的推移,通过SEC的监管变得更加可靠的季度披露与主要来自私人研究分析师的预测开始相互作用。

(一) 季度披露

许多上市公司在SEC要求披露之前的几十年就进行了季度信息披露,但这种

---

⑮ See Markj. Roe, Strong Managers, Weak Owners (1996).
⑯ 投资者偏好与短期主义之间的联系已得到广泛承认。See e. g., Leo E. Strine, Jr., "Toward a True Corporate Republic: A Traditionalist Response to Bebchuk's Solution for Improving Corporate America," Harv. L. Rev. 119 (2006): 1759,1764("机构投资者对企业的影响力越来越大"的主张导致了对不断增长的收益的关注,从而引发了企业丑闻); See Matteo Tonello, The Conference Board, Revisiting Stock Market Short-Termism 6 (2006) (投资者偏好与短期主义之间的联系已得到广泛承认).

披露的最早版本被认为是不可信的。出于种种原因,从20世纪70年代开始,SEC在季度性信息披露方面寻求更多的一致性和准确性。直到定期披露变得足够可靠,它才能被用来系统地评估公司财务业绩。

1. 质量信号

1970年以前,有许多在交易所上市的公司向投资者提供季度报告。自20世纪30年代以来,纽约证券交易所就要求所有上市公司披露此类信息[17],尽管它赋予公司很大的自由裁量权来决定报告内容。正如许多学者所观察到的,证券交易所为公司的股票交易提供了一个流动和有序的市场,故其有经济动机去制定促进交易的规章制度。[18] 交易所的大部分收入来自对执行交易收取的佣金。如果在交易所上市的公司没有向市场提供足够的信息,投资者就会减少交易,原因在于他们对自己的交易是否估值合理存在疑虑。另外,如果交易所对公司提出过多的监管要求,更多的公司会选择不在交易所上市。交易所必须平衡投资者和上市公司的双方利益。从某种意义上说,交易所的规则反映了双方之间相互妥协的最终协议。[19]

纽约证券交易所要求进行季度披露的初衷,是借用该种做法将自己与竞争对手区分开来。它的主要竞争对手美国证券交易所(AMEX)直到1962年才要求季度披露信息。[20] 质量更高的上市公司既能够在报告信息上投入成本,也更有信心分享其业绩细节。凭借相对严格的上市标准,纽约证券交易所可以表明在该交易所上市的公司比其他交易所上市的股票更适合投资。[21]美国证券交易所的目标市场是那些没有达到纽约证券交易所的更高标准但对愿意承担更多风险的投资者具有吸引力的小公司。[22] 通过选择在纽约证券交易所上市,公司可以将自己与声誉较差的公司区分开来。甚至在证券法要求季度披露之前,公众投资者就可以获得主要上市公司的季度收益数据。至少在SEC发布10-Q表格的十年前,价值线投资调查(Value Line Investment Survey)就以图表形式发布了约1000家公司的季度财务信息。投资者可查看1963年1月的那一期,找到从1957年年初到1962年年底

---

[17] See Exchange Encourages Interim Financial Reports, New York Stock Exchange Bulletin, Aug. 1939, at 2; See Gilbert W. Cooke, The Stock Markets 216 (1964).

[18] See, e. g., Stuart Banner, "The Origin of the New York Stock Exchange, 1791—1860," *J. Legal Stud.* 27 (1998): 113; Paul G. Mahoney, "The Exchange As Regulator," *Va. L. Rev.* 83 (1997): 1453, 1457; A. C. Pritchard, "Markets As Monitors: A Proposal to Replace Class Actions with Exchanges As Securities Fraud Enforcers," *Va. L. Rev.* 85 (1999): 925, 963-981.

[19] See generally Frank H. Easterbrook & Daniel R. Fischel, The Economic Structure Of Corporate Law (1996).

[20] See e. g., Richard W. Leftwich et al., "Voluntary Corporate Disclosure: The Case of Interim Reporting," *J. Acct. Res.* 19 (1981): 50, 52-54 (描述交易所披露要求的演变).

[21] See, e. g., Van Gemert v. Boeing Co., 520 F. 2d 1373, 1381 (1975) (在纽约证券交易所公开上市的美国投资带来了其可信赖性的隐性保证).

[22] See, e. g., Hillel Black, The Watchdogs Of Wall Street 223 (1962) (将美国证券交易所形容为"新公司的调味场"); Robert Sobel, The Curbstone Brokers 21-40 (1970) (描述交易所之间的竞争).

数百家上市公司的季度销售和每股收益信息表格。㉓ 因此,在短期主义成为问题的几十年前,许多上市公司就已经在发布季度业绩了。正如翔实文献记载的那样,从20世纪50年代到60年代,这段时期的特点是对企业管理者的极大尊重。㉔ 大型上市公司不受投资者的密切关注,它们觉得自己有权考虑所有公司利益相关者的利益,而不仅仅是股东利益。㉕ 他们(企业管理者)的眼光是长远的,而不是短期的。正如管理学大师彼得·德鲁在1954年所写的那样:"每一个基本的管理决策都是一项长期决策——在当今时代,十年是相当短的时间跨度。"㉖尽管许多上市公司向市场发布了季度收益报告,但它们并不觉得必须专注于短期业绩。

投资者对一家公司的收益进行长期评估,而不是只关注季度业绩。正如哥伦比亚大学教授本杰明·格雷厄姆(Benjamin Graham)在1973年出版的《聪明的投资者》中指出的那样,投资者比较关注过去相当长一段时间内的平均收益——通常是7到10年的"平均数字"……被认为比仅凭最近一年的结果更能说明公司的盈利能力。㉗ 因此,股市一度没有对上市公司施加压力,要求它们发布季度甚至年度业绩。即使在最初要求披露时,也有人怀疑季度披露是否传达了可靠的信息。当纽约证券交易所在1939年首次强制要求披露这些报告时,就警告说这些报告"不能代表最准确的估计",因为"在某些业务领域的公司看来,3个月的时间太短,无法准确或最终地估算成本"。㉘ 披露的准备工作需要一个不可避免的"判断因素","在季度报表中,这个因素必须成倍增加"。㉙ 由于对季度报告的可靠性缺乏信心,几十年来,季度报告一直未被视为一种准确衡量公司业绩的方法。因此,披露信息的频率本身不可能是公司短视行为的唯一原因。直到市场能够信任披露的信息,它们才成为判断上市公司业绩的基础。

2. 一致性和可靠性

随着时间的推移,SEC的监管规定影响了季度披露,使其最终可能成为评判公司业绩的主要标准。SEC并不打算创建一个迫使公司不断满足投资者期望的监管体系,但其保护投资者免受欺诈和促进市场效率的政策影响了上市公司经理的决策范围。至少在最初,联邦证券法并没有对交易所的信息披露实践进行实质性补充。主要的监管问题是证券的出售,特别是未经证实的业务。而后,SEC转向了规

㉓ See Value Line, Complete Overview: The Value Line Investment Survey 4 (1963).

㉔ See e. g., Jack B. Jacobs, "'Patient Capital': Can Delaware Corporate Lay Help Revive It?" *Wash. & Lee L. Rev.* 68 (2011): 1645, 1647 (在描述战后时期时,"几乎没有例外,没有人强迫公司管理层一个季度接一个季度地经营公司,以满足股票分析师或机构股东的期望,也很少有人通过威胁将他们赶下台来迫使他们管理短期事务").

㉕ See, e. g., Robert Aaron Gordon, Business Leadership in the Large Corporation xii (5th prtg. 1961) (注意到"维持令人满意的利润是对利润目标的更准确表述,而不是完全实现利润最大化").

㉖ Peter F. Drucker, The Practice of Management 88 (1954).

㉗ Benjamin Graham, The Intelligent Investor 172 (4th rev. ed. 1973).

㉘ Exchange Encourages Interim Financial Reports, supra note ⑰, at 2.

㉙ Ibid.

制上市公司披露的较为成熟做法,更加关注为上市公司股票设定价值的基于统一和可靠信息的二级市场交易。

　　SEC从20世纪40年代开始对证券市场进行的一系列研究发现,未在交易所交易的公司欺诈率较高,信息披露水平较低。[30] 直到1964年,这类场外交易公司甚至不受每年定期披露要求的约束。1934年《证券交易法》(Securities Exchange Act of 1934)要求额外信息披露,该要求最初仅适用于在证券交易所上市的公司。这种监管差距为监管套利创造了机会与条件。公司通过从证券交易所退市来规避监管,限制了证券交易所要求上市公司进行高质量披露的能力。[31] SEC监管定期信息披露的第一步是要求所有上市公司在信息披露方面保持一致,无论它们是否在证券交易所交易。1964年的《证券法》修正案将《证券交易法》的披露要求应用于任何超过投资者和资产最低门槛的公司。[32] 因此,那些可能没有资格在交易所上市或有意不上市以逃避监管的公司,现在要接受定期披露监管。通过消除监管套利的机会,SEC为增加报告频率奠定基础。直到1970年,SEC只要求上市公司每半年披露一次信息。[33] 正如该信息披露体系在1966年所描述的那样:"首先且最重要的是一份年度报告(对大多数发行人而言即为1934年法案背景下的10-K表格)……包含注册财务报表……其次,需要有一份包含一些未经认证的基本财务数据的半年度报告(9-K表格)。"[34]

　　SEC委员弗朗西斯·惠特(Francis Wheat)在对上市公司的信息披露实践进行广泛研究后发现,证券交易所要求的季度报告的质量参差不齐。[35] SEC立即采取行动规制季度信息披露,考虑了持续披露制度,并要求公司及时披露任何重要信息。但最终的结果是,该制度被拒绝采用,理由是其"过于繁琐,重复了主要证券交易所

---

[30] Joel Seligman, "The Historical Need for a Mandatory Corporate Disclosure System," *J. Corp. L.* 9 (1983): 1, 34–45 (描述SEC研究的结果).

[31] See SEC, Disclosure to Investors: A reappraisal of Administrative Policies under the '33 and '34 Acts 62 (1969) [后文简称其为 Wheat Report].

[32] Securities Acts Amendments of 1964, Pub. L. No. 88-467, 78 Stat. 565 (1964) (codified as amended at 15 U.S.C. 77d, 78c, 781-78o, 78o-3, 7 8p, 78t, 78w, 78ff (2012)).

[33] 从1945年到1953年,SEC要求上市公司季度披露销售和收入。See Notice of Proposed Adoption of Form 9-1K and Rules X-13A-13 and X-15D-13, Securities Act Release No. 33-3529, Exchange Act Release No. 34-5129 (Jan. 27, 1955). 最初要求按季度进行披露的尝试遭到了管理层的抵制,但分析师们表示,很难从企业获得季度销售信息。See Jeffrey N. Gordon, "The Rise of Independent Directors in the United States, 1950—2005: Of Shareholder Value and Stock Market Prices," *Stan. L. Rev.* 59 (2007): 1465, 1549 (citing 2 Louis Loss, Securities Regulation 809-57(2d ed. 1961)).

[34] Milton H. Cohen, "'Truth in Securities' Revisited," *Harv. L. Rev.* 79 (1966): 1340, 1356-1357; see also Adoption of Form 9-1K and Rules X-13A-13 and X-15D-13, Securities Act Release No. 33-3553, Exchange Act Release No. 34-5189 (June 23, 1955). In addition, companies were required to file interim disclosures on Form 8-1K for specified events. See Cohen, ibid, at 1357.

[35] Wheat Report, supra note [31], at 39 ("很明显(这些交易所的代表也承认),这些信息良莠不齐,有些甚至缺少关键内容"); See, Cohen, supra note [34], at 1363 (这种临时报告的内容没有任何细节规定,也不适用联邦法规的全面披露标准)

的及时披露政策"。㊱ 因此，它决定折中采用季度披露公司信息。值得注意的是，与之前半年一次的9-K报表披露不同，新的10-Q报表要求必须"按照公认的会计原则和惯例在一致的基础上准备"。㊲ 这些新的监管要求反映出投资者需求的变化，投资者基本上是在与上市公司谈判新合同。定期披露的增加与证券市场及其参与者的重大变化相一致。㊳ 机构投资者变得更加突出，其中一些机构投资者的交易频率高于散户投资者。寻求满足这类投资者的需求成为对SEC新政策的一种解释。除了统一监管之外，联邦监管部门还试图提高证券信息披露的可靠性。20世纪70年代以前，最重要的披露文件是公司出售证券时提交的注册声明。㊴ 该注册声明受1933《证券法》第11条的严格要求㊵，该条款禁止注册声明中的任何重大虚假陈述。相比之下，证券法最初对定期披露报告的要求并不高。㊶ 正如米尔顿·科恩(Milton Cohen)在《哈佛法律评论》上发表的一篇关于信息披露制度的著名文章中所写的那样，"1934年法案下的信息披露过程……根据1933年法案，似乎从来没有受到如此认真的对待，这很可能是由于所伴随的责任和制裁以及委员会程序的不同"㊷。

在20世纪70年代中期上市公司海外行贿丑闻浪潮爆发后㊸，美国国会质疑一家成熟的上市公司如何能够通过支付款项来赢得没有在财务报表中反映的国外业务。国会通过了一项法规，即1977年的《反海外腐败法》㊹，该法案要求上市公司的账簿和记录要"准确、公平"地描述公司交易。㊺ 它还要求上市公司有一个内部控制系统，以帮助确保其财务报表的可靠性。㊻ 这些新要求提高了人们对定期披

㊱ Proposal to Adopt Form 10-Q Report Pursuant to Section 13 or 15(d) of the Securities Exchange Act of 1934 and to Rescind Forms 8-1K and 9-1K under that Act, Exchange Act Release No. 34-8683 (Sept. 15, 1969).

㊲ Adoption of Form 10-Q, Rescission of Form 9-1K and Amendment of Rules 13a-13 and 15d-13, Securities Exchange Act Release No. 34-9004 (Oct. 28, 1970). There was no such requirement for Form 9-K. See Adoption of Form 9-1K and Rules X-13A-13 and X-15D-13, supra note ㉞.

㊳ See, e.g., William Mcchesney Martin, JR., The Securities Markets 44 (1971) (注意到市场的变化导致了"短期表现投机的意外综合征")。

㊴ Securities Act of 1933 5, 15 U.S.C. 77g (2012).

㊵ Ibid. 77k.

㊶ 例如，《惠特报告》表示，季度收益报表不会引发虚假陈述责任，因为它们报告的是对业绩的评估。

㊷ Cohen, supra note ㉞, at 1361; see also Gordon, supra note ㉝, at 1550 (指出SEC"试图将1934年法案的定期备案文件提升到与1933年法案注册声明一样的深度和力度")。他写道，当时还不清楚10b-5规则是否与上市公司就其当前状况达成了虚假陈述。See, e.g., Joseph v. Farnsworth Radio & Television Corp., 99 F. Supp. 701 (S.D.N.Y. 1951) (拒绝二级市场投资者因不知情而被公司欺骗的指控)。

㊸ See SEC, Report of the Securities and Exchange Commission on Questionable and Illegal Corporate Payments and Practices (1976).

㊹ Foreign Corrupt Practices Act of 1977, Pub. L. No. 95-213, 91 Stat. 1494 (codified as amended in scattered sections of 15 U.S.C.).

㊺ Securities Exchange Act of 1934 13(b)(2)(A), 15 U.S.C. 78j(b) (2012).

㊻ Ibid.

露(包括季度报告)准确性的期望。几十年后,在此基础上诞生的萨班斯—奥克斯利法案(Sarbanes-Oxley Act)要求公司每年对其内部控制的有效性进行评估和认证。㊼ 到 20 世纪 80 年代初,提交在 10-Q 表格上的季度报告在向市场提供统一披露方面取得了足够的成功,SEC 发现在向公众增资募股时,没有必要要求成熟的上市公司提交大量披露信息。㊽ 一家经验丰富的公司可以简单地让投资者查阅其定期报告,而不必提交完整的注册声明。这些信息本应被市场股价所反馈,从而无须重新申报。㊾ 如果没有符合准确标准的季度申报文件,投资者就更有可能需要更新作为公司年度 10-K 表格或上一次注册声明的一部分提交的信息。作为统一的规则,S-K㊿ 规则规定了披露要求,使 10-Q 表格和 10-1K 表格披露的信息等同于公司提交的首次注册声明中披露的信息。随着定期披露变得更加统一和可靠,投资者能够更好地评估公司的业绩。一个公司的当前盈利数据可以与以前的盈利进行比较,并在一定程度上保证两者都是使用相同的方法编制的。一家公司的财务报告也可以相对于类似公司的报告进行评估,从而使投资者获得更大的信心。市场可以有效地处理这些信息来评估公司的价值。

(二) 季度预测

到 20 世纪 70 年代末,季度披露已成为所有上市公司的既定要求,并符合可靠性的基本标准。又过了十年,产生季度业绩的压力才变得系统化。直到用于评估公司业绩的季度预测变得广泛传播和能被充分利用,公司才开始意识到有必要持续提供短期业绩。

1. 季度预测的出现

正如 Ronald Gilson 和雷尼尔·克拉克曼教授所称的那样,密切跟踪和评估上市公司的研究分析师是著名市场效率机制的重要组成部分。51 也如 SEC 和美国最高法院认可的那样52,分析师是对股市有效运作至关重要的关键信息处理器。研

㊼ Sarbanes-Oxley Act 404, Pub. L. No. 107-204, 116 Stat. 745 (codified in scattered sections of 11, 15, 18, 28, and 29 U.S.C.).

㊽ 相反,他们可以提交一份简短的注册声明,其中包括参考公司的定期报告。See Adoption of Integrated Disclosure System, Securities Act Release No. 6383, Exchange Act Release No. 18524 (Mar. 3, 1982); Shelf Registration, Securities Act Release No. 6499, Exchange Act Release No. 20384 (Nov. 17,1983).

㊾ 关于通过《证券交易法》提交的文件是否足够可靠,当时有不同的意见。此种意见分歧可从两篇文章中窥见,这两篇文章分别是: Barbara Ann Banoff, "Regulatory Subsidies, Efficient Markets, and Shelf Registration: An Analysis of Rule 415," *Va. L. Rev.* 70(1984): 135 (认为在一个有效的市场中,没有必要对季度报告进行尽职调查) 和 Merrtt B. Fox, "Shelf Registration, Integrated Disclosure and Underwriter Due Diligence: An Economic Analysis," *Va. L. Rev.* 70(1984): 1005 (认为尽职调查可能是必要的).

㊿ Reg. S-K, 17 C.F.R. 229.10-229.702.

51 Ronald J. Gilson & Reiner H. Kraakman, "The Mechanisms of Market Efficiency," *Va. L. Rev.* 70 (1984): 549.

52 See e.g., Dirks *v.* SEC, 463 U.S. 646, 658-659 (1983).

究分析师影响公司股价的一个重要方式是公布预测公司财务业绩的收益预测。[53] 从20世纪60年代开始,分析师们开始越来越多地从公司那里获取信息,以便更好地预测它们的收益。[54] 长期以来,大公司都有自己的内部预算和项目规划来管理自己的业务。[55] 随着时间的推移,这些项目规划转移到公司之外并不难。[56] 即使内幕交易的合法性越来越受到质疑,与市场预测有关的信息也经常被选择性地披露给分析师。[57] 在此期间,更多的公司也开始公开披露自己的预测。[58]

1971年,在西北大学举行的一次关于预测公开报告的会议上,零售商J. C. Penney的总裁描述了公司是如何发布预测的。1963年之前,J. C. Penney的业务相对简单,它"向分析师提供最基本的历史信息"。[59] 随着Penney业务开始扩张和多元化,该公司发现,"在缺少充分且令人满意的既往信息的情况下,分析师们很难对Penney的业务作出精准的评估"。[60] 因此,J. C. Penney开始基于内部预算进行预

---

[53] 虽然公司也可以发布自己的盈利预测,但相当一部分公司不发布。See e. g., Anne Beyer et al., "The Financial Reporting Environment: Review of the Recent Literature," J. Acct. & Econ. 50 (2010): 296, 313 (报告称,提供公共收益预测的公司比例从20世纪90年代中期的10%—15%上升到2004年的50%)。

[54] 甚至在上市公司兴起之前,预测就已经是商业的重要组成部分。See, e. g., Peterl. Bernstein, Against the Gods: The Remarkable Story of Risk 95 (1998)(注意到"长期以来预测——往好了说是浪费时间,往坏了说是罪过——在17世纪,对那些愿意冒险根据自己的设计塑造未来的企业家来说,成为了绝对必要的事情")。

[55] 根据商业历史学家阿尔弗雷德·钱德勒(Alfred D. Chandler)的记载,早在1906年,杜邦公司就系统地准备并使用内部预测,这些预测"定期与实际结果进行核对"。Alfred D. Chandler, JR., The Visible Hand: The Managerial Revolution in American Business 449 (1977). Companies like General Motors soon followed. Alfred D. Chandler, JR., Strategy and Structure: Chapters in the History of Industrial Enterprise 145-53 (2d prtg. 1963).

[56] 从某种意义上说,内部预测是经济学家所说的内部资本市场的一部分。See e. g., Jeremy C. Stein, "Internal Capital Markets and the Competition for Corporate Resources," J. Fin. 52 (1997): 111(评估内部资本市场有效时的状况)。当管理者对项目的监控比市场更好时,他们将资金分配给公司内最有前途的项目,而不是让外部投资者为这些项目提供资金,内部资本市场就会更有效率。See e. g., George G. Triantis, "Organizations As Internal Capital Markets: The Legal Boundaries of Firms, Collateral, and Trusts in Commercial and Charitable Enterprises," Harv. L. Rev. 117 (2004): 1102, 1105 (外部资本市场和内部资本市场的区别在于,前者通过合同在项目之间流动,后者通过权威或法令流动)。

[57] 1967年发表的一篇文章指出,尽管SEC禁止预测,"然而,公司官员经常面临经纪公司和投资银行作出的预测,并被要求确认这些数字。"Arthur Fleischer, Jr., "Corporate Disclosure/Insider Trading," Harv. Bus. Rev. 45 (1967): 129,134.

[58] See e. g., Homer Kripke, "The SEC, the Accountants, Some Myths and Some Realities," N. Y. U. L. Rev. 45 (1970): 1151,1199("专业人士通过非正式的新闻发布会以及分析师协会的演讲或新闻稿获得管理预测,这些预测构成了专业判断的基础"); James M. Patell, "Corporate Forecasts of Earnings Per Share and Stock Price Behavior: Empirical Tests," J. Acct. Res. 14 (1976): 246 (研究了1963年至1967年间各公司通过《华尔街日报》发布的336份自愿预测)。

[59] Kenneth S. Axelson, An Executive's Vies on the Forecasting of Earnings, in Public Reporting of Corporate Financial Forecasts, supra note [13], at 35, 35.

[60] Ibid.

测，(61)其中包括销售和收益预测，它们“仅仅是为了管理计划和控制目的而制定的”，但已经成为“外部报告目的的理想目标”。(62) 这些最初的预测通常是针对一家公司的年度收益，而不是季度收益。从 1967 年开始，标准普尔(Standard & Poor's)开始发行一份名为《收益预测》(Earnings forecasts)的周刊，列出了多位分析师对约 1000 家上市公司的预测。(63) 对于这些公司而言，收益预测师会报告最近一年的实际收益，以及未来两年的年度收益预测。到 1970 年 7 月，《收益预测》周刊中就有一个单独的板块分析先前所作的上涨或下调的预测是否准确。(64)

预测的出现与市场评估公司的方式发生变化密切相关，或许也反映了这种变化。最初的《联邦证券法》通过时，投资者主要关注的是对公司资产价值的评估。正如保罗 · 马奥尼(Paul Mahoney)教授所指出的那样，20 世纪 30 年代的国会主要关注的是那些发行股票的发起人，这些股票的担保资产被赋予了过高的价值。(65) 此外，直到 20 世纪 70 年代，会计原则都缺乏统一性，因此很难将盈利结果作为预测未来业绩的基础。(66)事实上，几十年来，财务报表并不是为了影响投资者的决策而产生的。(67) 预测出现之后，投资者明确地认识到，公司的股权价值是该公司未来收益的现值。正如一位评论员在谈到 20 世纪 50 年代末以电子产品和高科技产品为特征的牛市时所观察到的那样，投资者愿意根据预测为这些公司定价，而不是根据当前的收益或过去的表现。(68)《哈佛商业评论》(Harvard Business Review) 1972 年的一篇文章指出，当下出现了新的证券分析模型，从以资产负债表为导向的账面和清算价值方法来看，投资者几乎一致认为，普通股的价值——无论是从市盈率还是更复杂的概念来看——是股票未来收益的现值。(69)

随着经验丰富的投资者和分析师依赖这些模型来评估他们的投资价值(70)，信

---

(61) J. C. Penney 在 20 世纪 60 年代初开始编制系统的预算。See Isadore Barmash, Penney-Pinching: Budget Process Detailed and Long, N. Y. Times, Feb. 20, 1972, at Fl.

(62) Axelson, supra note ⑲, at 37.

(63) See Standard & Poor's, Earnings Forecaster (Jan. 6, 1967).

(64) See Standard & Poor's, Earnings Forecaster (July 3, 1970).

(65) Paul G. Mahoney, Wasting A Crisis: Why Securities Regulation Fails 46-48 (2015).

(66) See Ray Ball & Philip Brown, “An Empirical Evaluation of Accounting Income Numbers,” *J. Acct. Res.* 6(1968): 159, 160(观察到“由于会计缺乏一个包罗万象的理论框架，实践中的不同已经发生变化，所以，净收入是不同成分的总和。因此，它被认为是一个‘毫无意义’的数字，就像二十七张桌子和八把椅子的区别一样。”).

(67) See Jack L. Treynor, “The Trouble with Earnings,” *Fin. Anal. J.* 28 (1972): 41(向分析师提供信息并不总是财务会计的主要甚至次要目标，会计输出也不总是证券分析的主要输入).

(68) Robert Sobel, N. Y. S. E.: A History of the New York Stock Exchange, 1935—1975, at 235 (1975).

(69) See Henry B. Reiling & John C. Burton, “Financial Statements: Signposts As Well As Milestones,” *Harv. Bus. Rev.* 50 (1972): 45, 46.

(70) 到 20 世纪 60 年代末，职业经理人和研究分析师已经对证券价格的制定产生了影响。See Wheat Report, supra note ㉛, at 10.

息披露预测对他们在预测公司未来收益时变得更加有用。本杰明 · 格雷厄姆和戴维 · 多德对经典的《证券分析》(Security Analysis)文本的修订说明了预测在估值中的日益重要性。虽然 1940 年出版的第二版中没有关于收益预测的章节,但有一章是关于"收益记录的重要性"。(71) 从 1951 年出版的第三版开始,这一章的标题被改成了"收益和股息的预测"。(72) 在 1962 年出版的第四版中,这一章被大大扩充。(73) 上市公司越来越多地传播预测,这与 SEC 对未来披露信息的负面看法相矛盾。尽管 SEC 没有正式禁止预测,但它有一个禁止将预测纳入公司官方文件的长期政策。(74) 禁止公司在正式的 SEC 文件中纳入预测这一政策是基于这样一个假设:"SEC 总是被那些试图为公司预测未来收益的权威专家误导,因为他们认为投资者拥有事实上不存在的能力和权力。"(75)SEC 的立场与其保护投资者不受欺诈性骗局侵害的理念相一致,这些骗局往往依赖于对未来业绩的承诺,但成功的希望渺茫。随着分析师和成熟投资者普遍使用依赖于未来收益预测的估值模型,该立场开始显得不合时宜。(76) 对于在活跃市场交易的成熟上市公司来说,这样的预测似乎比没有运营历史的新公司更安全。

甚至在 SEC 要求进行季度披露之前,市场就已经开始严厉惩罚一些未能达到市场预期的公司。例如,在 20 世纪 60 年代末,当著名的企业集团利顿工业公司宣布它的季度收益将低于前一年的收益时,有一个显著的市场负面反应被广泛注意到。(77) 这些大型上市公司的收益持续增长,部分原因是它们高超的管理能力和明智的持股多样化策略,而这一失败"被投资者认为意味着利顿——所有现代管理的象征——确实面临着严重的管理不足问题"(78)。

---

(71) Benjamin Graham & David L. Dodd, Security Analysis: Principles and Techniques 472 (2d ed. 1940).

(72) Benjamin Graham & David L. Dodd, Security Analysis: Principles and Techniques 412 (3d ed. 1951).

(73) Benjamin Graham & David L. Dodd, Security Analysis: Principles and Techniques 450 (4th ed. 1962).

(74) 正如哈佛大学法学院教授 Victor Brudney 所解释的那样,"委员会的反对意见在发布的警告和在特定案件中的意见中表达得比在《证券法》下的任何一般禁止性法规中更多"。Victor Brudney, "A Note on Materaliy and Soft Information Under the Federal Securities Las," *Va. L. Rev.* 75(1989):753, n.80.

(75) Harry Heller, "Disclosure Requirements Under Federal Securities Regulation," *Bus. Law.* 16 (1961): 300, 307; See also Patell, supra note (58) (describing debate about the usefulness of forecasts).

(76) 到 1969 年,《惠特报告》(Wheat Report)得出结论称,研究分析师"从事的行业是根据销售和收益预测来估计证券的当前和未来价值"。该报告因此得出结论:"大多数投资决策基本上是基于对未来收益的估计。"Wheat Report, supra note ㉛, at 95.

(77) See John Brooks, The Go-Go Years: The Drama and Crashing Finale of Wall Street's Bullish 60S, at 181 (1999); William S. Rukeyser, Litton Down to Earth, Fortune, Apr. 1968, at 139. 20 世纪 60 年代,其他公司因未能达到市场预期而遭受负面股价反应。See e. g., Fin. Indus. Fund, Inc. *v.* McDonnell Douglas Corp., 474 F. 2d 514, 515 (10th Cir. 1973)(注意到麦克唐奈 · 道格拉斯(McDonnell Douglas)公布的半年度收益明显低于预期后,其股价大幅下跌).

(78) William S. Rukeyser, Litton Don to Earth, in The Conglomerate Commotion 109,110 (1970).

虽然最初分析师发布年度收益预测是常态,但最终的结果是分析师发布季度业绩预测已成为常态。⑦⑨ 机构经纪人评估系统,也被称为I/B/E/S系统,从1984年开始通过计算机数据库编制分析师季度预测。⑧⓪ 20世纪80年代末,一位研究分析师在杂志简介中指出,她的"经常性任务是预测三个月的每股利润增长量"⑧①。就在季度预测变得更加普遍的时候,一位记者报道说,共同基金巨头富达(Fidelity)一直到20世纪80年代末都没有太强调要实现特定的预测。⑧② 在此期间,他从未听到任何分析师指出一家公司的业绩"超出预期",或询问这家公司能否"实现本季度业绩"⑧③。20世纪90年代初,随着金融数据公司开始更系统地编制和传播通用的收益预测⑧④,它们成为评估上市公司业绩的一种简单的启发式方法。⑧⑤ 有证据表明,到20世纪90年代中期,投资者开始奖励那些达到季度收益预期的公司。⑧⑥ 随着预测变得越来越重要,公司有更大的动力去满足它们。一项研究发现,一家公司实现季度预测的概率从1985年的40%上升到1997年的70%。⑧⑦

2. SEC对预测的支持

---

⑦⑨ 即使是对年度收益的预测,也有人担心预测会鼓励短期交易。See, e. g., William S. Gray Ⅲ, FAF Special Comm. on Corp. Forecasts, Proposals by the Federation for Sstematic Disclosure of Corporate Forecasts, in Disclosure of Corporate Forecasts to the Investor 1, 70 (Financial Analysts Federation, ed. 1973) ("投资者中有相当多的人认为,管理层的预测越频繁,就越倾向于强调短期交易。");Prem Prakash & Alfred Rappaport, Snthesis of Discussion Public Reporting of Corporate Financial Forecasts:SomePerspectives, in Public Reporting of Corporate Financial Forecasts, supra note ⑬, at 189, 191 (他指出,有一种风险是"对一年收益的预测会推动短期市场交易,而不是着眼于长期前景的投资")。

⑧⓪ See e. g., Douglas J. Skinner & Richard G. Sloan, "Earnings Surprises, Growth Expectations, and Stock Returns or Don't Let an Earnings Torpedo Sink Your Portfolio," *Rev. Acct. Stud.* 7 (2002):289, 294 (使用从1984年开始的I/B/E/S季度数据)。该机构从1972年开始编制预测。See Samuel S. Stewart, Jr., Research Report on Corporate Forecasts, in Disclosure of Corporate Forecasts to The Investor, supra note ⑦⑨, at 75, 126.

⑧① Joseph Nocera, Picking the Winners, N. Y. Times Mag., Sept. 20, 1987, at 26, 30; See, Michael C. Jensen, Takeovers:Their Causes and Consequences, 2 J. ECON. PERSP. 21, 26 (1988) (注意"重大…企业在季度与季度之间产生高当期收益的压力")。

⑧② Joseph Nocera, The Trouble nith the Consensus Estimate, Money, June 1998, at 59, 59-60.

⑧③ Ibid.

⑧④ See, e. g., id. (描述First Call公司如何在1990年开始通过电子方式传播投影);See Alex Berenson, The Number:How The Drive For Quarterly Earnings Corrupted Wall Street and Corporate America 167 (2003) (发现《华尔街日报》中提到"共识""估计"和"收入"的文章在1989年至1994年间增加了两倍,在1994年至1999年间增加了十倍)。

⑧⑤ 满足预期只是市场在评估业绩时可以考虑的众多潜在门槛之一。一项研究描述了三个这样的门槛:(1) 保持最近的表现;(2) 符合分析师预测;(3) 报告利润。有证据表明,第三个门槛是最重要的。See Francois Degeorge et al., "Earnings Management to Exceed Thresholds," *J. Bus.* 72 (1999):1.

⑧⑥ 布朗和凯勒教授记录了1984年至2002年发布的季度收益报告的影响。他们得出的结论是:"自20世纪90年代中期以来,投资者明确地回报了……公司……报告季度收益符合…分析师的估计……"Lawrence D. Brown & Marcus L. Caylor, "A Temporal Analysis of Quarterly Earnings Thresholds:Propensities and Valuation Consequences," *Acct. Rev.* 80(2005):423,425.

⑧⑦ Dawn A. Matsumoto, "Management's Incentives to Avoid Negative Earnings Surprises," *Acct. Rev.* 77(2002):483,488.

证券法对公司盈利预测的影响并不明显。如前所述,季度预测源于市场实践,而非政府监管。尽管 SEC 在申报文件中不再禁止盈利预测,但它从未要求上市公司发布盈利预测。然而,SEC 的政策往往支持当前强调满足此类预测的体系。

到 20 世纪 70 年代末,根据信息披露咨询委员会的建议,SEC 改变了其不鼓励公司预测的政策,其中部分原因是预测已经被广泛使用。[88] 新政策的一个重要动机是让公众投资者能够获得公司私下向分析师和所选择的投资者发布的预测。[89] SEC 改变政策的另一个理由是,随着公司在制定内部预算方面越来越成熟,人们越来越相信预测是可靠的。[90] SEC 不仅撤销禁令,还积极鼓励公司发布前瞻性声明。[91] 20 世纪 70 年代末,SEC 通过了安全港规则,为发行书面预测的公司提供保护,使其免于承担证券欺诈责任。[92] 这个"安全港"旨在解决企业担忧,即如果它们发布预测,但未能满足预期,投资者将对它们提起诉讼,从而蒙受损失。

这个最初的安全港规则并没有成功,因为它只对善意和有合理基础的预测提供保护。它也只适用于 SEC 文件中包含的官方预测。随着公司越来越多地发布预测,私人集体诉讼当事人通常会起诉未能满足季度预测后股价大幅下跌的公司,并辩称这些预测没有合理的依据。[93] 一项研究报告显示,从 1990 年 1 月到 1993 年 12 月,40%的证券诉讼案件声称被告没有达到预期。[94] 因此,公司声称公开发布预测的风险太大。[95]

此类私人诉讼破坏了 SEC 鼓励公司披露预测的政策,并造成了证券集体诉讼的观念创新。尽管 SEC 经常将私人证券诉讼视为其保护投资者使命的补充,但它支持通过联邦立法,限制对未能满足预期的诉讼。基于 SEC 支持的部分原因,国会

---

[88] See Report of the Advisory Committee on Corporate Disclosure to the Securities and Exchange Commission D-14 (Nov. 3,1977). 值得注意的是,沃伦・巴菲特和马丁・利普顿(Martin Lipton)都是该委员会的成员。See, Benoit, supra note ③; Dimon & Buffett, supra note ③.

[89] See e. g., Joel Seligman, "The SEC's Unfinished Soft Information Revolution," *Fordham L. Rev.* 63 (1995):1953,1956(注意到有人认为,通过禁止披露盈利预测,(SEC)使一种差异披露形式得以延续).

[90] See John C. Burton, Forecasts: A Changing Vien From the Securities and Exchange Commission, in Public Reporting of Corporate Financial Forecasts, supra note ⑬, at 81, 84-85(注意到,当 SEC 最初禁止预测时,公司预算还没有发展到现在的水平,但从那时起,"整整一代经理已经习惯于使用预算作为管理控制的主要工具").

[91] See Guides for Disclosure of Projections of Future Economic Performance, Securities Act Release No. 5992, Exchange Act Release No. 15305 (Nov. 7, 1978)("鼓励公司披露管理计划……无论是否包含在委员会的文件中").

[92] Safe Harbor Rule for Projections, Securities Act Release No. 6084 (June 25,1979) (adopting 17 C. F. R. 230.175(c), 240.3b-6).

[93] Safe Harbor for Forward-Looking Statements, Securities Act Release No. 7101, 57 SEC Docket 1999, at 16 (Oct. 13, 1994).

[94] See James D. Beck & Sanjai Bhagat, "Shareholder Litigation: Share Price Movements, News Releases, and Settlement Amounts," *Managerial & Decision Econ.* 18 (1997): 563.

[95] J. Carter Bebse, Jr., Non It's SEC vs. the Laers, Wall St. J., Oct. 28, 1994, at A16.

在1995年通过了《私人证券诉讼改革法案》(PSLRA)[96],该法案包含一个广泛的安全港规则,不仅适用于SEC文件中的预测,也适用于通过演讲或新闻稿等非正规途径发布的预测。[97] 它大大提高了责任标准,要求只有明知预测是错误时,公司才根据规则10b-5承担责任。即使一个预测是故意错误的,如果它与有意义的警告语言相结合,这个预测也不会成为规则10b-5责任的基础。[98]

(三) 现代季度报告系统

到20世纪90年代末,季度报告制度无疑对上市公司的行为产生了重大影响。在1998年的一次著名演讲中,SEC主席亚瑟·莱维特强调了一种被其称为"数字游戏"的存在,即公司会通过谎报少量的收益来达到他们的盈利预期。[99] 公司这样做是为了避免由于没有达到预期而引起市场负面反应。到目前为止,季度预测已产生足够大的压力,以至于许多公司感到有必要作假,以制造符合预期的假象。

可以理解,SEC会从保护投资者的角度来看待这个问题。SEC关注的是,公司通过制造它们符合预期的假象来误导投资者,故简单的解决办法是让信息披露更加准确。但SEC没有认真考虑满足季度预测的需求是上市公司面临压力问题来源的可能性。因此,SEC加大了季度报告制度的力度,其立场是公司必须极其精确地向投资者报告季度业绩。多年前,审计人员是在这样一种假设下开展工作的:一些会计问题只对公司业绩有很小的影响,对投资者来说并不重要。[100] 他们采用了一条明线规则,即如果收益误差对公司收益的影响不足5%,那么对投资者来说就不会产生重大影响。[101] 一些公司滥用这一规则,以证明为达到季度预测而作出的客观上错误的会计决策是正确的。[102] 在莱维特发表"数字游戏"演讲后不久,SEC就开始要求审计师采用一种模糊的多因素测试来评估潜在错报的重要性。即使是很小的错误,如果它"掩盖了未能达到分析师的普遍预期"这一事实,或出于"管理"

---

[96] Private Securities Litigation Reform Act of 1995, Pub. L. No. 104-67, 109 Stat. 737 (codified as amended at 15 U. S. C. 78u-4 (2010)).

[97] See 15 U. S. C. 77z-2, 78u-5 (2012).

[98] 有证据表明,安全港规则通过后,越来越多的公司开始发布前瞻性声明。See Marilyn F. Johnson, et al., "The Impact of Securities Ligation Reform on the Disclosure of Forward-Looking Information by High Technology Firms," *J. Acct. Res.* 39 (2001): 297.

[99] Arthur Levitt, Chairman, SEC, Remarks at NYU Center for Law and Business: The "Numbers Game" (Sept. 28, 1998) (transcript available at https://www.sec.gov/news/speech/speecharchive/1998/spch220.txt).

[100] See Paul S. Atkins, Comm'r, SEC, Remarks Before the American Institute of Certified Public Accountants (Dec. 5, 2005) (transcript available at https://www.sec.gov/news/speech/spch120505psa.htm) (criticizing SAB-99).

[101] SEC Staff Accounting Bulletin No. 99, 17 CFR Part 211 (Aug. 1999) (描述了一条"经验法则",即"在没有特别恶劣情况的情况下,错报或遗漏低于5%的项目并不重要……").

[102] See James J. Park, "Assessing the Materiality of Financial Misstatements," *J. CoRP. L.* 34 (2009): 513, 524-526.

所报告的收益之目的,那么该错误也可能是重大的错误。[103] 除了解决季度报告的准确性问题外,SEC 还试图改革公司传播其是否符合市场预期信息的程序。选择性披露不仅能让分析师作出准确的预测,还能让受青睐的投资者了解一家公司是会实现预测,还是会错过预测。SEC 试图通过规定公平信息披露规则(FD)实现公平竞争[104],要求充分披露公司传达给分析师的重要信息。SEC 这样做,使得企业更难通过后门渠道来制定季度预测。

在安然和世通轰然倒塌后,季度披露变得更加繁重。两家公司都作出了会计欺诈行为以达到季度预测。与 SEC 一样,国会认为这是一个投资者保护问题,可以通过提高上市公司内部控制的准确性来解决。由此产生的萨班斯—奥克斯利法案要求上市公司投入大量资源,以确保定期报告的完整性。仅从保护投资者的角度来看,努力提高季度披露的准确性是可取的。然而,当把这个问题扩大到考虑短期主义问题时,这些努力可以说是强化了一个可能存在缺陷的体系。现在 SEC 的政策主要关注与披露监管相关的问题,而没有充分考虑应监管季度预测的可能性。

二、季度报告制度和短期主义

20 世纪 70 年代,现代季度报告体系出现,恰逢公司目的理论发生了更广泛的转变。[105] 管理者照顾公司利益相关者的利益这一观念让位于股东至上主义,即管理者期望股东财富最大化。随着信息披露变得更加统一和可靠,预测成为评判公司业绩的公认方式,越来越多的人期望上市公司提供短期业绩。高管薪酬方案的变化和维权投资者的崛起等其他发展也影响了管理层的激励,但季度报告制度的影响力尤其大,因为它从根本上要求上市公司管理其短期业绩。此外,季度报告体系影响了投资者,许多投资者的交易策略都是基于预测一家公司是否达到季度预期而作出的。虽然季度报告制度不是短期主义的唯一原因,其对企业行为的确切影响尚不清楚,但它着实是一个重要的因素。

(一) 公司

与对冲基金激进主义的审查相比,季度报告制度并没有给企业带来采取激进措施的巨大压力。尽管季报的影响力不如代理权争夺,但它涵盖的上市公司范围

---

[103] SEC Staff Accounting Bulletin No. 99, supra note [101].
[104] 17 C. F. R. 243 (2019).
[105] See, e. g. , Lynn Stout, The Shareholder Value Myth: How Putting Shareholders First Harms Investors, Corporations, and the Public 18-19 (2012) (股东至上的起源可以追溯到 20 世纪 70 年代)。

要比少数几家受到大股东斗争影响的上市公司广泛得多。⑩⑥虽然不清楚披露的频率是否显著助长了短期主义,但有一种情况是,满足预测的压力可能导致企业强调短期利益,在某些情况下会破坏长期价值。

1. 季度披露

当公司被要求更频繁地披露业绩时,它们必须注意在更长的时期内比披露频率更低时产生强劲业绩。在年度披露中,一家公司只需要每年公布一次其利润相对于前一时期已经增长或至少保持稳定的事实。但伴随季度披露,市场每年将做出四次这样的公布。因此,管理人员将有动力表现出他们的业绩在每个季度都在提高。然而当他们只需要在一年或半年的基础上表现出改善时,他们的策略就会有所不同。因此,一些经济学家提出了这样的理论:更频繁的信息披露会促使人们选择那些快速产生盈利的项目,而不是随着时间的推移产生盈利的项目。⑩⑦如果这类项目创造的价值低于公司披露频率较低时所选择的项目,那么季度披露授权可能会降低公司价值。⑩⑧但是,只有当市场发现很难评估公司项目的价值时,季度披露要求才会实质性地影响公司的决策。在有效市场中,公司业绩的短期波动不应严重影响公司的股价。⑩⑨当市场无法充分评估一个项目时,管理者可以通过向投资者发送项目正在成功的可信信号来说服他们相信项目的价值。⑪⑩随着公司规

---

⑩⑥ 最近的一份报告发现,从 2014 年到 2018 年,平均每年有 272 家公司受到公众维权运动的影响。这些干预中只有 56 项涉及代理环境。See Sullivan & Cromwell, Review and Analysis of 2018 Shareholder Activism 26 (2019), https://www.sullcrom.com/files/upload/SC-Publication-SandC-MnA-2018-US-Shareholder-Activism-Analysis.pdf. 此外,并非所有此类活动都要求企业采取行动提高短期回报。See, ibid., at 27.

⑩⑦ Frank Gigler et al., "How Frequent Financial Reporting Can Cause Managerial Short-Termism: An Analysis of the Costs and Benefits of Increasing Reporting Frequency," *J. Acct. Res.* 52 (2014): 357 (注意到更频繁的披露会增加短期主义的风险,但也会阻止对破坏价值项目的投资).

⑩⑧ 此外,季度披露可能会占用管理层的时间。See, e.g., Lawrence H. Summers & Victoria P. Summers, "When Financial Markets Work Too Well: A Cautious Case for a Securities Transactions Tax," *J. Fin. Serv. Res.* 3 (1989): 163, 173 ("美国大公司的首席执行官每个季度花一周或更长时间向证券分析师讲述公司的故事,这并不罕见")。然而,这些努力也将为发行人和投资者带来好处。

⑩⑨ See, e.g., Henry T. C. Hu, "Risk, Time, and Fiduciary Principles in Corporate Investment," *Ucla L. Rev.* 38 (1990): 277, 336-339 (认为有效市场不会导致管理层短视); Jeremy C. Stein, "Efficient Capital Markets, Inefficient Firms: A Model of Myopic Corporate Behavior," *Q. J. Econ.* 104 (1989): 655 (注意到有效市场认为,"由于市场不太可能被虚高的利润系统性地愚弄,管理层只有采取不符合公司最佳长期利益的行动,才会压低股价")。

⑪⑩ See, e.g., Stein, supra note ⑩⑨, at 657; See, M.P. Narayanan, "Managerial Incentives for Short Term Results," *J. Fin.* (1985) 40: 1469 (表明管理者有动机提高短期业绩,因为他们的能力难以评估)。

模越来越大、经营越来越复杂,投资者对它们的评估变得尤其困难。⑪ 投资者发现,依靠简单的启发法来简化复杂性是很有用的。⑫

公司经理在季度基础上持续改善业绩的能力为投资者提供了一个保证,即一个项目正在创造价值。有重要证据表明,市场更喜欢平稳的收益,而不是波动的收益。⑬ 随着市场估值越来越基于对未来业绩的投机性预测,管理层持续发布季度业绩的能力为这种业绩的延续提供了保证。虽然基金经理可以在每年的年度报告的基础上展示这种能力,但强劲的季度业绩可以让投资者更加相信高市值是有必要的。公司可能会认为,如果他们没有提供稳定的收益,他们将受到市场的不公平惩罚,并面临激进投资者的干预。⑭

即使季度报告制度创造了对短期管理的激励,问题是短期主义是否会对许多公司产生重大影响。⑮ 事实上,一些上市公司基本上不受季度报告制度的影响。一家公司可能非常成功,可以轻松地实现一个又一个季度的持续盈利增长。⑯ 其他公司将令人信服的长期战略与市场主导地位结合起来,让投资者相信,即使没有立即盈利,高估值也是合理的。占主导地位的公司不会去做那些单调乏味的季度报告。研究分析师没有跟进的不那么成功的公司,几乎没有动力管理季度业绩。

但仍存在一些实证数据上的问题需要解决,报告频率是否导致如降低公司投资这类可疑的短期决策。⑰ Kraft、Vashishtha 和 Venkatachalam 教授的一项研究发现,从 1950 年到 1970 年,那些被要求增加信息披露频率的公司的固定资产投资减

---

⑪ See, e. g., Margaret M. Blair & Steven M. H. Wallman, Unseen Wealth: Report of the Brookings Task Force on Intangibles 25-28 (2001)(描述无形资产评估的难度); George S. Georgiev, "Too Big to Disclose: Firm Size and Materiality Blindspots in Securities Regulation," *Ucla L. Rev.* 64 (2017): 602 (注意到重要性标准允许大公司限制信息披露); Jonathan R. Macey, "A Pox on Both Your Houses: Enron, Sarbanes-Oxley and the Debate Concerning the Relative Efficacy of Mandatory Versus Enabling Rules," *Wash. U. L. Q.* 81 (2003): 329 (注意到市场无法充分分析和解释有关安然的信息).

⑫ See e. g., Amos Tversky & Daniel Kahneman, "Judgment Under Uncertainty: Heuristics and Biases," *Sci.* 185 (1974): 1124 (观察到"人们依赖有限数量的启发式原则,将评估概率和预测价值的复杂任务简化为简单的判断操作")。例如,尽管信用评级存在许多缺陷,但投资者仍继续依赖它们。See e. g., Frank Partnoy, "What's (Still) Wrong with Credit Ratings?" *Wash. L. Rev.* 92 (2017): 1407, 1424 (注意到对信用评级的持续"机械依赖").

⑬ See, e. g., Degeorge et al., supra note ⑧, at 6-7 (发现盈利门槛对投资者心理上很重要); Alfred Rappaport, "The Economics of Short-Term Performance Obsession," *Fin. Analysts J.* 61 (2005): 65 ("股价对盈利意外的巨大反应表明,燃料价格变化影响的是短期收益,而不是长期现金流前景").

⑭ See e. g., "Thomas Lee Hazen, The Short-Term/Long-Term Dichotomy and Investment Theory: Implications for Securities Market Regulation and for Corporate Law," *N. C. L. Rev.* 70 (1991): 137, 142 (他指出,"目前许多经理人对短期收益结果的痴迷,部分原因是他们认为金融市场倾向于'折价'股票,容易被收购"); Schwartz, supra note ⑥ (认为对冲基金利用信息披露向公司施压).

⑮ 即使是那些对短期主义影响持怀疑态度的人也承认,它可能会影响到一些公司。See, e. g., Roe, supra note ⑩, at 100.

⑯ 即使是那些持续盈利的公司,如果他们没有实现预期的大幅增长,也会受到预期的压力。

⑰ 也有证据表明,简单地上市会使公司承受相对于私营公司的投资更少的压力。See John Asker et al., "Corporate Investment and Stock Market Listing: A Puzzle?" *Rev. Fin. Stud.* 28 (2015) 342.

少了1.5%—1.9%[118]。他们比较了那些新被要求增加信息披露的公司和那些报告要求保持不变的公司。这项研究的一个重要局限性是,由于缺乏这段时期的数据,它没有衡量研发支出是否下降。另一个问题是,这一时期的市场是否与今天的市场具有可比性。1975年以前的交易成本较高,这意味着市场对投资明显大幅削减的反应效率较低。有两项研究考察了欧盟经验,欧盟在2004年规定了有限的季度披露,但在2013年取消了这一规定。[119] Pozen、Nallareddy和Rajgopal教授共同撰写的一份报告表明,在欧盟授权之后被迫发布季度信息的英国公司,相对于在欧盟授权之前自愿发布季度信息的英国公司,其投资没有显著变化。[120]然而,由于英国没有要求将财务业绩包括在公司季度披露[121]中,这项政策没有建立统一的激励机制来证明财务业绩的改善。[122] Ernstberger、Link、Stich和Vogler教授的第二项研究发现,欧盟中新的受季度披露要求约束的公司相对于那些在欧盟规定之前就受披露要求约束的公司而言,其实际资产管理有所增加。[123]他们根据生产过剩和削减可自由支配开支来评估实体资产管理。然而,他们没有考察公司投资水平是否下降。[124]此外,作者承认:"他们发现的影响比其他研究记录的其他事件的影响要小得多。"[125]虽然有一个理论案例表明更频繁的定期披露会影响经理激励,但经验证据并没有明确证明增加披露频率会显著影响公司行为。[126]由于在披露要求上的变化很少发生,因此检验增加定期申报的数量会显著促进短期主义这一假设是困难的。

2. 季度预测

---

[118] See Arthur G. Kraft et al., Frequent Financial Reporting and Managerial Myopia, 93 ACCT. REv. 249, 260-61 (2018).

[119] 目前,欧盟只要求每半年提交一次报告。See Council Directive 2013/50, 2013 OJ. (L 294) 13 (EC). 另一方面,与美国不同,欧盟还要求持续披露,要求立即向投资者披露重要信息。Council Regulation 596/2014, art. 17(1), 2014 O.J. (L 173) 34. 因此,欧盟在季度披露方面的经验是否能提供给美国季度披露方面的信息尚不完全清楚。

[120] See Robert Pozen et al., Impact of Reporting Frequency on UK Public Companies, CFA Instit. Res. Found. Briefs 6 (2017).

[121] 此外,英国研究分析师的压力要小于美国。See e. g., Kay, supra note [12], at 64(他指出,"盈余管理和盈余指引的功能失调过程尚未达到美国的规模")。

[122] 在这一季度规定被取消后,大多数公司继续自愿发布季度披露。See Owen Walker, The Long and Short of the Quarterly Reports Controversy, Fin. Times (July 1, 2018), https://www.ft.com/content/e61046bc-7a2e-11e8-8e67-1e1a0846c475.

[123] See Jurgen Ernstberger et al., "The Real Effects of Mandatory Quarterly Reporting," Acct. Rev. 92 (2017): 33, 51-54.

[124] See, e. g, Kraft et al., supra note [118], at 251.

[125] Ernstberger et al., supra note [123], at 56.

[126] 即使季度披露与投资减少之间存在联系,但这种趋势还有其他可能更为重要的原因。See, e. g., Robert C. Pozen & Mark Roe, Keep Quarterly Reporting, CO. Com (Aug. 27, 2018), http://ww2.cfo.com/regulation/2018/08/keep-quarterly-reporting/("把资本支出减少归咎于季度股市报告是错误的。还有一些是操作因素,比如资本较少、技术导向型经济体的转移;亚洲制造业的崛起;以及直到最近依然持续的整体经济的疲软")。

至少,季度预测放大了季度披露激励短期主义的趋势。尽管管理层即使不需要达到分析师的预期,也会有增加收益的动机,但预测会给出市场预期的精确数字。这种精确度反映了未来收益的广泛模型,当未能达到季度预期需要重新考虑一系列预期收益时,这种模型就会被拆解。还有一种说法是,预测是短期主义的主要驱动因素。即使季度披露频率减少,如果根据一项预测评价半年或年度报告,就会产生满足这项预测的压力。有大量证据表明,预测影响管理决策。一项经常被引用的 2005 年对首席财务官的调查发现,"80% 的调查参与者表示,他们会减少研发、广告和维护方面的可自由支配开支,以达到盈利目标"。[127] 此外,"超过一半(55.3%)的人表示,他们会推迟启动一个新项目,以达到盈利目标,即使这样的推迟会导致价值的微小牺牲"。[128] 因为"盈利的可预测性是首席财务官们最关心的问题……78% 的受访高管愿意放弃经济价值,以换取平稳的收入"。[129]

即使许多上市公司为了达到预期而作出了有问题的决定,但问题是这些操纵是否具有重大意义。2005 年的研究并没有记录假设操纵的规模,只是证明了一种为了"微小的价值牺牲"而推迟项目的意愿。市场会对明显损害长期价值的决定作出反应。例如,如果一家公司为了满足季度预期而大幅削减研发支出,那么它的股价就会下跌,因为市场意识到这牺牲了它的长期增长。[130] 即使操纵不那么明显,也很难永远隐藏那些显著降低公司价值的决策。一项研究表明,随着时间的推移,借助低质量决策而达到预期收益的公司在市场上的表现也远逊于其他公司。[131] 如果预测值高得不现实,那么它最有可能导致低效的行为。迈克尔·詹森(Michael Jensen)教授认为,不合理的高股本估值会在管理层努力满足不可能实现的期望时产生代理成本。[132] 在这样做的过程中,他们可能会做出鲁莽的行为,一旦被发现就会破坏公司的信心。最初,基于对未来业绩将会改善的真正乐观情绪,为实

---

[127] John R. Graham et al., "The Economic Implications of Corporate Financial Reporting," *J. Acct. & Econ.* 40 (2005): 3, 32-35.

[128] Ibid., at 5. 另一个问题是满足季度预测的重要性使管理人员难以考虑利益相关者的利益。削减可能使工人受益或减少公司政策对环境影响的资源,可以促进季度预测的实现。

[129] Ibid.; See Sugata Roychowdhury, "Earnings Management Through Real Activities Manipulation," *J. Acct. & Econ.* 42 (2006): 335, 336 (寻找证据表明管理者操纵财务结果以避免年度损失).

[130] 另一方面,有证据表明短期压力会导致研发支出减少。See e. g., John C. Coffee, Jr. & Darius Palia, "The Wolf at the Door: The Impact of Hedge Fund Activism on Corporate Governance," *J. Corp. L.* 41 (2016): 545, 574-577 (总结性研究).

[131] See e. g., Sanjeev Bhojraj et al., "Making Sense of Cents: An Examination of Firms That Marginally Miss or Beat Analyst Forecasts," *J. Fin.* 64 (2009): 2361, 2363-2364 (发现在 1988 年到 2006 年期间,符合预期的低质量收益的公司在长期内的表现低于市场平均表现).

[132] Michael C. Jensen, "Agency Costs of Overvalued Equity," *Fin. Mgmt.* 34: 5, 8-10 (2005) (描述股权高估值对管理层的压力).

现不现实的预测而进行的操纵可能很小。[133] 然而,每一次操作都使其更难满足未来的预测。[134] 然后,管理层可能会采取欺诈行为,以推迟披露早先的操纵行为。如果利润缺口太大而无法隐瞒,并被曝光,公司的股价将崩溃。从上世纪90年代末开始,安然和世通等公司的许多臭名昭著的证券欺诈案之所以发生,都是为了给人一种公司一直都能达到季度预测的印象。[135]

  然而,目前尚不清楚公司是否经常面临不切实际的预测。面对市场判断,管理层并非束手无策。公司可以控制期望值,使其更加现实。一些公司积极而公开地向分析师发布自己的预测和指导,以避免意外的收益不足。[136] 其他人则更低调,在与分析师的私人会议上谨慎地泄露信息,分析师将这些信息纳入报告和预测中。管理者可以调节期望值,以便达到或超过期望值。[137] 不过,一些公司不希望纠正不切实际的预测,或者没有这样做的良好判断力。他们可能会助长乐观情绪,导致他们的股票价值高得不切实际,因为他们受到公司文化的影响,或者有个人动机来提

---

[133] See, e. g., Donald C. Langevoort, Selling Hope, Selling Risk: Corporations, Wall Street, and the Dilemmas of Investor Protection 35-37 (2016)(描述"滑坡欺诈"); Baruch Lev, "Corporate Earnings: Facts and Fiction," J. Econ. Persp. 17 (2003): 27, 36(观察到"操纵收益的更常见原因是永远是乐观主义者的经理们,正在努力'渡过难关'——也就是说,在更好的时机到来之前,以充足的资金和客户/供应商的支持继续运营")。

[134] 除了为欺诈创造诱因之外,满足期望的压力会导致低效行为。See, e. g., Jensen, supra note [132], at 10("为了看起来满足增长预期,使用被高估的股权进行损害长期价值的收购;使用廉价债务和股权资本来进行内部过度的支出和市场认为会产生价值的有风险的负净现值投资……")。

[135] Second Amended Complaint 15, Sec. & Exch. Comm'n v. Lay, Civ. No. H-04-0284 (S. D. Tex. July 8, 2004), https://www.sec.gov/ltigation/complaints/comp18776.pdf (注意到欺诈的动机是"达到或超过预测安然报告中行业分析师公布的每股收益和其他结果的预期"); First Amended Complaint 3, Sec. & Exch. Comm'n v. WorldCom, Inc., Civ. No. 02-CV-4963 (S. D. N. Y. Nov. 5,2002), https://www.sec.gov/ltigation/complaints/compl7829.htm(声称"WorldCom 的欺诈性会计做法……旨在并确认虚假和欺诈性的夸大其收入,以符合华尔街分析师的机智估计,并支持 WorldCom 普通股在市场上的价格"); Complaint 2, Sec. & Exch. Comm'n v. Xerox Corp., Civ. No. 02-272789 (DLC) (S. D. N. Y. Apr. 11, 2002), https://www.sec.gov/litigation/complaints/complrl7465.htm (注意到会计欺诈"使 Xerox 在 1997 年到 1999 年的几乎每个报告期内都达到或超过了华尔街的预期")。

[136] 20 世纪 90 年代中期的研究发现,只有少数公司自愿发布信息以抢占重大收益缺失的机会。See e. g., Ron Kasznik & Baruch Lev, "To Warn or Not to Warn: Management Disclosures in the Face of an Earnings Surprise," Acct. Rev. 70 (1995): 113, 114; Douglas J. Skinner, "Why Firms Voluntarily Disclose Bad News," J. Acct. Res. 32 (1994): 38, 40.
咨询公司麦肯锡的一项研究发现,为自己提供市场指导的公司没有任何经济利益。See Peggy Hsieh et al., "The Misguided Practice of Earnings Guidance," Mckinsey on Fin. 19 (2006): 1.

[137] 有证据表明,业绩超过市场预期的公司可以获得异常的正回报。See e. g., Eli Bartov et al., "The Rewards to Meeting or Beating Earnings Expectations," J. Acct. & Econ. 33 (2002): 173, 175. 在 20 世纪 90 年代后期,记者迈克尔·刘易斯 (Michael Lewis) 报道说:"华尔街分析师低估了他们的盈利预期,以便他们的企业客户可以向媒体宣布他们'超过'了这些预期。" Michael Lewis, In Defense of the Boom, N. Y. Times Mag., Oct. 27, 2002, at 44. 最近,即使 FD 监管获得通过,公司也在私下敦促分析师降低他们的估计预期。See Thomas Gryta et al., Analysts Steered to "Surprises"—Companies' Nudges and Phone Calls Lead to Lower Estimates That Are Easier to Beat, Wall St. J., Aug. 5, 2016, at Al.

高公司股价。⑱ 过去的成功可能导致未来的工作更有压力,在这种工作中,满足不断增长的市场期望变得更加困难。⑲ 管理层可能会担心发布更现实的收益预测的后果。有一种情况是,季度报告制度为管理者创造了产生短期业绩的激励。然而,任何影响和影响程度都难以衡量。目前还不清楚披露的频率是否是一个重要因素。还有一种更有力的观点是,来自不切实际的盈利预测的压力,可能导致长期价值的严重破坏。

(二) 投资者

季报制度不仅影响公司的行为,还影响投资者投资策略。短线交易员不去评估股票的基本价值,而是专注于预测一家公司能否实现其季度盈利预期。⑭ 随着收益发布的频率越来越高,利用收益进行交易的机会也越来越多。此类交易放大了市场对此类业绩的反应,使它们变得更重要,并增加了上市公司管理短期业绩的动力。

研究股票市场的学者经常区分噪音交易者和信息交易者。⑭ 噪音交易者买卖股票时,不考虑与其基本价值相关的信息。他可能会购买一只股票,因为他在价格走势中看到了暗示价格将上涨的模式或者仅仅是通过猜测认为价格将上涨。信息交易者买卖股票是基于他对与发行股票的公司有关的信息的评估。信息交易者可能执行价值策略,他们追求识别何时市场价格不能反映其真实价值。季度业绩将引起这两类交易者的注意。当一家公司没有达到盈利预期时,噪音交易者可能会卖出股票,不是因为他认为该公司因此价值缩水,而是因为他预计其他交易者会卖出。信息交易者会花时间来收集信息,以预测该公司是否可能实现其预期。也许他会在每季度末去商店看看是否有很长的队伍。季度业绩的发布将验证信息交易者的评估是否正确。

除了预测季度业绩的合理努力外,一些投资者还会试图简单地提前获得答案。第二巡回上诉法院2014年在美国诉纽曼案(United States *v.* Newman)的判决中,描

---

⑱ See e. g., Joseph Fuller & Michael C. Jensen, "Just Say No to Wall Street: Putting a Stop to the Earnings Game," *J. Applied Corp. FIN.* 14 (2002): 41, 42 ("随着股票期权越来越成为高管薪酬的一部分,在期权上发了大财的高管们成为传奇人物……事实证明,管理团队不愿意交出来之不易的季度收益记录来阻碍自己的地位增长。"); Donald C. Langevoort, "Organized Illusions: A Behavioral Theory of Why Corporations Mislead Stock Market Investors and Cause Other Social Harms," *U. Pa. L. Rev.* 146 (1997): 101, 108 ("企业文化偏见,尤其是乐观的文化偏见,可以成为鼓励信任与合作的适应性机制,并可以转移在压力和威胁时期出现的自私诱导末期问题")。

⑲ See, e. g., Tim Koller et al., Valuation: Measuring and Managing the Value of Companies 51-52 (6th ed. 2015) (描述了期望值跑步机规则)。

⑭ See, e. g., Rappaport, supra note ⑬ ("金融分析师以牺牲基础研究为代价关注季度收益")。

⑭ See, e. g., Zohar Goshen & Gideon Parchomovsky, "The Essential Role of Securities Regulation," *Duke L. J.* 55 (2006): 711, 714-715.

述了公司向对冲基金泄露季报的一种惯例。⑭² 研究发现:"分析师们例行地向企业索取信息,以便在收益公告之前检查其模型中的假设。"⑭³ 这些做法在第二巡回法院看来是如此常见,以至于它认为一个理性的投资者不会相信这些信息被不当披露。⑭⁴ 有一种观点认为,基于短期结果的投机性,交易本质上是无社会价值的寻租行为。⑭⁵ 噪音交易只会在交易者之间转移收益和损失,而交易者很少努力去评估股票的真实价值。周期性业绩的内幕交易会为那些能够获取已经向公众披露的信息的人带来私人收益,从而破坏强制性披露的完整性。⑭⁶

关于季度业绩进行交易具有价值的最有力论据是尊重信息交易者。通过收集信息来预测短期业绩,这类交易员可以了解公司的长期业绩。然而,问题在于,预测季度业绩的努力是否能产生有关上市公司长期前景的有意义的信息。对于那些无法真正确定公司价值的投资者来说,评估一家公司是否符合预期可以说不过是一种启发。⑭⁷ 在一个定期披露信息不那么频繁的世界里,围绕交易可能发生的重大事件就会更少。如果这种交易纯粹是寻租,那么整个社会将从减少交易中受益。另一方面,如果定期披露的交易向市场传递了有价值的信息,消除季度披露将减少收集公司全年信息的动机。或许,向多元化投资的日益转变表明,在今天的股市中,短期主义并不普遍。许多投资者都采取了被动策略,即多年来购买并持有广泛的投资组合。他们希望,随着时间的推移,这种策略的表现将超过那些需要对特定公司的财务前景进行分析的策略。目光长远的投资者对季度信息披露的兴趣较小。如果在季度报告制度的影响下被动性有所增加,则表明此类报告对投资者的时间范围没有决定性的影响。由于经验表明,从季度业绩交易中获得收益是难以捉摸的,投资者将不太可能追求这种交易策略。

---

⑭² United States v. Newman, 773 F. 3d 438, 454 (2d Cir. 2014) ("投资者关系人员经常在季度收益之前'泄露'收益数据")。

⑭³ Ibid.

⑭⁴ 据说市场会发展出"耳语号",它比公开预测更准确地反映了对公司业绩的评估。See, e. g., Eccles et al., supra note ③, at 83-89.

⑭⁵ See, e. g., Joseph E. Stiglitz, "Using Tax Policy to Curb Speculative Short-Term Trading," J. Fin. Services Res. 3 (1989): 101, 102-103 (描述投机交易本质上是寻租的论点); Merritt B. Fox et al., "Informed Trading and Its Regulation," J. Corp. L. 43 (2018): 817, 853 (结论是短期交易不太可能提高配置效率)。

⑭⁶ James J. Park, "Insider Trading and the Integrity of Mandatory Disclosure," Wis. L. Rev. 2018: 1133, 1165.

⑭⁷ See e. g., Mark J. Roe, "Corporate Short-Termism-In the Boardroom and in the Courtroom," Bus. Law. 68 (2013): 977, 985 ("因为他们不能很好地评估复杂的、长期的、技术上难以处理的信息,他们依靠简单的信号来评估他们投资组合中公司股票的价值。由于它们相对简单,因此季度收益结果比其他情况下显得更为");See Sanjai Bhagat et al., "The Promise and Peril of Corporate Governance Indices," Colum. L. Rev. 108 (2008): 1803(描述依赖于治理相关的启发式方法的问题)。

对季度报告体系的批评可能与长期股东日益增长的影响力有关。[148] 这些投资者不太关心股价的短期波动[149],他们可能担心短期交易策略扭曲了企业的动机。[150] 他们可能更喜欢这样一个市场,即管理层有更多的空间来执行随着时间推移而增加价值的策略。另外,推动能够保护管理层免受市场监督的政策是否符合长期股东的最佳利益,这一点还远未明朗。长期股东的问题是,这些交易员试图基于季度报告预测收益,而他们是否受益于交易员收集的信息。季度报告制度除了影响管理者的行为外,还会影响投资者。季度报告体系导致投资者寻租,放大了企业的短期主义。

三、季度报告制度改革

本部分评估了可能解决短期主义问题的季度报告制度改革。[151] 由于季度披露并非短期主义的唯一原因,SEC 应该考虑解决可靠性要求和预测等其他因素。这一部分的结论是:适度的改革,如增加与预测有关的披露,比激进的改革如减少定期披露的频率更有效果。

(一) 改变定期披露的频率

如果定期披露的频率是引发短期主义的一个重要原因,那么要求较少的报告可能会让上市公司有更多的空间来展望近期的未来。这种政策变化的影响很难预测。减少定期申报的数量可能会导致一项新命令,即上市公司不受有关季度业绩的武断判断的影响。或者,它可能不会从根本上改变管理层展示盈利增长的压力。解决短期主义的另一种可能方式不是要求减少信息披露,而是要求上市公司增加信息披露。持续披露将降低市场对武断的季度基准的关注。问题是,这种持续的报告对投资者来说是否划算和有用。鉴于缺乏证据表明定期披露的频率是短期主义的主要原因,目前从根本上改变季度披露的规定是没有必要的。

1. 减少定期披露

---

[148] See, e.g., Coffee & Palia, supra note [130], at 581 (注意到多元化投资者和对冲基金之间的冲突).

[149] See e.g., Iman Anabtawi, "Some Skepticism About Increasing Shareholder Power," *Ucla L. Rev.* 53 (2006): 561, 580 (注意到"长期投资者""不太关心季度或年度业绩").

[150] See, e.g., The Aspen Inst., Overcoming Short-Termism: A Call for a More Responsible Approach to Investment and Business Management 2 (2009) ("如果管理者和董事会只是为了满足这些短期投资者的需求而采取策略,那么一些短期投资者对季度收益和其他短期指标的关注可能会损害寻求长期增长和可持续收益的股东的利益") [后文简称其为 The Aspen Inst., Overcoming Short-Termism].

[151] 它不考虑证券交易税或改革高管薪酬等不属于证券披露监管核心的改革。它还没有解决对上市公司重大股权的投资者披露时间的潜在改革,这在其他地方已经得到广泛解决。See e.g., Leo E. Strine, "Who Bleeds When the Wolves Bite? A Flesh-and-Blood Perspective on Hedge Fund Activism and Our Strange Corporate Governance System," *Yale L. J.* 126 (2017): 1870, 1958-1964.

虽然最初人们认为这对大型上市公司来说是不现实的选择,但SEC已认真考虑了施行半年度或年度披露制度的建议。[152] 预测这种政策的效果需要大量的推测。评估建议为理解季度披露和季度预测之间的关系提供了额外视角。

(1) 乐观情景

在乐观的情况下,减少强制性的定期披露将允许上市公司与市场协商自己的披露协议。投资者可能会允许一些公司降低披露频率。这些公司将节省披露成本,也不必展示其业务每季度都在改善。对于这类公司,投资者可能不会太关注它们的周期性财务业绩,而是会使用其他指标来评估它们的业绩。Romano、Choi和Guzman三位教授在文章中分析了发行人将受益于选择量身定制的披露规则的可能性。[153] 如果发行人在选择披露制度方面有更大的灵活性,他们就会选择能够优化其价值的制度。那些满足于通过实施长期战略实现缓慢但稳定增长的公司,可以选择不进行季度披露。那些寻求通过一个难以监控的高风险项目实现快速增长的公司,可能更喜欢发布季度报告,让市场对项目的进展感到放心。即使发行人不需要每季度披露一次信息,但在出现重大进展时,它们也会有动力主动发布最新信息。即使在没有被要求发布中期报告的情况下,企业也已经发布了中期报告,它们不会仅仅因为披露不那么强制就停止这种做法。上市公司不是通过不断发布季度业绩来赢得市场的信任,而是通过努力让投资者了解重要的发展动态来建立自己的信誉。

(2) 悲观情景

在悲观的情况下,取消季度披露将降低透明度,而不会实质性地解决短期主义问题。减少强制性披露可能不会消除投资者展示财务业绩的压力,而只是将其转向其他渠道。即使上市公司不受季度披露要求的约束,它们也会受到预测的影响。分析师仍将发布半年度和年度业绩预测,公司仍将感到有必要实现这类预测。如果这些预测每年只进行一到两次,而不是每个季度进行,后果将更严重。减少季度披露的一个风险是,投资者将无法区分哪些公司不需要发布季度报告,哪些公司应该发布季度报告。如果投资者不能有意义地作出这样的区分,他们可能会不加区别地惩罚所有选择不进行季度披露的公司。因此,大多数公司会觉得有必要继续进行此类报告。由于不那么频繁地定期披露不会影响投资者对信息的需求,这种政策变化可能不会对减少为投资者披露信息而进行的管理工作起到太大作用。在没有明确规定何时应该披露重大信息的情况下,基金经理将不得不对市场何时需

---

[152] See supra note ④.

[153] See e. g., Stephen J. Choi & Andrew T. Guzman, "Portable Reciprocity: Rethinking the International Reach of Securities Regulation," *S. Cal. L. Rev.* 71 (1998): 903; Roberta Romano, "Empowering Investors: A Market Approach to Securities Regulation," *Yale L. J.* 107 (1998): 2359. See Merritt B. Fox, "Retaining Mandatory Securities Disclosure: Why Issuer Choice Is Not Investor Empowerment," *Va. L. Rev.* 85 (1999): 1335 (质疑减少强制披露的好处)。

要信息作出判断。投资者会根据基金经理是否在市场需要进一步披露的时候作出了正确的决定来给他们评级。如果市场低估或高估了股票的价值,公司是应该纠正错误的看法,还是等到发布年报时再作决定?管理层如何知道股票是高估了还是低估了呢?

自由裁量披露制度会降低信息向市场传递过程的透明度。企业可能会私下发布季度业绩,而不是通过公开发布来纠正误解。经常与管理层会面的老练投资者的优势将显著增强。公司无法在不违反 FD 法规的情况下提供准确信息[154],但它们可能愿意提供有关其近期表现的线索,从而让有优势的投资者获得投资机会。季度披露的好处是,基本上每三个月就会使竞争环境趋于平等,但披露频率会降低。[155] 如果没有季度披露,也会有压力以其他方式增加强制性披露。由于强制性的季度报告存在,经验丰富的公司在出售证券时不需要提交详细的登记声明。[156] SEC 认为,对于这类公司来说,市场是有效的,并反映了之前披露的信息。如果不强制要求季度披露信息,这种假设将不再成立,而且上市公司在出售证券时应披露大量信息。总的来说,虽然减少季度申报的频率有好处,但也存在重大风险。由于投资者将持续要求获得信息,报告的负担可能不会显著减轻。鉴于缺乏明确证据表明披露频率本身会对上市公司决策产生重大影响,彻底改革的理由比较欠缺。

2. 持续信息披露

如果季度披露的问题导致了对周期性业绩的过分强调,或许 SEC 应该考虑远离周期性披露。SEC 可以要求持续披露信息,而不是将信息披露限制在季度、半年度或年度基础上。如果要求发行人不断发布重要信息,市场就不会那么重视季度甚至年度报告。因此,管理人员不会认为有必要改变其战略,以显示任意时期的业绩。

但正如笔者在之前的一篇论文中所讨论的,强制性披露是周期性的而不是持续性的,这有很好的理由。[157] 如果证券监管反映了投资者和发行人之间假定交易的结果,则定期披露反映了双方的利益。由于成本高昂,发行人将强烈抵制持续披露。[158] 投资者可能不会要求这样的信息披露,因为他们更希望基金经理把结果放在具体背景之中,而不是发布一连串他们可能不理解的信息。即使存在持续披露的理由,也不清楚减少短期主义的政策目标是否足以令人信服,从而大幅增加上市

---

[154] See 17 C. F. R. 243.100 (2019)(要求公开披露向指定方传达的重大信息)。

[155] Haeberle 和 Henderson 教授提出的一项有趣的提议认为,对于一些信息市场,如果投资者可以为早期访问公司信息付费,那么这些信息市场将产生最佳的披露量。See Kevin S. Haeberle & M. Todd Henderson, "A New Market-Based Approach to Securities Law," *U. Chi. L. Rev.* 85 (2018): 1313, 1315-1318. 这样的系统可以补充每年的定期披露,并提供比通过非正式互动传达此类信息的当前系统更高的透明度。公司披露市场的实施将具有挑战性,因为很难确定投资者为此类信息支付多少费用。Ibid., at 1372-74. 此外,公司可能更愿意更巧妙地影响市场,而不是对其披露的市场价值作出公开定价决定。

[156] See Adoption of Integrated Disclosure System, 47 Fed. Reg. 11380 (Mar. 16, 1982).

[157] Park, supra note [146], at 1153-1155.

[158] 如前所述,SEC 出于成本问题拒绝连续报告。See supra note [36].

公司强制披露的成本。

(二) 减少季度披露的负担

至少,对季度披露进行改革的部分动机是出于对编制财务报表成本不断上升的担忧。即使不改变披露的频率,或许 SEC 可以通过放松可靠性要求来减轻季度申报的负担。[159] 证券监管要求公司评估其季度信息披露的准确性。与年度财务报表不同,季度财务报表不需要审计。然而,如前所述,10-Q 表格必须符合公认会计准则。此外,公司的审计师必须审查它[160],并有义务对可能不符合公认会计准则的项目进行调查。[161] 萨班斯—奥克斯利法案还要求公司的首席执行官和首席财务官审查该报告,并证明该报告没有重大虚假陈述,且公平地反映了公司的财务状况。[162] 如果重大的错误陈述是出于欺诈意图,一个不准确的 10-Q 表格可能引发证券欺诈责任。[163] 减轻季度报告系统负担的最有希望的方法是缩小财务错报重要性的定义。[164] 如前所述,评估财务错报重要性的定性方法一直存在争议。如果允许公司达到盈利预期,即使是非常小的错误也足以引发责任。[165]

一个简单的改革方案是,SEC 在确定错报是否具有重大意义时,不再强调对公司是否能满足预期的考虑。对于仅仅满足预测的公司来说,几乎任何会计错误都可能被视为重大错误。在这个建议下,只要不是有意的,一个小小的错误陈述本身就不会是重大的,不管它对满足市场预期有什么影响。如果季度披露被理解为合理的估计,而不是精确的衡量,投资者可能会较少关注季度业绩是否符合季度预测。[166] 季度报告可能被视为不确定的草稿,可能会在年度报告基础上进行修订。这种变化的危险在于,它将给企业更多的余地来操纵财务报表,以制造它们始终符合季度指标的印象。寻求最新消息的投资者通常认为,SEC 的官方文件是相当准确的。在萨班斯—奥克

---

[159] 一项相关的提案将保留季度报告,但只需要提交简短的文件,这样公司只需要每半年报告一些特定的信息,例如公司的收入和更完整的报告。See, , e. g. , Pozen & Roe, supra note [129](提议精简季度报告)。这样的政策会带来一些适度的成本节约,但只要公司有义务验证季度数字的准确性,这种报告的成本仍然很高。

[160] 17 C. F. R. 210.8-03,210.10-01 (2019).

[161] See, e. g. , AS 4105. 22: Reviews of Interim Financial Information, Pub. Company Acct. Oversight Board (Dec. 15,2017), https://pcaobus.org/Standards/Auditing/Pages/AS4105.aspx.

[162] See 17 C. F. R. 240. 13a-14, 240. 15d-14 (2019). 个别官员缺乏认证要求是与长期以来一直需要这样的签名的 1934 年登记声明报告相区分开来的。See Cohen, supra note [34], at 1361.

[163] See e. g. , Tellabs, Inc. v. Makor Issues & Rights, Ltd. , 551 U. S. 308, 318-319 (2007). 此外,如果在公司出售证券时发布季度报告,则通过引用将其纳入公司注册声明。根据 1933 年《证券法》第 11 条的规定,注册声明受严格的责任标准约束,即使其并非出于欺诈意图,任何重大错报都可能引发责任。See 15 U. S. C. 77k(a) (2012).

[164] See Park, supra note [102], at 550 (建议仅将持续存在的错误报告视为重大问题).

[165] Ibid. , at 530-531.

[166] 据说财务报告可靠性的提高会增加投资者对它们的依赖。See, e. g. , Ken Brown, Corporate Reform: The First Year: Wall Street Plays Numbers Game with Earnings, Despite Reforms, Wall St. J. , July 22, 2003, at Al.

斯利法改革之前,市场就对财务业绩进行了严格审查,而仅仅照搬过去的做法,不太可能遏制短期主义。经验表明,公司会滥用自由裁量权误导投资者。减少对季度报告的核查,将破坏证券法旨在遏制短期主义的某些危险的功能。

降低信息披露成本的争论更多涉及监管是否让上市公司的地位变得太过沉重的问题,而不是短期主义的问题。如果验证成本很高,一些公司可能会选择保留持有以节省成本。不过,目前尚不清楚季度披露成本本身是否影响了这一决定。大部分此类成本仍将用于公司的年度或半年度申报。

(三) 定性披露

如果短期主义是个问题,或许信息披露监管可以鼓励企业通过定性披露更好地向投资者阐明其长期计划。如果这种长期信息披露更有效,投资者可能会更重视长期策略,而不是短期结果。与之相关,可以重新定义披露的概念,以便投资者可以评估季度利润以外的其他因素。这样的社会信息披露改革得到了一些投资者和学者的支持。

1. 提高长期披露

几年前,一位著名的机构投资者指出,尽管上市公司应继续发布季度报告,但他们应进一步阐明自己的长期战略,以抵消对短期预测的依赖。[167] 他们希望投资者拥有信息,从而使他们能够把这些结果放在更广泛的背景下看待,而不是对单个数字作出反应。多年来,SEC 一直试图让信息披露更具确定性,以便让投资者对该公司的战略有更丰富的了解。几十年来,SEC 披露的管理讨论与分析(MD&A)部分的目标是鼓励公司提供更多关于其财务业绩的背景信息。该条款要求公司"描述任何已经存在的趋势或不确定性,或注册人合理预期将对净销售或收入或收益产生重大有利或不利影响的趋势或不确定性"[168]。MD&A "旨在通过提供对公司业务的短期和长期分析,让投资者有机会通过管理层的视角来观察公司"[169]。

问题在于,公司是否会通过这种定性披露来传达有关其长期前景的独特而重要的信息。有证据表明,MD&A 要求提高了股价的准确性,这意味着市场认为这种

---

[167] See Letter from Lawrence D. Fink, Chairman and Chief Exec. Officer, BlackRock, to S&P 500 Chief Executives (2016), http:/ /www. blackrock. com/corporate/investor-relations/2016-larry-fink-ceo-letter ("[我们]确实相信公司仍应报告季度业绩——'长期主义'不应取代透明度——但 CEO 应该在这些报告中更专注于展示其战略计划的进展,而不是努力不偏离他们的每股收益目标或分析师的共识性估计哪怕一分一厘");另见 Jacobs, supra note ③, at 10(认为"缺乏沟通使投资者无法理解管理层的长期目标和目标"); Steven A. Bank & George S. Georgiev, "Securities Disclosure As Soundbite: The Case of CEO Pay Ratios," *B. C. L. REV.* 60 (2019): 1123, 1197-1198 (提出以叙述性讨论以取代薪酬比率披露)。

[168] 17 C. F. R. 229.303(a)(3)(ii) (2019).

[169] Caterpillar Inc., Exchange Act Release No. 30532, 50 S. E. C. 903, 1992 WL 71907, at *6 (Mar. 31, 1992).

叙述性披露是有意义的。[170]另一方面,SEC 的信息披露长期以来一直受到批评,因为它冗长,没有明确披露有用的信息。[171]撰写 SEC 文件的律师往往会将商业信息翻译成不太可能引发诉讼的语言。此外,描述"趋势或不确定性"任务的模糊性意味着公司提供的信息会有所不同。事实上,SEC 已经指示,"MD&A 要求是有意灵活和通用的"[172]。SEC 曾对一些公司提起诉讼,因为它们 MD&A 信息披露不足[173],但它的执行是零星的,而且很难从已经起诉的案件中得出明确的规则。

即使公司提供了有用的 MD&A 报表,投资者评估这些信息的成本也要高于他们将季度收益披露与预测进行比较的成本。关于长期前景的长篇大论很难转化为投资策略。[174]对不同公司的定性披露进行比较也很困难。自 20 世纪 80 年代初以来,SEC 就要求进行 MD&A,而这种披露并未阻止在接近 80 年代末时,市场越来越多地在评估管理能力方面转向依赖于分析师的预测。尽管 SEC 要求通过 MD&A 披露定性信息,但市场对盈利预测的持续关注表明,叙述性披露不会改变市场对启发式预测信息的关注。改变信息披露方式,使其本身包含更多关于长期计划的讨论,不太可能改变定期信息披露的短期重点。只要市场走势是由预测驱动的,改善长期信息披露的质量就不太可能遏制短期主义。

2. 扩大社会信息披露

证券法长期以来一直要求披露与公司财务业绩没有直接关系的信息。例如,公司被要求披露有关高管薪酬和某些环境责任的信息。[175]辛西娅·威廉姆斯(Cynthia Williams)教授对这种广泛披露的社会信息进行了定义,"包括一家公司销售什么产品,在哪个国家开展业务,雇佣情况和环境记录(包括国内和全球)的一般信息,以及公司在美国和其他地方的社区和政治影响的具体信息"[176]。这种社会披露希望,它将影响企业以负责任的方式行事,不仅要遵守现行法律,而且要合乎道德。[177]

---

[170] See, e.g, Fox et al., supra note [11], at 368-381; Volkan Muslu et al., "Forward-Looking MD&A Disclosures and the Information Environment," *Mgmt. Sc.* 61 (2015): 931, 945.

[171] See e.g., Donald H. Meiers, "The MD&A Challenge," *J. Acct.* 201 (2006): 59.

[172] Management's Discussion and Analysis of Financial Condition and Results of Operations; Certain Investment Company Disclosures, Securities Act Release No. 6835, 43 SEC Docket 1330, 1344 (May 18, 1989).

[173] See, e.g., Caterpillar Inc., supra note [169].

[174] 在某些行业中,MD&A 被用于披露有用的定量信息。例如,零售公司披露诸如开店和关店数量之类的数据。See e.g., Cathy J. Cole & Christopher L. Jones, "The Usefulness of MD&A Disclosures in the Retail Industry," *J. Acct., Auditing & Fin.* 19 (2004): 361, 364.

[175] See, 17 C.F.R. 229.103, 229.402 (2019).

[176] See e.g., Cynthia Williams, "The Securities and Exchange Commission and Corporate Social Transparency," *Harv. L. Rev.* 112 (1999): 1197, 1273-1274.

[177] 另一个论点是,披露不仅服务于投资者的利益,而且服务于更广泛的利益相关者。See Ann M. Lipton, "Not Everything Is About Investors: The Case for Mandatory Stakeholder Disclosure," *Yale J. on Reg* 37 (即将出版), https://ssrn.com/abstract=3435578 (2019 年 11 月 6 日最后修订).

最近，社会信息披露要求得到了越来越多的支持。欧盟已经通过了一项与上市公司披露一系列广泛社会问题有关的指令。[178] 在美国，重要的机构投资者越来越多地在决策中寻求并纳入社会信息披露。[179] SEC 正在考虑是否应该扩大强制性社会信息披露的范围。[180] Jill Fisch 教授提议要求公司提供一个类似于 MD&A 的关于主要环境问题的叙述。[181] 有一种观点认为，社会信息披露可能影响企业行为。其一，当公司的行为不是社会最优时，收集信息的行为可以告知公司。强制性规定将为收集有关其社会影响的数据提供商业依据。那些喜欢采用亲社会政策的公司经理可以利用这些信息来刺激组织变革。通过评估这些信息，公司可能还会发现某些社会上不受欢迎的行为对其收益产生了不利影响。其二，社会信息的披露可以让投资者或其他各方关注那些产生过高社会成本的公司。[182] 良好的信息披露可以为维权人士提供弹药，让他们利用公司治理机制向公司施压，迫使它们进行改革。

问题在于，社会信息披露要求是否会比仅在边缘上作微调而更有效。只要管理层面临着实现季度利润的压力，他们就会把股东财富置于其他担忧之上。如前所述，财务预测和披露是简单的探索，市场很容易快速消化并迅速纳入市场价格。叙述式的描述可以提供有用的信息，但很可能被季度业绩所主导。即使他们个人重视社会问题[183]，机构投资者的管理者也有义务和压力来提供高额回报。[184]

或许一个解决方案是由 SEC 创建一个衡量社会责任的指数来评估公司。一些投资公司已经建立了这样的指数。[185] 一个问题是，尽管指数可以提供有用的信息，但它的价值不太可能频繁地发生有意义的变化。与收益数据每季度都会变化不

---

[178] See, Directive 2014/95/EU, of the European Parliament and of the Council of 22 October 2014 Amending Directive 2013/34/EU as Regards Disclosure of Non-Financial and Diversity Information By Certain Large Undertakings and Groups, 2014 O. J.（L 330）.

[179] See, e. g, Cynthia A. Williams & Jill E. Fisch, Request for Rulemaking on Environmental, Social, and Governance (ESG) Disclosure, No. 4-730, at ﹡8（Oct. 1, 2018）, https://www. sec. gov/rules/petitions/2018/petn4-730. pdf.

[180] Press Release, SEC, SEC Proposes to Modernize Disclosures of Business, Legal Proceedings, and Risk Factors Under Regulation S-K (Aug. 8, 2019), https://www. sec. gov/news/press-release/2019-148.

[181] See, e. g., Jill E. Fisch, "Making Sustainability Disclosure Sustainable," Geo. L. J. 107 (2019): 923（描述提案并提出年度报告的可持续性讨论和分析部分）.

[182] See, e. g., Williams, supra note [179], at 1294-1295.

[183] See e. g., Oliver Hart & Luigi Zingales, "Companies Should Maximize Shareholder Welfare Not Market Value," J. L. Fin. & Acct. 2 (2017): 247（认为股东福利包括社会偏好）.

[184] 可持续实践与市场表现相关的证据是十分值得怀疑的。See e. g., Dan Esty & Todd Cort, "Corporate Sustainability Metrics: What Investors Need and Don't Get," J. Envtl. Investing 8 (2017): 11, 15（"我们对研究和分析进行了大范围调查——发现关于可持续性和市场成功之间相关性的数据和结论是不同的"）.

[185] See e. g., Meir Statman, "Socially Responsible Indexes," J. Portfolio Mgmt. 32 (2006): 100, 101-104; 另见 Dana Brakman Reiser & Steven A. Dean, Social Enterprise Law: Trust, Public Benefit, and Capital Markets 124-132 (2017) (讨论社会绩效指标).

同,社会责任指数通常不会传达有关一家公司的新信息,从而促使人们重新评估一家公司的前景。因此,它对交易投资者的影响不会像季度收益报告那样大。[186] 此外,很难强迫公司提供有意义的社会信息披露。公司倾向于以积极的态度看待自己。如果没有明确而有意义的指标,社会信息披露将无法提供关于公司实践的太多细节。由于很难将不完全的社会披露与股票损失联系起来,未能提供有意义的社会信息披露不会引发私人证券诉讼。SEC 将需要提起强制执行申请,让企业享有提供有意义的信息披露的重大监管激励。

(四) 修正季度预测

上市公司受到的季度报告制度的压力,很大程度上来自于满足季度预测的强制要求,但 SEC 是否应该加强与此类预测相关的监管,迄今几乎没有被考虑过。与其改变信息披露的频率,倒不如寻求减少对上市公司的预测压力。这将要求 SEC 加强而不是减少对季度信息披露的监管。如果有问题的预测来源于私人秩序,政府干预可能有助于重新配置这种安排。

1. 禁止公司预测

由于预测通常是由研究分析师作出的,公司和监管机构对预测的影响能力有限。然而,正如一些评论人士所指出的,公司可能会通过拒绝发布自己对预测的指导来降低预测的重要性。[187] 分析师通常会使用公司的预测来作出自己的预测。如果分析师没有公司指引,那么预测可能会被认为不那么可靠,这可能会降低企业实现预测的重要性。SEC 可能支持并加快这一进程,方法是恢复其不鼓励公司预测的老政策。它可能会缩减预测的诉讼安全港,让发布不现实预测的公司担心承担责任。[188] 它可能会加大执法力度,禁止或阻止公司私下与分析师就其预测进行沟通。它甚至可能禁止在提交给 SEC 的文件中包含有公司预测。这种方法的一个问题是,分析师可能会继续制作并依赖他们自己的预测,即使这些预测不那么可靠。[189] 最初的预测来自证券业,即使 SEC 不鼓励这些预测,它们也会持续下去。减少公司对预测的指导可能会导致市场更加动荡。这可能还会给企业带来更大的压

---

[186] See e.g., Bill Davis et al., "Performance and Impact: Can ESG Equity Portfolios Generate Healthier Financial Returns?" *J. Envtl. Investing* 8 (2017): 252,254 (专注于短期回报的投资组合经理,围绕数据质量、可用性、重要性和多元化的问题提供了充分的理由来避免纳入 ESG 投入).

[187] See, e.g., The Aspen Inst., Long-Term Value Creation: Guiding Principles For Corporations And Investors 112. 1-112. 2 (2010) (建议管理者避免季度指导,而是传达长期计划); Dimon & Buffett, supra note ③; Fuller &Jensen, supra note ⑬, at 44 (当分析师的预期与他们的策略和市场的本质情况不符时,管理层可以拒绝与分析师的预期相匹配).

[188] See, e.g., Roger L. Martin, Fixing the Game: Bubbles, Crashes, and What Capitalism Can Learn From the Nfl 82 (2011) (认为《私人证券诉讼改革法案》(PSLRA) 安全港"通过为高管提供了操纵预期的强大工具,显然鼓励和促进了预期市场向真实市场的渗透"并且"应该被废除").

[189] 更激进的方法是让分析师对不准确的预测负责。如果分析师将预测定得太高,而公司没有达到预期,分析师可能要为部分投资者的损失负责。这样的政策将对分析师形成激励。

力,要求它们发布符合预测的季度业绩,而这些预测是它们无法影响的。

2. 要求预测

经与公司沟通减少预测相关信息披露后,SEC 替代性地增加了其他更多的披露内容。20 世纪 70 年代,当 SEC 最初考虑修改禁止预测的政策时,它研究了要求所有上市公司进行预测并将其纳入 SEC 的提案。[99] 一些评论人士还认为,应该要求企业披露他们在计算此类预测时所用的假设。[100] 如果要求上市公司发布预测,那么作出预测的过程将更加透明。上市公司必须对其未来表现采取明确立场以便投资者评估。他们在发布此类预测时将有谨慎的动机,因为他们将更直接地负责实现这些预测。当分析师的预测过于雄心勃勃的时候,公司的预测可能会降低预期,并给公司施加压力,要求他们兑现不现实的结果。[102]

早期授权预测的提议之所以失败,部分原因是人们担心许多公司没有能力准确预测它们的收益。但自 20 世纪 70 年代以来,上市公司及其监管已经发生了变化。在萨班斯—奥克斯利法案之后,只有拥有实施和评估内部控制资源的公司才能实现和保持其公共地位。随着公众对上市公司的预期发生变化,有必要重新考虑强制性预测是否可行。[103] 即使企业很难公布确切的数字,但监管规定可能允许企业披露潜在结果的范围。

一个可能的担忧是——要求公司披露预测数据将意味着,一些公司会试图通过发布不切实际的高预测来欺骗投资者。但如果公司被要求披露预测背后的基础,这将降低预测不是源于现实的风险。虽然最初可能很难制定规则来管理应当

---

[99] See Notice of Proposed Rules and Forms on Earnings Projections, Exchange Act Release No. 5,581, 6 SEC Docket 746 (Apr. 28, 1975);另见 Edmund W. Kitch, "The Theory and Practie of Securities Disclosure," *Brook. L. Rev.* 61 (1995): 763, 780-787 (描述了提案和提案被否决的情况). 在会计文献中,有人建议公司披露其内部预算和预测。See, e.g., W. W. Cooper et al., "Budgetary Disclosure and Other Suggestions for Improving Accounting Reports," *Acct. Rev.* 43 (1968): 640. 也有人继续提出要求披露预测的建议。See, e.g., Roger J. Dennis, "Mandatory Disclosure Theory and Management Projections: a Law and Economics Perspective," *Md. L. Rev.* 46 (1987): 1197 (提出强制披露有关改变控制权交易提案);Lipton & Rosenblum, supra note ⑥, at 234 (提议公司发布五年报告,该报告将"详细说明公司的五年业务计划,包括预测、其背后的假设、可能影响预测是否得到满足的因素,以及公司控制或影响这些因素的能力");Notes, "Disclosure of Future-Oriented Information under the Securities Laws," *Yale L. J.* 88 (1978): 338 (提议"管理层正式披露财务预测").

[100] See e.g., John G. Gillis, "Legal Aspects of Corporate Forecasts," *Fin. Analystsj.* 29 (1973): 72, 74 (为预测背后的披露假设提出指导方针);William S. Gray III, "Proposal for Systematic Disclosure of Corporate Forecasts," *Fin. Analystsj.* 29 (1973): 64, 69 (每个预测声明应包括对预测所依据的假设的陈述。");Reiling & Burton, supra note ⑥, at 53 ("预测应附有对其编制背后的主要经济和经营假设的陈述。").

[102] See, e.g., Reiling & Burton, supra note ⑥, at 50 ("公司的预测至少可以检验一些运输专业人士的热情").

[103] 中国证券监管规定要求公司发布预测,如果公司未达到此类预测,则需要进行制裁。See e. g., Benjamin L. Liebman & Curtis J. Milhaupt, "Reputational Sanctions in China's Securities Market," *Colum. L. Rev.* 108 (2008): 929, 952 (发现中国证券交易所实施的制裁中有 20% 是因为未能达到预期)。

披露的假设[194]，但随着时间的推移，行业标准可能会发展起来。披露预测假设并非史无前例。自20世纪60年代以来，英国收购法规就要求任何"利润预测…必须包括利润预测所基于的主要假设"。[195]信用评级机构发布了大量指南，介绍他们用于预测公司债务违约风险的方法。[196]

另一个担忧是，如果所有公司都发布预测，针对那些未能发布预测的公司的证券诉讼将会增加。即使管理者在制定预测时很谨慎，也会出现无法实现预测的情况。然而，如前所述，目前的安全港规则所规定的情况是：当预测是基于虚假的故意且缺乏有意义的警告表述时，管理者应承担责任。这一规定就使那些声称公司的预期未能达到的预测免于被起诉。如果这个安全港规则被证明保护不够的话，最起码该规则可以得到支持以减少无聊的诉讼。

目前尚不清楚的是，强制要求公司进行预测是否会导致"预测不会设定不切实际期望的系统"。即使公司发布预测，分析师仍可能得出不同结果。如果公司的预测被理解为过于谨慎，那么分析师们就会制定自己的预测，公司会感到有压力。另一方面，如果公司被要求对季度预测采取明确立场，它们将被迫对设定短期预期的方式采取更多控制。公司经理不应该一边抱怨自己受制于不公平的短期指标，一边从市场对其未来业绩的高预期中获益，而是应该向投资者提供对其即将发布的季度业绩的现实评估。SEC不应降低信息披露的频率，而应认真考虑增加与上市公司预测相关的信息披露是否能遏制短期主义。

3. 更积极的纠正责任

另一种解决过高市场预期导致问题的方法是，提高上市公司纠正第三方不现实预测的责任。如果分析师的预测实际上过于乐观，上市公司可能需要发布一份更现实的预测作为回应。法院通常要求公司"更新意见和预测……如果最初的意见或预测因干预事件而产生误导"。[197]故要求公司对发布的误导性预测承担责任，可以扩大到要求公司在知道分析师的预测是不现实的情况下进行干预。[198]尽管人

---

[194] 对透明度的需求必须与披露假设对发行人的竞争对手有利的这一风险相平衡。See, e. g., Asher v. Baxter Int'l Inc., 377 F. 3d 727, 733 (7th Cir. 2004) （据观察所知，虽然"投资者希望……完全披露预测背后的假设和计算……任何假设和计算对公司的竞争对手比对其投资者更有用"）。

[195] The Panel on Takeovers and Mergers, The City Code on Takeovers and Mergers K5 (12th ed. 2016) (U. K.), http://www.thetakeoverpanel.org.uk/wp-content/uploads/2008/11/code.pdf. 事实上，在20世纪70年代SEC文件中，允许预测的支持者提出了英国的例子。See, e. g., John Hull, Profit Forecasts- The English Experience, in Public Reporting of Corporate Financial Forecasts, supra note ⑬, at 19,20,29.

[196] See, e. g., Partnoy, supra note ⑫, at 1445-1472 （描述了方法论及其缺陷）。

[197] In re Time Warner Inc. Sec. Litig., 9 F. 3d 259, 267 (2d Cir. 1993)；另见Donald C. Langevoort & G. Mitu Gulati, "The Muddled Duty to Disclose Under Rule 10b-5," Vand. L. Rev. 57 (2004)：1639, 1644,1665-1671.

[198] 长期以来，发行人应该有义务纠正分析师的预测，这一可能性早已被人们注意到。See FAF Special Comm. on Corp. Forecasts, Proposals by the Federation for Systematic Disclosure, in Disclosure of Corporate Forecasts to the Investor, supra note ⑲, at 26 （"通常希望管理层公开更正分析师或其他外部人士公布的预测，这些预测与内部估计有很大差异"）。

们担心上市公司面临的责任可能会增加[199]，但法院和 SEC 可以将此类诉讼限制在管理层充分了解外部预测过高又未能采取行动的情况下。许多公司已经采取了先发制人的措施，但其他公司可能对这样做持谨慎态度，因为它们希望激发市场的乐观情绪。更严格的披露义务可能有助于增强公司纠正分析师预测的动力。另外，这种纠正义务将难以执行。当分析师作出预测时，公司可能并不知道这是不现实的。管理人员将不得不就何时发布更新作出艰难的判断。要确定更新失败是出于善意还是恶意颇具挑战性。针对高管的私人诉讼会增加，而这些诉讼往往无法清楚地确定高管是否违反了纠错的义务。

在解决季度报告短视问题的四个建议中，最有可行性希望的是鼓励透明度以及投资者和发行人在设定季度预测时的合作。与其减少定期披露的频率，不如探讨增加预测方面的披露义务来减少短期主义问题。不过，这种预测改革本身也存在挑战，证券法能否有效遏制上市公司的短期行为，目前还远未明朗。

四、强大的证券法和孱弱的公司法

季度披露是证券监管体系的一部分，该体系日益提升了交易投资者的利益水平。上市公司还受公司法约束，这给了公司很大的自由来考虑其长期利益。强有力的证券法所产生的一些短期压力受到公司法制约，公司法对公司经理裁量权的监管力度很弱。[200] 此外，随着证券执法的加强，公司法规则中的一些弱点也成为可能。由于证券监管有利于交易投资者，国会和 SEC 在通过联邦公司法增加短期股东的权力时应保持谨慎。

（一）证券法和短期主义

证券法的主要目的是保护投资者。但正如笔者在之前一篇文章中广泛论述的那样，这种保护主要延伸到交易投资者子集——那些购买或出售证券的人。[201] 例如，根据 10b-5 规则，只有投资者购买了因欺诈而膨胀的股票才能获得赔偿。[202] 由于证券监管的重点是促进公平交易，因此它倾向于促进短期投资者的利益，而短期

---

[199] 因此，法院对更新公司预测的责任的理解程度不同。Compare In re Burlington Coat Factory Sec. Litig., 114 F. 3d 1410, 1432-33 (3dCir. 1997) (注意到更新预测的广泛责任将"阻止公司提供此信息——结果与 SEC 鼓励自愿披露公司预测的目标背道而驰"), ith Stransky v. Cummins Engine Co., 51 F. 3d 1329, 1333 (7th Cir. 1995) ("当前的 SEC 政策与投资者完全不依赖预测的理由相矛盾")。

[200] 在指出公司法在规范经理自由裁量权方面的弱点时，我并不是说公司法的所有方面都很薄弱或应该要薄弱。例如，公司法并没有赋予经理从公司窃取的自由裁量权，即使有强大的证券公司，这种强烈的禁止也是必要的。

[201] See Park, supra note ⑭.

[202] 因此，只有购买或出售证券的投资者才能根据 10b-5 规则提出证券欺诈索赔。See Blue Chip Stamps v. Manor Drug Stores, 421 U. S. 723, 749 (1975).

投资者的交易频率高于长期投资者。季度披露尤其有利于短期投资者。转向年度或半年度披露意味着全年的估值将不如季度披露准确。与那些不断根据影响公司前景的新动向进行交易的投资者相比,那些购买并持有某只股票多年的投资者更关心它的季度市场价格是否准确。[203]试图预测上市公司短期业绩的信息交易者可以从频繁披露事件中获利。交易频繁的投资者还受益于与信息披露相关的股票价格较低波动性和交易价差。[204]尽管强制披露可以被广泛的投资者甚至利益相关者使用,但频繁交易者最需要季度披露。

除了季度披露外,其他证券法政策可能会产生意想不到的促进短期主义的效果。例如,随着机构投资者增加交易,他们将推动SEC取消交易所收取的固定佣金。[205]SEC在1975年禁止固定佣金后[206],由此导致的佣金率下降压低了交易成本,增加了市场参与度。[207]十多年后,有人批评交易量的增加会产生负面影响,比如迫使企业经理关注短期业绩,于是有人提议对证券交易征税。[208]虽然很少有人同意我们应该回到交易成本高昂的市场,但有利于交易投资者的政策给企业管理者施加了压力,让他们不断满足市场需求。

市场欺诈推定是另一个有利于短期投资者的证券法原则的例子。这一假设并不要求买家出示其阅读了误导性披露文件的证据,而是允许买家信赖在有效市场上交易的股票的市场价格的完整性。[209]尽管股票价格并非在每个时间点都精确无误,但这种假设使投资者能够辩称,他们有权假设他们交易的价格不是由于欺诈而被夸大的。[210]短期投资者更有可能援引市场欺诈假设,因为他们更有可能在欺诈

---

[203] See e. g. , Arthur Fleischer, Jr. et al. , "An Initial Inquiry into the Responsibility to Disclose Market Information," *U. Pa. L. Rev.* 121 (1973): 798, 803(注意"市场信息主要与短期交易者相关")。

[204] 披露增加了对股票市场价格的信心,并降低了交易发生时的交易成本。See, e. g. , Paul M. Healy et al. , "Stock Performance and Intermediation Changes Surrounding Sustained Increases in Disclosure," *Contemp. Acct. Res.* 16 (1999): 485(为增加披露的公司寻找更高的回报和流动性); Christian Leuz & Robert E. Verrecchia, "The Economic Consequences of Increased Disclosure," *J. Acct. Res.* 38 (2000): 91(为承诺更多信息披露的德国公司寻找更低的买卖差价); Michael Welker, "Disclosure Policy, Information Asymmetry, and Liquidity in Equity Markets," *Contemp. Acct. Res.* 11 (1995): 801(发现披露和买卖价差之间的负相关关系)。

[205] See Fixed Commission Rates on Exchange Transactions, Exchange Act Release No. 11,093, 5 SEC Docket 438, 439-448 (Nov. 8, 1974).

[206] See Adoption of Securities Exchange Act Rule 19b-3, Exchange Act Release No. 11,203, 6 SEC Docket 138, 155-156 (Jan. 23, 1975).

[207] See, e. g. , Jason Zweig, Lessons of May Day 1975 Ring True Today: The Intelligent Investor, Wall St. J. (Apr. 30, 2015), https://www.wsj.com/articles/lessons-of-may-day-1975-ring-true-today-the-intelligent-investor-1430450405(观察到在解除对佣金的管制之后,"交易蓬勃发展,投资者涌回市场,经纪商数十年来一直在赚钱")。

[208] See, e. g. , Stightz, supra note 146; Summers & Summers, supra note 108. The proposal to tax securities transactions continues to be occasionally floated. See e. g. , The Aspen Inst. , Overcoming Short-termism, supra note ⑮, at 3.

[209] See Halliburton Co. *v.* Erica P. John Fund, Inc. , 573 U. S. 258, 277-278 (2014).

[210] Ibid. , at 268.

期间购买股票。长期投资者不太可能在欺诈期间进行交易,但他们要承担因上述假设而可能发生的证券集体诉讼的部分辩护成本。[211]

必须承认的是,证券监管的某些方面也服务于长期股东的利益。强制披露允许所有股东监督经理。反欺诈禁令阻止公司通过短期会计欺诈破坏公司资产价值。如前所述,努力重新制定证券披露规则,以促进社会目标的实现。尽管如此,随着证券监管机构在过去几十年的扩张,它通常都努力让市场价格尽可能准确。保护投资者的效果是,将上市公司置于一种制度之下,在这种制度下,它们必须谨慎地持续提供满足短期投资者预期的结果。

(二)平衡证券法与公司法

证券法与公司法相比,证券法在投资者购买或出售股票时照顾他们的利益,公司法保护投资者拥有股票时的利益。[212] 公司法必须照顾所有股东的不同利益,而不是狭隘地监督交易的公平性,这些股东有些是短期股东,有些是长期股东。[213] 这一点早在20世纪70年代末就被认识到,公司的股东有兴趣开始平衡短期利益和长期的盈利能力,这一变化源于公司的政治和社会生存能力,随着时间的推移而不断适应全球环境。[214] 即使证券监管已经发展到越来越倾向于交易投资者的地步,公司法也赋予了管理者在考虑上市公司的长期利益时相当大的自由裁量权。孱弱的公司法可以平衡强大的证券法。[215]

1. 州公司法

能够在相互竞争的利益之间恰当地取得平衡的州,对寻求具有最佳监管的司法管辖区的公司应该更有吸引力。[216] 像特拉华州这样在竞争中占主导地位的州必须小心,不要系统地偏袒一组投资者而不偏袒另一组。[217] 此外,正如 Mark Roe 教授

---

[211] James J. Park, "Shareholder Compensation as Dividend," *Mich. L. Rev.* 108 (2009): 323, 336-338 (描述非类别股东向类别股东的转移).

[212] See Park, supra note [14], at 137.

[213] Ibid.

[214] Bus. Roundtable, "The Role and Composition of the Board of Directors of the Large Publicly Owned Corporation," *Bus. Law.* 33 (1978): 2083, 2099. Barzuza 和 Talley 教授模拟了长期和短期利益之间的紧张关系,并认为这些利益可能会在公司内部相互抵消。See, Michal Barzuza & Eric Talley, Short-Termism and Long-Termism 45-46 (Columbia Law & Econ., Working Paper No. 526, 2016), https://ssrn.com/abstract=2731814.

[215] 一些特拉华州法官指出,特拉华州可以在鼓励公司长期关注方面发挥作用。See e. g., Jacobs, supra note [24], at 1660-1664 (提议特拉华州在恢复"耐心资本"方面的作用).

[216] 关于州际之间竞争宪章的好处,See generally Roberta Romano, The Genius of American Corporate Law (1993); Roberta Romano, "The States As a Laboratory: Legal Innovation and State Competition for Corporate Charters," *Yalej. On Reg.* 23 209 (2006).

[217] See e. g., Lucian Arye Bebchuk & Assaf Hamdani, "Vigorous Race or Leisurely Walk: Reconsidering the Competition over Corporate Charters," *Yale L. J.* 112 (2002) 553, 553-554.

所证明的那样,联邦监管的存在及其可能性使州竞争的动态变得复杂。⑱

  州公司法的结构比联邦证券法更能使其平衡短期和长期利益。一定程度上由于需要考虑多种利益⑲,公司法的重要特点被界定为法官适用于特定纠纷的广泛标准。⑳ 爱德华·洛克(Edward Rock)教授将特拉华州的个案决策描述为向当事人传达指导意见,同时保留对未来案件作出决定的灵活性。㉑ 这些标准可以根据情况进行广义或狭义的解读。相比之下,证券法主要关注促进公平交易的目标。具体的规定可以提供实现这一目标所需的清晰度。因此,像定期披露这样的重要政策是通过关于报告频率和内容的规定来实施的,而不是通过一个宽泛的标准来指示公司在他们认为合适的时候披露重要信息。㉒ 随着市场越来越关注短期业绩,证券监管加大了管理层实现业绩的压力,州公司法已规定防止短期行为严重扭曲企业决策。它保护了基金经理,因此当他们未能实现短期预测时,人们不会很快对他们作出判断。此外,由于像季度披露这样的政策保护了交易投资者的利益,公司法就不需要提供这样的保护。

  (1)弱公司法制约强证券法

  州公司法经常因保护管理层而受到批评。不过,随着青睐短期利益的市场上升,这种做法的基础更加稳固。在20世纪80年代,特拉华州法院批准实施强有力的收购防御措施,这是对敌对投标人越来越积极地主动投标以控制上市公司环境的回应。㉓ 有人担心,在某些情况下,参照当前市场价格提出的出价可能会低估一家公司的价值。特拉华州法院因此认识到,管理层可以考虑长期战略的承诺而拒绝报价,并且只有在特定的情况下提出现有最高的价格,才能出售公司。㉔ 州的收购法规使得敌意收购更难成功,使得天平向管理者倾斜。㉕ 随着20世纪90年代敌

---

 ⑱ See e. g., Mark J. Roe, "Delaware's Competition," *Harv. L. Rev.* 117 (2003): 588, 635 ("州种族分析必须是不确定的,因为我们生活在联邦制度中").

 ⑲ 值得注意的是,公司法之所以模棱两可,还有其他原因。See, e. g., Christopher M. Bruner, "The Enduring Ambivalence of Corporate Law," *Ala. L. Rev.* 59 (2008): 1385, 1421-1432 (认为公司法的模糊性反映了把股东利益等同于社会利益的矛盾性); Lynn M. LoPucki, " Corporate Charter Competition," *Minn. L. Rev.* 102 (2018): 2101, 2145-2149 (有观点认为模糊性可以使特拉华州避免被批评)。

 ⑳ 虽然特拉华州学说也可以制定明确的规则,但此类规则通常有例外,或者法官可以解释事实以使规则不适用。

 ㉑ See Edward B. Rock, "Saints and Sinners: How Does Delaware Corporate Law Work?" *Ucla L. Rev.* 44 (1997): 1009,1016-1019。

 ㉒ 不过,证券监管的一些内容是通过措辞宽泛的原则规定的。See e. g., James J. Park, "The Competing Paradigms of Securities Regulation," *Duke L. J.* 57 (2007): 625, 642-662(描述基于原则的证券执法案例)。

 ㉓ See e. g., Marcel Kahan & Edward B. Rock, "How I Learned to Stop Worrying and Love the Pill: Adaptive Responses to Takeover Law," *U. Chi. L. Rev.* 69 (2002): 871, 873-879。

 ㉔ See, Revlon, Inc. v. MacAndrews & Forbes Holdings, Inc., 506 A. 2d 173, 182 (Del. 1986)。

 ㉕ See, e. g., Guhan Subramanian et al., " Is Delaware's Antitakeover Statute Unconstitutional? Evidence from 1988—2008," *Bus. Law.* 65 (2010): 685, 705。

意收购数量的下降,季度收益预测为市场提供了一种新的方式,迫使管理层实现短期业绩最大化。[26]但是州公司法赋予了他们很大的自由裁量权来抵抗短期压力。即使当一家公司未能实现季度收益预期而股价下跌,收购防御也能让它在一段时间内抵御机会主义的敌意竞购者。商业判断规则将保护管理层免受股东要求赔偿的诉讼。[27]

值得注意的是,公司治理最近进行了创新,让上市公司免受预测和其他来源造成的短期压力的影响。双重股权结构赋予创始人对公司治理的控制权,而不考虑他们在公司中的经济利益。这种结构可以理解为,其动机是担心市场会低估创新技术公司的长期战略。[28]给予长期股东比短期股东更多投票权的学术提议反映了市场已变得过于混乱的一种感觉。[29]州公司法在这一点上一般不设定禁止性规定,以保护这种公司治理创新。

很难评估这些新的公司治理发展是否是真正担忧短期压力或管理层自私利益引起的问题的产物。关于公司法和治理是否在一个方向上偏离得太远,双方都有很好的论据。[30]然而,在证券监管有利于短期投资者的程度上,赋予管理层更广泛的自由裁量权来实施长期政策的公司法有更充分的理由。各州在公司章程监管方面的竞争引发了对各州在公司法监管方面的早期批评,他们假设特拉华州有以牺牲股东利益为代价来支持管理者的动机。通过扩大证券法来加强保护,是解决州公司法的软弱的办法。但随着季度报告体系的发展,证券法的核心职责成功地支持了积极监控基金经理业绩的市场。在这个世界上,我们可以更积极地看待特拉华州的法律及其对公司董事会权威的尊重。有一种观点认为,孱弱的公司法对于平衡强大的证券法至关重要。

---

[26] 激进的股东也在产生这种压力上发挥了作用。See, e. g., Strine, supra note ⑥, at 8. 然而,维权股东产生的影响并不像盈利预测那样普遍。

[27] See e. g., Stephen M. Bainbridge, "The Business Judgment Rule As Abstention Doctrine," *Vand. L. Rev.* 57 (2004): 83.

[28] See, e. g., Bradford D. Jordan et al., "Growth Opportunities, Short-Term Market Pressure, and Dual-Class Share Structure," *J. Corp. Fin.* 41 (2016): 304 (检验双重股权可以减少短期压力的假设); Zohar Goshen & Assaf Hamdani, "Corporate Control and Idiosyncratic Vision," *Yale L. J.* 125 (2016): 560, 580 (即使公司公开交易并且投资者使用股票价格评定公司业绩,集中所有权也可以解决"投资者扰乱企业家追求其独特目标的风险")。

[29] See e. g., Lynne L. Dallas & Jordan M. Barry, "Long-Term Shareholders and Time-Phased Voting," *Del. J. Corp. L.* 54 (2015): 541.

[30] Comare Bebchuk, supra note 6, at 1679-1681 (描述隔离墙制度如何对公司造成长期损害), with Martijn Cremers et al., "Activist Hedge Funds and the Corporation," *Wash. U. L. Rev.* 94 (2016): 261, 270 (提议"为振兴董事会权威作出一些改变,以抵制激进主义攻击")。但另见 Leo E. Strine, Jr., "Can We Do Better by Ordinary Investors? A Pragmatic Reaction to the Dueling Ideological Mythologists of Corporate Law," *Colum. L. Rev.* 114 (2014): 449, 473 (观察到证据可以支持这样的结论:"目前的现状,尽管有现实世界的人性缺陷,在股东和管理层的权力之间取得了合理的平衡")。

（2）强证券法促进弱公司法

另一种思考公司与证券法关系的方式是,随着证券法的发展,公司法律保护投资者的必要性降低。如果证券法因取消季度披露而变得薄弱,州公司法可能不得不采取更多措施保护投资者。

强大的证券法已经成为公司治理的推动者。正如杰弗里·戈登教授所主张的那样,市场变得更加有效,有助于独立董事更好地监督管理层。[231] 这种效率在一定程度上可以追溯到20世纪70年代的证券法改革,那次改革降低了交易成本,使信息披露更加统一和可靠。反过来,正如卡汉教授和洛克教授所指出的,随着公司治理的改善,人们没有多少理由担心收购防御所反映出的屠弱公司法。[232]

特拉华州最近颁布的异议评估规则表明,季度报告制度可减少公司法可能提供的对投资者保护的需要。评估权确保了当董事会决定出售一家公司时,小股东利益得到保护。在评估程序中,持反对意见的股东向法院辩称,提出的对价并不代表这些股票的"公允价值"。[233]

在最近的一系列裁决中,特拉华州最高法院认为,当一家公司的股票在有效市场上交易时,其市场价值应在确定其公平价值时获得重要的权重。[234] 在由管理层收购戴尔电脑公司引发的评估案中,法院推翻了衡平法院基于其贴现现金流分析而给予反对股东更高价格的决定。[235] 该报告指出,戴尔未能推销其长期愿景,同时未能通过许多市场分析师关注的季度测试。[236] 法院的结论是,衡平法院"未能给予最终(交易)价格较大权重"是滥用自由裁量权。[237]

因此,法院假定季度报告制度是衡量交易价格是否适当的最佳方法。[238] 但在强调市场通过预测评估公司业绩时,法院毫无疑问地承认了市场对短期业绩指标

---

[231] See Gordon, supra note ㉝.

[232] Kahan & Rock, supra note ㉓.

[233] See Del. Code Ann. tit. 8, 262(h) (2019).

[234] See Dell, Inc. v. Magnetar Glob. Event Driven Master Fund Ltd., 177 A. 3d 1, 6 (Del. 2017); DFC Glob. Corp. v. Muirfield Value Partners, L. P., 172 A. 3d 346, 369—72 (Del. 2017); 另见 James D. Cox & Randall S. Thomas, "Delaware's Retreat: Exploring Developing Fissures and Tectonic Shifts in Delaware Corporate Law," Del. J. Corp. L. 42 (2018): 323, 328 (结论是,现有的市场力量和股东监督足以遏制管理层的不当行为,但如果这些股东监督的工具被削弱,可能需要恢复司法审查).

[235] See Dell, Inc., 177 A. 3d at 5.

[236] Ibid., at 10.

[237] Ibid., at 35.

[238] 对这一立场的批判,见 Charles Korsmo & Minor Myers, "The Flawed Corporate Finance of Dell and DFC Global," Emory L. J. 68 (2018): 221. 但另见 Jonathan Macey & Joshua Mitts, Asking the Right Question: The Statutory Right of Appraisal and Efficient Markets (European Corp. Governance Inst., Working Paper No. 428, 2018), https://ssrn.com/abstract=3279838。

的依赖。㉙ 法院没有在其意见中承认此类指标的潜在不足㉚,而是驳回了衡平法院的论点,即"'投资者短视'造成了估值差距",从而扭曲了交易价格。㉛

不管特拉华州最近在评估案例中对市场价值的重视是否合理㉜,法院重视市场价值的部分原因是证券法在促进市场的短期效率方面发挥了作用。如果取消季度披露,就有理由加强评估权,因为市场价格反映公司基本价值的信心将降低。特拉华州一贯奉行的准则因此在某种程度上受到证券法的影响,如果这些法律发生变化,也会受到影响。

2. 联邦公司法律

Goshen 教授和 Hannes 教授最近发表了一篇有争议的文章,即《公司法的死亡》。㉝ 他们认为,随着股东变得越来越老练,他们对公司法的需求就会减少。虽然他们的论点可能适用于特拉华州法院创建的州公司法,但它不适用于日益成为联邦证券法一部分的公司法条款。在过去的几十年里,这样的联邦公司法有了显著的扩展。

事实上,机构股东的影响力一直是公司法的一个重要推动因素,而公司法增加了上市公司的义务。在 21 世纪初的证券欺诈和随后的金融危机之后,国会试图通过联邦立法来降低欺诈和管理不善的风险,以打消投资者的疑虑。上市公司被要求提高董事会在核实财务报表准确性和批准高管薪酬方案方面的独立性。㉞ 股东有权定期就高管薪酬方案发表意见。㉟ 这类立法反映了投资者希望在公司治理中发挥更大作用的愿望。㊱ 一些投资者非但没有依靠自身的监管能力,反而要求通

㉙ 法院在后来的一个案例中也考虑到了公司的短期业绩,指出一个竞标者在向市场公布结果之前就知道目标公司的强劲季度业绩,从而得出市场价格低估了该公司的结论。See Verition Partners Master Fund Ltd. v. Aruba Networks, Inc., C. A. No. 11448-VCL, 2018 WL 922139, at * 20-21 (Del. Ch. Feb. 15, 2018).

㉚ 寻求将公司私有化的经理人有动机操纵预测和业绩,以压低市场价格。尽管可能没有证据表明这种动力在戴尔案中起作用,但有一种观点认为法院应密切审查管理层的收购。See Iman Anabtawi, "Predatory Management Buyouts," U. C. Davis L. Rev. 49 (2016): 1285, 1325-1329.

㉛ Dell Inc., 177 A. 3d at 16.

㉜ 特拉华州最高法院最近的评估裁决可以理解为对购买股票以提出评估索赔的投机者的回应。See, e.g., Charles R. Korsmo & Minor Myers, "Appraisal Arbitrage and the Future of Public Company M&A," Wash. U. L. Rev. 92 (2015):1551,1572-1573. 如果评估索赔主要由长期股东提出,可能会有更多人同情这种索赔。有证据表明,这些索赔是有道理的。See,, e.g., ibid., at 1594—95(提出证据表明,评估索赔往往针对保费较低的交易)。但有利于投机者的假设使特拉华州很难鼓励这种说法。

㉝ Zohar Goshen & Sharon Hannes, "The Death of Corporate Law," N. Y. U. L. Rev. 94 (2019): 263.

㉞ See Sarbanes-Oxley Act of 2002 % 301, 15 U. S. C. 78j-1 (2010); Dodd-Frank Wallstreet Reform and Consumer Protection Act 952,15 U. S. C. 78j-3 (2010).

㉟ See Dodd-frankact 951.

㊱ See, e. g., Christopher M. Bruner, "Center-Left Politics and Corporate Governance: What Is the 'Progressive' Agenda?" Byu L. Rev. (2018): 267, 289 (注意到多德—弗兰克法案中增加股东权力的改革是由工会养老基金会推进的); Roberta S. Karmel, "Should a Duty to the Corporation be Imposed on Institutional Shareholders?" Bus. Law. 60 (2004): 1, 2 (在最近的公司丑闻之后,机构投资者一直在要求更多的权利,例如,在提名公司董事方面的更多权利); See James J. Park, "The Limits of the Right to Sell and the Rise of Federal Corporate Law," Okla. L. Rev. 70 (2017): 159 (认为公司丑闻造成了保护投资者免受公司管理不善造成的损失的压力)。

过提高股东权力的治理改革来保护自己。[247]

联邦企业法的扩张遭到了许多反对。本文的分析为限制使用联邦证券法以增加股东的权力提供了额外的理由。联邦证券监管的核心条款已经有利于短期投资者。扩大联邦法律以增加股东的公司权利,在某些情况下可能会使监管措施明显有利于短期投资者。例如,股东提案就是一个很好的例子。SEC 长期以来一直要求与公司"普通业务运营"有关的提案可以被排除在公司委托书之外。[248] 该规则有助于确保联邦代理法规不会破坏公司法上的商业判断规则。SEC 还遵从了特拉华州的判决,限制了股东采用超越监管程序问题的章程的能力。[249] 改革者们提议增加股东支配公司政策和通过公司章程的权力。[250] 但鉴于季度报告体系在监督管理层方面的效力,目前尚不清楚股东是否需要额外的权力来控制管理代理成本。这种权力可能会被滥用,以支持短期利益,推动可疑的外观变化。另外,股东提案可以作为一种机制,促进对影响公司长期健康发展的社会和环境问题的讨论。[250] 因此,在考虑股东提案改革时,美国国会和 SEC 应尝试将此类监管措施限制在促进有关公司长期健康经营(而非其短期业绩)问题对话的范围内。

五、结　　论

最近提出的改革季度报告系统的建议突出了一种未被充分审查和令人不安的可能性——证券法倾向于为短期投资者的利益服务。证券监管并非短期主义的唯一推手,但它在很大程度上助长了这种行为。本文表明,信息披露的频率在短期主义的驱动因素中并不像现在判断管理业绩的预测那么重要。此外,目前尚不清楚,这种短期行为是否在特殊情况下才会对上市公司产生重大影响。因此,SEC 不应采取减少定期披露频率的激进措施,而应考虑更温和的改革,比如增加与预测相关的披露。学者和政策制定者应该注意证券法偏向短期投资者的趋势。随着证券法日益强大,公司法应该赋予管理层考虑长期利益的自由裁量权的情况也越来越多。通过联邦公司法增加股东权力,可能会给已经受到证券法青睐的短期投资者过多的权力。

---

[247] See, e.g., Paul Rose, "Common Agency and the Public Corporation," *Vand. L. Rev.* 63 (2010): 1353, 1359 (通过监管行动对投资者授权行为进行补贴,这与 SEC 投资者保护和股东至上的宗旨相一致).

[248] See 17 C.F.R. 240.14a-8(c)(7) (1984).

[249] CA, Inc. v. AFSCMEEmps. Pension Plan, 953A.2d227, 235 (Del. 2008).

[250] See, e.g, Stephen M. Bainbridge, "Revitalizing SEC Rule 14a-8's Ordinary Business Exclusion: Preventing Shareholder Micromanagement by Proposal," *Fordham L. Rev.* 85 (2016): 719-724 (描述狭义地解读商业运作排除法的努力); Jill E. Fisch, "Governance by Contract: The Implications for Corporate Bylaws," *Cal. L. Rev.* 106 (2018): 402-403 (注意到关于增加股东通过章程的权力的矛盾观点).

[250] See, e.g., Tonello, supra note [17], at 15 (股东提案已成为机构投资者首选的工具,鼓励公司讨论各种社会、环境或公司治理问题,这些问题与公司的长期战略密切相关,对公司业务的健康发展至关重要).